Advanced Management

글로벌시대 CEO를 위한

# 호텔경영

이정자

백산출판사

# 머리말

## 1. 들어가면서

글로벌 호텔경영 사회에서 일어나는 일련의 변화들은 산업의 신질서를 요하고 있다. 글로벌화로 심화된 상호 의존적 국제관계는 다양화의 한 편, 여러 측면에서 통합되는 규제와 관리의 틀로 통일성을 부각시키는 등 글로벌 거버넌스로의 변화추이를 시현하고 있다.

개인과 조직에 침투되는 환경, 경제, 사회, 문화, 정치 및 기술 발전과 변화의 영향으로 과열된 글로벌 경쟁 양상은 금년부터 적용될 국제 회계기준 등 일련의 통일성 사례에서 시사되는 바, 지역이나 여건의 전제나 보호 불허의 전체적 시각에서 글로벌 룰(rule)에 의한 협력과 관리 질서만을 요구하는 트렌드를 형성해 갈 뿐이다.

주기단축과 예측불허의 빈발성 경기변화도 글로벌 호텔경영 전략수립과 시행을 어렵게 함으로써 신융합 등 방안에 의한 호텔 사업모형이나 산업구조의 개편과 혁신 여지 모색을 촉진하는 배경이 되고 있다. 역동적인 경영환경에 적응하려면 지속가능한 이론과 실무의 R & D 투자가 긴요하나 예산으로 가중될 기업의 재무부담을 고려할 때 쉽지만은 않다.

초기 실용주의 경영철학과 확장 아이디어를 기반으로 호텔이 다국적 기업으로 성장되기까지 이론과 실무체계 구축을 위한 호텔경영과학의 연구 필요성에 대한 산업계 요청으로 호텔경영학을 탄생시키고 교육과 연구성과를 통해 호텔산업화 및 발전을 가속화한 미국 산업계의 선도역량과 다대한 기여가 시사하는 바는 실로 크다.

이 산업은 호스피탈리티로 인류의 삶의 질에 기여하려는 산학계 진정성의 산물이지만 성과창출을 통한 지속가능한 산업의 생존·발전을 위해서는 불확실성 환경이 제기하는 도전들을 극복, 회피, 대처할 신 이론과 기술 개발을 필수요건으로 하고 있다.

## 2. 새로운 저술의 필요성

1986년 우리나라 대학에서 호텔경영 교육이 본격화된 이래 많은 관련저술들이 종전과는 차별화된 전문지식과 경험축적으로 산업기반 구축에 공헌해 온 것은 참으로 다행한 일이다. 이제 한국 호텔산업도 변화하는 글로벌 환경의 소용돌이에 적응. 대처할 경쟁력 제고를 위해서 무언가 격을 달리한 신 차원의 경영에 대한 思索과 접근 및 모형 개발을 서두를 때라고 본다. 파격적 변신(disruptive innovation)과 신 산업융합으로 한국 호텔경영이 글로벌 사회에 도약하려면 이 시대 고객가치를 지향한 기업의 가치사슬 활동과 과학적 접근에 의한 산업모형 개발 전략과 적극적인 움직임이 요구되는 시점이다.

두 해 전 이런 발상으로 집필을 시작했던 이 책은 비록 천학이지만 필자가 호텔경영학에 정진한 43년간의 관찰과 사색, 36년간의 대학 강의, 연구 및 산관계 활동 경험의 소산물이라 하겠다.

여전히 불변의 고급 인적서비스만을 고집하는 고전주의 호텔경영학의 기본 발상은 기업사회 제자원의 한계와 경제환경 등 변화가 제기한 도전에 직면해 있으며 호텔 CEO는 고객만족과 기업성과라는 이중 과제 앞에서 유례없이 거센 범사회적 자질과 역량 검증논란에 노출될 전망이다. 호텔 제이해관계자에 대한 수혜의 균형적 배분과 산업관계 유지의 최적해 도출이 갈수록 어려워지는 환경에서 글로벌 산업계의 고민도 날로 심화되고 있다.

## 3. 이 책의 활용도

총5편 14장으로 구성된 이 책의 내용은 호텔 CEO의 경영철학과 산업경영의 미래상 정립에 대한 명제모색 차원에서 글로벌 환경을 반영하는 주제들로 선별된 것이다. 여기서 다루어지는 본격적인 호텔개념 연구와 관광학의 신연구 경향과 식음료 및 별도의 장을 두고 다룬 저탄소 녹색호텔경영 등 새로이 부상되는 글로벌 사안들에 초점을 두고 있다.

현재와 미래의 경영자들이 기업경영정책-전략을 입안하고 추진함에 있어서 급변하는 시대조류로 초래될 현상들 - 제도전과 논쟁점 - 을 파악하고 실행역량을 갖춘 산업리더에게 필요한 글로벌 시각과 마인드의 체득에 주안점을 두고 저술된 만큼 스스로 문제제기 → 대안강구 → 계획수립 → 실행과 평가의 CEO 루틴웍을 습관화할 단초제공 역할에 마음을 썼다.

경영자에게 부과된 산업과 사회에 대한 책임이라는 본래적 사명을 수용하고 전쟁, 테러, 질병, 물과 먹거리 안전, 해일이나 지진, 화산 폭발, 지구 온난화 등 지구-경영-인류사적 당면 과제들에 대한 지식기반의 재조명을 통해 글로벌 거버넌스로의 협력과 대처의 사상확립 계기가 되길 기대해 본다.

신차원의 한국 호텔경영을 지향해 시도된 한 권의 책, 『글로벌시대의 CEO를 위한 호텔경영』의 미흡점들은 향후 질타와 정진으로 보강할 것을 약속드린다.

끝으로, 중국호텔 발전사 집필을 도와준 필자의 문하생인 중국 연변대 최철호 교수에게 고마움을 전하며, 오가며 조언으로 격려해 준 강원대 동료 교수들께도 감사한다.

흔쾌히 책 출간을 후원한 진욱상 백산출판사 사장과 직접 수고를 아끼지 않았던 편집관계자분들께 심심한 감사를 드린다.

언제나 염려와 지지와 인내로 성원해 준 남편과 가족들께 감사하며 함께하지 못해 늘 미안한 어머니가 사랑하는 아들 대식과 딸 선아에게 이 책을 바친다.

저자 씀

# 차 례

## 제1편 글로벌 호텔-호스피탈리티의 개념과 본질



## 제2편 글로벌 호텔-호스피탈리티 산업의 발전사

# 제1편

# 글로벌 호텔-호스피탈리티의 개념과 본질

제1장 호스피탈리티의 개념과 정의

CHAPTER_1

# 호스피탈리티의 개념과 정의

## 제1절 호스피탈리티의 개념에 대한 접근

### 1. 호스피탈리티의 개념

#### 1) 나눔의 대상을 타인으로 하는 호스피탈리티의 개념

호스피탈리티에는 기본적으로 가정의 정규 가족성원이 아닌 사람들에게 식사, 음료 및 때로는 숙박시설을 제공한다는 의미가 내포되어 있다.

제공자(givers) 혹은 주인(hosts)은 위의 식사, 음료 및 숙박시설을 제공함으로써 이를 통하여 자신의 생활을 객과 나눈다. 여기서 나타난 자신의 가정(home)과 식량(provision)을 타인과 나눈다는 데서 호스피탈리티의 중심 개념을 찾아볼 수가 있다. 이 경우 주인은 객의 복지에 대해 전반적인 책임을 수용하게 된다. 이런 책임의 개념 속에는 식사, 음료, 쉴 장소(shelter) 이상의 것들이 관련되어 있다. 책임은 특히 객의 안전도모를 위한 중요한 개념이 되고 있다(Brillat-Sabarin, Jean-Anthelme, 1970 재인용, Telfer, 1996).

여기서 주인은 또한 객이 주인집에 체류하는 동안 행복하게 해 줄 책임을 진다는 의미에서 고객을 즐겁게 할(entertain) 의무도 부과되고 있기도 하다. 또한 Wagner의 오페라 "발키리(The Valkyrie)"을 통해서도 당시 사회에서도 객에 대한 주인의 책임을 엿볼 수가 있다. 여기서 질투에 불타던 남편이 정적 Sigmund를 죽이기 못하고 그가 떠날 때를 기다렸던 까닭은 그가 바로 자신의 객이었기에 주인이 지고 있는 객의 보호책임 때문이었음을 상기해 볼 필요가 있다.

이처럼 광의적 호스피탈리티의 개념에는 ① 고객을 즐겁게 하는 것(entertain a guest)과 ② 협의적 개념인 호스피탈리티(hospitality)의 제공이라는 중요한 두 가지 요소가 내포되어 있다.

이들 요소 중 호스피탈리티의 개념 정의에 더 널리 일반적으로 사용되는 개념은 후자적인 것이지만 개념 규정의 범주가 약간 다르다는 점에서도 차이가 있다. 고객에게 정규적인 식사가 제공된다면 이것은 후자적 개념의 호스피탈리티이다. 그러나 한편 멋있는 디너파티를 제공한다면 이는 호스피탈리티라기 보다는 객을 즐겁게 해주는 전자적 의미의 광의적 개념에 속한다. 호스피탈리티가 기본적인 욕구충족에 관련된 부분이라면 즐겁게 하는 것(entertaining)은 즐거움(pleasure)을 제공하는 것과 관계한다.

경우에 따라서 이 두 가지 개념은 흔히 서로 상응하는 것으로 간주되고 사용되기도 한다.

### 2) 형이상학적으로 추구되는 호스피탈리티

호스피탈리티는 가정을 떠난 사람들에 대한 쉴 곳, 식음료 등 물질중심의 나눔 외에 객(guest)에 대한 관심과 상호관계 지향적인 동기(reciprocal motives) 및 그들의 안전을 도모하고 또한 그들을 즐겁게 해주는 것과 관련된 교류와 서비스 제공의 형이상학적인 가치추구를 확인할 수 있게 해준다. 그러므로 형이하학적인 개념 접근에서 보다는 비교적 복합적인 개념들을 내재하고 있다(이정자, 2010). 이런 개념들을 고찰하고 사색함으로써 호스피탈리티의 본질적인 역할과 기능에 대한 이해증진을 통해 가치추구를 더 능률화하고 객과의 관계에서 처우와 나눔의 역량을 제고할 것으로 기대될 수도 있다.

그러므로 호스피탈리티의 개념이 비록 호텔 등을 중심으로 하는 산업에서 다루어지고는 있지만 객이 안전과 즐거움에 대한 책무의 부과 및 내재된 교육적인 메시지를 고려할 때 호스피탈리티의 본질을 통한 산업의 경쟁력 강화 및 사업성과 개선을 향한 연구노력이 전제되고 있다고 보아진다.

## 2. 호스피탈리티 개념 정의

### 1) 호스피탈리티 정의에 대한 접근 방법

광의적으로 호스피탈리티의 정의에 접근하는 데는 두 가지의 방법이 이용되고 있다. 하나는 연구자들이나 교육 종사자들을 중심으로 제공되는 다양한 정의들을 중심으로 한 어의론적 접근방법(semantic approach)이고, 다른 하나는 기존의 연구결과와 문헌들을 조사하고 활용하여 이론적 및 개념적인 정의에 접근함으로써 실제 호스피탈리티의 현장을 통하여 호스피탈리티의 구성인자 혹은 관성을 도출해 내려는 실증적 접근방식(evidential approach)인 것이다.

호스피탈리티 개념 정의에 대한 대부분의 연구들은 실세계의 근거들에 의해서 비교적 실증적으로 접근되는데 그 까닭은 단순한 연구방법의 차이로 보다는 연구의 환경에 따른 결과라고 보는 편이 현실적이라고 본다. 호스피탈리티(hospitality)나 호스피타블(hospitable) 등 관련 유사 용어들이 상당히 혼용되고 있고 그 개념도 포괄적이어서 의미나 용어사용의 이론적 차이나 구별근거를 명확히 제시하지 못하고 있고 또 관련연구도 비교적 많지 않다는 사실을 배경으로 하고 있다. 특정주제에 대한 실증적 접근방법의 적용이 오히려 특정의 개념이나 사실을 추적하는 데 비교적 용이하고 현실적으로도 적합하기 때문이라고 하겠다. 지금까지 호스피탈리티 개념에 대한 정의와 광범위한 이론 추구에도 불구하고 실증연구에 대한 과제들은 여전히 남아 있고, 특히 현실세계와 더불어 규명되어야 할 측면들은 더욱 복잡해질 것으로 보인다.

### 2) 호스피탈리티 정의에 대한 접근방법 개관

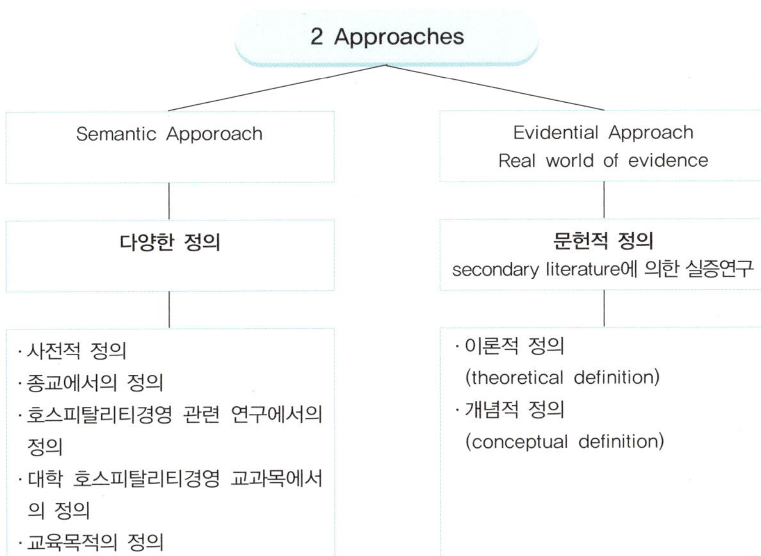


[그림 1-1] 호스피탈리티 정의에 대한 접근

## 3. 호스피탈리티 개념에 대한 연구들

### 1) 호스피탈리티 연구의 관점과 주제들

지금까지 호스피탈리티 자체에 대한 학문적인 연구들은 대부분 역사적이고 기술적인 성향의 것들이었다(Moor, 1936; White, 1986; Borer, 1972).

그리고 이런 연구에서 추구되고 있는 연구의 관점과 주제들은 주로 다음과 같은 것들을 주요 내용으로 포함하고 있다.

(1) 호스피탈리티 관련 연구의 주제

호스피탈리티 거래상의 질서와 적합한 주제들에 대한 연구와 관련문헌들은 대부분 일관성을 가지고 있다. 범위로는 규제나 규정의 역할, 고객, 행동방식, 의식(rituals), 및 호스피탈리티 거래를 관리하는데 있어서의 습관들(habits)이 다루어지고 있다(Mennell et al., 1992). 그들의 연구, '음식문화(culinary cultures)'에서 보면 조리와 식사로부터 나오는 자세와 맛과의 조화(ensemble) (Visser, 1991에서는 상호간의 의무나 책임; Murray, 1990에서는 함께하는 식사, 친교) 등을 언급하고 있다.

(2) 호스피탈리티 거래와 질서체계

호스피탈리티의 질서 체계는 호스피탈리티 거래를 중심축으로 한다는 점에서 사회적 관계의 수립과 유지를 반영하는 경향을 보인다.

호스피탈리티에서 형성되는 관계는 대칭적(symmetrical)이거나 비대칭적 관계(asymmetrical relationships)가 있다. 이러한 두 가지 형태의 관계에서 볼 수 있는 양상은 이것이 당사자들 모두를 상승시키기도 하는데 개인적 및 사회적 조화를 내포하는 다양한 형태의 관계일 수도 있다는 것이다.

(3) 호스피탈리티의 상황에 따른 차이

호스피탈리티의 개인적 및 사회적 제 상황들은 상징적인 결합(associations)과 의미의 중대성(significance)를 통하여 고조될 수가 있다.

특정 형식의 호스피탈리티 설비(Telfer, 1996)에 대한 동인(動因)과 특성적인 호스피탈리티 체험을 기초로 하거나 아니면 이들 두 요소 중 하나를 기초로 할 경우에는(Finkelstein, 1989) 결과적으로 그들 호스피탈리티 사이에 차이를 둘 수가 있다.

(4) 통일되지 못한 호스피탈리티의 의미들

호스피탈리티는 특히 공공영역(public domain)에서는 상품화 증진 개념으로 사용된다. 그러나 어떤 면에서는 호스피탈리티가 유행의 대상이란 의미와 동의어처럼 사용되기도 한다. 또 다른 측면에서는 역설적으로 호스피탈리티가 변화, 혁신 또는 조화의 대상으로 고려되기도 한다.

이러한 조화와 변화 사이의 긴장 관계는 각기 다른 사회경제적 환경여건에 부합되는 호스피탈리티의 특성을 명확히 규명하고 결정하는 데 있어서 어려움을 초래하고 있다. 이런 문제와 관련해서 Visser(1991)같은 사람은 신기성의 추종자들과 새로운 것을 혐오하는 사람들(neophobia) 사이에서 호스피탈리티 개념 규정을 둘러싸고 변증 논리학(dialectic)의 도입과 역할에 관심을 갖도록 만들기도 했다.

(5) 호스피탈리티의 본질의 지속성 측면

비록 연구문헌에서 제기되는 호스피탈리티의 주제들이 각기 다른 양상으로 표출되지만 시공을 초월한 사회적 및 정치 문화적(politico-cultural)인 변화의 영향에도 불구하고 호스피탈리티의 본질은 변화되지 않고 있다. 여기서 본질(essence)은 각기 다른 호스피탈리티의 상황(incidences)을 초래하는 호스피탈리티의 형태와 상징적인 의미에 대한 특정 동기들이 분명한 차이를 보임에도 불구하고 호스피탈리티의 본질들이 현저히 일관된 상태를 유지하는 불변성을 시사해 준다.

서로 다른 시대, 환경, 문화 및 국가들에 따라서는 호스피탈리티 구성요소별 사상과 구조적 형식에 대한 다양한 동기들이 나타날 수도 있다는 점에서 이런 논리에 대한 이의 제기 가능성도 있지만 그럼에도 불구하고 호스피탈리티의 본질은 여전히 유사성을 보이고 있다.

사용되는 특정의 명시나 표현들이 시공간에 다양성(spatiotemporal variations)을 보인다고 하는 사실만으로 시공을 초월한 호스피탈리티의 본질적 개념에 대한 일관된 견해들을 거부하게 만들 만한 사유가 되진 못한다.

Telfer(1996)의 주장대로 이런 차이에 대한 논쟁의 여지는 인정되지만 어떤 특성도 지배적인 여건이나 관행 여하에 따라서는 변화방식을 통해서 분명하게 될 것이기 때문이다.

Beard, Worth and Keil(1997) 등은 호스피탈리티가 반드시 이것이거나 저것이라는 식의 이분법적인 구분을 해야만 할 필요는 없다는 말로 이를 지지하고 있다. 가정식

(eating-in)과 외식(eating-out) 혹은 일반 가정집식과 상업적인 호스피탈리티(domestic and commercial hospitality)라는 식의 단순한 이분법적인 방식의 구분이 필요하지는 않다는 말이다.

호스피탈리티에 있어서 가정의 음식대접은 중요한 의미를 갖기 때문에 호스피탈리티 개념과 음식과는 지속적인 관련성을 갖는 것으로 이해되고 있다. 다만 동기적 차원에서 이런 논쟁점에 대한 개념화가 어렵다는 것을 전제로 할 때 호스피탈리티에서의 음식제공 개념은 개인적 및 사회적인 의무 관계로 정리되고 있다. 먹인다는 것은 동시에 소비자와 서비스 제공자 간의 사회적 거래관계(nexus)로도 정리될 수 있다.

호스피탈리티와 음식이 상호 연계된 것이지만 다른 형태의 문화들 간에는 무언가 계열이 다름으로 인해서 야기되는 호스피탈리티에서의 상당한 차이가 시현되기는 해도 적어도 주인과 객(host and guest)이라는 두 가지 역할 관계로 정의될 수는 있다(Murray, 1990).

양자의 관계는 모두 자발적이고 비상업적인 관계이다. 비상업적 관계에서 호스피탈리티와 상업적인 호스피탈리티의 확실한 차이의 근거를 규명하려 했던 Murray 이론의 타당성을 신뢰한다고 해도 여전히 논쟁 여지는 남는다(Telfer, 1996). 여기서 발견될 수 있는 차이의 여지는 바로 호스피탈리티 특성에 대한 논리적 근거가 확실한가에 대한 논쟁결과를 반영하는 것이다(Wood, 1994).

이처럼 제기되는 연구의 명제들은 산업분야에서 특히 절대적인 합의와 지지를 받아왔다. 소위 문제해결을 지향한 접근방식을 강조하는 직업적 적정성을 중시하는 영역에서의 관념적인 합의 배경은 당연히 연구주제들이 사업에 실질적인 적용성을 통한 기여 가능성을 갖고 있느냐를 전제로 해서 도출되기 때문이라는 사실에 있다. 많은 연구자들이 이런 논쟁점에 대한 연구를 거쳤지만 논의 여지는 여전하다(Wood, 1988; Taylor and Edgar's Nonpareil, 1996).

## 4. 호스피타블(hospitable)의 동기요인

### 1) 순수하게 타인을 배려하려는 동기

이것은 총체적으로 친절을 베풀고, 객을 즐겁게 해야 할 의무, 및 어려움에 처한 사람을 도와주는 일에 관련된 동기들로 구성되는데 다음과 같이 구분해서 생각해 볼 수 있다.

① 타인을 편안하고 즐겁게 해주려는 욕구
② 관심이나 동정심(compassion)
③ 타인의 욕구를 충족시키려는 욕구

### 2) 상호적 동기(reciprocal motives)

순수히 타인만을 배려하는 서비스가 아니라 관계 혹은 상호간의 관계를 원하는 데서 찾아볼 수 있는 호스피타블(hospitable)의 동기이다.

① 동반자나 친구를 갖겠다는 욕구
② 타인을 즐겁게 하는 기쁨에 대한 욕구

### 3) 과시욕구로 인한 동기(vanity motives)

이것은 주인과 고객의 상호적 이익이 아니라 일방적으로 주인을 이롭게 하겠다던가 혹은 주인의 과시욕구로부터 발생되는 동기이다.

① 요리기술이나 좋은 집 등과 같이 무엇을 과시하고픈 욕구에서 비롯된 동기
② 순수한 호스피탈리티(hospitality)의 고객에 대한 배려 동기

순수한 호스피탈리티에는 고객에 대한 유해성이 없다는 것 외에 그 이상으로 고객에 대한 순수한 배려가 포함되지 않으면 안 된다.

호스피타블(hospitable) 하지는 않아도 대부분 과시 동기에는 몇 가지 요소들이 혼합되어 있는 경향이 있다. 예를 들면, 요리나 요리 기술을 과시할 때 고객을 기쁘게 하려거나 고객감동을 향한 동기가 혼합되어 있을 수 있다면 결국 개인적 차원에서 사업에 유리한 결과를 초래할 수도 있게 될 것이다.

여기서 도덕적 덕목으로서의 호스피타블(hospitable)이라 함은 무엇이던 선한 것을 추종하도록 하는 권선적 특징을 지니고 있다.

## 제2절 호스피탈리티의 정의에 대한 어의론적 접근

### 1. 사전적 정의

① 객이나 나그네(strangers)에 대한 친절하며(friendly) 관대한(generous) 영접(reception)과 향응(Friendly and generous reception and entertainment of guests or strangers)(Oxford Quick reference Dictionary, 1996)을 의미하는 말로 호스피탈리티를 정의하고 있다.

② 나그네나 객의 환영에 있어서의 친절성(Kindness in welcoming strangers or guests 이라고 정의되고 있다(Collins Concise English Dictionary Plus, 1989).

### 2. 호스피탈리티 개념의 종교적 정의

성경에 나타난 호스피탈리티는 비교적 권선적 및 교육적인 의미를 담고 있다. 그래서 "… 손 대접하기를 원망 없이 힘쓰는 것(be hospitable to one another without grumbling)"(베드로전서 4:9)으로 여기서 원망 없이(without grumbling)하라 함은 기꺼이 자발적으로 대접에 힘써야 한다는 개념을 전제로 제시한다고 볼 수가 있다. 또한 이어서 "만일 누가 말하려면…의 말씀을 하는 것 같이 하고 누가 봉사하려면 …이 공급하시는 힘으로 하는 것 같이 하라"(베드로전서 4:11)고 함으로써 객에게 주인이 어떻게 호스피탈리티를 제공함으로써 호스피타블(hospitable) 해질 수 있는지에 대해서도 일일이 방법과 태도를 학습시키고 있다.

또 다른 구절을 보면 "필요한 것을 …와 나누고 대접하기를 힘쓰라(share with ...'s people, who are in need. Practice hospitality)"고 함으로써(로마서 12:13) 또한 호스피탈리티의 수요자에게 실제로 행동하고 서비스를 실천하는 것(practice)이 호스피탈리티임을 가르쳐 줌으로써 나눔의 도덕적 덕목으로 호스피탈리티를 해석하고 있으며 서로(to one another)라는 개념은 상호간의 균형적인 관계를 전제로 한 언급이라고 볼 때 일방적이 아니라 상호적인 관계 의존적인 것이 호스피탈리티임을 나타내 주고 있다. 필요로 하는 사람(who are in need)이 원하는 것이 바로 hospitality라는 점에서 이것이 무엇인가 긴요하고 귀하고 좋은 것임을 시사해 준다.

그러나 호스피탈리티 제공자의 행동에 대한 도덕적 전제는 디도서(1:8)에 잘 나타나 있다. “오직 나그네를 대접하며, 선행을 좋아하며, 신중하며, 의로우며 …하며 절제하며”라는 언급에서 관계 지향적인 좋은 호스피탈리티에는 여러 가지 요건과 기대를 충족시킬 인성을 지닌 주인이나 훈련된 제공자의 존재가 제시되고 있음에 유의해 볼 만하다. 이것은 상업적인 개념과는 차별화되는 가치 부가적이고 도덕적인 개념에 가깝다. 실제로 오늘날의 호스피탈리티에서도 객의 안전과 즐거움에 대한 책무를 멀리하지 않는다는 점에서는 종교서적에 나타난 호스피탈리티와 산업적인 호스피탈리티가 본질적으로는 다르지 않다고 볼 수 있다.

## 3. 호스피타블과 호스피타블니스의 개념

### 1) 호스피타블의 개념

호스피타블(Hospitable)은 광의적으로는 호스피탈리티와 같이 혼용되고 있는데 이것은 나그네에게 …물건, 느낌, 품질 등의 환영과 향응 혹은 이에 상응하는 것을 제공하는 것이다(offering or affording welcome and entertainment to strangers ...of things, feelings, qualities etc...).

협의적으로는 호스피타블이란 ① 친절한 수용(receive) 혹은 환영할 마음을 갖는 것, ② 넓고 관대한 마음이나 도량… 등을 의미하고 있다.

### 2) 호스피타블니스의 개념

호스피타블니스(hospitableness)란 호스피타블의 품질이나 특성을 의미하는 말로 통용되고 있다.

### 3) 두 용어간의 공통점과 상이점

이상에서 살펴본 바와 같이 호스피타블니스(hospitableness)란 개념은 호스피타블(hospitable)과 상당한 부분까지 공통점을 가지고 있으며 강조하는 측면이나 사용되는 목적 면에서도 상당히 유사성을 띠고 있다. 즉 이들 개념들은 호스피탈리티에 있어서 특히 태도(attitudinal)와 행태적(behavioural) 측면을 강조하는 것으로서 현저한 특징으로는 호스피탈리티를 담당하는 사람들의 관점에서 호스피탈리티를 설명하려는 것으로 말하자면 인적인 목적에 사용되고 있는 용어들이라 하겠다.

이 두 개념 사용상의 현저한 특성으로서 특히 호스피탈리티를 제공하는 사람들과 관련(...especially in the emphasis they place on the attitudinal and behavioural dimensions of hospitality, notably in relation to those providing hospitality) 될 때 이 개념들이 활용된다는 것은 그만큼 호스피탈리티에 있어서 인적인 측면이 중시되고 있음을 시사해 주고 있다. 또한 이러한 용어들이 그러한 필요성을 전개하는 과정에서 개발된 것임을 유추해 볼 수 있게 해준다.

그러나 용어사용 목적이나 용어의 특성 면에서 보여준 상당수준의 공통점에도 불구하고 이 두 개념은 의미상 약간의 차이를 갖고 있다. 즉 호스피타블이란 대접하는 사람의 태도나 의지 및 환대를 의미하지만 호스타블니스란 그러한 태도, 의지 및 환대의 특성이나 품질에 관련된 개념이라고 하는 차이이다.

## 제3절 호스피탈리티 관련연구를 통한 정의

### 1. 여러 가지 정의

#### 1) Tideman의 정의(1983)

Tideman은 제품생산과 제공 및 가격들의 요건들을 강조하는 측면에서 호스피탈리티를 정의하고 있다. 그는 "예상되는 고객의 욕구가 충족될 수 있도록 하는 제품의 생산과 고객이 원하는 품질과 품량의 재화와 서비스를 고객이 수용할 만한 가격으로 제공함으로써 지불한 가격이 가치에 상응하는 제품이라는 것을 고객이 느낄 수 있도록 하겠다는 분명한 관점들에 근거를 둔 서비스가 호스피탈리티"라고 하고 있다.

....The method of production by which the needs of the proposed guest are satisfied to the utmost and that means a supply of goods and services in a quantity and quality desired by the guest and at a price that is acceptable to him so that he feels the product is worth the price' is clearly rooted in this perspective(Tideman, 1983).

#### 2) Pfeifer의 정의(1983)

Pfeifer는 서비스의 구성요소에 입각해서 호스피탈리티를 정의했다는 점에서 차별화되고 있다. 호스피탈리티란 식료, 음료 및 숙박시설 등을 제공하는 것이며 혹은 환언해서 말하면 집을 떠난 사람들의 기본적인 욕구(수요)에 대해 공급기능(제공)을 다 하는 것이라고 하고 있다(Pfeifer, 1983).

### 3) Jones의 정의(1996)

Jones는 호스피탈리티의 정의에 최근의 제품지향적, 상업적 및 공급측면의 경제적인 관점(perspective)을 종전보다 더욱 강화했고 또 이런 관점에서 호스피탈리티 구성요소들을 가일층 전형화 하는데 공헌하고 있다(Jones, 1996).

### 4) Cassee의 정의(1983)

Cassee는 호스피탈리티란 그 구성요소인 유형재와 무형재들의 조화로운 혼합체로서 이루어지는 것이라는 관점을 갖고 있다. 즉 그는 호스피탈리티 구성요소들인 식품, 음료, 침대, 분위기, 특히 고급스러운 분위기(ambience) 및 환경 그리고 종사원들의 행동요인 등 다양한 유형, 무형의 요소들이 혼합되어 이루어진 "조화로운 복합물(harmonious mixture)"로서 호스피탈티의 제품 및 무형적 서비스 지향적인 정의를 내리고 있다. 이 정의는 서비스의 종합성 혹은 총체적인 성질들을 강조하는 것으로서 이들 요소들이 조화될 수 있을 때 비로소 고객의 만족과 성공적인 경영을 기대할 수 있다는 것을 시사해 주고 있다(Cassee, 1983).

### 5) Cassee와 Reuland의 정의(1983)

이들은 Cassee의 정의를 다소 보강해서 호스피탈리티를 음식과 음료, 및 혹은 쉴 곳(shelter), 물리적인 환경, 및 사람들의 행동과 태도들의 조화로운 혼합물(mixture)로 정의하고 있다. 그러나 후에 이상의 정의들은 호스피탈리티의 공급측면에 있어서 변별력이 약하다는 비판을 받기에 이르렀다. 그러나 이 문제는 후에 다시 논의하기로 한다.

### 6) Burgess(1982) 등의 연구 성과

이들은 호스피탈리티를 정의함에 있어서, 주로 호스피탈리티의 공적(public) 개념과 사적(private) 개념들과 관련하여 호스피탈리티 상황 내에서 특히 교환과정의 어디에 중심을 두고 있는가 하는 '중심성(centrality)의 제과정과 그 범위에 관련'하여 접근하려고 했다(Burgess, 1982; Hepple, Kipps and Thomson, 1990; Reuland et al., 1985).

## 2. 호스피탈리티의 정의에 시사된 제관계

### 1) Hospitality 관계자들

호스피탈리티의 과정에 관여하는 사람은 호스피탈리티의 공급자인 호스피탈러(hospitaller)와 주인(host)과 호스피탈리티의 수요자인 호스피탈리티 수혜자(hospitator)혹은 고객(guest)이 있다.

호스피탈리티 과정에 대한 범위를 확대하여 광의적으로 보았을 때, 호스피탈리티 서비스 관련자들의 사고와 행동에 영향을 미치는 요소들은 세계적인 트렌드를 비롯해서 다대하다. 또 소비자와 경영자로서의 이들을 보아도 이들의 거래와 관계에서 제기될 수 있는 사상에 대한 지도 및 통제역할을 수행할 정부 및 관련 규제기관도 중요하게 관련되어 있다. 그러나 범위를 단순히 호스피탈리티의 당사자로 압축할 때 관련 인사는 주인과 수혜자인 고객이 된다.

### 2) 호스피탈리티의 수요와 공급 측면

호스피탈리티에서 관련자들은 공적 관계 혹은 사적 관계를 맺고 각각 호스피탈리티의 수요와 공급측면을 담당하게 된다. 개별 고객들 또한 고객과 주인의 관계 여하에 따라서 공식적 관계 혹은 비공식적 관계로 분류될 수가 있다.

여기서 관계를 구분하는 근거는 고객이 개인가정이나 상업적인 목적 중 어떤 호스피탈리티를 이용하느냐 하는 호스피탈리티의 유형에 있으며 이에 따라서 관계는 결정된다.

호스피탈리티의 유형은 또한 주인이 가정생활과 고객과의 관계를 어느 정도까지 분리하고 있는가 하는 '상호관계 의존적'인 분류방식의 결과 정해지게 된다. 여기에는 사적, 공적 관계 외에 혼합형이 있을 수가 있다.

공적인 고객관계에서는 호스피탈리티가 주인의 의무로 포함되는 형태의 관계임을 의미한다. 비공식적인 고객관계는 음식, 음료 혹은 숙박에 대한 호스피탈리티의 필요성이나 외로움, 자신의 가치를 추구하고 싶다는 인간적인 욕망이나 필요성을 가진 경우처럼 특히 호스피탈리티만으로도 충족될 수 있는 심리적 욕구들을 지닌 고객들에게서 발생될 수 있는 관계이다.

그런데 사적 및 공적 관계가 혼합된 혼합형(hybrid) 호스피탈리티에서는 주인(host)이 대금을 지불하고 객을 시설이 잘된 상용 숙박시설에 보낼 수도 있지만 만약 고객이 추구하는 가치가 호화성보다는 친밀성(familiarity)에 근접하거나 할 경우에는 제공된 호스피탈리티를 손(客)이 수용하고 지각하는 과정에서 주인의 기대와는 다른 결과를 초래할 수도 있다. 즉 호스피탈리티가 선호하지 않는 내용일 경우에는 객이 부정적인 가치지각을 하거나 가치결핍에 대한 느낌이나 결과를 초래할 수도 있다. 이런 점에서 어려움이 수반될 수도 있다. 가령 호화로운 대규모 식당에서 식사 대접을 받은 고객이 가정집에서 제공하는 가정식 대접과 비교해서 어느 쪽을 선호하느냐에 따라서 제공된 서비스에 대한 고객의 가치지각 내용, 즉 만족도는 다르게 타나날 수 있다.

### 3) 친밀한 관계 추구형 고객

어떤 사람들은 호스피탈리티 관계에 있어서 단순한 일회성의 개인적 교류보다는 교우관계를 추구하는 고객도 있다. 이런 부류의 사람은 친구를 좋아하고 호의를 갖고 친밀하게 됨으로써 서로 마음에 들면 즐겁고 행복해지는 성향의 고객들이다. 또한 고객이 실제로 친구 또는 친한 친구인 경우도 많고, 또 그렇게 발전되는 경우도 흔하다.

## 3. 기존 정의에 나타난 문제 제기

### 1) 기존 정의에 나타난 차별성과 변별력에 대한 문제 제기

기존의 정의들이 차별성과 변별력에 문제가 있다고 보는 시각들이 이를 해소하려는 움직임으로 작용되게 되었다.

앞에서 살펴보았던 Tideman(1983), Pfeifer(1983) 및 Jones(1996) 등의 호스피탈리티의 정의들은 일찍이 호스피탈리티의 제공자인 공급측면이나 관점에서 아무런 변별력에 대한 이론 전개(discernible movement)도 되지 못하고 있음을 알 수가 있다.

### 2) 새로운 시각 변화로부터 접근된 호스피탈리티의 산업적 측면

이와 같이 관련 이론에서 별로 발전이 없는 상태(culde-sac)가 지속되는 데 대한 지적들은 있었다. 이런 문제제기에 대한 반응으로 호스피탈리티는 점차 순수한 호스피탈리티의 측면과 산업적인 호스피탈리티의 두 측면을 동시에 아우르는 방향으로 개념 접근이 되기 시작했다. 이런 관점의 변화를 통하여 얻게 된 합의점들은 차츰 논란의 여지들을 잠재워가고 있다.

## 제4절 호스피탈리티의 실증적 정의

### 1. 여러 가지 접근방식과 시각에 의한 실증적 정의(Evidential Definitions)

실증적 정의를 통하여 다양한 개념과 구성요소들을 통합하려는 노력은 어느 정도 결실을 보게 되었다. 특히 Brotherton같은 사람은 다양한 요소들의 관점에서 호스피탈리티를 실증적으로 정의함으로써 결국 호스피탈리티 산업의 정의에도 강력한 영향을 미치게 되었다.

#### 1) 특정의 유형적 재화를 전제로 하는 정의

호스피탈리티가 제공하는 숙박, 식료와 음료 등 물리적인 제품의 생산과 제공 등에 관련된 정의

#### 2) 교환관계에 입각한 정의

기본적으로 경제적, 사회적, 혹은 심리적 성질의 교환관계를 내포하는 정의

#### 3) 거래에서 교환요소들 간의 균형관계를 지향한 정의

각기 다른 다양한 호스피탈리티 거래상황에 있어서 유형적 및 무형적인 교환요소들에 대한 명확한 교환비율(precise proportion)을 중심으로 한 조화롭고 균형된 구성과 관련된 정의

#### 4) 인적행동의 상호작용에 관련시킨 호스피탈리티의 정의

특정 형태의 인적 행동 및 그들 간의 상호작용과 관련된 호스피탈리티의 정의

#### 5) 호스피탈리티의 요건과 호스피타블의 상호관계로 접근해 본 정의

호스피타블(hospitable)한 행동은 호스피탈리티의 필요조건이지만 호스피탈리티 정의가 호스피탈리티의 존재양식(existence)에 대한 충분조건은 아니므로 호스피탈리티의 정의가 반드시 호스피타블한 행동과 동의어가 되어야 할 필요는 없다는 데 대한 개념 전개

### 6) 참여 제집단의 활동에 입각한 호스피탈리티의 정의

호스피탈리티에 포함된 자발성에 입각한 참여 제집단의 활동들에 의한 정의

### 7) 다양한 목적의 동기에 입각한 호스피탈리티의 정의

각기 다른 다양한 동기를 위해서 호스피탈리티가 제공되고 소비될지도 모른다는 의미에서 각각의 다양한 목적에 입각한 호스피탈리티의 정의

### 8) 품질 측면에서 접근된 호스피탈리티의 정의

시간과 공간을 통하여 특정 양식, 기능 및 동기 면에서 호스피탈리티가 달라질 수 있겠지만 호스피탈리티의 핵심(essence)은 일관된 품질 특성에서 추구되어야 한다는 논지의 정의

### 9) 관계와 성과지향적인 호스피탈리티의 정의

호스피탈리티 서비스에 관여하는 제 집단에 대해 친교관계(commensality)와 상호적 성과(mutual enhancement)를 창출하도록 설계된 활동이라는 호스피탈리티의 정의

### 10) 인적 참여 전제의 호스피탈리티의 정의

호스피탈리티 교환과정은 반드시 사람의 참여가 내포되는 것이어야 한다는 전제에 의한 정의

### 11) 거래의 요건들을 전제한 호스피탈리티의 정의

거래가 시간을 매체로 해서(intermediate time frame) 발생되고, 일시적으로 생산과 소비 측면들 간에 긴밀한 관계(temporal connection)를 반영하는 교환거래일 경우 등 거래의 조건들을 전제로 한 호스피탈리티의 정의

## 2. 제품과 관련시킨 호스피탈리티의 정의

### 1) Brotherton(1999)에 의한 호스피탈리티의 정의

이상 요소들의 관점에서 Brotherton은 다음과 같이 호스피탈리티를 정의하고 있다.

그는 호스피탈리티에 대한 몇 가지 요소를 전제하고 있다. 즉 하나는 숙박 및 식료와 음료의 제공을 통하여 관련된 제집단의 상호적 복지(well being)향상을 목적으로 해서 설계되고 있다는 점이다. 또 그는 호스피탈리티에는 관련 제 집단이 자발적으로 참여하고 있다는 전제를 들고 있다. 또한 그들 관련자들 사이에 동시적으로 발생하는 동시성(simultaneity)의 인적 거래라고 하는 전제이다. 이러한 3가지의 요건을 갖춘 거래를 호스피탈리티라고 정의하고 있다. 그는 또 다시 다음 [그림 1-2]에서 시사되는 바와 같이 호스피탈리티 거래를 유형재인 상품과 무형재인 서비스로 분류하고 있다(Brotherton, 1999).

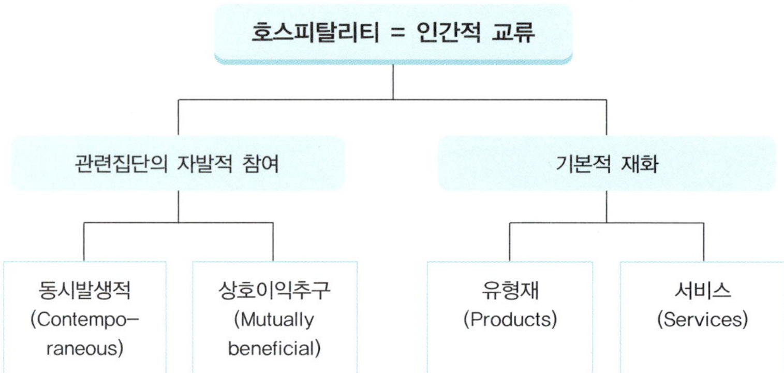


[그림 1-2] 호스피탈리티 관계도

### 2) 제품 관련의 제 정의와 호스피탈리티 산업

일찍이 Kotler(1997)는 제품을 순수한 유형재, 무형적 서비스를 곁들인 유형재, 무형적인 서비스 및 순수한 무형적 서비스 등 4가지 영역으로 구분하고 있다.

이 상품이나 서비스 모두가 제품으로 기술되기도 하지만(Cowell, 1991), 이 제품을 유형재와 무형재로 분류할 경우에는 유형재는 흔히 상품으로, 그리고 무형재는 서비스라고 기술되고 있다. Levitt(1972)의 주장대로 제품으로서의 서비스와 상품은 상대적인 점유비율의 비중이 크거나 작을 수는 있어도 순수하게 무형적 서비스와 순수한 유형재만으로 이루어진 제품은 존재하지 않는다. 이런 맥락에서 볼 때 그리고 실제로 호스피탈리티의 정의에 나타난 상품도 유형재와 무형재가 구분되고 있다는 점에서 보듯이 결국 순수한 서비스만으로 구성되어 있는 서비스 산업은 없다고 보아야 할 것 같다.

무형재와 유형재가 혼합된 업종별 혹은 산업별로 어떤 기업의 제품이 더 유형적인

지 혹은 무형적인지를 아는 것은 사업경영에 있어서 중시해야 할 요소들에 대한 시사점을 던져줄 수가 있다. 이런 문제에 대해서 하나의 연속선 위에서 산업별 유형재와 무형재의 비중을 그림으로 표시해 준 Shostack(1977)의 연구는 산업별 차이에 대한 이해도를 높여 주는데 상당히 기여했다(그림 1-3 참조).

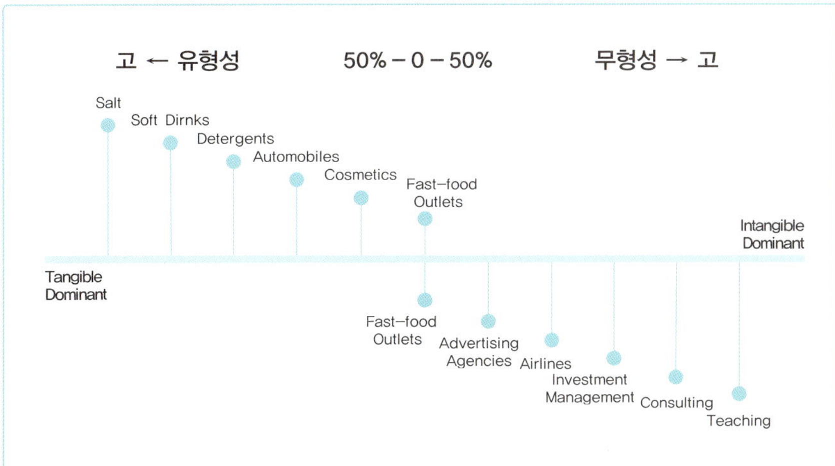


자료 : Shostack(1977).

[그림 1-3] 기업 업종별 재화의 무형성과 유형성 비중도

그러나 서비스는 행위(deeds), 과정(processes) 및 수행(performances)일 뿐이며(Zeithaml and Bitner, 1996), 상호작용이나 사회적 사상(events) (Normann, 1991)이므로 이러한 서비스의 수수 관계에 의한 거래에서는 소유권을 야기시키지 않는다(Kotler et al., 1998). 서비스를 고객과 기업 혹은 고객과 서비스 제공자 간의 이원적인 상호작용 관계로 보는 정의(Czepiel and suprenant, 1985; Shostack, 1985; solomon et al., 1985; Surprenant and Solomon, 1987)에서는 만남과 서비스의 과정에 초점을 맞추고 있다.

## 제5절 호스피탈리티 산업과 호텔의 정의

### 1. 호스피탈리티 산업의 이해

호텔산업은 흔히 호스피탈리티 산업(hospitality industry)이라고도 하는데 종전에는

환대산업으로 번역되었지만, 이제 좀 더 포괄적인 의미로 hospitality가 그대로 수용되는 추세이기 때문에 환대라는 말 대신 호스피탈리티 산업이라고 칭하고 있다.

호텔의 상품과 서비스들은 오늘날 고객의 요구나 여건에 따라 개별적 혹은 동시에 제공되기도 하는데 동일 호텔사들이 개발한 다중 브랜드의 개념과 필요성은 표적고객(시장)을 중심으로 그들의 요구사항이나 선호하는 여건에 기초해서 출발되고 있다.

오늘날 환대산업은 광범위한 하위 사업영역들로 구성되어 있는데, 이처럼 내포되어 있는 각각의 사업 섹터들은 숙박업(lodging) 측면, 식음료 서비스업(foodservice) 측면, 인적서비스 측면 및 여행, 여가 및 관광과 관련된 측면, 교통과 관련된 측면 등으로 대별해 볼 수 있다. 그런데 이런 서비스 섹터들은 지역 주민들이 일상적으로 받는 일반적인 서비스와는 달리 일시적 성질의 이용객들을 주된 대상으로 하는 인간적인 교류라는 점에서도 호스피탈리티 서비스의 특성을 찾아 볼 수가 있다. 인적교류인 호스피탈리티는 특정의 상품과 서비스에 기초하고 있으면서 또 동시적이고 자발적이며 상호간에 유익한 것이라는 특성을 전제로 하는 인적인 교류이다(그림 1-4 참조).

호스피탈리티 산업은 이런 조건들을 충족시키는 과정을 통하여 사업을 운영해 나가야 한다는 것이다. 호스피탈리티의 본질적인 성향을 유지하면서 그리고 특별히 다루는 상품과 서비스들을 통하여 목적을 달성할 수 있어야 할 것이다. 그런데 호스피탈리티 산업을 이루는 사업의 업종은 다양하다.

| Hospitality ➔ | A Human Exchange 〈 | Characterized by 〈 | ① being contemporaneous |
|---|---|---|---|
| | | | ② being voluntary |
| | | | ③ being mutually beneficial |
| | | Based on 〈 | ④ specific products |
| | | | ⑤ specific services |

도표 : 필자 작성.

자료원 : Brotherton & Wood, 2000, p. 135.

[그림 1-4] Dimensions of Hospitality

환대산업은 여행 및 관광과 밀접히 관련되어 있다. 그만큼 오락 및 레크리에이션 활동과 관련된 카지노, 수영, 스키, 골프 등 다양한 종목의 스포츠와 여가활동과 관련된 놀거리들 중심의 상품과 서비스도 중요해지고 있다. 호텔을 이용 목적별로 구분했을 때 호텔은 다양한 상품과 서비스를 가지고 다양하게 분류되고 있다.

대학의 호스피탈리티 교육과정에 이런 교과목들이 포함돼야 한다는 주장은 이런 실증적 관점에서 타당성이 크고 상당히 설득력이 있는 것이기도 하다.

그러나 산업에 있어서 서비스를 위해서 무엇보다 필요한 것은 호스피탈리티(hospitality) 그 자체를 핵심으로 하는 이해와 지식기반인 것이다.

호텔경영의 연구대상이 되는 호스피탈리티는 사교적인 의미의 사회적 호스피탈리티(social hospitality)가 아니라 상업적인 호스피탈리티(commercial hospitality)이다. 대부분의 내구재를 생산하는 제조업자들은 고객이 사용하고 소비하기 전에 미리 생산하고 저장도 가능하기 때문에 제품의 생산과정에서의 품질관리에 시간을 갖고 조직적인 노력을 투입하고 제품의 정선도 가능해진다. 또 반드시 고객과의 접촉을 요하지도 않지만 호스피탈리티 사업에서는 서비스 상품을 고객이 필요로 하는 시점과 현장에서 생산과 소비를 동시적으로 하게 되므로 고객과의 접촉은 불가피한 것이 된다. 생산과 소비과정은 긴박하게 이루어지므로 모든 서비스는 개별화 되는 동시에 품질관리에 시간적 및 정신적인 여유가 별무하다. 더욱 문제시되는 요소는 대부분의 고객대면이 초면일 경우가 많아서 당사자들 사이의 문화적 배경이 다른 데서 올 수 있는 무지가 지속적으로 문화적 충돌(cultural collision)을 야기할 수 있는 여건을 조성하게 된다는 점이다.

그러므로 무형적인 서비스 내용과 품질의 통일성(uniformity)은 품질의 일관성 유지라는 한도 내에서만 비교적 가능해지고 개별 고객별 맞춤형 서비스(tailored service)로 인한 통일성의 궤도이탈을 방지하려면 숙련된 서비스 제공이 전제된다. 이처럼 각각의 서비스가 달라져야 할 이질성(heterogeneity)에 대한 수요는 상용 호스피탈리티에서 찾아볼 수 있는 주요한 특성으로 이해되어야 할 것이다.

호스피탈리티 경영은 원칙적으로 식음료와 숙박 등 긴요한 서비스의 제공과 관련해서 경영개념과 기술의 적용을 포함하는 경영에 대한 것이다.

## 2. 호텔에 대한 정의

### 1) 사전적 정의

호텔의 사전적 정의에 의하면, "가격을 치를 경제적인 능력이 있는 일반 소비대중에게 자발적인 인간적 교류를 통하여 인적서비스와 식료와 음료 및 숙박을 제공하는 건물 혹은 기관이다"라고 해서 주로 건물이나 사업체를 기준으로 한 정의를 내리고 있음을 알 수가 있다. 그러나 이 정의는 '집 떠난 집(home away from home)'으로서의 호텔이 일시 체류객을 위한 것인지 혹은 장기 체류객을 위한 것인지에 대한 시간적 개념은 정리되지 않고 있다.

그러나 다른 사전에서는 호텔은 단기적으로 가격을 지불하고 사용하는 숙박을 제공하는 기관이라고 정의되기도 함으로써 단기적인 조건(short-term basis)에 대해 분명히 언급하고 있다.

### 2) Dittmer와 Griffin의 정의

Dittmer와 Griffin에 의하면, 숙박업(lodging properties)이란 "집을 떠난 사람들에게 요금을 징수하는 가운데 일시적 혹은 영구적인 목적으로 이용할 수 있도록 가구를 갖춘 숙박시설을 제공하는 사업체"로 정의되고 있어서 기간을 명시하면서 동시에 단기뿐만 아니라 장기적 수요에 대해서도 서비스한다는 것을 밝히고 있다. 제공되는 시설물의 대부분은 또한 식료, 음료, 청소 외에도 흔히 여행과 관련하여 여행자들이 추구하는 일련의 다른 서비스들 까지도 제공되는 것으로 이해되고 있다(Dittmer and Griffin, 1993). 이 정의는 사전적 정의 보다는 비교적 광범한 것으로 장·단기 체류의 콘도, 하숙집, 호스텔, 대학 기숙사, 리조트, 모텔, 인, 호텔 등 다양한 범주의 숙박시설까지도 정의에 내포될 수 있는 광의적 개념이지만 사회경제적 환경 변화로 초래될 새로운 유형의 숙박업 수요를 고려할 때, 시대를 초월한 모든 형태의 숙박업을 함축할 수 있는 호텔의 정의란 쉽지 않다.

### 3) 호텔의 어원

호텔은 프랑스어의 htôel에서 유래한다. 프랑스어의 hôte란 주인(host)이란 의미를 지닌 말이다.

## 3. 관광사업법상의 관광호텔업의 정의

우리나라 관광사업법에 의한 관광숙박업은 호텔업, 휴양 콘도미니엄업으로 대분되는데, 그 중 호텔업은 관광객의 숙박에 적합한 시설을 갖추어 이를 관광객에게 제공하거나 숙박에 부수되는 음식, 운동, 오락, 휴양, 공연 또는 연수에 적합한 시설 등을 갖추어 이를 이용하게 하는 업(사업법 제3조 1항 2호)으로 정의되고 있다. 이 정의는 시행령 제2조 2호에 명시된 바 호텔업의 분류에 포함된 여러 가지 호텔들을 포괄할 수 있도록 규정된 것이다.

과거의 숙박업법에 근거가 없다면 새로운 유형의 호텔 인허가를 놓고 불법성 논란을 거쳐 적법한 행정절차의 이행과 복잡한 처리과정을 요하게 될 것이다. 해당 법이 커버하지 못하는 변화된 환경에 대한 불법성 및 부적응성을 교정하기 위해서 흔히 후속적인 사업법 개정 등을 통하여 행하던 적법한 행정처리 관행에 비추어 볼 때 법적 근거가 취약한 사업이나 업종에 대한 발전은 얼마간 제한될 수밖에 없다. 이런 점에서 제도 정비는 발전을 촉진할 수 있는 기반이 될 수 있다는 점에 유의해 볼 필요성이 있다. 그러므로 관광사업법에 의한 숙박업과 호텔 분류가 세계화의 신조류를 잘 반영하는 가장 바람직한 모형은 아닐지라도 적어도 현재 우리나라에서 건립·운영되는 숙박업의 종류들을 반영하는 것임에는 틀림없다.

우리나라의 관광 호텔업은 종합관광 호텔업, 일반관광 호텔업, 수상관광 호텔업, 한국전통 호텔업, 및 가족 호텔업 등으로 분류된다. 종합 및 일반 관광 호텔업은 관광객의 숙박에 적합한 시설을 갖추고 관광객이 이용할 수 있도록 하며 음식, 운동, 오락, 휴양, 공연 혹은 연수에 적합한 부대시설 등을 함께 갖추어 이용토록 하는 사업이란 점에서는 동일하다. 그러나 오락이나 공연시설 유무에 따라 종합 관광호텔은 평가를 거쳐 등급이 결정된 고급호텔이다. 일반 호텔은 호텔등급을 규정하지 않은 숙식위주의 중저가 숙박시설이란 점에서 다르다. 수상 관광호텔은 수상오염을 방지하기 위한 오수저장·처리시설 및 폐기물 처리시설의 설치를 필수요건으로 하는 숙박시설이다. 가족 호텔업은 국민에 대한 복지관광적 차원에서의 숙박업종으로 강원도 낙산에 건립된 호텔이 처음이다.

그러나 우리나라 호텔관련 법규 중 특히 호텔의 종류와 관련된 규정의 개정과정을 보면 숙박시장에서 요구되는 새로운 형태의 숙박업종에 대한 전망이나 예측을 통한 새로운 업종의 편입을 지향한 법 개정보다는 잘못된 인허가 과정이나 이를 규율하기 위한 구체적 차원의 법 개정 사례들도 있었음을 부인할 수가 없다. 향후 숙박업의 글로벌화에 따른 국제 경쟁력 강화 차원에서 새로운 업종 인가에 대한 협회 요청보다는 비교적 적극적인 미래지향적 연구를 통하여 신규 업종을 위한 관련법규 개정이 될 수 있도록 고려할 때 비로소 바람직한 법 개정이 이루어지지 않을까 한다.

## 제6절 호텔-호스피탈리티 산업

### 1. 어원적 접근을 통한 호텔산업의 조명

호텔의 사전적 정의를 보면 "대가를 지불할 능력이 있는 사람들에게 숙박, 식음료 및 인적인 서비스를 제공하는 사회적 기관으로 정의되고 있다(Webster 사전).

호텔산업을 흔히 호스피탈리티 산업과 실무계나 학계에서 혼용하고 있는 것은 여전히 사용되는 호스피탈리티라는 용어와 호텔의 용어가 갖고 있는 동일한 어원과도 무관하지는 않다. 흔히 호스피탈리티 산업은 종전에는 환대산업으로 번역되어 사용돼 왔는데 이것은 마치 경영학에서 마케팅이란 용어가 초기에는 배급관리나 판매관리 등으로도 불리어졌던 것과 별다르지 않은 배경을 갖고 있다. 물론 호스피탈리티의 핵심적인 의미 속에는 객에 대한 환대가 중요하게 자리 잡고 있지만 그것만으로 많은 의미를 포괄하는 호스피탈리티를 명확히 설명할 수는 없다.

호스피탈리티란 말은 원래 "주인으로서 역할하고 행동하는 것 혹은 호스피탈리티를 제공하는 것"이란 의미를 지닌 라틴어(Latin)에 어원(etimology)을 둔 'hospitale'에서 유래된 것이다. Hospitare는 이탈리아어 opritare와 같은 의미인데, 이것은 또한 라틴어의 hospes에서 유래되었는데, hospes란 ① 주인(host), ② 고객(guest), 방문객(visitor), ③ 주인과 고객 간의 관계, 그러한 주인, 그런 고객들이란 의미의 말이다. 발전 과정을 거쳐서 hospitale는 "손님으로서 받는 것(to receive as a guest)"이란 의미를 지닌 말로 발전되게 되었다.

동일한 어원에서 파생된 현대의 용어들 중에는 호텔(hotel) 외에도 병원(hospital), 호스텔(hostel), 호스피스(hospice) 등을 들 수가 있다. 이들 기관이나 기능 그리고 경영의 내용을 보면 상당부분 유사성이 있음을 알 수가 있다. 여기에 나타난 나그네(stranger)나 객(客)이란 일상 정주지 혹은 거소(집)를 거주 목적 이외의 목적으로 떠난 사람들로 되어 있다. 이것은 관광객을 정의할 때에도 주요한 전제로 제기되는 조건이기도 하다. 그러나 위에서 동일한 어원에서 파생된 모든 객들이 관광객과 동일한지의 여부에 대해서는 아직 명확한 구분 근거를 제시하는 이론적 근거나 문헌을 찾아볼 수는 없다. 호텔은 흔히 이들 집 떠난 사람들에게 "집 떠난 집(home away from home)"으로서의 역할을 제공하는 장소 및 기관으로 설명되고 있다. 객들이 추구하는 것은 일상적인 것과 같거나 다르거나 간에 기본적인 욕구 사항들을 충족시킬 수 있는 식음료(food and beverage) 상품, 객실을 포함하는 숙박소(lodging) 상품을 통한 대접, 안락하고 편안한 서비스, 기타 객실 내외의 부대시설을 통한 욕구충족 및 장식적 요소들을 통한 환대와 기쁨을 통하여 서비스를 체험하도록 해준다.

이런 상품과 서비스들은 오늘날 호텔의 운영체제, 고급화 정도, 규모, 가격, 품질에 따라 다양하게 준비되고 제공된다. 이런 요인들에 대한 고객욕구와 개인이 갖고 있는 문화적 배경 등 여건에 따라 고객이 선호하는 호텔의 시설과 서비스의 내용들도 다양하게 나타날 수가 있다. 이런 것들은 한 호텔 내에서 모두 제공되고 이용될 수도 있지만 어떤 경우에는 제한된 내용으로 제공하는 호텔도 있다.

글로벌 사회에서 각국들은 고객이 선호하는 품질과 가격 수준에서 호텔과 호스피탈리티 서비스를 선택하기 쉽도록 잠재고객들을 도와주고 있다. 소위 관광 마케팅이나 관광서비스의 일환으로 일정한 기준들을 가지고 통제하는 일련의 공개적인 호텔 등급 자료들을 제시함으로써 각 시장계층의 잠재고객들이 호텔을 쉽게 알아보고 고르도록 많은 정보들을 제공하고 있다. 그러나 이것도 시대적인 영향을 피할 수는 없다. 서비스에 대한 영향은 유행, 혹은 불가피한 여건으로부터 발생되고 있다. 최근에는 녹색 환경 친화적인 호텔등급 결정과 인증마크 부착에 대한 움직임이 부산하다. 또한 건축의 양식이나 놀이문화의 변화 등도 호스피탈리티의 내용에 변화를 초래하고 있다. 이런 다양한 배경에 의해서 다양한 등급이나 종류로 차별화된 호텔들이 개발되고 운영된다.

현대에 와서 다양해진 시장계층은 호텔의 생존을 위한 시장전략 차원에서 호텔사들이 다중 브랜드 전략을 통한 다양한 계층의 호텔투자를 서두르지 않을 수 없게 만들었다.

현대 호스피탈리티 산업을 구성하는 하위 사업영역들(dimensions)은 대부분 관광관련 산업들이며 호텔 등 숙박업 분야, 식음료 분야, 항공사 분야 및 여행업계를 예로 들 수가 있다.

호스피탈리티 산업은 흔히 지역주민을 소비자 혹은 시장으로 하는 일반 서비스업과는 달리 이들 외에 외지로부터 방문한 관광객들을 주된 대상으로 한다는 점에서 시장영역을 달리할 뿐만 아니라 시장범위를 확대할 수 있는 가능성을 크게 지녔다는 점에서도 산업의 특성을 찾아볼 수가 있겠다. 현대의 호텔들은 종합 휴양지적인 성향을 띄어가고 있다. 여가를 즐기는 사람들의 수요에 따라 카지노장, 수영장, 골프코스, 스키장 등 오락과 여가활동을 주제로 한 놀거리를 지향한 스포츠 시설들이 종래의 쇼핑 시설에 부가해서 속속 호텔의 부대시설로 개발되고 있다. 더구나 이런 시설이나 놀거리에 대한 사람들의 기호는 언제 어떻게 변화할지 모른다. 특정의 콘셉트로 개조(re-modeling), 개보수(renovation)하는 방법으로 개선시키거나 개축하는 작업에 착수할 수도 있고 또는 본격적인 신규시설 투자를 요하게 될지도 모른다.

경기변동, 특히 불경기나 경기침체가 지속되는 시기에는 이런 추가적 자본수요는 호텔에 결정적인 재무적 압박요인으로 작용되기도 한다.

지금까지 산업의 고도화 및 산업사회의 발전, 그리고 여가문화의 대중화 등에 기반을 두고 호텔은 경영에 요구되는 제 측면들에 대한 관리 때문에 전문화된 경영 노하우로만 관리될 수 있는 거대한 글로벌 산업으로 발전되어 왔다.

호스피탈리티의 정의를 통하여 학습하고 검토해 왔듯이 호텔경영은 일반 기업경영과 닮은 점도 있지만 확실히 차별화되는 다른 점들도 현저하게 많다.

일반 경영학 교육으로부터 습득한 경영의 기본분과에 대한 지식이 호스피탈리티 경영에 필요한 것이기도 하지만 과학적이면서 동시에 기술적인 측면도 매우 중시되는 호스피탈리티 산업에서 필수불가결하게 요구되는 인간적 측면에서 '호스피타블니스(앞의 정의 참조) 요건충족'을 위한 지식과 자세 확립이 호스피탈리티 산업 본래적 특성의 이해와 이를 통한 고객의 욕구충족에 관건이 되고 있다.

대부분 내구재 생산 위주의 제조업자들은 고객의 수요와 필요성을 중심으로 하는 고객의 문제를 발견하고 경쟁업체보다 먼저 재화를 생산하고 저장할 수 있는 시간적인 여유를 갖고 조직적인 노력을 경주함으로써 균일한 품질관리와 제품생산이 가능하다. 그러나 호스피탈리티 사업에서는 고객과 종업원 관계가 서로 대면하는 관계요 상호의존적인 관계이므로 제공되는 서비스들은 하나하나가 모두 개별적인 성질의 것이 된다. 이런 관계 하에서 모든 서비스의 생산·제공과정이 그대로 고객에게 노출되는 가운데 서비스가 이행되므로 계획, 생산, 소비에 투입할 시간적 및 정신적인 여유도 없다. 공장에서는 제품이 목표 품질을 미달할 경우 제품을 재생산할 수 있거나 혹은 그 제품을 거래 대상에서 제외시킬 수가 있지만 현장을 요하는 하나의 인적인 서비스 과정에서 일단 맺어진 고객과 서비스직원의 관계와 여기서 생산·제공된 서비스는 교체하거나 개선여지를 허용하지 않는다.

호스피탈리티의 서비스 관리는 매우 긴박하고 어렵게 이루어지고 있다. 구조적으로 호텔은 소매업이고 호텔고객은 대부분은 일시 체류객(transient guest)이므로 높은 거래

빈도와 많은 거래처들을 특징으로 한다. 그러므로 고객의 성향이나 취미 등을 포함한 고객의 문화적 배경정보를 수집할 시간적 여유도 없기 때문에 대부분의 서비스는 과학적인 접근방법 보다는 그때의 여건에 맞는 임기응변적인 기술적 측면들이 중요해 진다고 볼 때 서비스에 대한 종업원의 지식기반과 경험적 숙련도에 대한 의존도는 매우 높다. 이것이 바로 호스피탈리티 서비스 관리를 어렵게 만드는 요인이 되고 있다.

흔히 지식기반 서비스를 강조하는 이유 중에는 접객과정의 관계에(host and guest)서 의도하지 않은 문화적 충돌(cultural collision)이나 고객 불만을 야기하지 않도록 대비된 지식과 경험을 기초로 하는 서비스를 요하기 때문이다. 서비스의 통일성(uniformity)이 필요하면서 획일적이 되지 않아야 하고 또 서비스의 이질성(heterogeneity) 때문에 통일성이 실현되지 않을 경우도 있기 때문에 통일성보다는 서비스품질의 일관성을 더 강조하게 되기도 한다. 이런 관점에서 호텔에서는 개별고객에게 적합한 맞춤형 서비스(tailored service)의 한계를 벗어나서는 안 된다고 할 만큼 철저한 개별 고객 지향적인 서비스의 필요성이 항상 강조되고 있다.

심지어 신규호텔 개발에 있어서도 물론 경기 침체기에는 여러 가지 원가압박을 가중시킬 소지가 있기는 하지만 호텔사들이 동일 건물 내에서 조차 상품의 콘셉트를 달리한 다양한 객실들을 소량으로 차별화 하여 공급하는 전략을 수립하기도 한다. 이는 고객 지향적인 상품과 서비스의 실제 적용 사례이다. 고객의 서비스 체험을 차별화하기 위한 호텔 상품과 서비스의 차별화는 여러 가지 측면에서 호텔산업의 성질에 대해서 시사해 주는 바가 크다.

## 2. 호스피탈리티 산업경영

### 1) 호스피탈리티 산업의 정의

Brotherton(1999)의 정의에 기초할 때 호스피탈리티 산업의 정의도 명확해질 수가 있다. 호스피탈리티 산업을 '관련된 제 집단의 상호복지 향상을 위해서 그 일이 동시발생적(contemporaneous; simultaneous)인 성질의 것이며 자발적인 의도를 기초로 한 인적 교류를 통하여 숙박시설, 식품 및 음료 제공을 전문으로 하는 복합적인 상업조직들로 이루어진 산업'이라고 정의하고 있다(The hospitality industry is comprised of commercial organizations that specialize in providing accommodation and / or, food, and / or drink, through a voluntary human exchange, which is contemporaneous in nature, and undertaken to enhance the mutual well being of the parties concerned).

여기서 전제가 되는 요건들은 네 가지로 요약될 수가 있다.

첫째, 성질상 동시 발생적이어야 한다는 점, 둘째, 관련 집단의 상호적 복지증진을 목적으로 하고 있다는 점, 셋째, 자발적 형태의 인간적 교류(human exchange)를 필요로 한다는 점, 넷째, 숙박시설과 식음료 제공을 전문으로 하는 상업조직들로 이루어진 산업이라는 점 등이다.

### 2) 호스피탈리티 산업경영

① 호스피탈리티 경영(hospitality management)은 음식, 음료 및 숙박시설 이라는 3가지의 핵심적 서비스 제공을 필수 요건으로 하지만 반드시 서비스의 내용들을 이런 것들에 국한시키지는 않는 상업조직의 관리에 관한 것이다.

② 호스피탈리티 경영은 원칙적으로 이러한 재화와 서비스들을 제공하는 데 있어서 경영개념과 기술의 적용을 수반하는 경영이다.

③ 호스피탈리티 경영은 이윤 등 각종 성과창출을 지향해서 이루어지는 활동이다. 그러므로 고객 지향적인 서비스가 수회에 그치는 행사성 성질의 것이 아니라 언제나 고객이 원할 때 지속적인 이용이 가능하도록 운영되는 본격적이고 대규모적인 호스피탈리티 서비스의 생산과 제공에 관련된 활동을 지속시켜 가게 된다.

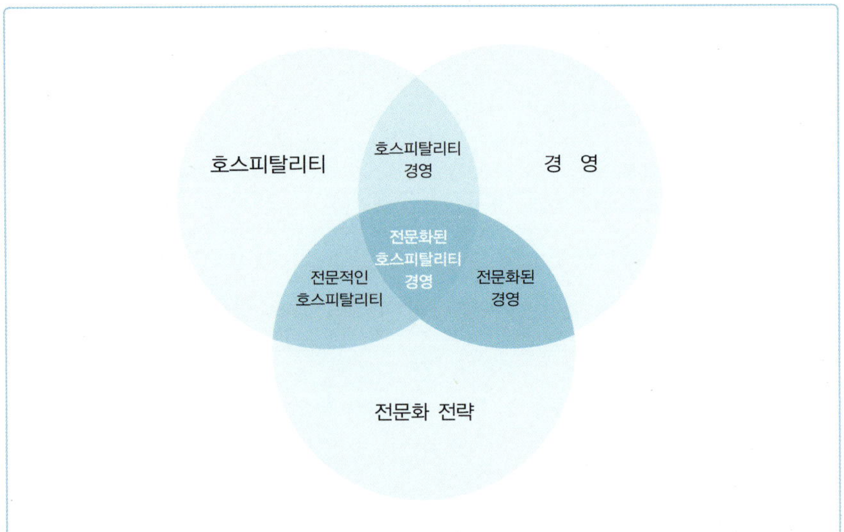


[그림 1-5] 전문화된 개념의 호스피탈리티 산업경영

호스피탈리티 시설은 이러한 목적을 위한 전용의 전문시설이 됨으로써 고객이 언제나 일정한 품질의 서비스를 반복적으로 이용하고 질 좋은 서비스 체험을 할 수 있도록 해줄 상품, 시설 및 인적인 서비스 수행에 만전을 기할 수 있도록 관리된다.

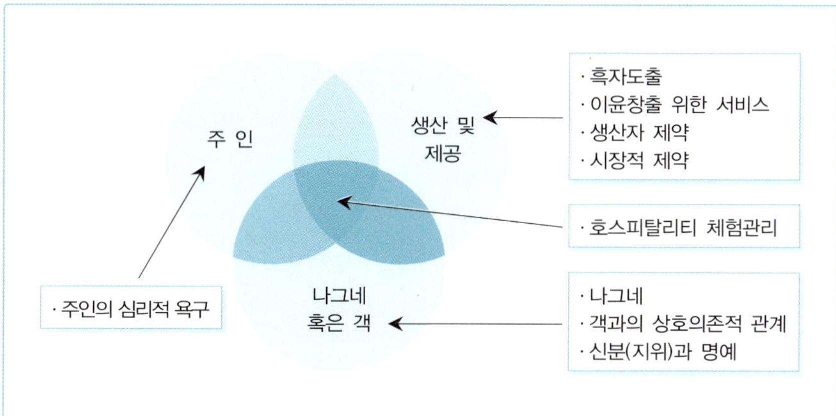


[그림 1-6] 호스피탈리티 산업활동과 서비스체험

이해를 증진하기 위해서 호스피탈리티 산업에서 제공하고 있는 상업적 호스피탈리티를 비영리 목적의 사회(복지)적 호스피탈리티 서비스와 비교해 보는 것도 효과적일 것이다(표 1-1 참조).

〈표 1-1〉 사회적 호스피탈리티와 상업적 호스피탈리티의 비교

| 특성 구분 | 사회적 호스피탈리티 (social hospitality) | 상업적 호스피탈리티 (commercial hospitality) |
|---|---|---|
| 지향성별 | 공급지향적(supply led) | 수요지향적(demand led) |
| 거래발생 형태별 | 특별한 경우(occasional) | 지속적(continuous) |
| 규모별 | 소규모(small scale) | 대규모(large scale) |
| 관리형태별 | 자기관리(self administered) | 타인관리(administered by others) |
| 전용시설 여부 | 비전용시설(non-dedicated facilities) | 전용시설(dedicated facilities) |
| 체험의 반복 여부 | 단속적 체험(unique experience) | 반복적 체험(repeatale experience) |
| 경제활동 형태별 | 개별적 활동(personalized activity) | 규모의 경제성(economies of scale) |
| 체험별 | 사회적 체험(social experience) | 서비스체험(service experience) |
| 호스피탈리티 목적별 | 비영리목적(not for profit) | 영리목적(financial sustainability) |

표 : 필자 작성.

### 3) 인적측면을 중시하는 호텔경영

품질 좋은 서비스를 중심으로 하는 서비스 산업이란 측면에서 추종되어 온 실용론적 입장으로 인하여 호텔경영학의 학문성에 대한 논의가 때로는 기술론적 회의를 제기한 적도 있었다. 또한 서비스 자체에 대한 탐구가 과학이 아닌 기술로 여겨진 적도 있었다. 서비스 제공관련 문제는 기술적 측면이고, 이를 통한 수익성과에 대한 관심과 경영관리의 문제는 경영과학으로 여겨질 만도 했다.

호텔서비스와 관련해서는 기계나 발전된 기술로도 대치될 수 없는 인적인 서비스에 대한 요구가 많다. 기술이란 사람들의 능력과 숙련도와 관련된 개념인데, 이것이 경영에서 하위 개념이라는 근거는 없고 또 실제로 그렇지도 않다.

서비스에 관련된 많은 연구들은 중요한 경영학의 한 영역을 구축해 왔고 인적서비스는 호스피탈리티 산업에서는 물론이고 어떤 산업분야에서도 긴요하게 다루어지고 있다. 경영학에서 서비스는 어떤 제품보다도 성과에 대한 잠재력이 큰 영역으로서 여전히 연구될 여지가 큰 주제가 되고 있다. 사업의 수익성과와 관련해서 이루어지고 있는 서비스의 기능과 잠재력을 입증하는 이론적 및 실증적인 많은 연구업적들도 발표되고 있다.

그러므로 굳이 호텔경영에서의 기술적 요인의 중요성을 강조했던 초기의 호텔경영 관련 저술가였던 Boomer나 Henderson 같은 사람들의 말을 인용하지 않더라도 호스피탈리티의 본질은 사람들을 중심으로 하는 교류관계에서 추구될 수 있다. 이렇게 볼 때, 호스피탈리티와 이 산업에서 중시하는 사람 중심의 직무수행을 통한 호텔산업의 경쟁력과 호텔경영학의 발전을 위해서는 기술도 과학도 불가결한 요인들이 되고 있다.

# 제2편

# 글로벌 호텔-호스피탈리티 산업의 발전사

CHAPTER_2

# 글로벌 호텔산업의 발전사

## 제1절 초기의 숙박업에 대한 발전사적 고찰

호텔은 원래 '집 떠난 사람들에 대한 거주 및 휴식처'라는 본래적 기능을 중심으로 해서 발전되어 온 산업이다. 그러므로 일시적으로 집을 떠나는 활동인 여행이나 여가의 발전과 더불어 급증된 숙박 및 외식사업 등 호스피탈리티 산업의 발전은 또한 교통수단의 발달과 더불어 발전되어 왔다는 점을 간과할 수는 없다.

현재와 미래의 숙박업 발전과 지식기반 서비스산업으로서 호텔이 기능을 발휘하고 기업과 사회에 바람직한 성과 극대화를 초래하려면 호텔발전의 역사적 배경을 이해하는 것이 중요하다. 과연 호텔이 어떤 경위를 거치면서 오늘날과 같은 현대적이고 호화로운 건축물로서 또 거대한 산업으로서 발전되어 왔으며 사회적 기관으로서 호텔이 대내외적으로 수행해왔던 본래적 기능은 무엇인가? 또 어떤 부가적 기능과 역할이 추가되어야 할지? 그럼으로써 인류와 사회에 어떻게 공헌해야 할지에 대한 미래지향적인 방향 추구를 위해서는 여행 및 관광의 발전사도 함께 고찰해 보는 것이 바람직하다.

### 1. 초기 숙박업의 형태

#### 1) 초창기의 인(early inns)

인간의 여행에 대한 기록은 다대하다. 사람이 회귀할 목적으로 정주지를 떠나는 일체의 여행을 관광으로 정의할 때 인류의 역사는 그대로 관광의 역사가 될 것이다.

이렇게 볼 때 여러 가지 목적으로 집을 떠난 이들이 기본적으로 몸을 의탁하여 유숙하고 식사를 해결해야 할 인간의 기본적 욕구와 필요성에서 비롯된 숙박업의 역사는 유구할 수밖에 없다. 그러나 오늘날과 유사한 상업적 목적을 가진 시설 및 인력 등 조직적인 체계를 갖추고 현재적 의미의 숙박산업(lodging industry)으로 발전하기 까지는 많은 시간을 요했다.

사업적이 되기 위한 필요조건 속에는 그러한 자연발생적 여행과 숙식 수요나 필요성의 단속성에서 오는 어려움을 극복하고 보다 지속성을 지향하여 항상 이와 관련된 업무를 조직적으로 수행해야 된다는 점에서 초기의 숙박업과는 확실히 차이가 요구되고 있다. 전쟁이나 그런 원인에 따른 대규모적인 사람들의 이동, 유목민들처럼 생활목적으로 자주 터전을 옮기는 이전 등은 비록 숙식을 요하긴 해도 이를 관광으로 정의하거나 그렇게 보지는 않는다. 또한 상품에 대한 그들의 필요성이 관광행위나 호텔시설을 찾게 돼 이것들을 사고파는 사업적 개념으로까지 유도되지 못했음도 알 수가 있다.

이런 관점에서 볼 때 사막지역에서의 대상들의 이동이나, 19세기 초 영국을 중심으로 발발했던 산업혁명으로 인한 이동은 어떠한가? 새로이 부흥되는 공장제 산업의 일자리를 찾아 대도시로 떠나는 노동자들의 이동, 세계 도처에 산재되었던 과거 영국 식민지 통치하의 행정목적에 따른 관료들의 국내외적 이동이나 거래목적의 국내외 교역자들의 내왕으로 인한 여행과 숙박과 식사 등의 기본적인 수요와 특별한 음식, 약간의 술이나 유흥 등과 같은 여가활동에 대한 수요들은 초기와는 약간 다르게 어느 정도 거래의 지속성을 발생시키기 시작한 사건이고 사상들이었다.

이상과 같은 사회적 배경에서 초기의 숙박업은 비로소 본격적인 태동을 시작하게 되었다. 당연히 초기의 숙박업은 이렇게 역사적으로 특기할 만한 사건들이 발발되는 지역이나 국가들을 중심으로 해서 발전되기 시작했다. 초창기 인(early inns)이 주로 영국을 중심으로 해서 그 식민지역이나 국가들에서 발전되게 된 것은 우연한 결과가 아니라 수요라는 측면에서 당연한 귀결이었음을 이해할 수가 있다.

우리나라에도 초기의 여인숙이 있었는데 이것을 우리는 주막이라고 불렀다. 우리나라의 주막과 마찬가지로 서방세계의 여러 나라에서도 초기의 인은 여인숙소(旅人宿所)라는 점에서 유사한 형태의 숙박시설이었다. 주로 소규모의 개인 가옥인 주거지의 일부를 여행자의 숙소로 내 놓고, 별로 청결하거나 서비스제공과 같은 개념을 찾아보기 어려운 부실한 시설들이었지만 달리 경쟁적인 좋은 시설도 마련되지 않았기 때문에 선택의 여지도 없던 시기의 시대적 소산이었다.

이처럼 개방된 숙박사업에 대한 사회적 인식이 없던 시대였기 때문에 우리나라의 주막이나 초기의 인을 운영하는 이들에 대한 사회적 존경심이 별무했고 평판도 열악한 상태로 이에 종사하고 있었을 뿐이다. 주인들은 별다른 야심을 가지고 숙박업소와 서비스를 개선해 보려는 의욕도 없었고 또 그런 계기를 조성할 만한 사건이나 일도 일어나지 않아서 그 정도의 시설에 정체한 상태는 오래도록 지속됐다.

여기에 변화를 초래한 사건이 바로 산업혁명이었다. 산업혁명의 발발로 사람들이 런던을 중심으로 빈번히 왕래하던 1750~1820년대에 이르는 기간은 영국의 초기인(early inn)이 세계 최고로 인정되었고 주변 국가들에도 영향을 미치게 됨으로써 규모는 크지 않았지만 본격적인 숙박업 시대를 열기 시작하는 배경을 마련하게 되었다.

당시 Inn을 운영하던 초기의 숙박업 경영자들은 어느 정도 수준의 청결성 유지에도 노력했고 종전보다 개선된 서비스 증진을 이루었고 고객들의 요구에 부응해서 다소 식음료도 생산·제공하는 등 시장에 대한 반응을 보이고 있었다.

영국의 역마차 시대의 도로개설에 이어 철도가 개설되고 자동차산업의 발전으로 고속도로가 개발되면서 사람들의 내왕은 개인적 및 사업적 목적의 여행을 본격화 하

Williamsberg 소재 식민시대 최대 최고급형 Raleigh Inn

식민시대의 Christiana Tavern

게 되었다. 차츰 도심지 중심으로 이루어지던 호텔건립과 숙박업 경영에서의 혁신과 신사조들이 발전을 가속화했고 전과는 다르게 시골지역으로까지 사람들의 내왕이 확대되어 갔다. 이런 일련의 변화들은 곧 급속한 여행증대를 초래했고 이런 곳에서는 여행과 불가분의 관계를 가진 숙박에 대한 수요가 불가피하게 급증되고 있었다.

초창기에는 커다란 침대를 여러 명이 함께 사용했지만 급증되는 수요는 이런 시설의 이용관행과 시설여건을 지속시킬 수 없게 했다. 1700년대 이후 유럽에서는 이미 공동 침대를 낯선 여행자들이 공유하는 경향은 개선되었고 후에는 이런 발전 여파가 미국에로 확산돼 역시 숙박시설 여건의 개선을 촉진하게 되었다.

미국도 차(茶) 거래로 인한 영국과의 마찰, 독립전쟁을 거치면서 산업 신흥국으로 발전되던 시기였다.

호텔역사를 고찰해 보면 발달된 교역과 산업발전과 호텔의 발전이 불가분의 관계에 있음을 알 수가 있는데, 교환거래나 상업목적과 무관하지 않았던 인류의 내왕에서 기원을 찾는 초기의 여행 역사와 맥을 같이 하는 사실들이다.

어느 시점에 가서 영국 숙박업계는 더 이상 발전에 대한 의지도 능력도 없는 정체기를 겪으면서 제자리걸음을 하게 된 반면에 식민지 미국에서는 식민수도였던 윌리

암스버그(Williamsberg)를 중심으로 초기 Inn들이 성공적으로 운영되고 있었고, 특히 Raleigh Tavern은 당시 정치중심의 집합소가 되었다. 당시의 숙박사업체의 형태는 주로 항구도시에서 역마차 길을 따라 가면서 교통로에 입지했던 역마차를 위한 인으로 코칭 인(coaching inns)과 태번(taverns)들이 많았다.

이 숙박업소의 외형이나 운영방식은 모국인 영국식을 그대로 모방한 것이었지만 당시 타성에 젖어 있던 영국의 경영자들과는 달리 미국의 인 운영자들의 태도만은 비교적 급진적이었고 경우에 따라서는 확장을 시도하려는 확장론자에 가까웠을 정도로 새 것의 도입에 과감한 태도를 보였다.

세계 여러 나라에는 고대부터 그들 고유의 숙박시설들이 있었다. 각국의 호스피탈리티 경영자나 경영학도들은 문화, 전통, 경영학 등 다양한 목적에서 각각 이에 대한 연구를 진행시키고 있다. 그러나 세계 호텔 발전사를 고찰하는 이 장에서 각국 고유의 숙박업 경영 기법이나 이론들보다 구미의 숙박업을 중심으로 해서 발전사를 논하는 배경은 오늘날 숙박산업 경영의 본산지로서 모두가 그와 대동소이한 방법으로 이론과 실제가 연구되고 또 산업계에서도 그런 방식으로 호텔 운영을 해오기 때문이다. 구미 호텔은 특히 세계적인 업계 선도자로서 이론, 실무, 위탁경영이나 프랜차이즈 등 각종 계약관계들을 통하여 다른 나라의 호텔에 대해서도 실질적으로 강력한 영향력을 구사해 오기 때문에 항상 숙지 혹은 추종 필요성이 제기되는 배경 이해를 부언해 둔다.

측면에서 본 Tavern과 Inn(좌측부터)

당대에는 세계적으로 숙박업체가 현대적 기준으로는 매우 저급한 수준의 시설에다가 서비스도 부족한 것들에 불과하던 시절이었다. 그러나 식민지에 건립된 Tavern이나 Inn들은 비교적 개선된 시설과 서비스를 선보임으로써 당시에는 확실히 규모도 비교적 컸고 청결성 유지에도 노력했을 정도였다. 요컨대 식민시대 이후부터 미국에서는 당대 최고의 시설과 최상의 서비스 여건을 갖춘 세계 최고의 숙박업소를 발전시켜 가고 있었다.

### 2) Rooming Houses와 초기의 Grand Hotels

미국 내 숙박업은 서부 개척사와 함께 발전되고 확장되었다. 산업발전에 수반된 경제적 부의 축적과 교통수단의 발달 등으로 초래된 사업목적의 여행자와 중산층 여행자들의 급증 추세는 호텔을 양적 및 질적으로 발전시키는 원동력이 되었다. 또한 유럽대륙의 영향을 받아서 오늘날의 호텔과 유사한 대규모의 고급 호텔들(Grand Hotels)이 휴양지나 여러 도시의 도심권에 경쟁적으로 건립되기 시작했다.

철도사업의 발전과 더불어 급증된 숙박수요로 말미암아 철도역 인근에는 일시 체류객(transient guest)을 수용하기 위한 소규모 호텔들과 수개의 소형 객실들을 두고 빌려주는 저렴한 여인숙 형태의 숙소들(rooming houses)이 많이 생겨나게 되었다.

이 시기에 숙박업소들은 품질에 대한 차이가 명확히 구별되어 가지 시작했다. 이처럼 저렴한 여인숙과 그 보다는 서비스 수준과 청결성이 높고 호화로운 도심권 호텔 및 휴양지의 일등급 숙박업체(first-class accommodations), 그리고 그랜드 호텔들로 호텔의 품격수준(class)이 뚜렷이 구분되고 있었다.

여행자들에게는 그들의 경제적인 여건에 따라서 숙박업소의 선택여지가 생기게 된 것이다. 일찍부터 고품질의 도심호텔과 저렴하고 허름한 철도 인근의 호텔이나 여인숙 중에서 선택 여지가 부여되었지만 가격 차이는 그만큼 컸다. 서비스, 음식 및 청결성이 좋으면 사용료가 고가이고 아니면 불가피하게 저급한 호텔에 투숙해야 하는 형편이었다.

이런 발전의 결과로 19세기 초에 이르러서는 세계 숙박산업의 주도권이 영국으로부터 미국으로 전환되기에 이르렀고, 그 이후 세계 숙박업계에서는 미국식 호텔경영 방식을 추종하고 있다고 해도 과언은 아니다. 미국의 산업계가 세계 호텔산업의 발전과정에서 이루어 놓은 제 혁신들은 가히 개척적이며 과거 어느 나라에서도 경험하지 않았던 사업상의 문제들을 미리 체험하면서 이에 대한 학계 및 산업계에서 실무적용성이 큰 많은 연구와 개발을 실적으로 축적하면서 세계의 숙박업계를 선도해 왔기 때문이다.

### 3) 단일 목적의 초대형 Inn과 숙박업의 발전

현대호텔의 모태인 초대형 Inn으로 '미국 최초의 호텔'이라 불리어지는 1794년에 뉴욕시에서 개관된 City Hotel New York이 있었다. 그러나 유럽 지역에서는 세계 최초의 호텔이 독일의 바덴바덴에 근대호텔 개념으로 1807년에 건립되었던 Badische Hof라는 주장을 할 수도 있다. 초기의 Inn으로서는 규모도 크고 응접실, 식당, 침실과 욕실이 있었고 냉·온수도 공급되는 비교적 호화로운 숙박시설이었기 때문이다. 전술한 바와 같이 초기의 인은 대부분 객실 2~3개에 3~10개의 침대를 보유한 소규모적이고 서비스나 시설수준 또한 저급한 것이었다. 이에 반해 18세기 후반~19세기 초반에 이르는 약 35년 동안에는 전형적인 인에 비해 실로 초대형인 숙박업체(Inn)들이 대도시에 건립되고 사회적으로 사교의 중심지가 되기도 했다.

초대형 인을 중심으로 하는 이 시기는 다음 단계에서 누리게 되었던 미국 호텔산업 최초의 황금기를 위한 기반을 다지는 준비기간이 되었다는 점에서 호텔 발전사적인 의의를 찾아볼 수가 있다. 무엇보다도 주로 가정집이나 다른 사람의 집을 숙박업소로 개조해서 사용하던 당시의 인에 비해 초대형 Inn인 City Hotel은 호텔 단일 목적만을 위한 본격적인 시설로는 최초의 것이라는 점에서도 의미가 크다.

1794년 당시 인구 3만의 신흥도시 뉴욕시에서 개관된 73실 보유의 시티호텔은 당시로서는 실로 거대한 건축물이었고 숙박업만을 위한 단일목적으로 축조된 최초의 호텔이었다. 이 호텔은 회의실(meeting room)을 제공하고 있었기 때문에 당연히 곧 도시의 사교 중심지가 되었다.

미국 초기의 도시인 보스턴, 발티모어, 필라델피아에서도 유사한 대형 숙박용 건물들이 신축되었고 역시 인기 있는 회합장소가 되었는데, 이 때 건축된 호텔로는 Exchange Coffee House(Boston), City Hotel(Baltimore), 그리고 Mansion House(Philladelphia) 등을 예로 들 수가 있다.

## 제2절 대규모 호화 호텔 건립과 호텔의 발전

### 1. 최초의 일등급 호텔 탄생과 그랜드호텔 시대

#### 1) Tremont House의 혁신과 호텔 발전

호텔의 발전사를 고찰해 보면, 초기부터 어느 시점까지의 발전은 주로 규모가 커지는 형태로 이루어지고 있음을 볼 수 있다. 규모가 확대되면서 내부설비나 서비스의 품질도 개선되고 처음에는 없었던 것들을 이루어 가는 과정에서 혁신을 거듭하면서 획기적인 발전을 이룩했다. 물론 여기에는 호텔산업의 발전에 크게 공헌한 리츠나 스태틀러와 같은 위대한 호텔리어인 걸출한 경영자들이 발전을 주도했음을 볼 때 역시 경영에 리더십이 얼마나 중요한가를 여실히 증명해 준다고 하겠다.

일등급 호텔의 탄생과 더불어 이 시대를 그랜드 호텔(grand hotel)의 시대라고 부르는 것은 이 시대가 현대 호텔 발전사에 절대적인 영향을 미친 시기(era)이기 때문이다. 호텔건물들은 그랜드 호텔이라는 명칭에 걸맞게 과거 어느 때 보다도 그리고 현재까지도 가장 자본을 아끼지 않고 화려하게 축조된 건물이면서 매우 장중하고 우아한 건물의 강점을 근거로 한 명칭이다.

최초의 일등급 호텔인 트레몬트 하우스(The Tremont House)의 탄생은 현대 호텔 역사를 완전히 바꿔 놓을 정도로 전에 상상하거나 볼 수 없었던 수많은 혁신을 이룸으로써 호텔사에 길이 기억될 이름으로 남았다. 1829년 보스턴에서 170개실로 개관된 최초의 5성(first 5 star hotel)급의 일등급 호텔인 트레몬트 하우스(Tremont House)는 개관 자체가 혁신이었다. 이것은 당대 미국과 유럽 등 그때까지 있었던 전 세계의 모든 호텔을 일거에 뛰어 넘는 완전히 새로운 개념의 호텔이었다.

**새로운 Tremont House**

1차 Tremont House는 2층 건물로 되어 1865년 화재로 소실되고 이것은 원래 건물로부터 반 블록 떨어진 곳에 있던 유명한 빌딩인 Leon & H.를 개조해서 1879년에 탄생된 세 번째의 Tremont House이다.

이 호텔이 역사적으로 '현대 호텔산업의 시조(The Adam and Eve of the Modern Hotel Industry)'라는 불후의 명성을 얻게 된 배경도 바로 그 때문이지만 이로써 세계의 호텔 경영의 혁신과 변화를 주도함으로써 몇 단계 뛰어넘을 정도의 발전을 통하여 호텔사의 주역으로 우뚝 서게 된 것이다.

여전히 한 두 개의 소규모 객실로만 영업하던 소규모 인(inn)만을 건축하던 당대에 트레몬트 하우스는 그 때까지 있었던 어떤 숙박건축물 보다도 건축비가 많이 들고 가장 규모가 큰 초호화 호텔건물이었다. 이 호텔을 설계한 건축가 Isaiah Rogers는 향후 50여년 간 세계 호텔 건축계를 선도하는 권위자로서 명성과 역할을 담당하게 되었다.

트레몬트 하우스가 1829년 이후 50여 년간 호텔건축의 지존 혹은 모범사례로서 19세기 호텔건축에 미친 영향은 실로 지대하다.

당시 인에서 여러 고객을 한 방의 한 침대에 수용하면서 적어도 침상이 한번에 2인 이상을 수용하지 못하면 당일영업은 수익이 없다는 식으로 생각하던 때에 1인1실을 생각한 것은 가히 혁신이 아닐 수가 없다. 이처럼 트레몬트 하우스는 고객의 사생활을 중시하는 사상을 개발하고 고객들의 꿈을 실현시켜 주기 위해서 수많은 시설과 서비스의 혁신을 이루었던 호텔 사업체였다.

종전에 상상조차 못했던 '사생활 추구의 고객시장'을 겨냥해서 객실사용의 개별화를 시도함으로써 싱글 룸(single room)과 더블 룸(double room) 상품을 개발하고 모든 객실에 개별적인 잠금장치를 갖추었다는 것은 현대적인 마케팅적 사고를 개발해서 이를 호텔사업에 도입·적용한 것이라고 하겠다.

침대뿐이던 호텔의 모든 객실에 물주전자(water pitcher)와 컵을 비치함으로써 객실 내의 편의성을 더했다. 오늘날 사용하는 객실 어메니티(amenity)의 효시격으로 처음으로 무료 비누를 객실에 제공함으로써 편리성과 호화성을 제고했다.

사회적으로도 흔치 않았던 식당사업 초기에 호텔에서는 처음으로 프랑스 요리(French Cuisine)서비스를 소개하게 됨으로써 호스피탈리티 사업의 본격화에 이어 서비스의 품격을 더하는 상품의 생산 및 서비스의 제공을 도모했다.

더구나 Boyden 家(family)에서 가족경영 체제로 운영하던 트레몬트 하우스는 종업원들에 대한 인격적인 처우에 대해 생각하면서 서비스의 품질을 지향한 인적자원관리를 실제로 시도했던 최초의 호텔이었다. 비록 오늘날과 같은 수준에는 불급한 것이겠지만 경영진은 고객과의 관계를 고려하면서 종업원들에게 호텔의 대고객 접객 교육을 시도했던 것이다. 즉 품위와 존경심을 가지고 고객들을 접하도록 할 목적에서 오늘날과 같은 완벽한 형태의 종업원의 고용, 훈련 및 지시를 둘러싼 인사관리 업무가 이루어졌던 호텔이었다.

호텔에 벨보이 제도를 처음으로 개발했고 객실전화의 효시격인 "고객전화 전달직 제도(position of announciator)"를 최초로 개발해서 두었던 호텔이기도 했다. 이러한 모든 시설과 서비스 내용들은 그 때 까지 호텔에 없었던 것들이고 경험해 보지도 못했던 것들이므로 모두가 개발된 것이고 혁신적으로 시도된 것이었다는 점에서 호텔 발전에 놀랄만한 공헌을 이루게 해준 것들이다.

이러한 호텔시설과 서비스 등 경영상의 혁신을 주도했던 트레몬트 하우스는 잠재고객이나 경영자나 소유주들이 더 좋은 호텔을 건축하고 더 현대화된 호텔을 출현시킬 수 있도록 촉진시킴으로써 현대적인 호텔발전의 시동을 거는 효과를 초래했다. 트레몬트 하우스가 시작한 이러한 현대화의 경향으로 인하여 트레몬트는 결국 문을 닫게 되었다. 이 호텔이 시작했고 또 초래시킨 걷잡을 수 없을 정도의 업계 현대화 촉진 물결의 결과 트레몬트 하우스 호텔은 개관 후 20년도 못가서 현대화에 뒤지게 된 사유로 인해 문을 닫는 불운을 겪기도 했다. 호텔로 존립했던 총 65년 중 최후의 20여년은 2급 호텔로 전락했을 정도로 트레몬트 호텔 자체로서는 결코 투자수익이나 경영성과 면에서는 성공하지 못했다. 또 이와 같은 호화로운 그랜드 호텔은 누구나가 누릴 수 있는 가격대나 상품 제공과는 거리가 멀다는 점에서 제한적인 수요가 호텔경영 성과에 미치는 영향을 다시금 깨닫게 하는 교훈을 남기고 있다.

19세기는 트레몬트 하우스 이상의 더 좋고 큰 호화 호텔건립을 향한 호텔업자들의 경합장과 같은 확장열기의 시대였다. 비록 너무 좋고 큰 호텔 운영이 역부족인 경우도 허다했음에도 불구하고 지속된 호텔건축의 경합과 열기는 호텔 투자자나 각 도시들이 같은 양상을 보여주고 있다. 사실 호텔은 한 지역사회의 모든 면모를 보여주는 곳으로 알려져 있다. 호텔의 건축, 시설, 서비스, 종사원이나 고객 같은 사람들 모두가 그 지역의 위상이나 수준을 대변한다는 점에서는 도시간의 경쟁에서 초래된 호텔건축의 붐도 이해될 만은 하다.

### 2) 현대 호텔산업화에 기여한 그랜드호텔

전국적으로 대규모 도시들은 각각 도시의 방문객들에게 지역사회의 번영과 발전상을 보여줌으로써 도시의 자부심을 제고하기 위해서는 기억에 남길만한 인상적인 한 개 이상의 호텔이 없으면 안 된다는 식으로 생각하면서 도시발전이 멀지 않았음을 보여줄 호화롭고 큰 호텔에 대한 지역의 열망도 대단했던 것이다. 이런 경향은 서부진출과 더불어 1830년대~1850년대에 절정에 달하면서 1875년까지 동부에서 서부해안 지역으로 파급되기에 이르렀다. 그 결과 호텔은 부유층을 위한 숙박시설과 보통의 숙박시설로 등급 구분이 되기 시작했다.

이 때 건립되었던 그랜드 호텔 중에는 시카고의 팔머 하우스(Palmer House), 셔먼 하우스(Sherman House)와 그랜드 패시픽(Grand Pacific)이 있고 세인트루이스의 자부심인 플랜터스(Planters), 오마하(Omaha)의 팩스턴(Paxton), 샌프란시스코 시가 자랑하는 당대 최고의 화려하고 고가 호텔인 1875년 개관된 팰리스(Palace)도 있다. Palace호텔도 Tremont House의 경우처럼 경영면에서는 실패했지만 건물 외관, 내부 구조, 시설 및 설비와 호화성 면에서는 타의 추종을 불허하는 성공적인 호텔건축물 이었던 만큼 호텔이 도입할 수 있는 편의성과 서비스 및 새로운 아이디어 면에서는 더 이상의 것들은 없을 거라는 식으로 여겨지고 있었다. 19세기 말경에 호텔개발 열기는 다소 가라앉았지만 업계발전을 촉진했던 이런 자부심 속에서 완벽한 호텔이 탄생된 것으로 평가될 정도로 호텔은 발전되기도 했다.

이 시기 뉴욕에 건립되었던 6층짜리 Adelphi Hotel은 뉴욕 최초의 마천루(skyscraper)였다는 점을 상기할 때 호텔이 대부분 도시의 최고급의 건물인 것은 현대에 와서도 대동소이한 추이이다. 호텔이 주된 상품을 고정자산으로 하는 부동산 사업체임을 상기할 때 어느 시대 어느 곳에서도 호텔업의 경쟁은 내부적인 경영 외에도 호텔 그 자체 건물의 우월성을 지속적으로 추구할 것이다. 덴버시의 Brown Palace와 그 이전에 건립된 샌프란시스코의 Palace 등 최고급의 가장 우아한 호텔건물들이 19세기말에도 뉴욕의 왈도르프 아스토리(Waldorf-Astoria) 구관을 전형(표본)으로 해서 건립되었다는 사실은 호텔산업에서 결코 우연한 결과가 아니라 호텔사업 특성에서 초래된 결과라고 보는 것이 정설일 것 같다. 더구나 호텔의 명칭에 대부분 고급성, 재력이나 권력의 상징인 용어들, palace, president, Astoria 등을 많이 사용하는 것도 우연은 아니며 현대에 와서는 park, green, convention, 국화나 주화 등 flower, 지명 등 용어가 가끔 사용되는 데 이 역시 환경을 중시하고 기술적인 요인이나 만남을 중시하는 시대상이나 시대정신을 반영하고 있다고 보아진다.

## 제3절 현대 호텔산업의 성립과 발전배경

20세기에 와서 미국에서는 세계의 호텔산업 경영에 영향을 미칠 많은 발전들을 이룩하게 되었다. 숙박사업은 최하급에서 최고급에 이르기까지 다양한 형태의 숙박시설 수요를 지속적으로 창출시키는 산업발전의 결과 각 세분시장에 부합되는 시설과 서비스를 중심으로 하는 각종 형태의 세분화된 호텔개발을 촉진시킴으로써 더 많은 호텔들이 건축되고 여행시장에 서비스하는 대규모의 환대산업으로 변모시킬 정도로 발전을 거듭해 오고 있다.

첫째, 교통수단의 발달과 이로 인한 저렴한 여행경비의 실현은 중산층의 여행시대를 개막시키기에 충분했다.

둘째, 사상 미증유의 경제성장으로 증대된 산업 활동과 관련된 대량의 상용 여행자들의 출현은 급속히 호텔시장을 형성하게 되었고 호텔산업을 새롭게 성장시키는 원동력이 되었다.

## 1. 최초의 상용호텔 Buffalo Statler의 탄생과 상품 표준화

20세기 초 호텔은 새로운 여행대중의 서비스 수요에의 도전으로 제기된 몇 가지 당면과제에 직면되었다. 여행대중들에게 가장 적합한 유형의 호텔은 어떤 것이 되야 할 것이며 그러한 수요충족을 위해서는 기존의 운영방식이나 형태가 전면적인 개편이나 변화를 요구할 것인지? 또한 객실요금 체계는 여하하며 고객유치와 더불어 적정 이익이 창출될 가능한 실료 결정이 이루어질 수 있을까 등은 호텔경영 환경의 변화와 더불어 새롭게 제기되는 문제들이었다. 이에 대한 연구가 절실한 상황에서 분분한 의견과 논쟁도 많았다.

이 시기에 이러한 환경도래와 상황전개를 예견하고 예상되는 도전에 대비해 왔던 사람이 Statler였다. 스태틀러(Ellsworth M. Statler)는 1907년 그의 경험과 지식을 동원한 그만의 고유한 'Statler Brand' 첫 번째의 호텔 설계에 착수했다. 이미 상용호텔 시장에 대한 수요증가를 인식하고 대중적인 가격과 서비스로 대중의 호텔접근을 용이하게 만든 혁신적인 아이디어로 개발된 것이 바로 상용호텔의 건립과 운영이었다.

그는 1908년 New York 주 Buffalo시(Buffalo, New York)에 최초의 본격적인 상용호텔(commercial hotel)겸 최초의 현대호텔(modern hotel)인 Buffalo Statler Hotel을 개관했다. 이 호텔은 상용 여행자(business traveler)인 상용고객(commercial guest)의 욕구를 수용한 것인데 오늘날 어디서나 쉽게 받을 수 있는 대부분의 호텔서비스와 편리성들은 이 호텔에서 처음으로 개발 · 적용된 것들이었기 때문에 스태틀러의 호텔은 혁신적인 현대호텔이라고 칭해지고 있다.

트레몬트의 혁신 이후에 두 번째로 이룬 파격적인 혁신들이 스태틀러에 의해 이루어지게 되었다. 그가 호텔건축에 적용한 개발내용 중에는 방화문 설치, 찾기 쉬운 전기스위치 설치, 얼음물 제공, 체경(full length mirrow), 무료 조간신문 제공 등 외에 그때까지의 호텔사에서는 볼 수 없었던 바, 대중의 호텔이용을 가능케 만든 혁신적인 가격대의 도입에서 찾아볼 수가 있다. 각 층으로 통하는 계단에 방화문을 설비해 화재에 대비하였고, 어둠 속에서도 쉽게 문을 열수 있도록 문고리 바로 위에 열쇠구멍을 설치하고 전등 스위치도 객실 문 바로 안에 설비함으로써 편리하게 스위치와 열쇠구멍의 위치를 확인하고 사용할 수 있도록 했다. 호텔건축 설계와 구조에도 새로운 구조 및 기술을 적용하고 있으며 동일 브랜드의 스태틀러 호텔에서는 어디서나 표준화된 서비스를 받을 수 있도록 관리하였다. 즉 객실마다 얼음물을 공급하고 개인 욕실을 사용하도록 했으며 전신용 체경을 비치하고 매일 조간신문을 무료로 고객에게 배포함으로써 격상된 서비스를 실천했다. 또한 세탁 서비스는 당일 서비스를 표준으로 적용했다.

특히 대중의 호텔시설 이용을 촉진시킨 마케팅 혁신은 저렴한 호텔실료를 통하여 고객층을 두텁게 했다는 사실이다.

즉 "1불 50전짜리 욕실 딸린 객실(A bed and a bath for a dollar and a half)"이라는 슬로건을 통하여 적정 수준의 가격임을 전국적으로 홍보하는 마케팅 전략이 적중함으로써 그랜드 호텔과는 가격전략에서 확실한 차별화에 성공했다. 누구나가 호텔상품을 구매하고 즐길 수 있는 스태틀러 호텔의 전략과 영업표준을 적용한 마케팅에 성공한 스태틀러 호텔의 성공사례는 전국적으로 그리고 세계적으로 상용호텔의 경영모델로 추종되었으며 이후 고가정책 보다도 적정선의 대중적 가격결정과 유지를 통한 효율적인 사업체 운영이 도모되게 되었다. 그후 40여년 스태틀러는 현대 호텔건축과 경영에 있어서 선도자가 되었다. 스태틀러의 이러한 정책은 전 세계 호스피탈리티 산업계에서 미국의 선도적 입지를 확립하는데 쐐기를 박았다고 해도 과언이 아니다.

Buffalo Statler Hotel

Ellsworth M. Statler

(1863~1928)
미국 최고의 호텔사업가 중 한명임. Pennsylvania에서 태어나 스태틀러 재단을 설립해 Cornell 호텔 & 식당경영대 설립을 후원했고 최초로 Cornell 대학 구내에 건립했던 Statler Inn은 현재까지 영업중에 있음

## 2. 1900년대 초 사상 미증유의 호황기 미국호텔의 발전

### 1) 1900년대 초에 건립된 초호화 호텔들

스태틀러의 아이디어들을 기반으로 해서 현대에 가능한 호텔시설과 서비스들은 거의 대부분 호텔에서 도입되었다. 업계의 축적된 부 또한 기능과 설계를 포함한 최대, 최고급의 호텔을 건축에 투자할 수 있는 양호한 자본조달 여건을 조성하고 있었다.

Pennsylvaia 호텔

New Yorker

Waldorf Astoria 전경과 내부

The Stevens Hotel

미국경제사를 고찰해 볼 때 1929년 경제 대공항 발발 직전까지는 사상 미증유의 호황과 경제적 번영을 구가하던 시기였다. 일반 기업들도 사옥 신증축이나 인정주의적 인사관리 등 많은 선심성 운영의 징후들이 나타나던 때 대규모 호텔투자 프로젝트에 의한 호텔신축도 예외는 아니었다.

1918년에 종식된 제1차 세계대전의 영향으로 호텔의 개발 열기는 다소 누그러졌지만 현재까지 남아있는 최고의 호텔 건축물들은 대부분 1910년~1920년 기간에 축조된 것들이다. 1907년 뉴욕의 플라자(Plaza) 개관에 이어 시차를 두고 각각 건립되었던 호텔 펜실바니아(Hotel Pennsylvania)와 Ralph Hitz가 건립했던 호텔 New Yorker는 개관 당시 각각 세계와 뉴욕에서 최대의 호텔들이었다. 현재는 Conrad Hilton 브랜드의 Chicago Hilton & Towers로 개명되어 지금껏 명성을 누리는 1927년 시카고에서 개관된 3,000실 규모의 스티븐스(Stevens)는 세계 최대의 호텔이었다. 현재의 Waldorf-Astoria 신관과 호텔 Pierre도 같은 시기 뉴욕시에서 개관되었다.

1929년부터 도래했던 경제 대공항으로 모든 호텔프로젝트의 중단은 물론 여타 산업들과 다름없이 호텔도 걷잡을 수 없는 도산위기에 처했다. 이 때 상당수의 호텔들이 도산했지만 이것은 공항기가 끝나고 다시 찾아올 호텔산업 황금기를 위한 준비기간이 되기도 했다. 당시에 호텔의 투자 자본은 개인, 기업 혹은 지역사회에서 조달되었다. 개발 열기와 관심이 지역에서 공유됨으로써 지역 모두의 관심사가 되었다는 점에서는 현대의 개별적인 호텔투자와는 상당히 양상이 다르다고 할 수 있다.

## 2) 1920년대 호텔 개발과 호텔 발전의 황금시기

1920년대는 미국의 사상 미증유의 경제적 번영을 배경으로 세계 호텔 역사상 제1차 호텔 붐을 조성했던 시기였다.

호텔은 서비스업이지만 본질적으로는 부동산 사업에 속한다. 투자자들이 찾는 안전하고 건실한 투자처로 호텔이 주목을 받던 시기가 바로 세계 제2차 대전 직후의 시기였다. 세계대전 이후 지속된 중산층 부상과의 번영으로 호텔개발에 필요한 자본조달은 매우 양호한 환경을 조성하고 있었다. 안전한 투자처로 부동산이 지목되던 시기에 미전역의 호텔 객실점유율 상승(1919년의 72%에서 1920년에는 86%로 상승됨) 추이는 호텔을 건실한 투자수단으로 만들기에 충분한 환경이었다. 호텔투자에 참여를 희망하는 잠재투자자가 많았던 당시의 사회적 여건과 때를 같이 한 지역사회 자본에 의한 호텔투자 촉진은 결과적으로 호텔의 과잉개발을 초래하게 되었다.

당시 지역정서에 편승한 투자 촉진책을 살펴보면 경제적 타당성 외에 지역투자 참여에 대한 자부심이 사회적으로 유행되는 분위기였던 것 같다. 경우에 따라서는 지역사회 거주민들을 대상으로 한 개발자들의 투자유치 활동에는 경제적 타당성에 근거한 호텔투자의 검토보다는 오히려 지역의 신규호텔 투자 참여를 통한 지역민의 자부심이나 명예 등과 관련된 내용들이 거론되었음을 부인하기 어렵다. 1924~1928년 동안 호텔의 도산율이 연 평균 15%에 달했다는 사실을 놓고 볼 때 경제공항 직전의 영향 외에도 이런 투자관행이 초래한 결과가 아닐까 미루어 짐작해볼 만하다(Rushmore et al., 1999).

한 단체인 기술-경제 재단(Engineering-Economics Foundation of Boston)의 조사연구에 따르면, 1928~1929년 사이 호텔 영업실적은 매우 저조해서 1920년 전국 평균 85.5%이던 객실점유율이 1928년에는 17.9% 하락한 67.6%로 시사되었고 객실매출액은 약 21% 정도 감소되었다. 감소된 점유율과 객실요금 조정으로 둔화된 1921~1928년의 매출수인 여건에서 고객에 대한 부가적인 서비스의 제공은 그대로 호텔영업에 반영됨으로써 상당한 수익감소를 초래하게 되었다(Ibid).

### 3. 경제 대공항기 호텔산업의 붕괴와 체인 호텔사의 탄생

1929년 증권시장의 붕괴로 시작된 경제 대공항(Great Depression)은 모든 경제적인 상황이 침체되면서 호텔도 최악의 침체기를 맞게 되었다. 경제인구의 1/3 정도가 실직했고 GNP는 반으로 떨어졌으며, 그 결과 숙박산업 전반에 걸친 불황은 필연적이었다. 호텔투자 초기의 거액 최초투자의 특성으로 인한 타인자본 의존도가 큰 호텔에서, 1935년경 전 미국 호텔의 85% 정도가 채권자의 수중에 들어가거나 청산절차를 밟게 되었고 완전폐업으로 재개관되지 못한 호텔도 속출했다. 대다수의 재무전문가들이 호텔산업이 재기불능 상태라고 공개적으로 논평할 정도로 최악의 사태에 처해 있었다.

심지어 경기가 회복조짐을 보일 때조차 투자자들은 기존 호텔의 과잉공급 상태를 지적하면서 미래의 수요로도 기존 시설의 수요・공급 균형은 어려울 것으로 전망할 정도였다. 누구도 신규 호텔투자를 고려하지 않던 시기였으므로 몇몇 호텔사업자들이 산업을 이끄는데 안간힘을 쓰고 있었다.

이 시기는 많은 호텔사업체의 도산으로 이어졌지만 반대로 사업체의 매입을 위해서는 적은 자금으로도 사업체 매수가 가능한 기회의 시기이기도 했다. 이 때 작은 규모의 현금을 보유했던 몇몇 부동산 업자들은 극도로 악화된 재무상태로 인해 도산되는 많은 호텔들을 저가 인수함으로써 오늘날 대규모 호텔 체인사를 일으키는 출발점을 마련하게 되었다.

호텔사적으로 이 시기는 호텔 체인경영이 처음으로 태동된 시기로서 역사적인 의미를 찾아 볼 수 있게 되었다.

### 1) 자본원천과 구매기회

일반적인 부동산의 순환이나 매수거래의 경로에서 볼 수 있듯이 호텔산업의 붕괴는 현금 동원력이 있는 잠재 투자자에게는 유리한 조건으로 부동산을 매입할 수 있는 절호의 기회가 되었다. 그들은 최소한의 현금을 가지고 합리적인 자본조달을 통하여 재무적으로 부실한 호텔을 매입해 들일 수가 있었으므로 호텔산업이 붕괴하던 이 시기는 반대로 세계적으로 알려진 굴지의 호텔체인사들 대부분이 탄생되는 시기가 되기도 했다.

### 2) 최초 대규모 호텔 체인사의 탄생

(1) 호텔 위탁경영(Management Contracts)의 본산 Hilton 호텔사

Conrad Hilton(1887~1979)이 텍사스 시스코(Cisco, Texas)에 있는 40실의 Mobley Hotel을 인수한 것은 1919년의 일이었는데 1920년대에는 텍사스 전역으로 호텔사업을 확장함으로써 증권시장이 붕괴된 1929년에는 총8개 호텔을 소유했지만 매출수익은 바닥세였다. 대부분의 호텔자산 매입 자본을 부채로 조달했던 입장에서 원가절감과 수익성 개선을 위해서 객실전화를 없애고 호텔 전 층의 전등소등 등 노력으로도 남은 호텔은 5개에 불과할 정도로 한 때 파산지경에 이르렀다. 그러나 Hilton사는 텍사스 유전에서 얻은 이윤으로 재원을 마련하여 또다시 재기에 성공하게 된다. 1935년 샌프

란시스코의 Sir Francis Drake, 로스앤젤레스의 Town House, 현재 호화 브랜드인 Conrad Hilton(1945년 매입)으로 개칭된 시카고의 Stevens 호텔(1927년 개관된 3,700실 보유의 당시 세계 최대 규모)이 Palmer House와 함께 호스피탈리티 궁전으로 시카고와 세계에 헌납되었고(dedicated to Chicago and the world), 뉴욕의 Roosevelt 호텔과 Plaza 호텔 등과 함께 1954년에는 Statler chain까지 인수(U.S.$111million)했다.

오늘날 힐튼사는 Waldorf Astoria(1949년 매입), Conrad Hotels & Resorts, Hilton, Doubletree, Ambassy Suites, Hilton Garden Inn, Hampton Inn, Homewood Suits, Home2 Suite, Hilton Grand Vacation 등 호화 full service hotel에서 extended-stay suites and mid-priced hotels에 이르는 폭넓은 선도적 프랜차이즈 브랜드들로 된 수많은 객실을 보유한 세계 굴지의 몇 개 글로벌 호텔사들 중 하나로 성장 발전했다.

특히 최초의 컨벤션 호텔로 1963년 뉴욕에 건립한 New York Hilton(46층)은 2,000실 규모로 전시시설까지 갖추어져 MICE산업에도 기여한 바 크다. 그들은 "우리는 Hilton에서 Hampton까지 당신이 찾는 브랜드를 갖고 있습니다. 80여 년간 최고의 시설과 서비스와 가치를 어느 곳에서나 제공합니다"라고 자신 있게 말한다.

그만큼 자본이 투자된 호텔 내 면적(space)을 수익자산으로 정확히 인식하고 적절히 운용(활용)될 수익창출 공간으로 개발함으로써 고객 서비스에 만전을 기하려 했다.

전통적인 건축과 경영의 구라파식 Ritz방식에서 탈피해 미국의 현대식 호텔건축과 운영방식 확립으로 미국 호텔산업의 세계적 영향력을 확고히 다지는데 절대적인 공헌을 한 호텔사이다. 뿐만 아니라 기술경쟁력이 없는 자본주들에게 부족한 호텔경영의 특수한 노하우(know-how)의 전수 혹은 직접 경영을 통하여 세계 각국의 호텔산업 발전에도 적지 않은 공헌을 해 오고 있다. 힐튼사의 경영계약 이전에는 체인경영에서 오직 프랜차이즈 기법만 활용되던 호텔산업계에 위탁 경영권을 획득하도록 만들어준 경영계약(management contract) 기법을 개발하고 자회사인 Hilton Internal Corporation 창립(후에 TWA에 매각됨)으로 호텔업의 공격적인 해외사업 확장 및 기술 이전이나 장기적인 용역수익 가득을 실현시킨 호텔경영의 신이론 정립과 기법개발을 통한 운영의 과학화에도 지대한 공헌을 했다.

(2) 금융업의 호텔산업 진출과 Sheraton 호텔

1937년 Boston의 저명한 금융업자 Ernest Henderson(~1067)은 Robert Moor와의 동업으로 개발회사를 설립한 후 매사추세츠 Springfield에 소재한 Stonehaven hotel 매입을 시작으로 1941년에는 4개 호텔을 매수해 Sheraton 호텔 체인사를 창설했다. 발전과정을 보면 1933년 대공황기부터 재정난에 허덕이던 군소 호텔들을 저가 매수해 호텔체인화에 성공한 사례란 점에서는 Hilton사와 유사한 점도 있다. 현재 Sheraton사는 1960년 콩글로메리트 전략으로 일주일에 평균 1개 사업체씩 매수하던 ITT사(국제전신전화회사)에 매각되었다가 1998년 다시 미국 최대의 Starwood 체인사에 매각돼 계열사의 주요 브랜드가 되었다.

Hilton사와 Sheraton사가 기존호텔 매입으로 성공할 수 있었던 가장 큰 요인은 좋은 조건에 의한 자본조달에 있었다. 그들이 계획하는 호텔에 은행가나 투자자들이 투자하도록 설득해 투자유치에 성공함으로써 유리한 조건의 자본조달이 가능했었기 때문이었다.

더구나 당시 상황은 극도로 부실해진 호텔과 침체된 부동산 경기 여건을 적극적으로 활용함으로써 대부기관이나 투자자들을 동원한 강력한 자본조달 능력을 갖춘 호텔사들이 최저 가격으로 호텔사업체들을 인수함으로써 공격적인 호텔 포트폴리오 전략을 추진하고 사업확장을 할 수가 있었다. 오늘날 대규모 호텔 체인사를 성립시킬 수 있었던 경제적 배경은 바로 경제공항의 여파로 인한 부동산 시장의 침체와 기존호텔들의 파산에서 찾아 볼 수가 있다.

### 4. 산업 초기의 호텔부동산 평가의 오류

공황기에 호텔산업의 경영분석을 담당하던 재무 분석가들은 투자자들에게 경기가 회복되는 미래에 기대되는 미래 소득을 기준으로 한 부동산 평가를 권고했다. 경기가 극도로 악화된 시점에서 저조한 성과를 기준으로 호텔부동산 가치를 평가하는 것보다 미래소득을 기준으로 하는 편이 더 낫다는 이유에서였다.

그때까지 경험했던 경기침체의 양상은 흔히 약 3년여가 경과하면 호전되었기 때문에 이에 기초한 낙관론적 견해로 말미암아 초래된 오해의 결과였다. 그래서 경기침체기가 도래해도 매출과 이익이 곧 개선될 거라는 그릇된 판단에 기초해서 부동산 평가를 했다.

또한 이러한 부동산 평가실무에 대한 권고는 미래에 제기 가능한 경제적인 여건의 변화에 대해 대책이 전혀 고려되지 못한 내용으로 이루어진 것이었다. 경제공황이 발발되기 직전의 풍요의 시기에 경험했던 소비풍조와 그동안 경험했던 용이한 투자자본 조달 환경으로 말미암아 호텔의 과잉 공급이 초래할 수 있는 수요감소 현상이나 저조한 호텔경영 성과의 실현 가능성에 대해서도 충분한 고려를 하지 않은 권고였다.

그러나 현실적으로 경제공항은 장기화되었고 1940년대 초 겨우 회복조짐을 보였을 뿐 정상적인 수준으로 경기가 회복되지 못했다는 점에서 볼 때 가치평가에 대한 권고는 적절하지 못한 판단의 결과 평가의 오류를 초래함으로써 특히 호텔 재무관리 측면에서의 대처역량을 떨어뜨리고 말았다.

## 제4절 제2차 세계대전과 호텔경기의 회복

### 1. 세계대전 기간의 호텔 수요와 산업의 경기회복

1940년대 초 다소 경기회복세를 보였지만 1930년대의 경제 대공항의 공포로부터 완전히 탈피하지 못했고 여전히 호텔사업의 개선된 경영성과나 신규호텔 투자는 상상하기 어려운 형편이었다. 그러던 중 1942년에 발발된 제2차 세계대전으로 호텔산업은 경험하거나 기대나 상상조차 할 수 없었던 호텔사상 미증유의 사업성과를 누리는 계기를 맞게 되었다. 사상 최고로 상승한 객실점유율은 경제적으로 풍요롭던 1920년대의 번영을 능가하는 경영성과를 실현했고 수요에 비해 공급은 과부족 현상을 초래하고 있었다.

호텔산업은 투숙객의 수용을 통하여 사회적 기능을 다하고 국가에 기여한다는 자부심도 회복하게 되었다. 전시체제에서 불가피한 많은 인력의 방위산업과 군수기지로의 이동으로 인해 호텔의 노동력은 턱없이 부족했다. 폭증하는 호텔수요를 감당하기에 건축자재와 물자가 부족했고 전장에 집중된 노동력의 공급은 호텔의 건축과 서비스 업무에 종사할 유능한 인재 확보를 어렵게 했다. 숙련 노동자 부족으로 인한 극심한 서비스 인력난으로 일자리는 노약자나 지체 부자유자 등 호텔경력이 전무한 서비스 수준미달의 미숙련 노동자들로 계속 충원돼야 했다.

전쟁으로 말미암아 호텔은 년 중 만실에 서비스도 불충했지만 고객들은 별다른 문제를 제기하지 않았다. 호텔경영사를 고찰할 때 단지 객실제공 자체에만 관심을 갖고 경영활동을 할 수 있었던 유일의 기회가 제2차 세계대전 기간이었다.

시카고의 Stevens 호텔이나 버지니아 White Sulphur Springs에 입지했던 Greenbrier 호텔 등의 경우처럼 호텔이 군대숙사로 전용되는 경우 상대적으로 인근 지역의 객실점유율은 더 급등했는데 1947년까지 전국 호텔평균 객실점유율은 90%를 상회하는 수준이었다. 심지어 숙박 전 수요를 수용할 수가 없었던 뉴욕시 등에 입지한 호텔들은 수용역량 내에서 고객들에게 호텔 투숙기간을 최고 3일 이내로 한정해 주도록 요청했을 정도였고 객실시설이 부족해 호텔 로비에서 잠을 자는 진풍경이 당시에는 다반사였다고 한다.

## 2. 세계대전 후 호텔체인의 발전과 제2차 호텔 붐

1950년대는 전후의 경제복구와 여행 대중화로 인한 제2차 호텔 붐이 도래된 시기였다. 1948년 세계 제2차 대전의 종전과 더불어 전시에 누렸던 호텔경기의 호황세는 주춤해졌고 1950년대에 들어와서는 비록 20세기 초와 같은 호텔건축 붐은 더 이상 일어나지 않았지만 어느 정도 호텔사업은 조심스레 발전전망이 가늠되기 시작했다.

그동안 호텔업계가 겪었던 건축 붐, 호황, 불황이나 공황, 전쟁 등 여건에서 접했던 다양한 경험을 통하여 호텔 투자자, 개발자 및 경영자들은 모든 가능성에 대비한 안전한 형태의 호텔이 무엇일까를 보수적으로 고려하면서 사업을 운영해야 한다는 교훈을 얻게 되었다.

이것은 호텔경영의 질적인 발전을 초래했다. 그 결과, 1952년 로스앤젤레스에 호텔의 한업기 대책으로 고정적인 임대료 수익을 고려해서 건축된 최초의 호텔로 Statler Hilton Hotel이 개관되었다. 처음으로 호텔투자 및 건축계획 수립에 있어서 저조한 한업기의 영업성과에 대비한 고정비 충당대안으로 임대료 수익을 고려하고 실천했던 것이다. 건물 한 편을 온통 임대사무실을 배치해서 한업기에 악화될 수 있는 호텔의 재무구조를 견실하게 유지할 수 있는 방법모색에 주력했다. 건축 당시에는 경험도 없고 해서 그 타당성 논의가 별무했지만 후에 신규 개발되는 다른 호텔 프로젝트들이 이를 모델로 추종하게 됨으로써 이것이 당시 호텔건축 설계의 경향을 주도하게 되었다고 평가할 수 있다.

이 시기에 대부기관이나 투자자 등 호텔건설의 채권자들은 1930년대 경제공항의 악몽과 위기의식으로 인해 종전과는 달리 1930년대와 1940년대의 사업실적 평가를 통해서 인정된 호텔사업체의 호텔 인수나 신규개발에만 투자하려 하는 추세였다. 그러므로 1950년대 대부기관이나 개인투자자로부터 용이하게 자금조달이 가능했던 Hilton사나 Sheraton사와 같은 대규모 호텔체인사들만이 사업확장에 탄력을 얻게 되었다. 이 호텔사들은 상당수의 기존 호텔의 인수와 병행해서 주요 도시에 최고급 신규호텔을 개발하는 방법으로 사업확장을 통하여 성장을 지속시키는 한편 경영 노하우의 수익사업화에도 착수했다. 가령 1954년 Hilton사는 스태틀러사 10개 호텔을 111백만 달러에, 그리고 Sheraton사는 1956년 Eugene Eppley로부터 22개 호텔을 인수하는 등 사업을 확장했다.

## 제5절 모텔의 등장과 숙박업 시장의 지각변동

### 1. 모텔 등장과 숙박산업에 미친 영향

그런데 1950년대는 전혀 다른 형태의 호텔출현으로 호텔업계는 다신 한번 소용돌이 속으로 진입하게 되었다. 1910~1950년 사이에 자동차산업의 발전으로 인한 자동차를 가지고 하는 여행대중의 급증으로 도로연변에 있던 기존의 소형 숙소(cabin)들이 가족경영(mom and pop) 형태의 모텔(motel)로 전업했고 1950년대의 급증된 수요로 인해 모텔은 규모와 편의성(comfort)을 가미시킨 형태로 변화했고 새롭게 모터코트(motor court) 혹은 모터호텔도 숙박업계에 등장해 급성장을 거듭하게 되었다. 자동차 이용 여행대중은 종전의 호텔고객이나 여행자들과는 여행이나 숙박에서의 습관, 취향 및 욕구가 달랐다. 모텔은 기존 호텔의 정장, 로비, 팁, 가격, 주차 문제에 부담을 느끼던 변화주도 세력인 이들 여행대중들의 욕구 지향적으로 운영되고 있었고 그들이 선호하게 된 모텔은 급성장을 거듭해 1939~1960년까지 미국에는 35,000개의 사업체가 건립되었다.

호텔업자들은 모텔의 등장으로 어려움을 겪으면서 숙박업계에 대한 모텔의 역할과 영향력에 대한 논쟁으로 1950~1960년대의 상당시간을 소진했다. 결국 기존 호텔사들은 모텔을 숙박업계의 동반자로 인정하고 협력하면서 협회명을 호텔협회(AHA)에서 호텔모텔협회(AH & MA)로 발전적인 개칭을 단행하면서 업계는 안정되게 되었다. 이런 모텔의 급성장세는 경제적으로 부유하지 않은 사람들에 의한 여행대중화로 인해 급증된 수요를 배경으로 한 것이었다.

## 2. 모텔의 급속한 발전

시골 도로연변에 어쩌다 한두 개나 있었을까 하는 정도에 불과했던, 1940년대까지도 주로 부부운영(mom and pop style)의 작은 오두막(cabin)을 모태로 탄생된 모텔(motel)이 1950년대에는 급격한 성장계기를 맞게 되었다. 자동차의 보급, 고속도로의 개설과 더불어 경제적 여유와 휴가시간을 찾기 시작한 사람들은 급격히 여행수요를 증가시켰다. 여행 붐으로 관광지나 통과 지역의 소규모 영세 숙박업체들은 모두 모텔로 전환되었고 신규 모텔도 급증했기 때문이었다. 보유객실수와 사업체가 급증하는 여건에서 종래의 운영형태 보다는 전문적인 경영방식을 추구했고 여기에 대기업 진출 여지가 마련되고 있었다.

1950년대 초까지도 대규모로 여겨졌던 50개실 수준의 모텔이 수년 내에 평균 규모에도 미달되는 소규모 모텔로 취급될 정도로 모텔은 규모면에서도 대규모화 되었다.

1950년대 말~1960년대 초에 건립된 모든 모텔은 평균규모가 80~100실이 됨으로써 규모별 모텔분류와 용어사용과 관련된 문제도 제기되었다. 이때 대규모 모텔을 특히 모터 호텔이라 분류했지만 기능 면에서 모텔, 호텔, 모터 호텔이 완전히 구별되는 것은 아니었다. 초기 대부분 모텔의 수평적 구조가 건축 면에서 호텔과 구별되고 서비스의 다양성 면에서도 모텔은 호텔에 못 미치는 기본적 서비스로 비교 되었지만 곧 급증된 자동차 여행의 일반화 추세로 인해 모텔 계층도 세분화됨으로써 고층건물에 좋은 서비스와 주차시설을 갖춘 고급 모텔이 등장했지만 그 차이가 주차시설 정도에 불과할 경우도 많았다.

건물 안 쪽에는 동일 층 수로 된 주차 빌딩을 부대시키고 밖 쪽에는 객실용 건물을 건립한 샌프란시스코 힐튼(San Francisco Hilton)이 모터 호텔(Motor Hotel)이란 이름으로 개관됨으로써 주차시설이라는 차이마저도 별무해지게 되었다. 고객들이 모토 데스크(motor desk)에서 자동차를 탄 채로 등록을 마친 뒤 객실 층까지 올라가 주차 후에 호텔복도를 통해 입실하도록 시설되었을 뿐 기타 모든 서비스와 부대시설은 고급 호텔과 차이가 없었다. 로비 통과나 형식적 요소 및 팁의 요구가 없었지만 고객들은 모텔, 모터 호텔과 호텔의 차이를 찾지 못해 혼선을 빚기도 했다.

입지가 주로 지방이나 고속도로 연변인 모텔 건축에 소요되는 부지 면적의 구입비는 낮은 지가로 인해 총 투자액에 대한 점유비율이 낮아 저층의 수평적 구조로 된 건물건축이 가능했지만 모텔의 전형적인 구조를 따르기에는 도심권의 지가가 고가여서 모터 호텔은 수직적인 고층건물로 건축될 수밖에 없었다.

대도시 도심권의 대규모 고급 모텔 중에는 600여실을 보유한 뉴욕 Holiday Inn 등이 있다. 이런 여건에서는 40개실을 중심으로 그 이하는 모텔, 그 이상 규모는 모터호텔이라 분류했던 초기의 기준이 부적응성을 드러내게 되었다.

1950년대부터 주로 Holiday Inn의 창업자 Kemmons Wilson 같은 개혁가에 의해서 모텔이 대규모, 고급화됨에 따라 전문 경영도 필연적으로 수반되었다. 또한 폭등하는 모텔시장의 고객수요를 인식한 대규모 호텔사와 체인 호텔사들의 적극적인 참여는 전문적 지식과 경험에 대한 수요를 더욱 촉진시켰으며 또한 충족시키게도 해주었다. 호텔사들이 투자회사나 자회사 혹은 프랜차이즈사 등 형태로 신규조직을 만들어 적극 투자하고 프랜차이징 기법으로 참여를 서두르면서 이들이 점차 보유하게 된 호텔 및 모텔 보유객실 총수는 전체의 35% 정도에 달했다. 그 결과 모텔과 모터 호텔 체인사는 호텔 체인사의 수보다 더 커지게 되었을 정도였다(Lattin, 1992).

## 3. 1950년대 말기~1960년대 초의 호텔 발전

### 1) 모텔 발전과 숙박업의 대중화에 공헌한 Holiday Inn

주로 도심권에 입지하던 전통적인 호텔과는 달리 도로변에 숙박시설을 입지시키기 시작한 것은 모텔이었다. 이것은 현대에 와서 일반호텔과 대등한 숙박형태가 되었지만 그 기초를 다진 사람은 Hoiliday Inn의 창업자 Kemmons Wilson(1913~2003)이었다.

Kemmons Wilson(1913~2003)

현대 호텔 탄생을 위한 대규모적인 혁신 역사는 트레몬트 하우스(Tremont House)에서 버팔로 스태틀러(Buffalo Statler)로 그리고 Kemmons Wilson의 Holiday Inn으로 계보가 이어진다.

당시 워싱턴에 가족여행을 통하여 당시 도로연변의 모텔이 제공하는 숙박시설의 품질과 서비스의 일관성에 대해 실망한 그는 이를 개선할 아이디어를 실현할 최초의 Holiday Inn을 1952년 Tennessee주 Memphis에 Eddie Bluestein의 설계로 건축하게 된다. 편리하고 경제적인 가족여행을 실현할 수 있는 저렴한 가격과 편리하고 쾌적한 객실 및 시설에 부가해서 부모를 동반한 12세 이하의 어린이들에 대한 무료 숙박이라는 파격적인 가격정책을 수립 · 시행했다. 특히 특징적인 모텔시설로서 투숙객들을 위한 아이스큐브 기계(제빙기) 설치와 수영장 개발을 표준화하기 시작했다. 여행의 시대적 흐름과 변화에 적중한 고객편의와 지불 가능한 가격이라는 서비스 전략과 경영정책은 진정한 현대적 상용호텔의 대중화 모형으로 부상했고 모텔의 급속한 성장은 숙박업 발전사에 한 획을 긋는 업적을 이루었다.

그 후 1960년대에 정통 모텔보다 더 저렴한 형태의 숙박업인 버젯모텔(budget motel)이 가격경쟁력을 무기로 등장해 인기를 끌면서 1970년대에 눈부신 발전을 이루었다. 모텔은 1961년도에 신규 건설되었고 Days Inns of America은 1970년대 초에 설립되었는데 'Budget'란 글자 그대로 더 경제적인 모텔이라는 의미로 사용된 것으로 가격 탄력적인 여행자들의 수요가 높다. 현재 일반적인 버젯모텔의 객실사용료는 US30여 달러 이상으로 초기의 3배 정도 상승했지만 여전히 부담이 없는 가격수준을 유지하고 있다.

### 2) 호텔사들의 국제진출과 초기의 사업 확장

호텔업의 국제적 사업 확장과 진출은 선도적인 미국 호텔사들의 사업추진으로 이루어지게 되었다. 1960년대에 나타난 호텔사업의 현저한 국제적인 확장세는 미국 내 숙박시장의 라이프가 포화상태에 이르렀고 또 남미 경제원조라는 정치경제적인 여건을 배경으로 시작된 것이었다. 개도국 경제개발 및 고용기회 창출 등 경제원조 차원에서 미국정부의 권유 등에 의해 시작된 항공사를 중심으로 추진된 항공기 취항과 더불어 그 지역을 여행목적지로 개발하는 프로젝트들이 속속 호텔건립으로 이어졌다.

1940년대에 브라질의 벨렘(Belem)에 인터컨티넨탈(Inter-continental) 호텔을 개관하면서 팬암 항공사(Pan-American World Airways)의 자회사로 설립되었던 인터컨티넨탈 호텔사(InterContinental Hotels Corp.)는 지속적으로 라틴 아메리카의 주요 도시에 호텔을 개발했다. Pan Am이 비록 세계대전 후의 발전에서 1973년 에너지 위기로 초래된 유가와 영업비 급등 및 수요감소 현상에 따른 경기하강으로 1991년 결국 파산해 Delta Airlines에 인수될 때까지 항공사의 호텔업 진출에 초석을 다진 것만은 부인할 수 없는 사실이다. 항공사들이 호텔업계에의 신흥세력으로 진출하는 데는 승무원 등 항공사 자체적인 숙박수요와도 무관하진 않았지만 이후 세계 각국의 항공사들도 세계 여러 곳에 신규호텔을 개발하거나 소유하게 되는 전기를 마련하게 했다. KAL을 비롯한 우리나라 국적 항공사들도 국내외에 여러 개의 호텔을 소유·경영하고 있음을 상기해 볼 필요가 있다.

한편 동시기인 1940년대 후반부터 프에르토리코(Puerto Rico)에 카리브 힐튼(Caribe Hilton)을 운영했던 Hilton사는 구라파와 남미에서의 호텔운영권(위탁경영) 획득 및 확장을위해서 아예 그 전담조직으로 힐튼 인터내셔널 조직(후에 Hilton International Corp.가 됨)을 출범·가동하기 시작했다. 이로써 세계 숙박업시장에서 경영계약(management contract)에 관한 한 힐튼사의 선도적 입지를 확고히 하는 계기를 마련하게 되었다.

### 3) 호스피탈리티 산업화와 기여 호텔사

호스피탈리티 산업화에 기여한 호텔들 중에는 Howard Johnson사와 Marriott사를 꼽을 수가 있다.

호텔산업에서 외식은 중요한 수익창출 영업부문이지만 Howard Johnson 이전에는 외식산업(foodservice industry)에서 숙박산업(lodging industry)으로 진출한 호텔사는 전례를 찾아볼 수 없었다. 이런 전례를 허물고 혁신적인 아이디어를 행동으로 실천한 사람이 Howard Johnson이었다. Howard Johnson사는 아이스크림 스탠드에서 출발해 주로 하이웨이의 드라이브 인 식당을 소유하고 경영하던 기업인데 프랜차이징에 성공하면서 1945년 식당사업과 함께 Howard Johnson Motor Lodge라는 브랜드를 가지고 숙박업에 진출했다.

서울 소재 Marriot Hotel의 Table Setting

Marriott사도 유사한 발전과정을 거쳐 숙박업에 진출하면서 다각경영(divercification)을 시도해 온 기업이다. 햄버거 스탠드에서 레스토랑 사업으로 그리고 학교, 병원, 기업 급식과 주력사업인 항공기내 급식사업과 공항 식당업에 진출했고 리조트와 레저개발 사업 및 크루즈라인을 거쳐 마침내 숙박산업에 진출하여 대성공을 거두게 되었다.

한 조사에 의하면 종업원들이 가장 근무하고 싶어하는 세계 제1의 호텔로 선정될 만큼 호텔운영이나 고급화에도 성공한 호텔이다. 매리어트는 국제적인 사업 확장을 위해서 100% 자기자본에 의한 호텔개발만을 고집하던 투자정책 기조를 바꾸고 글로벌 숙박산업 사회에 급속히 확장세를 이어왔다.

이와 같이 Howard Johnson사와 Marritt사 등 외식사업으로 출범하고 성공한 기업이 숙박업에 진출함으로써 이 두 영역을 포괄하는 호스피탈리티 산업의 발전은 가일층 촉진되기에 이르렀다.

### 4) 국제적인 인수합병과 마케팅 관련 활동의 통합

1960년대 이루어진 숙박산업과 세계 여러 도시들을 취항하는 항공산업 간의 인수합병은 물론이고 항공사와 호텔, 의 수직적 통합에 의한 거대한 여행산업(travel empire)을 개발하려는 움직임은 특기할 만한 것이었다. 몇몇 대규모 항공사들은 1960년대부터 호텔사를 인수·합병하는 방법으로 이루어진 항공–숙박산업의 통합 움직임은 호스피탈리티 사업의 다각화란 점에서 주목할 만하다.

**조선호텔 전경**

한국관광진흥 차원에서 조선호텔 재개발을 위해서 국제관광공사(현 한국관광공사)와 American Airlines가 50% : 50% 지분의 최초 국제합작투자로 조선호텔은 1970년 초현대식 건물로 재탄생(1969~1981)되었다. 1981년 호텔은 Westin Chosun으로 신세계가 100% 전 지분을 소유한 가운데 오늘에 이르고 있다.

American Airlines사는 'Americana Hotels'를 소유하고 있어서 1914년 건립된 우리나라 초기의 조선호텔의 재개발에도 참여하고 있다. 조선호텔은 초기 한국관광산업 발전에 지대한 공헌을 했다.

또한 신세계는 특히 외식사업에 진출해서 공항식당, 기내식 및 KOEX, KINTEX 등의 외식사업을 담당하는 등 여러 영역에서 다각적인 사업 확장을 기하고 있다.

TWA(Trans World Airlines)가 힐튼사의 자회사인 Hilton International Corporation를 인수했고, Hertz Rent a Car, 및 1960년대 후반 UAL(United Airlines)와 웨스턴 인터내셔널 호텔체인(Western Internaional hotel chain; Westin Hotels)은 메가합병(megamerger)을 단행함으로써 다른 업종간의 합병에 의한 여행업계의 콩글로메리트(conglomerate)를 시도했다. 비록 실패해 Westin이 일본의 Aoki사를 거쳐 또 다시 1994년 Starwood Capital and Goldman, Sachs에 U.S. $537million에 매도되긴 했지만 인수합병은 빈번히 일어났다. 반대로 Holiday Inn이 1960년대 후반에 Continental-Trailways 버스노선과 Delta Steamship Lines를 매수했듯이 호텔이 교통업체를 인수한 사례들도 있다. 그러나 최근까지 경기침체, 경쟁력, 기업확장이나 다각화 등 여러 가지 이유에서 국제 호텔사들 간 혹은 여타 국제 기업들에 의한 호텔사의 인수합병은 지속적으로 일어나고 있다. 이처럼 빈번한 인수합병에서 소유권 이전이나 기타 다양한 거래내역들은 하나하나 추적하고 열거하기 조차 어려울 정도로 변화무쌍하게 일어나고 있다.

## 4. 1980년대 이후의 호텔 발전과 제3차 호텔 붐의 조성

1920년대의 제1차, 1950년대의 제2차 호텔 붐이 각각 경제적 번영과 여행대중화로 초래되었다고 한다면 1980년대 이후의 제3차 호텔 붐은 표적시장에 대해서 특화된 호텔 및 시설 개발과 이에 따른 마케팅 활동의 혁신을 통하여 초래된 것이라고 할 수가 있다.

## 제6절 글로벌시대의 다국적 호텔사의 출현

### 1. 국제관계 증진과 컨벤션호텔

#### 1) 컨벤션호텔의 발전

국제적 관계의 증진과 여가시대 도래로 인한 숙박산업에서의 세계적인 트렌드는 국제회의 시설을 갖춘 대규모 도심권 호텔이나 리조트 호텔건립으로 이어졌다.

일시에 대규모의 국제 회의객들이 이동하는데 따른 숙박 및 외식수요를 중심으로 한 컨벤션은 확실히 특정 지역의 호텔사업을 활성화시키는데 탁월한 효과를 갖고 있다.

1960년대에 와서 도심권(metropolitan area)과 리조트 지역의 호텔들은 '컨벤션과 회의시장'을 사업증진과 재무적 성과를 위한 새로운 사업기회로 보고 전반적으로 이 부문사업에 관심을 집중해 이런 설비를 갖춘 컨벤션 호텔이 생성·발전되었다.

호텔사들은 대도시나 유명 휴양지를 최적입지로 선정해서 새롭게 성장하는 회의시장을 겨냥해 회의시설과 설비 및 서비스를 갖춘 호텔건립에 주력하는 한편 지역사회나 국가적인 수요에 대해서도 기여할 수 있어서 도시의 공공시설과 유사한 역할도 수행하게 되었다.

1963년 뉴욕시에서 개관된 2,000실 규모의 뉴욕 힐튼은 최초의 대규모 컨벤션 호텔로서 모델을 제시해 주게 되었다. 대도시에서는 컨벤션 및 회의 참가자들이 다양한 볼거리 등 관광유인물과 접할 수 있는 여건이 조성되어 있다. 그러므로 비교적 저렴한 비용에 의한 관광기회를 컨벤션에 부대된 선택사항(options)으로 하거나 혹은 유인으로 컨벤션 호텔사의 마케팅에 이용할 수 있다는 이점도 컸기 때문이었다.

우리나라에서도 서울과 부산 도심권 컨벤션 호텔과 제주도의 리조트 지역 컨벤션 호텔들이 있다. 그러나 회의산업의 성장세는 숙박업 이외의 사업자들이 이 산업에 대거 합류하도록 하는 상황이다. 1999년 미국에서는 25,000개 이상의 조직에서 컨벤션을 계획한 실적이 있지만 매년 국제 컨벤션에 대한 한국관광공사의 통계를 보면 우리나라에서의 신장세도 대단하다.

특히 올림픽, 아시안게임 같은 메가급 체전이나 G20 정상회의 등 각종의 국제적인 정치, 경제, 문화, 사회적 컨벤션 유치에 숙박 및 컨벤션 시설 여건마련이 필수 요건이 되고 있다. 그러므로 이 분야 시설에 대한 세계적 관심도 다대하다는 측면에서 시설물

건축에 대한 지역, 국가, 및 사회적 협력요청도 비등하는 형편이다.

### 2) 컨벤션 호텔발전과 융복합형 MICE 산업

인류사를 통하여 어느 시대보다도 활발하고 빈도 높은 경제, 문화, 정치, 사회적인 국제교류를 특징으로 하는 글로벌 사회에서 국제회의 및 전시산업의 획기적인 발전 추세도 당연시되고 있다. 전형적으로 사용되던 컨벤션산업 대신에 융복합형의 회의산업인 MICE산업으로 진화하는 변화 발생의 배경도 그 때문이다. MICE 산업이란 회의산업(meeting), 인센티브 여행(incentive tour), 컨벤션(convention) 및 전시회 산업(exhibition)을 통칭하는 약어 MICE에서 유래되었다.

상호 혹은 다자간의 의존적 관계가 증대되는 국제교류에서 대규모적이고 종합적인 MICE는 이제 상시적 및 본격적으로 일어나기 때문에 MICE에 대한 역량은 어쩌면 국제관계 구축과 국격제고의 기반이 된다고 해도 과언이 아니다. 이를 포괄적으로 취급・운영하는 것이 관련 업무수행의 능률 면에서 선호됨으로써 통합적인 MICE 개념의 등장과 발전이 초래되었다고 하겠다.

종종 소수 혹은 대량의 참가자들을 수용하는 상설기관으로 서울의 KOEX, 부산 BEXCO, 일산의 KINTEX처럼 독립의 전문 종합 컨벤션센터를 건립해서 활용하기도 한다. 그러나 투자수익이나 운영의 성과관리 차원에서 식음료나 인적자원관리 등 서비스 업무 측면에서는 호텔과의 업무협력 관계 수립이 유리할 수가 있다. 특히 지방도시는 평시의 배후 시장이 약해 호텔이나 컨벤션시설의 투자수익성을 기대하기는커녕 지자체 재정문제를 줄 수 있기 때문에 지역 내 다른 시설을 활용하는 방안이 고려되고 있다. 흔히 호텔의 컨벤션시설이 아니면 호텔 부속건물이나 사업 형식의 컨벤션 시설을 고려하게 되는 까닭도 컨벤션 관련의 다양한 서비스와 관련성이 깊다.

역사적으로 고찰할 때 원래 컨벤션 사업은 호텔의 주요한 사업영역으로 발전되어 왔다. 전형적인 현대의 최고급 호텔 컨벤션이 여전히 높은 품격과 품질수준을 인정받는 배경은 지금껏 호텔산업에서 축적된 컨벤션사업의 노하우에 따른 결과라고 할 수 있다. 컨벤션 호텔의 질과 양을 갖춘 대규모 특수 장비와 시설 및 인적 물적 서비스 여건은 컨벤션사업을 위해서 신규투자 프로젝트 수립 당시부터 확정된 내용으로 설비된다. 그러므로 이런 완벽한 사업여건을 구축한 후에 개시되는 컨벤션 영업은 세계 어느 곳에서나 모든 계층의 컨벤션 수요자들이 선망하는 고품격의 것이란 점에서는 호텔컨벤션을 능가하기가 어렵다.

대부분의 시설이나 장비를 임대해서 사용하는 컨벤션에서는 시설의 성능이 떨어지는 경우도 많아 참가객의 불편이나 불만족을 초래하고 개최지나 주최측에 대한 인상을 저해할 수 있다. 실로 MICE산업에서 창출될 국제적인 거래상의 성과로 기대되는 정치, 경제, 사회, 문화적인 효과가 다대하다는 측면에서 MICE는 범국가적인 관심영역으로 발전시킬 여지가 크다.

호텔경영에서 컨벤션부문은 이제 경영성과 창출에서도 간과할 수 없는 중요한 영업부문이다. 컨벤션사업은 때로는 한없기 객실점유율 제고대책으로 활용 가능한 전략으로 사용될 수도 있다. 그러나 컨벤션사업에서 유의할 점은 회의 참가객에 대한 할인가격 적용 관행으로 인해 성업기의 경우에 정가를 지불하는 정규고객 수용하지 못해 오히려 정상수준 이하의 수익실적을 낼 우려성도 크다는 사실이다. 국제회의나 이벤트 유치를 위한 각급 지자체의 예산낭비나 이벤트운영에서 발생될 손익불균형 혹은 가격인하 협력에 따른 호텔의 경영성과 하락 우려는 종종 현실화되기 쉽다.

간혹 대규모 컨벤션 개최장소인 리조트 호텔이나 이 지역 식당에서도 단위매출을 올려줄 외식선호 고객들을 수용하지 못할 경우 이와 유사한 수익감소를 겪을 수도 있다. 그러나 경기침체나 기타 경영 외적 요인에 의해서 수요가 급락하는 경우에는 MICE사업에서도 이런 경향들은 관리 불능사태를 초래할 수가 있다.

## 2. 리조트 호텔 발전과 카지노 호텔의 개발

### 1) 리조트의 대형화 및 콤플렉스화

세계적인 여가추세와 더불어 순수한 관광목적의 리조트호텔(resort hotel)들이 여러 가지 형태로 개발되기에 이르렀다. 뿐만 아니라 여가호텔과 컨벤션 호텔개념이 복합된 형태의 대규모 리조트 개발도 촉진되게 되었다. 더구나 관공학 연구의 시각적 편견에 의한 보는 것 중심의 관광에서 다양한 감각의 탈출을 지향하는 관광이 유행하면서 고객들이 직접 참여함으로써 휴식하고 즐길 수 있는 놀거리나 스포츠 중심의 리조트들이 개발되기에 이르렀다. 미국 하와이 주의 하와이 섬(Hawaii island; big island)에 입지한 마우나키 비치호텔은 초기의 고급 복합형 스포츠 콤플렉스(complex)로 개발됨으로서 많은 레저객들을 유치한 바 있었지만, 그 이후 유사한 많은 리조트 호텔들이 세계 여러 지역과 국가에서 경쟁적으로 개발되기에 이르렀다.

### 2) Atlantic City의 재정위기와 카지노 호텔 개발

미국의 뉴저지 주 소재의 Atlantic City는 인기 있던 초기 리조트 지역이었으나 더 좋은 본격적인 다른 지역의 리조트 개발로 인해 지역 경쟁력을 상실하게 되었다. 이러한 리조트 개발 붐으로 인해 이 지역의 경기가 쇠퇴해 도시의 경제자립도가 붕괴됨으로써 폐허화될 위기에서 도시를 포기할 것인지 도시를 회생시킬 것인지의 기로에서 결정된 것이 카지노 호텔건립과 게임시설의 개발이었다. 도시의 경제 활성화와 생활여건을 살리기 위한 구제책으로 카지노 산업을 일으키게 된 것이고 성공적인 결과를 초래하게 되었다.

카지노 게임 뿐만 아니라 카지노 호텔의 특성상 게임객들을 유치하기 위한 객실요금과 식음료의 가격경쟁력은 많은 지역고객이나 외지객들을 유치할 수 있도록 해주었기 때문이었다.

미국의 폐광지역 생활대책으로 카지노개발이 되었던 사례들을 원용한 우리나라의 강원랜드도 정선, 사북, 태백에 이르는 탄광지역에 개발된 카지노 호텔이다. 국내 유일의 내국인 출입 카지노시설을 갖고 있는 강원랜드 카지노 호텔 역시 폐광지역 생활대책 마련 차원의 개발정책에 의해서 개발된 것이다.

기타 미국에서는 인디안 보호구역(Indian reservation)의 경제대책으로 소형 게임장을 인정해 주거나 강 연안이나 하구에 바지선을 놓고 하는 선상게임과 오락을 허가해주기도 한다.

요컨대 카지노 게임은 주로 경제적인 목적으로 개발되고 있는데 그만큼 수익성이 높은 사업임에는 틀림없지만 때로는 다른 문제를 야기하기도 한다.

카지노게임은 스키나 골프, 수영 등 레저 스포츠에서처럼 긍정적인 레저·오락적 측면도 큰 게임으로서 레저활동의 일환으로 접하는 사람들도 적지는 않아 그 명칭도 도박이라기보다는 점차 게임이라는 용어사용이 일반화되는 추세이다. 그러나 현실적으로 도박중독이나 사행성 등으로 말미암아 지역민이나 게임 참여자들에게 부정적인 영향을 확산시킬 가능성에 대한 우려가 확실히 크다.

### 3) 카지노 호텔의 개발 입지와 접근성

카지노 등 게임 산업의 역기능을 통제하려는 차원에서 각국 혹은 지방 정부는 카지노 시설과 카지노 호텔의 개발입지를 접근성이 떨어지는 곳으로 선정하는 관행을 보여주고 있다. 그래서 주로 다른 지역과는 격리된 지역특성을 갖는 부지를 선정해서 카지노 호텔을 개발하는 것을 원칙으로 해서 사업을 인허가 하도록 하는 입법예고 및 정책입안은 일반적인 경향이라 할 수 있다.

원래 사막 한 가운데에 입지한 Las Vegas를 도박의 도시로 하고 카지노 호텔의 집중시설 단지로 개발한 것도 그 접근성이 비교적 좋지 않은 격리된 지역이란 점을 고려해 선정되었다는 사실을 상기해 볼 때 일맥상통하는 우리나라의 정선, 사북, 태백 지역의 카지노시설 입지도 적정한 것이라고 보아진다.

최초의 본격적인 카지노 호텔은 1940년대 라스베이거스에 건립된 Flamingo hotel이었다. 그러나 1950년대에 와서 Las Vegas시에는 수 개의 카지노 호텔들이 본격적으로 개발되었다. 카지노 호텔은 다른 관광목적 보다는 주로 카지노 게임에 목적을 갖고 내방한 고객들로 이루어지고 있기 때문에 지루할 수가 있어서 호텔을 떠나지 않은 상태에서 즐길 수 있는 쇼, 게임, 테마 개발이 매우 본격적으로 이루어진다.

카지노가 개발되기 시작한 이 시기(1950)는 리조트와 그 개발에 대한 관심이 고조되던 때로 휴양촌의 발명(inventor)이라 표현될 만한 완전 포괄적 개념의 휴양지(all-inclusive resort concept)인 지중해 클럽(Club Méditerranée)이 새롭게 개발되기도 했다.

1950년대에 대서양 횡단 제트비행 서비스가 시작된 이래 항공사들의 호텔 진출이 시작되었지만 1970년대에 도입된 보잉 747기에 의한 항공여행의 일반화 추세는 더 적극적인 호텔의 개발압력으로 작용되었다. 미국 내 유명 리조트에서는 호화로운 콘도미니엄 개발이 추진되었고 또 Suite hotel로 전환되기도 했다. 타임 쉐어링(time sharing) 기법을 활용한 콘도미니엄 리조트들의 개발이 활발한 시기이기도 하다. 세계적으로는 중동지역의 호텔개발이 활발해졌고 중국이 외래객에게 문호를 개방한 시기이기도 하다.

현재 유명한 테마(theme) 개발의 대표적인 라스베이거스 카지노 호텔로는 MGM 그랜드, Mirage hotel, Treasure Island, Caesars Palace, 호텔 Circus Circus, Bellagio, New York New York, Venetian 등 외 다수가 있고 뉴저지의 트럼프 플라자 등을 들 수가 있다. 호주 골든비치, 마카오 등 외에 세계 여러 지역에 유명 카지노 호텔들이 건립되고 있고 자국민의 인근 국가로의 카지노 여행과 외화소비 등을 막기 위한 자국 내 카지노 사업 인허가를 고민하는 나라들도 적지 않을 것이다.

## 제7절 다국적 호텔기업의 발전

### 1. 글로벌 호텔사의 해외진출 전략의 배경

호텔사들이 국제적으로 사업을 확장하는 배경은 기업 내부적인 요인과 외부 환경적 요인에서 찾아 볼 수가 있다. 그러므로 이런 여건들에 대한 국제화의 의사결정은 기업 주도적인 전략차원에서 추구되기도 하고 또는 환경여건에 대한 반응 혹은 대응전략으로서 추진되기도 한다. 내부적인 요인 중 환경에 대한 대응전략 차원에서의 위험분산(risk diversification)에 목적을 두기도 하지만 기업 스스로 적극적인 목적을 가지고 국제화를 추진하기도 한다. 이런 유형의 호텔 국제화 목적으로는, 경영관리 목적의 국제화, 기업확장 목적의 국제화, 시장 확대와 이윤증대 목적의 국제화, 규모의 경제성 추구를 위한 국제화, 특성적인 상품제공을 목적으로 한 국제화, 호텔서비스 부가목적의 국제화 등을 들 수가 있다.

국제화에 대한 외부 환경적 요인들을 보면, 제품관련의 국제화, 마케팅 및 판매목적의 국제화, 구매목적의 국제화, 연구개발 목적의 국제화, 재무 및 통제목적의 국제화, 및 노동력과 관련된 국제화 등이 있다.

유형, 무형의 각종 호텔 상품과 서비스 요소 등에 대한 일련의 질적 표준(수준) 유지에 관심을 둔 호텔의 글로벌 시장진출이 있고, 국제화 전략상 기업이 진출하려고 의도하는 표적시장에 맞추기 위해서 기업이 국내 시장을 국제화의 기반 위에서 조정하거나 국제시장의 지역 여건에 맞추려는 노력을 하게 된다. 호텔사에서는 구매도 중앙집중식이거나 지역별 권한 분산형 구매조직과 활동을 통하여 더 효율적인 구매목적 달성에 기여할 수도 있다. 연구 개발은 이것이 중앙 집중식 혹은 분권식으로 진행될 것인가에 대한 논의를 제기하지만 그 결과는 호텔의 새로운 서비스와 메뉴개발 및 신기술의 활용을 촉진하게 될 것이다. 기업의 국제화에 있어서 확실한 전략 추진과 성과목표(표준) 달성을 위해서는 경영자와 종업원의 고용, 선발, 유지 및 역량 개발에 있어서 국제적인 시각과 글로벌 스탠다드의 적용 필요성이 매우 긴요하다. 다음은 Albaum 등(1989)의 연구에 기초한 국제적인 사업확장과 경영의 배경들을 분류한 표이다(표 2-1 참조).

〈표 2-1〉 호텔 글로벌 전략의 배경

| 배경별 \ 요인별 | 기업 주도적 배경 | 환경 대응적 배경 |
|---|---|---|
| 내내적 | 경영관리적 목적 | 위험분산 |
| | 기업확장 및 이윤동기 | |
| | 규모의 경제성 | |
| | 고유제품의 제공 | |
| | 서비스의 확장 | |
| 대외적 | 외국시장 기회 | 내국시장의 영세성과 하향추세 |
| | 대리인 변경을 통한 사업촉진 | 경쟁추세의 추종 |
| | 경쟁의 유형 구상 | encouragement through change agents |

자료원 : Albaum et al.(1989)

또 Welch(1988)는 호텔기업의 외국 확산(penetration)은 ① 개인소득 증대, ② 고도로 유사해져 가는 문화적 유사성, ③ 고도로 발전되는 소매서비스업 섹터 및 접근성 증진(proximity) 등을 배경으로 한 것이라고 설명하고 있다.

## 2. 다국적 호텔사의 글로벌 경영에 고려할 제측면

국제경영에 있어서 외국의 복잡한 환경적 제 요인들은 호텔의 조직구조와 경영에 영향을 미치게 될 것이므로 이들 요소들에 대한 고려를 통하여 국제적인 경영관리의 내용을 결정해야 할 것이다. 복잡한 문제들을 제기할 요소들은 조직적인 측면, 법적 제도적 측면, 재무적 측면, 및 문화적 측면들로 대별될 수가 있다. 특히 조직이나 법적 측면들은 자국의 그것들과 매우 다를 수가 있다. 또한 문화적 및 재무적 요인들은 기업이 국제적으로 사업을 확장하는데 있어서 기업이 생산하고 판매하게 될 상품과 서비스에 대한 수요환경으로서 면밀한 분석을 요하는 측면이 되고 있다. 이상과 같은 여러 측면들과 이를 구성하는 제요소들은 다국적 기업 경영의 특징적인 측면들이면서 동시에 긴요하게 관리해야 할 요소들이 되고 있다.

### 1) 조직적 측면

(1) 기업형태 및 기업의 조직구조

호텔사가 다국적 기업 혹은 국제화를 추진하는 데 있어서 직접투자, 프랜차이징 혹은 위탁경영계약 방식 등 중에서 어떤 형태의 기업 확장을 할 것인가에 대한 고려를 해야 한다.

(2) 보고 및 통제 시스템

호텔의 국제화에 대한 형태가 결정된다면 다국적 기업의 사업본부에서는 경영 및 회계통제에 적합하면서 현지의 호텔경영에 필요한 신축성 있는 보고체계 및 조직구조를 고려해야 한다.

(3) 기업의 인적자원

다국적 기업에서 가장 중요하게 관리되어야 할 요소는 문화적 배경을 달리하는 다양한 인력집단들에 대한 고용과 능력 개발의 문제이다.

### 2) 법적·제도적 측면

각각 법적·제도적으로 차이가 있는 여러 나라에서 사업을 운영하는 다국적 기업이 직면하는 법적 환경은 개발 프로젝트의 개발 초기 단계부터 적법한 회사설립과 운영, 자산소유 등으로부터 호텔건축, 고용관련 법규 및 위탁경영계약이나 프랜차이징과 관련된 현지 국가나 지방의 관계법규는 물론이고 사업과 관련된 각종 인허가 문제 등 매우 복잡한 사안이 되고 있다.

(1) 사업의 제 관계

호텔사가 기업 내·외부적으로 맺고 있는 사업적 제 관계를 이해하면서 상호의존 관계를 정립하고, 사업운영에 있어서 이를 고려해야 한다. 사업상 고객, 경쟁자, 공급 및 배급업자, 하청계약자 및 소유주나 기타 관계당국과의 관계는 매우 중요하다.

(2) 통제요소들

사업상의 제 이해관계에 있어서 통제가능 혹은 불가능 요소들을 개발하고 적용할 수 있어야 한다.

(3) 작업 집단에 대한 요소

환경변화에 대응하기 위해서는 수평적 및 수직적인 측면에서 조직변화 요인들을 파악하고 적절한 인적자원관계 방안이 모색·시행될 수 있어야 한다.

### 3) 재무적 측면

다국적 기업경영에는 여러 나라의 각기 다른 화폐의 취급과 관리를 요한다. 이것은 가격결정 정책수립을 어렵게 할 소지가 크다. 특히 변동금리를 적용하는 경우라면 더욱 어려워질 수가 있다. 영업에 영향을 미칠 수 있는 재무환경의 차이도 다국적 기업경영을 어렵게 하는 측면이다. 이자율 등 재무비용은 특히 중요한 변수가 되고 있다. 판매세, 소득세 등과 관련된 조세환경과 본국으로 송금할 이윤 등과 관련된 제도적 환경도 면밀히 검토해야 할 측면이 되고 있다. 다국적 호텔경영에서 중시되는 다른 측면은 이윤의 산출(측정)과 관련된 인정할 만한 회계 관행이나 회계기준이다. 위탁경영 계약이나 프랜차이징의 경우 위탁사나 가맹사로부터 받게 될 수수료나 수익을 극대화 하는데 무리가 없는 회계제도나 관행을 적용할 수 있을지의 여부를 검토하게 될 것이다. 흔히 계약에 있어서 더 유리한 입장에 있는 프랜차이즈 본사(franchisor)나 경영을 위탁받는 전문 호텔경영사는 자국의 시스템 적용을 주장하거나 아니면 가장 유리한 방식에 의한 로열티 계산을 고집하게 될 것이다.

#### (1) 경제적 요소

국제적 및 지역적인 경기변동 요인들을 면밀히 분석해야 한다.

#### (2) 회계 및 환율 차이

국제통일회계기준의 도입·적용으로 회계제도에 있어서의 차이로 인한 문제 발생은 어느 정도 관리될 전망이다. 그러나 G20 정상회담의 주요 의제가 되었던 각국의 환율정책에 따른 환율차이는 현실적으로 심각한 교역상의 문제를 제기하고 있다.

#### (3) 회계 기준

국제간의 사업관계에서 어떤 회계기준을 우선적으로 적용할 것인가의 문제는 당사자들이 목표로 하고 있는 사업성과에 영향을 미칠 수가 있다. 계약에 있어서 이것은 주요한 관심사가 된다.

(4) 본국으로의 송금

외국에 본사를 두고 있는 글로벌 호텔사가 현지 호텔에서 가득한 사업소득이나 각종 수익금을 자국으로 송금하는데 따른 문제들을 고려해야 한다.

### 4) 문화적 측면

언어, 관습, 사고방식 등 다양하게 나타날 수 있는 문화적 차이로 인해 다국적 기업이 경험할 수 있는 불이익이나 어려움은 쉽게 예견되는 것이다. 문화적인 차이로부터 발생될 수 있는 소비자나 현지 종업원들의 행태에서의 차이들을 경영자들이 알고 대처해야만 한다. 이것이 다국적 기업이 다국적 문화의 각기 다른 측면들에 대해 고려해야만 하는 가장 중요한 까닭이다. 문화적 차이가 종업원의 행동에 대해 초래할 수 있는 영향은 첫째, 성취감과 경제적 요인들이 그들을 동기화 할 수 있을 것인지와 관련된 문제로서 직무와 직무성취에 대한 종업원의 자세에서 찾아 볼 수 있다.

의사결정에서 취하는 사고 및 행동양식에도 차이가 있다. 과연 의사결정자는 개인, 가족, 고용주, 종교적인 지도자 혹은 기타 다른 사람인지를 알게 된다면 바람직한 종업원의 행동유발을 위한 인적자원관리 혹은 구매자 혹은 고객이라면 판매촉진 활동의 대상결정에 도움이 될 것이다. 제종 집단 간에 어떤 소통의 장애물이 있는지 또 있다면 그것이 얼마나 변화되기 어려운 정도의 것인지를 알아보는 것도 개선책의 강구를 위해서 매우 중요하다.

문화는 "대중의 행태를 제약(condition)하는 일련의 사회적 규범과 의무(responses)의 총체"이다. 이것은 개인이 출생과 함께 타고난 것이 아니라 학습된 일련의 규범과 행동양식으로서, 후천적으로 습득되고 터득하게(inculcated)된다"고 한다(Robock and Simmonds, 1989).

(1) 직무에 대한 수용

지역 전통이나 문화적 차이로 인해서 host community인 현지호텔의 직원들이 담당한 직무를 어떻게 인식하고 수용할지에 대한 문제가 심각해질 수도 있다.

(2) 사회적 구조

현지 호텔시장의 사회적 구조 여하는 인적자원관리를 어렵게 할 소지도 크다. 그러므로 사업진출을 위한 타당성 검토과정에서 이 문제에 대한 신중한 검토를 요한다.

## 3. 글로벌 호텔사의 인적자원관리

인적자원관리에 있어서도, 환경여건에 따른 신축성 있는 인력관리에 대처하려면 장기간 고정적인 관리양식을 적용하기가 쉽지 않다. 그러므로 어떤 방식에 의한 인적자원관리가 모든 다국적 기업에 가장 적합하고 효과적인 것이라고 일률적으로 단정할 수도 없다.

다국적 기업의 인적자원관리 양식은 관리 전략과 관리 실무를 각기 다른 여러 나라에 대해서 일률적으로 적용하는지 혹은 지역적으로 수 개의 관리기법들을 가지고 지역에 맞도록 분산적인 인적자원관리를 해 나가는지 혹은 지역을 불문한 글로벌 기반(basis)의 인적자원관리 기조를 활용하는지에 따라서 크게 세 가지로 분류되고 있다.

각 방법이 갖고 있는 강점과 약점들이 다소 차이는 있지만 그 선택과 적용은 다국적 기업이 지닌 관점이나 결정에 의존될 문제라고 하겠다.

### 1) 자민족 중심 전략(Ethnocentric strategy)

이것은 중앙 인사관리실이 고도의 의사결정권을 갖고 인적자원관리를 하는 경우이다. 본사에서는 흔히 총지배인 등 주요 직책의 직원을 본국에서 고용하고 인적자원을 개발해서 세계 어느 곳에 입지한 호텔에도 파견되게 되는 경우로 모든 지역의 호텔에 대해 동일한 전략과 실무가 적용된다.

### 2) 다극화 전략(Polycentric strategy)

이것은 글자 그대로 인적자원관리에 있어서 수 개의 중심점을 두는 전략이다. 각기 다른 나라와 지역여건을 최대한도로 반영할 수 있는 의사결정 권한의 위임으로 지역이나 국가단위로 권한이 분산되게 된다. 이 경우에 지역별 매니저의 훈련과 인력개발은 지역별로 이루어지게 된다.

### 3) 글로벌 중심 전략(Geocentric strategy)

인적자원관리의 기초가 글로벌 세계에 놓여진다. 지역의 노동환경 여건을 반영하는 동시에 지구 전체적 시각에서 전 세계적인 광범위한 인적자원관리에 있어서의 조화를 추구하게 된다. 전반적으로 회사 내에서 가장 적합한 인재개발을 허용하고 문호를 개방하게 된다.

## 4. 다국적 기업경영 형태별 주요 변수

다음과 같은 주제들에 대해서는 본서 제3편 7장과 제5편 12장 2절을 참조하시길 바랍니다.

1) 호텔 소유
2) 위탁경영 계약(Hilton 호텔부분 참조)
3) 프랜차이징

## 5. 글로벌 호텔사의 사업 확장 메커니즘

1950년대 초 Holiday Inn사 같은 모텔 체인사들이 국제적인 사업 확장의 메커니즘으로 이용한 기법은 프랜차이징(franchising)이었다. 이를 국제적인 사업진출의 전략으로 활용하게 된 배경은 직접투자 없이 단기간 내에 사업을 확장할 수 있었던 때문이었음은 이미 전술한 바 있다.

단기간에 대폭적인 사업 확장을 위해서 필요한 거액자본의 조달에 따른 어려움이나 직접투자에 수반된 투자위험을 회피할 수 있는 수단으로서 프랜차이징만한 기법도 없었다.

그러므로 모텔 체인사들은 직접 투자에 의한 모텔의 개발보다는 용역수익이나 브랜드 사용에 대한 보수 등을 통한 로열티 수익을 기대하는 편이 장기적으로 더 유리하다는 판단 하에 프랜차이징 방식에 의한 사업 확장에 착수하게 되었다. 직접 투자함으로써 모텔을 개발하고 운영하는데 따른 개별 모텔 투자자들에게 부족한 전문적인 호텔건축 및 경영의 노하우를 표준화된 상품과 관리 패키지 형식으로 자문・제공해 주고 그들이 투자해서 건축한 신규호텔을 통하여 사업을 확장하는 편이 기존 모텔이나 호텔을 인수하는 것보다도 유리한 면이 있었다. 특히 새로운 기술에 의한 건축과 참신한 시설 및 설비를 선호하는 시장에서 직접 투자한 자기자본이 아닌 설계 및 경영의 기술력만으로 새로운 시장계층을 겨냥한 호텔의 확장을 실현할 수가 있었다.

더구나 국제적인 사업진출에 있어서는 비록 본사의 마케팅 및 재무팀들이 투자의 가능성을 면밀히 분석하기는 하지만 사업에 있어서 어떤 변수들이 도전요소로 제기될지 모르는 여건에서 더구나 직접투자에 의한 위험소지는 더욱 커질 수가 있다. 이런 여건에서 글로벌 호텔사들은 직접투자를 자제했다. 더구나 지역시장에서도 국제적인 브랜드명을 가진 호텔사들의 상호를 가지고 호텔사업을 전개하는 편이 시장에서의 마케팅 활동에도 월등 유리한 입장에 있다는 걸 인식하고 있다. 그러므로 지역의 자본가들이 경쟁적으로 세계 굴지의 유명 호텔사들과의 프랜차이즈 계약체결을 도모하는 현실을 알고 있는 본사 입장에서도 굳이 직접 투자하는 방안 모색보다는 그들 중 가장 유리한 계약대상 회사를 물색하는 것이 오히려 위험회피 수단으로 적절하다는 것도 사실이다. 이런 여건에서 프랜차이즈 본사(franchisor)나 회원사(franchisee) 등 계약 당사자들 간의 윈윈(win-win) 여건에 대한 기대감도 커지고 있기 때문이다.

## 제8절 숙박시장 세분화와 브랜드 포트폴리오 전략

### 1. 글로벌 호텔산업의 혁신

국내외적인 급속한 기술발전, 및 시장변화 추이에 따른 국제 호텔산업의 환경이 제기하는 다양 다기한 도전요소들 속에서 그 대응책의 일환으로 지속적으로 개발되는 호텔 및 서비스의 개선이나 혁신조차 모든 필요한 요구들을 즉각적으로 수용하기가 쉽지 않다. 그러므로 호텔사들은 그들의 전략을 상시적으로 개발하고 수정하며 실행해 나간다.

다음은 지금껏 호텔산업에서 흔히 찾아 볼 수 있었던 트렌드들로서 정리해 본 것이다. 그러나 변화하는 환경여건의 양상에 따라서 제기되는 위험요인과 약점들을 여하히 대비하고 대처할 것인가의 전략개발과 이를 실천할 수 있는 기업 내·외부적인 조건충족은 동시에 쉽지 않은 문제들을 제기하고 있다. 그러므로 다음 사항들은 이런 전략수립과 실행에 있어 파악해야 할 최소한의 정보차원에서 이해되어야 할 것이다.

#### 1) Hotel Complex의 탄생

관광객들의 왕래가 빈번한 New York 도심권 Time Square 부근에 입지한 호텔 Marriott Marquis처럼 상가 등 다목적적인 대규모 복합호텔(hotel complex)의 탄생

#### 2) Mega Hotel의 개장

초대형(mega) 메가 호텔들을 Marriott와 Hyatt가 Florida의 올랜도에서 개장했음

### 3) 저렴한 숙박료의 실현

저렴한 숙박료 실현을 위해서 객실중심의 극히 제한된 서비스와 시설만을 제공하는 버젯모텔의 지속적인 성장추세

### 4) 동일 호텔 내 다양한 콘셉트의 객실

경제적 어려움이 오기 전까지는 원가고를 감수하면서 콘셉트를 달리하는 소량의 객실들을 준비하고 판매함

### 5) 대규모 복합 숙박단지(large scale complexes)

주상복합 아파트 단지 같은 개념으로 호텔을 여러 가지 다목적적인 기능을 수행하는 대규모의 건물로 통합함

### 6) 에어포트 호텔 개발과 스포츠 리조트 복합단지 호텔

대중화되고 대량화된 항공여행으로 많은 에어포트 호텔이 개발되었고 건강과 미를 생각하는 웰빙 트렌드에 따른 휴양지의 개발이 늘고 헬스, 스파나 사우나, 동계와 하계 스포츠와 관련된 입지적 여건을 갖춘 지역에서의 스키나 물놀이나 수영을 겸해 호수나 바다에 면한 호텔의 건축과 타임 쉐어링(time sharing) 형태의 콘도가 리조트 지역에 대단위 복합 관광단지로 개발되었음

### 7) 컨벤션 호텔의 건립

글로벌 사회로의 진전과 국제교역의 증대로 인해서 세계 각국 및 국민들의 상호 혹은 다자간 의존적 관계가 급증됨으로써 빈번한 국제적 회의개최와 참여로 인한 숙박 및 컨벤션 시설 수요는 컨벤션 호텔건립을 촉진시켰음

### 8) All-suite hotels

All-suits hotels은 1980년대 산업사회의 고도로와 더불어 사업목적 여행자가 증가 하면서 1일~3일 정도의 일시적인 체류보다는 비교적 장기 투숙을 요하는 새로운 시장계층의 고객들이 이용할 수 있는 침대, 주방 및 식당 시설, 세탁설비 및 기타 거실공간을 Suite room형 객실에 대한 수요를 의식해서 전체 객실을 suite room으로 해서 등장

하게 된 호텔

Suite room도 완전한 suite room(full suite room)과 약간 원룸식의 junior suite room이 있는데 이런 객실 유형별, 투숙기간별로 또다시 세분화될 수 있다. 일반 호텔에 설비된 Suite room은 전 객실 중 가장 값비싼 최고급 객실인데 비해 All-suite hotel은 약간 개념을 달리 해서 일반적으로 소량으로만 보유하던 형태의 고급 객실 상품인 스위트룸을 일반화하고 가격을 종전보다 저렴하게 하여 호텔 전 객실을 스위트룸 상품으로 대치한 호텔이다. All-suite 호텔도 뒤에 나올 〈표 2-3〉에 시사되듯이 계층 내에서 또다시 등급이 세분화될 수 있어서 최고급 대 일반, 장기거주식 체류형 대 중장기 체류(extended stay)형으로 구별될 수 있다. 이 객실은 주로 사업상 목적의 여행자들과 여성 관리자들에게 인기가 높은 상품이다.

## 2. 호스피탈리티 정신과 장애자 보호시설

호스피탈리티의 본래적인 정신은 고객의 안전을 보호하는 데 있다. 모든 시설이나 서비스는 고객안전에 만전을 기할 수 있는 방식으로 설비되고 제공, 활용·유지되어야 한다. 예측 가능한 어떤 위험성에 대해서도 이를 방지하고 고객을 보호하고 나아가서 고객의 쾌적성과 즐거움을 더할 수 있는 실질적인 시설로서 존재해야 한다. 더구나 신체적, 물질적 및 기타 요인에 의한 어려움을 겪는 사람들에 대한 배려와 서비스는 세계적인 봉사와 사랑의 실천에 대한 동참활동이기도 하다. 더구나 가격을 받고 시설과 식음료와 서비스를 제공하는 호텔에서의 고객보호는 지극히 기본이 되어야 할 시설과 서비스 측면에 대한 철저한 검토를 요한다.

호텔 내부적인 정책과 지침은 물론이고 호텔등급평가 과정에서도 평가요소로 점검되고 있다. 정부차원에서 수립된 장애자 관련의 제 규정과 법적 요건의 충족 측면에서도 필수적으로 검토를 요하는 문제이다. 이러한 장애자 보호시설과 서비스 방안은 국제적인 인권보호의 시각에서도 준행되어야 할 요인으로서 호텔의 신축과 시설 설비에 앞서서 가장 우선적인 고려를 요하는 사안 중 하나이다. 뿐만 아니라 시설 후에는 이를 활용하는 방안이 강구됨으로써 서비스 과정에서도 책임관계를 분명히 하면서 전사적인 호스피탈리티 정신의 실천에 주력해야 할 부분이다.

Cendant corporation의 모회사인 Days Inn은 초기부터 장애자 시설에 관심을 기울여 온 호텔사례이다. 오늘날 세계의 호텔은 건립 계획 단계부터 장애자를 위한 편의시설을 필수적인 사항으로 고려해 오고 있다. 우리나라의 호텔에도 이런 시설들이 법규로 규정되어 있고 호텔등급 평가에서는 또한 이러한 시설의 유지와 개보수 상황을 점검하고 평가하게 된다. 호텔이 장애자 관련법규를 이행함은 물론이고 그보다는 적극적인 자세로 장애인의 애로 점들을 진지하게 고려해서 시설과 공간을 배치하려는 의지를 가져야 할 것이다.

이 문제에 대한 호텔의 노력으로 다음 내용을 고려해 볼 필요가 있다.

① 각 국의 법규에 저촉되지 않은 최소한의 호텔 시설과 서비스의 마련과 제공
② 주차장으로부터 객실에 이르는 통로 등에 대한 안내 서비스의 제공과 시설 마련
③ 호텔건물 내외의 바닥이 층계 대신 램프나 편리한 유도시설이 되어 있거나 승강기(elevator)로 연결되어 있는가와 관련된 시설과 서비스 제공 여부
④ 계단사용 대신 편리한 승강기나 기타 이용시설의 마련
⑤ 객실이나 욕실 문고리는 한 손으로도 쉽게 열릴 수 있도록 편리한 높이의 레버, 손잡이, 비상용 손잡이(panic bar) 등으로 시설되었는가의 문제
⑥ 5% 이상의 조반용 식탁이 특수 규격으로 되어 있는가? 즉 식탁 상판이 28~34인치 혹은 적정한 높이로 되어 있어서 장애인이 안전하게 무릎을 식탁 아래에 놓을 수 있는 27인치 이상의 공간이 허용되도록 설비되어 있는가 등에 대한 상세한 규격 준수 여부
⑦ 현관문이나 객실문이 32인치 이상의 넓이로 설계되어 있어서 출입이 자유로운지의 문제와 장애인이 휠체어를 이용하는 경우에는 더 넓은 면적의 턱이 없는 화장실과 화장실 높이와 시설들이 요구되고 문의 넓이도 휠체어의 출입에 불편이 없는 규격 요구에 대한 조치 여부
⑧ 혼자 투숙하게 되는 1인용 침상(single bed)만 있는 객실의 경우 침대 양 옆에 적어도 35인치 정도의 통로가 허용되고 있는가 등과 관련된 규정

이상과 같은 내용 외에 더 많은 규정들이 장애자를 위해서 개발되고 요구될 수 있다.

우리나라에서는 장애인 용 낮은 공중전화 부스의 설치 여부, 로비나 객실의 장애인용 화장실과 출입문 등에 대한 시설규정을 가지고 있다. 그 외에 주차장으로부터 계단을 통과 하지 않고 객실까지 접근할 수 있는 시설과 서비스에 대한 항목들을 등급심사에서 평가하기도 한다.

미국의 장애자 법규(ADA : American with Disabilities Act)나 우리나라의 장애인 관련규정을 참고함으로써 더 상세한 내용에 대해 호텔의 시설과 서비스를 점검하고 연구해 볼 필요성은 매우 크고 중요하다 하겠다.

이런 웹 사이트로는 www.usdoi.gov/crt/ada/adahom1.htm와 ADA websites를 들 수가 있다. 여기서 숙박시설의 점검 목록들을 살펴보고 점검해 보기로 하자(source : ADA Checklist for New Lodging Facilities For a complete checklist, visit the ADA Web site).

## 3. 세분화된 숙박시설과 다중 브랜드 호텔의 개발

### 1) 시장세분화에 따른 호텔의 다중 브랜드

호텔산업의 심화되는 경쟁 속에서 객실의 과잉공급 현상은 상황을 더욱 어렵게 했다. 이런 여건에서 호텔사들은 새로운 시장계층을 겨냥한 제품 개발을 통하여 호텔을 다양화하기 시작했다. 이미 호텔의 모텔 개발이 새로운 여행시장에 대한 진입을 위한 노력이었지만 이번에는 더욱 본격화된 다양화 정책을 수립하게 되었다.

차이를 느끼기 어려운 일률적인 만능적 서비스(full service) 제공의 다목적 호텔(all-purpose hotel; versatility hotel)로는 세분화되는 시장의 다양한 요구를 충족시킬 수 없는 환경이 되었기 때문이다.

기존 시장이 포화되면서 다기한 형태의 수요들이 창출되거나 그런 잠재력을 보이고 있었다. 이때 부실한 사업국면을 타개하려는 자구책 속에서 호텔사들은 시장 세분화에 주목하지 않을 수가 없게 되었다.

각 세분시장이 요구하는 내용에 부합되는 차별적인 가격, 가치 중시 및 서비스를 신제품으로 개발하기 시작했다. 급속한 변화조류 속에서 호텔의 상품과 서비스의 경쟁력을 강화하기 위한 목적에서 다양한 호텔상품이 개발되고 인수합병 혹은 급속한 확장을 위한 프랜차이징 기법의 활용 등 다양한 거래와 전략들이 추구되었다.

호텔서비스가 만능서비스와 식음료 서비스를 제외시킨 제한된 서비스(limited service)로 구별되면서 이에 따라 과거에는 별로 중시되지 못했던 중저가 영역의 새로운 호텔 브랜드들이 급속히 개발되었다. 대중적인 호텔고객의 업소 선정에서의 가격 탄력적 성향에 주목하고 버젯텔, 모텔, 일부 Inn 등과 같이 다양한 시설이나 서비스를 생략하거나 포기시킨 형태의 호텔 개발로 객실원가를 극도로 통제했다.

주로 식음료서비스를 분류 기준으로 해서 이러한 서비스가 없는 제한적 서비스로 저렴한 객실가격을 실현한 염가 숙박 브랜드 호텔들이 개발 혹은 매입되게 되었다.

사업상 여행하는 시장을 겨냥한 중장기 체류형의 All-Suite hotel이 전문화 되는가 하면 Starwood 브랜드인 "W" Hotels, Kimpton Hotels 및 Joie de Vivre Hotels 등 호텔사는 기존 호텔과는 다른 개념의 어메니티(ameity)와 객실 배치 및 형태를 중심으로 보수적 성향의 기존 고급호텔 이미지를 탈피해 고가격의 'Butique Hotel'을 개발함으로써 새로운 숙박영역을 구축하게 되었다. 이런 호텔들은 보통 미 동북부나 캘리포니아 등 대체로 대도시에 입지하는 200실 이하 규모의 개별호텔 형태로 운영되고 있다.

다양해지는 시장 계층과 각각 자기주장과 개성을 중시하는 여행 세대를 겨냥해서 호텔사들이 새로운 시장대응이나 생존전략으로 개발한 세분화된 시장추이에 따른 다양한 브랜드들은 결과적으로 호텔투자와 건축에서의 전문화를 촉진시켰다.

전문성의 추구와 다상표 개발에 요구되는 신규투자에 수반된 자본수요에 대해서 직접투자가 아니면 프랜차이징에 의한 경영방식을 추구하게 되었다. 이것은 결과적으로 투자시장과 프랜차이즈 시장에서도 더욱 유리하게 작용되었다. 호텔 신규개발에 수반된 자본조달과 관리 과정에서 다양한 실료 결정을 가능하게 해줄 호텔건축과 호텔영업의 추구가 원가절감 노력의 강구 배경으로 작용되었다.

세계적인 여가추세로 인한 가격 탄력적인 숙박시장 수요로 불가피한 지경에 이른 저가 숙박상품 개발은 수익성을 개선함으로써 이를 기반으로 한 투자 활성화는 호텔업계에 활기를 불어 넣기에 충분했다.

기업확장 등 사업자 측면에서의 많은 장점들로 인한 인기에도 불구하고 로열티나 회원사 호텔의 인적자원관리에 대한 취약성 등 일반적으로 알려진 프랜차이징의 약점들에 비추어 그 보다는 위탁경영(management contracts)이나 기타 다양한 대안들이 추구되기도 하는 추세이다.

## 4. 호텔의 브랜드별 포트폴리오 전략

### 1) 호텔 포트폴리오의 변화와 빈번한 인수합병

글로벌 체인 호텔사의 표적시장은 산업계의 상용여행, 순수관광 여행, 개인이나 단체 여행객, 초대형(mega) 체전이나 국제적인 MICE 참가객, 항공관련 인력집단 등 다양하다.

글로벌 표적시장을 겨냥한 호텔사의 마케팅 전략은 프로젝트 개발부터 여기에 부합되는 상표 및 시설과 서비스 개발로 시장 어디서나 소비자가 원하는 품질, 가격, 가치를 찾아내려고 노력한다. 이런 과정에서 어느 시장에나 부합될 수 있는 다양한 브랜드 개발을 위해서 호텔의 다중 브랜드 전략이 추진되어 왔다.

브랜드 가치를 위해서는 차별화 전략의 구현과 표준화된 등급에 대한 일관된 품질 관리와 서비스 혁신을 부단히 도모하고 있다. 변화하는 시장추이에 따라서 어떤 세분 시장에 어느 정도의 호텔사업체 수나 자본금을 투자하는 것이 브랜드 가치를 위해서 가장 좋은 의사결정이 될 것인가와 관련된 호텔 포트폴리오는 자주 교체하기가 용이한 것은 아니다. 알려진 바와 같이 호텔자산은 매매거래의 장기성을 특성으로 하는 만큼 거래에 상당기간이 소요되기 때문이다.

고객만족을 통한 고객의 브랜드에 대한 신뢰도 제고와 이를 기반으로 한 고객 충성심 유발에 대한 기대를 가지고 추진하는 포트폴리오 개발과 관련된 전략들의 일환으로 호텔사들의 빈번한 인수합병 현상이 나타나고 있다.

또한 필요성을 인지한다고 해도 호텔 포트폴리오 전략변화에 따른 글로벌 호텔사 내부의 호텔 브랜드별 구성비 변화는 전략을 수정・변화하는 데 수반된 혹은 경기침체 등으로 인한 재무적 압박으로 이어지기 쉽다. 국제적인 빈번한 인수합병이나 호텔 브랜드들에 대한 소유주의 변화 판도는 글로벌시대로 진행될수록 더욱더 확실한 추세가 되고 있고 어느 곳에서나 어렵지 않게 목격되는 사실들이다.

앞에 프랑스에 본사를 둔 글로벌 호텔사인 Accor그룹은 다양한 시장에서 경쟁력 있는 전문적인 숙박경영을 위해서 일찍부터 신규개발과 기존호텔의 매수방법을 병행시켰다. 다양한 세분시장에서 필요로 하는 계층의 호텔을 일시에 마련하는 방법으로는 인수방법이 가장 시간을 단축시킬 수 있기 때문이었다.

### 2) 호텔의 다중 브랜드 사례 보기

Accor의 다중 브랜드를 보면 ① 국제적인 호화 호텔로서 소피텔(Sofitel), ② 저렴한 가격의 일등급 호텔로서 노보텔(Novotel), ③ 프랑스 국내의 일등급 호텔로서 머큐리(Mercure), ④ 별 2개의 버젯 호텔인 이비스(Ibis), ⑤ 소도시 호텔인, 별 1개 짜리 이코노미 호텔인 포르뮬르 원(Formule 1)과 ⑥ 미국에서 인수한 모텔 6, ⑦ 고령자들을 위한 호텔리아(Hotelia) 등 다양한 시장계층을 위한 다중 브랜드의 숙박업체를 소유, 리스, 위탁경영, 혹은 프랜차이징의 형태로 운영하고 있다.

InterContinental Group도 ① 별 5개의 호화 호텔 브랜드인 InterContinental Hotels &

Ritz Carlton의 Suite Room 배치

Resort, Crown Plaza Hotels & Resort, ② 전형적인 중산층 시장 브랜드인 Holiday Inn (Holiday Inn Resort와 Holiday Inn Club Vacations), Hotel Indigo, ③ 버젯 호텔인 Holiday Express, ④ All-suite 브랜드로는 Stay Bridge Suites, Candle-wood Suites 등 여러 계층의 호텔 브랜드들을 갖추고 글로벌 호스피탈리티 경쟁에 임하고 있다.

글로벌 호텔사들이 개발하거나 인수·합병한 회사 소유 브랜드들 간에 상품과 서비스의 뚜렷한 차별성을 고객들이 잘 인지하지 못한다면 브랜드 간에 혼동이 야기될 수도 있다.

① 고객들이 품질이나 가치에 대한 차이를 지각하지 못하고, ② 다상표로 분산된 이미지로 인해 호텔사 전체적인 일체감이나 이미지 약화가 초래된다면, 다중 브랜드 전략에서 기대되는 효과나 성공이 약속되기는 어렵다.

이런 믿음이나 약속 측면에서 더 이상의 시장세분화나 신브랜드 개발보다는 기존 세분 고객시장을 고수하고 지속적인 서비스 개선과 전통에 관심을 갖는 호텔들도 있다. 특히 리츠칼튼(Ritz-Carlton; 사진 참조)이나 Four Seasons 같은 초호화 호텔사들은 비교적 전통고수를 중시하는 호텔 사례라고 보아진다.

오늘날 일반적인 호텔 분류는, 호텔의 주요 상표별로 세분시장을 겨냥해 가격을 기준으로 5개 등급으로 분류하고 있다. 입지별로는 도심권, 도시 외곽지역, 리조트, 공항, 고속도로 연변 등을 기준으로 해서 분류하기도 하지만 여기서는 상론하지 않기로 한다.

### 3) 호텔의 브랜드 포트폴리오

(1) Accor Group의 사례

이해를 촉진하기 위해서 Accor Group의 브랜드 포트폴리오를 통하여 호텔등급을 보기로 하자. 다음 그림을 통해서 누구나가 브랜드별로 일목요연하게 가격수준이나 그 차이를 짐작할 수 있게 될 것이다(그림 2-1 참조).

Accor Group의 경영형태별 및 브랜드별 포트폴리오는 다시 제5편 글로벌 호텔경영 전략 편에서 다루게 될 것이다.

자료원 : Accor Group, 2010.

[그림 2-1] Accor Group의 브랜드 포트폴리오

## 5. Gee 교수에 의한 호텔 브랜드별 등급 분류

호텔 계층별 분류에 있어서 Gee 교수(1997)는 보다 더 포괄적으로 호텔서비스의 내용별, 투숙 목적별, 호텔의 기능별 및 체류기간별 내용을 분류에 포함시킴으로써 좀 더 광범위하면서도 상세하게 분류하고 있다(표 2-2 및 표 2-3 참조).

반면에 가격의 차별성에 대해서는 비교적 모호한 그림 정보로만 나타내 주고 있을 뿐(표 7-6 참조) 가격 영역별로 명확한 구분을 할 수 있도록 표시되지 못했다는 점에서 다소 한계를 노정하기도 한다.

〈표 2-2〉 주요 브랜드별 호텔의 등급 분류

| 세 분 / 계층별 | 계층 내 세분화(서비스별) | | 호텔 브랜드별(대규모 호텔그룹) 혹은 호텔사별(주로 개별호텔) |
|---|---|---|---|
| 이코노미 호텔 | 제한적 서비스 | 저 급 | Motel 6, Formule 1 |
| | | 중 급 | Red Roof Inn, Days Inn |
| | | 고 급 | Hampton Inn, Comfort Inn |
| 중산층 호텔 | 제한적 서비스 | | Courtyard, Garden Court |
| | 만능적 서비스 | | Ramada, Quality Inn, |
| 일등급 호텔 | 만능적 서비스 | | Marriott, Regency Hyatt |
| 호화 호텔 | 만능적 서비스 | | Four Seasons, Park Hyatt |
| All-suite 호텔 | 만능적 서비스 | | Comfort Suite, Lexington Suite |
| | 만능적 서비스 | | Embassy Suite, Park Suite |
| 중장기체류형호텔 All-suite hotel | 시설 · 서비스 | 비교적 장기투숙 | Residence Inn, Quality-Residency |

자료원 : Gee, 1994.

〈표 2-3〉 호텔등급별 주요 호텔 브랜드

| 계층구분※1) | 계층구분※2) | 호텔 브랜드 혹은 개별 호텔사 |
|---|---|---|
| 1. Economy hotel | 3. 상 | Days Inn, Comfort Inn, Econo Lodge, LaQuinta, Hampton Inn, Rodeway Inn, Drury Inn, Susse Chalet, Country Hearth Inn, Shilo Inn, Signature Inn, Cross Country Inn, Dilion Inn, Country Hospitality Inn, Less Inn, Cypress Inn, Franklin Inn, Luxbury Wellesley Inn, Holiday Inn Express, Arcade, Ibis, Urbis, Campanile, Granada Lodges, Toby Hotels Travel Inn, Berni Inn & Chef & Brewer Hotels, Huntsman Inns, Master Hotels |
| | 2. 중 | Red Roof Inn, Days Inn, Comfort Inn, Travelodge, Econo Lodge, Super 8 Motels, Knights Inn, Budgetel Inn, Rodeway Inn, Shoney's Inn, Fairfield Inn, Exel Inn, Arborgate Inn, Best Inns, Red Carpet Inn, Cricket Inn, Envoy Inn, Roadstar Inn, Climat de France, Baladins, Beta Hotels, Horizon Hotels, Butlins Hotels, Rank Lodges, Crown & Raven Hotels, Shire Inns, Manor House Hotels, Welcome Inns, Butterfly Hotels |
| | 1. 하 (버젯호텔) | Motel 6, Sleep Inn, Microtel Inn, Regal 8, Sixpence Inn, Scotish Inn, All Star Inn, E-Z 8 Motel, Thrift Lodge, Formule 1 |
| 2. Middle class hotel | 5. 만능적 서비스 | Holiday Inn, Ramada, Sheraton, Hilton Inn, Quality Inn, Radisson, Viscount, Days Hotel, Howard Johnson Lodge, Park Inn, Novotel, Mercure, Etap, Friendly Hotels, Hilton National, Queens Moat Houses, Resort Hotels, Country Court Hotels, Country Club Hotels, Lansbury Hotels, Forum Hotels, Floatels, Character Hotels, Post House, Heritage Hotels, Swallow Hotels, Embassy Hotels, Sol, Penguin Hotels, Periquito Hotels, Village Leisure Hotels, Principal Hotels, Movenpick |

| 2.<br>Middle class hotel | 4.<br>제한적 서비스 | Courtyard, Club House Inn, Park Square Inn, Compri, Crest Hill, Holiday Inn, Garden Court |
|---|---|---|
| 3.<br>First class hotel | 6.<br>만능적 서비스 | Marriott, Regency Hyatt, Westin, Omni, Registry, doubletree, Royce, Clarion, Crowne Plaza, Howard Johnson Plaza Hotel, Hilton, Sheraton, forte Grand, Vista, Sofitel, Pullman, Crest, De Vere, Renaissance, Princess, Metropole, Rank, Hilton Int'l, Nikko, Ana, Dusit thani, Melia, Occidental, Swissotel, New World, Int'l, Cunard Int'l, Thistle, Hospitality Inns, Scanticon, Kempinski, Delta, Oberoi, Taj |
| 4.<br>Luxury hotel | 7.<br>만능적 서비스 | Four Seasons, Park Hyatt, Exclusive Grand Hyatt, Ritz-Carton, Fairfield, Rosewood, Ciga, Concorde, Savoy, Mandarin-Oriental, Cunard, Shilla Hotel, Orient Express, New Otani, Regent Int'l, Peninsula, Shangri-La, Inter-Continental, Meridien, Conrad Int'l |
| 5.<br>All-Suite hotel | 1.<br>제한적 서비스 | Comfort Suite, Lexington Suite, AmeriSuite, Best Suite, Sterling Suite, Manchester Suite, Woodfield Suite, Bradbury Suite, Luxford Suite, Days Suite, Sunrise Suite, Travelodge Suite |
| | 2.<br>만능적 서비스 | Embassy Suite, Sheraton Suite, Clarion Suite, Guest Quarters, Radisson Suite, Pickett Suite, Bristol Suite, Ramada Suite, Hillon Suite, Hyatt Suite, Park Suite, marriott Suite, Dooubletree Suite, Howard Johnson Plaza Suite, Raintree Suite, Viscount Suite |
| | 중장기 체류형<br>Extended-stay | Residence Inn, Hawthorne Suite, Quality-Residency, Woodfin Suite, Homewood Suite, Neighbourfood Inn |

※ 1) 번호는 필자가 붙인 것으로 숫자가 높을수록 고급계층의 호텔이다.

※ 2) All-Suite hotel의 경우는 고급호텔이나 Luxury Class와 비교할 때 그에 상응하는 고급수준의 All-suite hotel도 있으나 그보다 호화롭지 못한 경우도 많으므로 일률적으로 적용될 수는 없다. 그러므로 All-suite hotel 2가 1보다 고급 호텔이다. Extended-stay All-suite는 비교적 많지 않은 형태의 호텔이므로 고급화 수준보다 체류기간별 분류일 뿐 일정 수준의 등급 호텔로는 묶지 않는다.

자료원 : Gee, 1994.

## 6. 실제 브랜드 마크로 보는 호텔의 분류

필자는 지도 학생들과 더불어 실제의 호텔브랜드 마크를 일일이 찾아 다음의 표를 만들어 보았다(표 2-4 참조). 이것은 브랜드별 호텔지식과 함께 이러한 디자인이 시사해 줄 수 있는 학습효과에 대한 기대와 더불어 호텔경영에 관심 있는 학생, 전문가, 일반인들이 비교적 친숙하게 호텔브랜드에 다가가게 하는 효과도 있다고 보기 때문이다. 다음에 시사되는 브랜드들은 국제적으로 지명도가 있는 대부분의 호텔들을 호텔 계층별로 구분해서 정리해 놓은 것이다(표 2-4 참조).

〈표 2-4〉 BRAND MARK별로 보는 호텔의 분류

## 1. 이코노미 호텔(상급)

| | | | | |
|---|---|---|---|---|
| Days Inn | Comfort Inn | Econo Lodge | LaQuinta | Hampton Inn |
| Rodeway Inn | Drury Inn | Susse Chalet | Country Hearth Inn | Shilo Inn |
| Signature Inn | Cross Country Inn | Country Hospitality Inn | Cypress Inn | Franklin Inn |
| Luxbury Wellesley Inn | Holiday Inn Express | Arcade | Ibis | Urbis |
| Campanile | Toby Hotels Travel Inn | Huntsman Inns | Master Hotels | |

## 2. 이코노미 호텔(중급)

| Red Roof Inn | Days Inn | Comfort Inn | Travelodge | Super 8 Motels |
|---|---|---|---|---|
| Knights Inn | Budgetel Inn | Rodeway Inn | Drury Inn | Fairfield Inn |
| Exel Inn | Best Inns | Red Carpet Inn | Cricket Inn | Roadstar Inn |
| Climat de France | Beta Hotels | Horizon Hotels | Butlins Hotels | Crown & Raven Hotels |
| Manor House Hotels | Welcome Inn | Butterfly Hotels | | |

## 3. 버젯 모텔 : 이코노미 호텔(하급)

| Motel 6 | Sleep Inn | Microtel Inn | Regal 8 | Scotish Inn |
|---|---|---|---|---|
| All Star Inn | E-Z 8 Motel | Thrift Lodge | Formule 1 | |

## 4. 중산층 호텔(만능적 서비스)

| | | | | |
|---|---|---|---|---|
| Holiday Inn | Ramada | Sheraton | Hilton Inn | Quality Inn |
| Radisson | Viscount | Days Hotel | Howard Johnson Lodge | Park Inn |
| Novotel | Mercure | Etap | Hilton National | Queens Moat Houses |
| Forum Hotels | Floatels | Heritage Hotels | Swallow Hotels | Sol |
| Penguin Hotels | Village Leisure Hotels | Principal Hotels | Movenpick | |

## 5. 중산층 호텔(제한적 서비스)

| | | | | |
|---|---|---|---|---|
| Courtyard | Club House Inn | Crest Hill | Holiday Inn | Garden Court |

## 6. 일등급 호텔(만능적 서비스)

| | | | | |
|---|---|---|---|---|
| Marriott | Westin | Omni | Registry | Doubletree |
| Royce | Clarion | Crowne Plaza | Howard Johnson | Hilton |
| Sheraton | Forte Grand | Regency Hyatt | Vista | Sofitel |
| Pullman | Crest | De Vere | Renaissance | Princess |
| Metropole | Rank | Nikko | Ana | Dusit Thani |
| Melia | Occidental | Swissotel | New World | International |
| Cunard Int'l | Thistle | Hospitality Inns | Scanticon | Kempinski |
| Delta | Oberoi | Taj | | |

## 7. 호화 호텔(만능적 서비스)

| | | | | |
|---|---|---|---|---|
| Four Seasons | Park Hyatt | Ritz–Carton | Fairfield | Rosewood |
| Ciga | Concorde | Savoy | Mandarin–Oriental | Cunard |
| Shilla Hotel | Orient Express | New Otani | Regent Int'l | Peninsula |
| Shangri–La | Inter–Continental | Meridien | | |

## 8. All–Suite 호텔(제한적 서비스)

| | | | | |
|---|---|---|---|---|
| Comfort Suite | Lexington Suite | AmeriSuite | Sterling Suite | Woodfield Suite |
| Bradbury Suite | Days Suite | Sunrise Suite | Travelodge Suite | |

## 9. All-Suite 호텔(만능적 서비스)

| | | | | |
|---|---|---|---|---|
| Embassy Suite | Sheraton Suite | Clarion Suite | Radisson Suite | Bristol Suite |
| Ramada Suite | Hilton Suite | Hyatt Suite | Park Suite | Marriott Suite |
| Doubletree Suite | Howard Johnson Plaza Suite | Raintree Suite | Viscount Suite | |

## 10. 장기 체류형 All-Suite Hotel

| | | | | |
|---|---|---|---|---|
| Residence Inn | Hawthorne Suite | Quality-Residency | Woodfin Suite | Homewood Suite |
| Neighbourhood Inn | | | | |

* 여기서 만능적이거나 제한적이라는 구분은 주로 F & B 서비스의 유무를 근거로 한 개념임.
브랜드 도표 : 필자 작성.

CHAPTER_3

# 우리나라와 인접국의 호텔 발전사

## 제1절 한국의 호텔산업 발전

한국의 호텔 발전사는 학자에 따라서는 수개의 단계로 세분하기도 하지만 필자는 크게 ① 고대왕조에서 근대왕조까지의 발전, ② 태동기의 호텔발전, ③ 경제 개발기의 현대 호텔발전, ④ 한국호텔의 산업화와 질적 발전기 등으로 구분하고 있다.

### 1. 왕조(王朝) 시대의 숙식관련시설 발전(992~1888)

삼국시대와 관련된 숙식시설의 기록도 있어서, 신라 소지왕 7년(487년) 이래 우역(郵驛)이 교통통신 목적으로 설치되었지만 숙박 업무를 겸했다고 한다. 그러나 본 장에서는 고려조부터 고찰해 보기로 한다.

우리나라에서의 숙박시설은 원래 영리목적으로 출발했다기 보다는 ① 행정 및 ② 교역목적으로 출발하고 있다. 특히 ③ 외국의 사신단을 유숙시키고 대접할 목적에서 세워진 영빈관과 같은 기능의 숙박시설이나 행정목적을 수행하기 위해서 관리들의 숙식을 목적으로 ④ 관설숙소들이 설치되었다. 그러다가 고려조부터 ⑤ 외국과의 해상 및 육상 교역 목적으로 좀 더 발전된 형태의 객관들이 생겨났고, 이조대에 확립된 ⑥ 객주제도로 건립된 상거래 중심의 숙소인 여각들이 상당수 생겨났다. 그러다가 ⑦ 민박형태의 소형 주막들이 속속 생겨나게 되는 역사를 거쳐 숙박업은 점차 발전되게 된다.

### 1) 고려(高麗) 시대의 숙박업 발전

고려조에 들어와 처음으로 관설 주막이 건립되었다. 특히 성종 대에 이르러 주식점을 겸한 주점들이 설치되었다. 사찰들도 이러한 숙박기능과 식음을 서비스하거나 판매했다고 한다(강인희, 1984; 오정환, 1992).

성종 2년(983년)에는 선비들이 풍류를 즐길 수 있는 각각 다른 이름으로 명명된 주점 6개소를 개성에서 각 고을에 이르기까지 설치되었다는 기록(高麗史, 성종 12년)을 볼 때, 관광이나 놀이문화가 일반화 되었던 당대의 사회상을 엿볼 수가 있다.

성종 11년(992년)에는 관리들의 행정적 업무차원의 출장자들에게 숙식을 제공하던 원(院), 공무여행자의 숙식을 위해 마련된 현관의 객관(客館), 관용의 역제(驛制), 반관반민용의 원관(院館) 등 다양한 형태의 숙박시설들이 마련되고 있었다. 활발했던 고려조의 해상무역이나 외국(주로 宋나라)과의 교역에 의한 수요에 따라 얼마간 진취적인 형태의 것이었다고 짐작된다.

1102년(현종 2년)에는 외국 상인을 유숙시킬 목적의 영빈관, 회선관(會仙館)을 개관하는 한편 국빈을 위한 숙식과 극진한 예우 게공의 고려관을 개관하여 사신과 상인용의 객관(客館)을 두고 있었다 한다(윤단석, 1975).

## 2. 이조(李朝) 시대의 숙박업 발전

고려시대에 개발된 역원제(驛院制)가 그대로 조선에도 계승 발전됨으로써 경국대전(經國大典)에 따르면, 전국 537여개의 역(驛)이 41개 도에 편재되었으며 관영숙사인 원(院)과 지방관아에 별설된 객관인 관(館)들이 많았다고 한다(이재룡, 유구열, 1974). 그러나 대표적인 전통숙박시설로는 교통통신과 숙박업무 겸용의 역참(驛站)이 있었다.

조선시대 말기에는 태평관(太平館), 동평관(東平館), 북평관(北平館)을 두고 각각 명의 사신, 왜국사신과 상인, 여진족의 유숙 및 무역의 장소로 이용했다(서울특별시, 1980). 그 후 10년 뒤에는 명나라 사신을 접대하던 관사(接待館舍)로 태종7년에 모화관(慕華館)을 건립했다(成宗實錄 권14, 성종 19년 3월 丁丑; 오정환, 1992).

이조시대에는 임진란(1952~1958)과 병자호란(1636~1637)을 거쳐 17세기 후반부터 활성화된 민간상업으로 종사 상단객주들에 의해 건립된 객주나 여각은 상거래의 중심이 되었음은 물론 숙박시설로도 이용됨으로써 여관과 같은 기능을 수행했다. 또한 19세기 초 서울에 등장한 주막(酒幕)이 19세기 말경 전국적으로 확산됨으로써 시전(市

廛)이 열리는 곳이면 어디든지 심지어 시골 작은 고을까지 생겨나게 되었으니 간단한 숙식이 가능한 이런 형태의 여인숙은 당대에도 상당수가 있었다.

## 3. 개항과 한국 초기의 호텔 발전사(1987~1961)

이 시기는 국제열강들의 한반도 진출의도에 수반된 국지적 전쟁(갑오경쟁), 정변(아관파천), 한일합방 등 일련의 정치외교적인 행보와 사건이 일어났던 이조대말 경 이후의 시기부터 어느 정도 호텔이 형식을 갖추게 되는 시기까지를 말한다. 이 단계의 호텔 발전사를 고찰해 보면 새로이 개설된 철도를 따라 부산~신의주 여행이 가능해지면서 정치, 경제, 문화적인 목적의 여객 숙식문제 해소를 위한 숙소마련 차원에서 건립된 초기의 소규모 여관과 함께 서구식 호텔이 처음으로 우리나라에 건립되고 소개되기 시작한 시기였음을 알 수가 있다.

이 시기는 대체로 호텔의 태동기로 불릴 수가 있는데 서구식 호텔개관, 철로개설과 철도회관의 건립, 한국전쟁 발발과 호텔문제 등이 여기서 다루어지게 될 것이다.

### 1) 최초의 서구식 호텔의 태동기

한국 최초의 서양식 호텔은 1987년 인천에서 건축에 착수해 이듬해에 객실 11실로 개관된 대불호텔이었다. 당시로서는 매우 고급 건축물로서 구라파 사람이나 미국인 등 서양 사람들을 고객층으로 겨냥해서 건립된 호텔이었다. 처음에는 성업했지만 서울-인천 간 철로 개설로 단축된 여행시간 때문에 호텔은 사양길을 걷다가 매각된 후 중국요리 식당으로 전용되기도 했다.

곧 이어 길 건너편에 청국인 태태가 2층 건물인 Steward hotel을 건립하고 양잡화점을 겸하여 운영하게 되었다. 그러나 본격적인 서양식 호텔로는 독일여성 손탁에 의해서 서울 정동에 건립되었던 Sontag Hotel이었다. 이곳은 당시 정치외교의 중심지로서 한국을 방문한 많은 유명 인사들이 유숙하기도 했다. 후에 이곳은 이화학당에 매각되어 교육시설 부지로 사용하게 되었다.

손탁호텔은 비록 소규모 호텔이었지만 한국에 서양식 호텔을 탄생시키고, 그 후 다른 현대식 호텔 발전에 대한 태동을 시작하는 전기를 마련했다는 점에서 역사적인 의의가 크다.

다음 표를 통해 초기의 호텔들이 어떠했는지 상황을 살펴보기로 하자(표 3-1 참조).

〈표 3-1〉 초기 한국의 서양식 호텔들

| 구 분 | 1888년 | 1889년 | 1906년 | 1902년 |
|---|---|---|---|---|
| 호텔명 | 대불호텔 | Steward hotel | 인천호텔 | Sontag hotel |
| 건축물 | 3층 벽돌 양관 | 2층 | 3층 목조 양풍 | 2층 양옥 |
| 소재지 | 인천서린동 | | 인천 | 서울 정동 |
| 소 유 | 일본掘力太郎(호리리기다로) | 淸人 태태 | 橋本信吉 | Ms. Sontag |
| 특 징 | | 1층 잡화상 | 1907년 폐업 | 외교중심지 이등박문, 처칠 숙박 |
| 기 타 | 1918매각, 중화루 | | 1933년 월미도 호텔 일부 | 1909년 이화학당에 매각 |

필자 작성.

### 2) 철로 개설에 따른 철도회관과 최초의 도심권 호텔의 탄생

한일합방(1910) 후 일제 강점기에 일본은 식민지 정책의 일환으로 경인선, 경의선 및 경부선 철로를 개설했다. 이는 인구집중과 상공업의 발전을 촉진하는 계기를 마련함으로써 사람들의 내왕은 비교적 용이해지고 빈번해지게 되었다. 이것은 숙박시설 수요의 증가추세를 초래했고 부산(1912), 신의주(1912), 평양(1925년), 온양온천(1920), 금강산(1915), 장안사 부근(1918) 등지의 철도역에 철도회관이라는 이름으로 초기 형태의 호텔을 건립하게 되었다. 또한 철도회관 중에는 당시 사람들의 인기 있는 내방 관광지였던 금강산과 장안사 부근 및 온양온천에 각각 철도회관(1920)을 건립해 관광객들의 숙박편의시설 수요에 대해서도 어느 정도 수용태세를 정비하고 있었다.

20세기 중엽부터 성행된 철도운행에 이어 일본항공이 1929년 항공노선을 개설하고 정식으로 취항함에 따라서 증가될 일본인 내방에 대비한 정책적 개발이었던 것이다.

비록 조선총독부의 철도국 주관으로 탄생되긴 했지만 1914년 개관된 조선경성 철도호텔(후에 조선호텔로 개명됨)이야말로 최초의 근대식 도심권 호텔의 출발로서 이후 한국의 현대 호텔산업 출범의 서막을 열었다는 점에서 의미가 크다. 그 후 1936년엔 반도호텔(1874년 현재의 롯데호텔 소공동 자리)이 당시에는 대규모적으로 111개실을 가지고 한국 최초의 상용호텔 형태로 출범함으로써 여행의 대중화에 대한 작은 희망의 씨앗을 뿌리게 되었다.

그 후 반도호텔은 일제치하→6·25동란→교통부 인수(1954)→국제관광공사(1962) 등을 거쳐 1974년 롯데호텔에 인수되기까지 수차례의 소유권과 관리권의 이전을 통한 부침을 겪으면서 한국 현대 호텔 발전사를 대변하게 되었다.

### 3) 1945~1961년 초의 호텔발전과 제도정비

해방(1945. 8. 15) 후의 경제 및 사회개발은 주로 관주도 형태로 이루어졌다. 한국에서 호텔사업에 대한 경험을 갖지 못한 민간인들에 의한 호텔 및 관광사업 진출은 단시간 내에 이루어지길 기대하기 어려운 상태에서 정부의 선도적 역할이 긴요했다. 정치, 경제, 사회 등 여러 가지 목적으로 내왕하는 외래객들의 숙박 수요를 충족시키는 것이 급선무였던 이 시기(1945~1961년 초)에 호텔사업 또한 사회정책적 및 관광진흥 차원에서 민간의 투자여건이 미성숙된 상황에서 관주도적으로 추진되는 것은 어쩌면 불가피한 일이었다고 하겠다.

해방 후 얼마 안 된 1949년 말 빅토리 호텔을 인수해 경영하게 된 교통부는 이듬해 1950년에 온양, 대구, 설악산, 서귀포, 무등산, 화진포 등 호텔을 개관했는데 이것은 동서남북에 대한 호텔의 지역 안배와 기존 환경여건을 고려하여 이루어진 결정이었다.

6 · 25 전란을 겪으면서도 이러한 사업은 지속되고 있었다. 이 시기에는 앞서 기술한 반도호텔(1954), 불국사호텔(1952), 해운대호텔(1952) 등을 교통부가 민간인, 미8군, 일본인 등으로부터 인수하면서 1955년 교통부 육운국에 관광과가 신설되었다. 한편 1951년엔 민영호텔로 대원호텔이 탄생되었다.

이어서 1957년 해운대, 사보이, 온양호텔을 각 3~9층으로 건립하면서 교통부는 IUOTO(현재의 WTO)에 가입하면서 관광위원회 조직(1958)을 가동했다.

이어서 1959년 아스토리아, 무등산, 설악산, 서귀포, 대구, 유엔센터 호텔들이 3~9층 규모로 착공되었다. 1961년 5 · 16 군사정변 직후에(1961. 6. 13) 식민시대에 건립되었던 조선호텔의 관리권을 인수한 교통부는 관광진흥법을 제정 · 공포하고 한국관광시설협회를 창립함으로써 비로소 본격적인 형태의 호텔개발과 관광진흥을 기획, 추진, 지도 · 감독할 수 있는 법적 · 제도적 기반을 확고히 정비할 수가 있었다.

## 4. 경제개발과 현대식 호텔의 발전기(1961~1980)

### 1) 경제발전과 호텔발전의 시대적 배경

한국 현대호텔 발전기를 1961년부터 보게 된 배경은 이때 겨우 본격적인 관광산업의 진흥책이 기획되고 그 일환으로서 관광지 개발과 함께 활발한 국내외 자본과 기술에 의한 호텔의 신규투자가 촉진되기 시작했기 때문이다.

당시 한국은 1인당 GNP 79달러에 무역적자는 GNP의 16%로 세계 최빈국 중 하나였는데, 강력한 예산편성과 예산통제 권한을 가지고 경제발전의 방향과 개발정책을 수립하고 시행할 경제기획원(1961. 7) 설립과 함께 1962년, 성장률 7.1% 목표로 시작된 제1차 경제개발 5개년 계획(1962~1966)의 결과 연평균 성장률은 목표를 초과달성(7.8%)하게 되었다.

화폐개혁에 실패하고 개발자본 조성도 안 되었고 자원도 풍부하지 않은 여건이지만 국제적으로 1963년경부터 선진국의 노동집약적 경공업이 사양화되는 환경에서 값싸고 질 높은 풍부한 노동력을 가졌던 한국은 경제개발의 기본전략을 완전히 수출주도형으로 전환하고 공산품 수출증가(이후 1979년 4차 5개년계획 기간까지)에 집중적인 노력을 기울여 수출주도형 산업화 시대를 겪게 되었다. 이 과정에서 사업목적의 외국인 내방객이 급증하면서 고급형 숙박에 대한 수요 또한 동반 상승하는 여건에서 관광개발과 호텔의 고급화 정책은 불가피한 것이었다. 이 시기에 정부는 외화획득을 중심으로 한 경제적 목적에서 관광산업을 전략산업으로 규정하고 본격적인 산업화를 촉진하게 된다. 이후의 왕성해진 호텔투자는 한국의 제1차 호텔 붐 시대를 맞게 되었다.

### 2) 한국 호텔산업의 확장기

(1) 정부의 관광진흥정책과 제1차 호텔건축의 붐

1962년 국제관광 진흥업무를 주무할 국제관광공사 창립을 분기점으로 국제적인 관광홍보 및 유치전략이 본격화 되면서 현대식 호텔 건립과 호텔의 시설 및 서비스 품질통제를 위한 조직적인 노력들이 경주되었고 이 과정에서 관광호텔 개념이 정립되었다. 동년에 공사는 워커힐의 운영권을 인수했으며 민간자본에 의해서 메트로, 아스토리아, 뉴코리아, 사보이, 그랜드, 동래관광, 천지관광 및 춘천 세종호텔이 3~8층 규모로 건립되었고 메트로와 아스토리아는 최초의 관광호텔로 등록되었다.

이듬해인 1963년에도 국제관광공사는 기존의 온양, 해운대, 불국사, 대구, 서귀포, 설악산, 및 무등산 호텔을 인수했고 워커힐호텔(263실)을 복합호텔 방식으로 분산 개업하는 한편 관광공사 연수원을 설립하고 인력양성의 기틀을 마련했다. 동년 숙박 및 관광사업자들의 권익보호 및 산업 진흥을 위한 조직으로 대한관광협회가 창설되었다. 금호관광호텔, 만년장관광호텔, 제주파라다이스 호텔, 경포대 관광호텔도 이 시기에 건립되었다.

1962~1970년까지 매년 지속적으로 많은 호텔들이 속속 건립되고 보유 객실수가 증가되었다. 이 기간 동안 상당수의 호텔이 민영화될 정도로 호텔의 경영에 대한 노하우도 점차 습득되어 갔다. 호텔종사원 자격고시가 시행되고 관광호텔 종사원 기능경연대회도 실시되었지만 호텔에 대한 5등급제가 확립(1970)되는 발전을 이루게 되었다.

특히 18층 대형 규모(245실)로 세종호텔(1966)이 순수 민간자본에 의해서 건축되는가 하면 조선호텔(1967)이 한국 최초의 한미 합작투자로 초현대식 건물로 신축되었고 20층의 타워호텔(1967)도 건립되었던 점도 주목할 만하다.

(2) 호텔 민영화와 민간주도 호텔산업의 발전

이상에서 살펴본바 많은 호텔들이 건립되었고 종전보다는 고급화 대규모화 되었지만 여전히 영세한 수준에 머무는 호텔도 많았다.

1960년대에는 수출무역형 경제개발로 인해 서울이나 지방에 관광객들이 상당수 내방했지만 수용시설의 확충강화라는 모토에 부응하기 어려운 저급한 서비스가 여전히 지속되는 측면도 컸다.

초기에 관주도로 투자되었던 지방의 공영호텔들은 운영실적도 좋지 못했다. 특히 지방으로 갈수록 호텔은 더욱 영세하고 수용력도 떨어져 시설과 서비스의 수준이 기대에 못 미치고 있었다.

그나마 민영호텔들은 사정이 좀 낫기는 했지만 미국의 모텔규모에 불과한 객실 50개실 수준의 호텔들이 대부분이었다.

이런 문제를 해소하기 위한 대책마련을 위해서 국제관광공사 산하 8개 호텔 모두를 민영화하는 등 대부분의 공영호텔들이 모두 1965~1974년까지 민영화되었고, 그 후 1980년에 도큐 호텔이 삼부토건에 민영화 되었고 또 1982년에는 경주 조선호텔이 라이프에 인수됨으로써 민영화되기에 이르렀다. 이러한 호텔의 민영화가 시사하는 것은 무엇일까?

원인은 다각적으로 추구될 수가 있겠지만 다음 몇 가지로 정리해 보기로 한다.

① 시대적으로 변화하는 소비자들의 욕구를 수용하지 못했기 때문이다.

종래 기본적인 서비스로는 급속히 변화하는 소비자들의 욕구수준을 충족시키지 못하고 또 시설이나 서비스의 개선에 대한 집중적인 투자가 이루어지지 못했기 때문이다.

② 경영혁신의 필요성과 전문적인 경영방식의 도입 필요성 때문이었다.

여행대중화로 초래된 전문 호텔사들의 전문적인 경영기법 개발과 도입 및 혁신을 기하기위해서는 경영개념을 적용한 전문적인 경영자와 종업원 교육을 요하게 되었기 때문이다.

③ 차별화된 경영전략의 추구결과였다.

동일 호텔사라도 점차 세분화되는 여행시장의 트렌드에 따라 호텔사들은 다중 브랜드를 개발하여 각 시장에 차별화된 제품과 서비스를 제공하려는 강한 움직임의 호텔산업 여건 에서 일률적이고 융통성이 결여된 관주도형 운영으로는 고객욕구를 만족시킬 수가 없었기 때문이었다.

그러나 이 시기에 이루어진 발전도 기대한 바가 있었다. 워커힐 호텔은 본격적인 한국호텔산업 진흥의 전기를 마련하는데 기여했을 뿐만 아니라 초창기 호텔 전문인력 양성의 산실역할을 함으로써 워커힐 출신 호텔리어들이 전국의 호텔에서 최고경영자로 업무를 수행하면서 관광인력의 저변확대에 공헌한 바가 크다. 세종호텔 또한 초기의 많은 전문 호텔경영자들을 배출함으로써 한국호텔발전에 기여한 바가 큰 역사를 자랑하고 있다.

## 5. 한국 호텔업의 산업화(1980~현재)와 질적인 발전

### 1) 서비스산업 구조와 여가시대의 도래

그 후 1970년대부터 세계 선진국의 산업구조는 급격히 제조업으로부터 서비스산업에 대한 비중이 높아져 가게 되었고 서비스 산업의 경쟁력은 곧 일국 산업의 경쟁력을 좌우할 정도가 되었다. 각국은 자국의 서비스산업 경쟁력에 대해 관심을 기울이지 않을 수가 없게 되었다. 더구나 20세기에 진입해서 급격히 증대된 여가 및 관광에의 대중적 관심이 일상화, 일반화 되면서 각국은 외국 여행객뿐만 아니라 내국인 혹은 지방민의 삶의 질과 건강과 아름다움의 웰빙(well-being)을 통한 사회복지적 차원에서 여가에 대한 본격적인 관심과 더불어 질적인 방안 마련에 주력하게 되었다. 주말이면 대부분의 사람들이 어떤 형태로던 여가를 선용하려는 수요가 급증됨에 따라서 공급대책으로서 스포츠시설과 숙박시설을 복합시킨 대단지 리조트의 개발은 여가추세로 인한 필연적인 결과로써 초래되었다.

**레버리지 효과(leverage effect)**

이것은 일명 지렛대 효과라고도 하는데 타인으로부터 빌린 타인자본을 지렛대로 삼아 자기자본 이익률을 제고하는 것을 말한다. 차입금 등 자본비용(금리비용) 보다 높은 수익률이 예상될 때에 타인자본을 적극적으로 유치해 이용함으로써 투자자본을 조달하는 것이 유리한 결과를 초래할 수가 있게 된다.

차입자본 조달로 리조트에 투자한 결과 발생한 투자수익(순익)으로부터 상환해야 할 차입자본의 원리금을 상회하는 높은 순익을 실현하게 될 경우 투자기업은 높은 투자수익률을 달성함으로써 상당한 수익성과를 기대할 수가 있게 된다. 그러나 반대로 과도한 차입금을 사용할 경우에 만약 예상수준 이상으로 금리가 상승된다면 이로 인해 재무 부담이 가중되는 사례가 발생될 수 있어서 결국 도산위험이나 도산의 기대비용이 제고될 수가 있어서 재무적인 위험에 실제로 직면될 수도 있다. 그러므로 타인자본의 활용에 있어서 사전에 정치, 경제, 사회적인 환경을 면밀히 분석하고 투자의 타당성 검토(feasibility study)를 거쳐서 의사결정이 이루어져야만 한다.

**사례에 의한 레버리지 효과의 이해**

가령 개발에 소요되는 자본 10억원을 전액 자기자본으로 충당한 사업의 결과 실현된 순익이 1억원이라면 자기자본 이익률은 10%가 된다.

순익 ÷ 자기자본 = ₩100,000,000 ÷ ₩1,000,000,000 = 0.1 = <u>10%</u>

그런데 또 달리 소요자본 10억원 중 자기자본과 타인자본을 각각 50%씩 나누어 각각 5억원씩 조달해서 순이익을 1억원 올렸다면 자기자본 이익률은 20%로 상승하게 된다.

순익 ÷ 자기자본 = ₩100,000,000 ÷ ₩500,000,000 = 0.2 = <u>20%</u>

대규모 자본을 요하는 골프, 스키, 수영, 물놀이 등 스포츠 및 놀이시설을 갖춘 대규모적인 콘도시설과 호텔 개발 등 복합리조트단지 개발에 국내 유수의 삼성, 현대, LG 등 외 많은 그룹들이 참여함으로써 전국 각지에 이런 시설단지들이 분포되기에 이르렀다. 대기업은 특히 부동산 경기가 활성화되던 시기에 사업계획을 수립하고 거액 개발자본 수요를 위해서 타인자본 조달방안 활용으로써 레버리지 효과(leverage effect)를 기대할 수가 있었다.

기반시설의 확충, 교통여건 및 접근성의 개선, 보건위생, 상품과 시설의 품질관리, 5감을 만족시킬 여건의 조성과 변화에 대한 욕구를 충족시킬 적정한 혁신의 지속성 등 다각적인 노력이 경주되기에 이르렀다.

### 2) 메가이벤트를 통한 제2차 호텔 붐

국제 컨벤션의 유치나 스포츠 이벤트 혹은 지구촌 최대의 올림픽이라는 메가 이벤트의 유치와 개최 준비단계에서 많은 시설이 요구되지만 그중에도 숙식문제는 종류나 규모를 막론한 잔치, 페스티벌, 이벤트, 회의에 기반시설로서 필수요건화 되고 있다. 이벤트 유치에 있어서 이것은 중요한 평가항목이 되고 있다. 올림픽 개최를 바라는 어떤 나라도 고급 숙박시설 확충에 초연할 수 없다. 평창에서도 동계올림픽 유치를 위해 좋은 품질과 규모의 호텔 수용력을 위한 노력이 다각적으로 추구되고 있다. 제1차 호텔 붐이 수출무역으로 초래됐다면 제2차 호텔 붐은 1988년 하계 올림픽으로 초래되었다. 동계올림픽 개최를 통한 또 한번의 제3차 호텔 붐은 기대할 수 없을까?

호텔수요 대비 기존의 객실 확보 여건 분석으로 투자에 필요한 요인들을 파악하는 것이 중요하다. 준비에는 질적인 요건이 중요한데, 이것은 호텔의 소유주, 경영자와 종업원, 고객, 투자자(주주), 채권자, 각종 거래 관계자, 지역민, 납세권자 등등 호텔사업의 제이해관계자를 만족시키기 위한 역량을 말한다.

이들을 만족시키는 데는 상품과 서비스의 품질도 중요하나 적정 수준의 경영성과도 중요하다. 뿐만 아니라 글로벌화가 진행됨에 따라서 직접적인 관련자가 아니더라도 보이지 않는 피해나 불쾌감을 유발하지 않도록 철저히 관리하지 않으면 안 되는 시대이다.

호텔의 질적 요건들로는 건축과 시설의 질적 요건, 운영에서의 질적 요건, 인적자원의 질적 요건, 창의와 혁신적인 요소에서의 질적 요건 및 환경에 대한 질적 요건 등을 들 수 있겠다.

#### (1) 각종 메가 스포츠 이벤트 개최와 숙박시설의 확충

1988년 하계 올림픽의 서울개최로 인한 숙박시설 확충으로 많은 신규호텔이 개발되었다. 그 후 ASEM(2000), 월드컵 축구대회(2002), 아시안게임 등 이벤트에 대비한 숙박시설 확충과 수용태세 확립기반 조성을 위한 '관광숙박업시설 지원 등에 관한 특별법' 제정(1997. 1)으로 양적인 발전을 촉진시켰다.

2002년 한일 월드컵 개최기간의 숙박수요에 대비한 중저가 시설의 효시격인 World Inn을 Referral 조직 형태로 개발하게 되었고 숙박과 식사 기능을 분리하기도 했었다. 월드컵 조직위원회와 바이롬(Byrom)사는 관광호텔업의 예약시스템 구축을 위해 월드컵 한국숙박사업단(WCABK)을 조직했고, 한국관광공사는 월드컵 개최도시에 지정 숙박시설(World Inn)의 지정과 동시에 예약시스템을 마련한 바 있다.

현재에도 동계올림픽 유치를 위한 장·단기적인 숙박 인프라(accommodation facilities)의 확충과 중앙과 지방정부 차원에서의 외교적 노력이 경주되고 있다.

### 3) 관광사업의 수출산업으로의 분류와 사업의 정체성

#### (1) 역대 행정부의 관광관련 정책

새 정부마다 지역균형발전 정책을 내놓고 있지만 수도권과 지방간의 격차로 인한 호텔의 영업실적 차이는 해소되지 못하고 있다. 현대식 시설과 문화적 격차에 대한 상관성 조사는 차치해도 사회적 중재 차원의 균형전략의 창을 통한 정부의 지방지원책 모색됨이 기대되는 측면이다.

#### (2) 관광사업의 수출산업으로의 분류와 호텔업의 정체성

정부는 지난 2006년의 국무회의는 관광사업을 외화획득 용역범위에 추가하는「대외무역법 시행령」 개정안을 의결한 바 있지만 이런 분류를 통하여 무역금융 지원과 수출보험 가입(환변동보험 등) 등 다양한 혜택부여의 제도마련으로 지금껏 문화관광에만 치우쳤던 숙박산업 정책을 산업적 방향으로 선회해야 할 필요성이 크다.

#### (3) 남북관광활성화에 따른 호텔업 진출전망

이 점에서도 호텔산업을 민간차원 조직화할 필요성이 있다. 관광이 진정 평화로의 패스포트라면 분명 남북한의 문물을 서로 보고 즐기고 나누는 과정을 통해 상호이해를 촉진하고 소통을 통한 남북한의 차이를 좁혀 나가는 사회적 기능 발휘 면에서 호텔이 공헌할 여지는 없는지를 찾아봐야 할 것 같다. 모든 기능처럼 관광이 본래적 역할에 충실할 수 있을 때 비로소 강력한 효과와 힘을 발휘할 수 있게 될 것이다.

#### (4) 국내 체인호텔의 개발과 호텔의 고급화 추이

서울 세종호텔이 춘천 세종호텔을 건립하는 것을 시작으로 롯데호텔, 현대호텔, 신라호텔, 대명 콘도호텔, 한화 콘도호텔 등 많은 호텔 및 리조트사들이 전국에 체인호텔을 개발하는 데 참여했다. 뿐만 아니라 우리나라 호텔사들이 Inn 형태의 중저가 호텔투자에 참여하면서 외국의 호텔과 경영계약(management contracts)을 체결하고 위탁경영에도 참여하게 되었다.

신라호텔이 건립되면서 본격적으로 추진되었던 호텔 고품격화 전략의 결과 세계적인 명문호텔로 선정됨으로써 일류 호텔 명단에 이름을 기록하게 되었고 이어서 상용호텔로는 조선호텔이 선정되기도 했다. 조선호텔 같은 경우는 객실의 기능면에서 최첨단 무선 인터넷을 전 객실에 설비함으로써 상용여행자들의 편의와 시설의 고급화를 이룩하는데 성공한 사례이다. 이로써 조선호텔은 Westin 브랜드 호텔사의 객실시설과 서비스 개선의 모범사례로서 이 브랜드 호텔 객실의 혁신을 선도하는데 기여함으로써 세계적인 주목을 받기도 했다.

### 4) IMF 등 경기침체로 인한 호텔의 혁신

외환위기가 초래했던 우리나라의 IMF 시기에 겪었던 경제적인 어려움과 경기침체의 경험은 우리에게 아픈 기억이 되고 있다. 특히 이 시기에 겪었던 부동산 시장의 냉각과 호텔 자산가치의 하락과 호텔투자에 사용된 타인자본에 대한 원리금 상환의 자금압박, 영업손실 등은 활로개척을 위해서 여러 가지 전략을 구사했던 구미의 사례를 원용하도록 만들었다.

사활의 분기점에서 개발하지 않으면 안 되는 절박한 혁신책의 강구를 통하여 호텔업자들은 많은 교훈을 얻었다. 이 때 분석될 수 있었던 취약점과 위기 혹은 강점과 기회에 대해서 좀더 보수적인 대책을 마련하려는 경향은 확실히 학습되었을 것이다.

### 5) 호텔산업의 최근 통계

최근의 우리나라 호텔 현황은 다음 〈표 3-2〉로 대신하기로 한다. 2009년 현재 전국의 호텔 총 수는 689개인데 그중 131개 호텔사업체가 서울에 집중되어 있고, 그 다음은 경기(81개), 제주도(50)개, 부산(49개) 등 순으로 나타나고 있다.

〈표 3-2〉 한국 숙박업 현황 (2009년 현재)

| 지역별 \ 업종별 | 관광호텔업 | 수상관광호텔 | 한국전통호텔업 | 가족호텔업 | 휴양콘도미니엄업 | 계 |
|---|---|---|---|---|---|---|
| 서 울 | 125 | 0 | 0 | 6 | 0 | 131 |
| 부 산 | 49 | 0 | 0 | 1 | 3 | 53 |
| 대 구 | 24 | 0 | 0 | 0 | 0 | 24 |

| 지역별 \ 업종별 | 관광호텔업 | 수상관광호텔 | 한국전통호텔업 | 가족호텔업 | 휴양콘도미니엄업 | 계 |
|---|---|---|---|---|---|---|
| 인 천 | 36 | 0 | 0 | 1 | 0 | 37 |
| 광 주 | 19 | 0 | 0 | 0 | 0 | 19 |
| 대 전 | 23 | 0 | 0 | 0 | 0 | 24 |
| 울 산 | 7 | 0 | 0 | 0 | 0 | 7 |
| 경 기 | 81 | 0 | 0 | 1 | 1 | 83 |
| 강 원 | 32 | 0 | 0 | 4 | 21 | 57 |
| 충 북 | 23 | 0 | 0 | 1 | 0 | 24 |
| 충 남 | 17 | 0 | 0 | 1 | 0 | 18 |
| 전 북 | 14 | 0 | 0 | 5 | 0 | 19 |
| 전 남 | 28 | 0 | 0 | 7 | 0 | 35 |
| 경 북 | 46 | 0 | 0 | 0 | 0 | 46 |
| 경 남 | 41 | 0 | 0 | 5 | 0 | 46 |
| 제 주 | 50 | 0 | 1 | 12 | 4 | 67 |
| 합 계 | 615 | 0 | 1 | 44 | 29 | 689 |

※ 호텔업관련 통계자료를 위해서 활용할 수 있는 사이트

① http://www.hotelskorea.or.kr ② http://www.koreatravel.or.kr

③ http://www.visitkorea.or.kr ④ http://www.mcst.go.kr

자료 : 한국호텔업 협회

## 제2절 인도의 호텔 발전사

### 1. The Taj Group

인도의 전설적인 호텔은 Tata 그룹 산하 인디안 호텔사의 자회사로 설립된 Taj 그룹이 정부의 철강정책으로 인한 필요성으로 1903년 봄베이에 처음 건립한 Taj Mahal Hotel은 1970년경 까지 유일한 사업체였다. 비록 Oberoi보다 국제화의 후발 주자였지만 뉴욕에 본부를 둔 Taj International Hotels를 설립했고, 인도의 유명 관광지와 대도시에 도시 호텔, 궁전을 개조한 호텔 및 해변 휴양지 호텔 등 다양한 제품 믹스를 통한 호텔운영으로 세계 10개국에 55개 호텔을 소유함으로써 아시아 최대의 호텔그룹이 되었다. 성장전략은 경양계약, 리스 및 이윤분배(profit sharing) 등 다양한 방법을 동원

한 자본조달과 여행시장 전 계층을 목표로 한 다양한 계층의 호텔소유 전략에 성공비밀이 있었다. 국제 시장에서 매수한 이름 없는 낡은 호텔을 현대적인 구조와 외관으로 개조해 Taj라는 이름보다는 높은 수준의 서비스와 편의를 위한 운영전략과 공격적인 북미주 및 동유럽에서의 확장 전략이 적중함으로써 급성장했다.

### 2. Oberoi Hotels

East India Hotels의 자회사인 Oberoi Hotels는 1922년 Simla에서 호텔종사원 출신의 인도호텔의 개척자, Mohan Singh Obero가 인도인 최초로 대부분 영국인을 주고객으로 해서 호텔이 영국인과 스위스인 소유였던 1934년 호텔산업의 붕아기에 Simla에 Clarkes Hotel을 소유함으로써 탄생되었다 그 이후 거듭된 국내 확장으로 1965년엔 뉴델리에 인도 최초의 최고급 5성 호텔인 Inter-Continental Hotel을 개관하고 운영권을 동사에 위탁했다.

Obroi는 부유한 국제관광객 대상의 최고급 호텔에 주력함으로써 5성 호텔에는 실당 3명의 종업원 비율 유지 등 최고급의 개별서비스에 주력했다. Oberoi는 해외확장을 시도한 인도 최초의 체인호텔사로 이미 1960년대에 Kathmandu의 Soaltee Oberoi와 카이로의 Mena House Oberoi를 개관한 이래 보유객실의 60% 정도가 8개국에 분산되었지만 사업확장보다는 수익성과 품질 중시의 정책으로 인해 해외 신장세는 둔화되었다. 또한 Oberoi사 23개 호텔 대부분 직접소유에 의존했고 여전히 최고급 시장만을 고집함으로써 높은 순익에 비해 호텔의 국내 성장세는 Taj에 비해 열세가 되었다.

Oberoi의 국제진출이 중동, 북아프리카 및 동남아에 국한되는 배경은 선택의 결과로도 볼 수 있지만 다른 면에서는 적정한 사업체 물색에 실패한 때문이었다. Oberoi는 프랑스 Accor그룹과 합작투자로 인도에 Novotel 브랜드의 호텔개발을 하기도 했다.

## 제3절 일본의 호텔 발전사

일본의 숙박시설도 세계의 발전사와 크게 다를 바가 없다. 사원 순례자를 위한 12세기 초~14세기대의 숙방(가마쿠라 시대), 에도시대(17세기 초~19세기 후반)의 여행용 숙박소인 여용옥(旅用屋)에서 근대인 명치시대에 와서는 서민용 숙박시설로 여관이 선보였다. 또한 서양인들이 종교목적으로 입항하기 시작한 16세기 초 이래 1640년대에는 포르투갈과 스페인 선교사들이 들어왔고, 17세기 초에는 영국과 네덜란드 국가들과 활발한 통상교역의 필요상 정부주도 및 외국인에 의한 상관(商館)이 건립됨으로써 호텔기능을 수행했다. 최초의 외국인 숙사였던 난바(難波)의 고려관은 명치와 대정시대를 거치면서 외국인전용 호텔로 발전되었다. 1869년 요코하마에 최초의 서양식 호텔에서 영국인이 개관했던 클럽호텔, 1873년 프랑스인에 의한 Grand Hotel과 동경에 건립되었던 도쿄호텔이 일본 초기의 서양식호텔이었다. 그 후 1887년에 개관한 제국호텔은 일본호텔사의 전기를 마련하는 역할을 수행했다.

1949년 국제 관광호텔 정비법의 제정으로 호텔업 육성의 제도적 기반을 마련했고 1964년 동경올림픽과 1970년의 오사카 만국박람회라는 Mega이벤트의 개최를 통하여 사상 최대의 국내외 관광객 이동으로 일본 숙박산업은 양적으로나 질적으로 장족의 발전계기를 마련하게 되었다.

## 1. Nikko Hotels International

1970년 JAL의 자회사로 설립된 JAL호텔사는 국내 여행시장을 겨냥한 체인으로 출발했지만 1984년 Mikko Hotels International로 변모하면서 점보여객기와 아웃바운드 여행규제 완화 등으로 인한 일본인 해외여행 수요 급증으로 수년 내에 일본 최대의 국제호텔 체인사로 발전했다. 동남아와 유럽진출에서의 성공은 1985년 뉴욕의 Essex House 매입으로 북미시장에 진입했고 JAL 취항 세계 50개 이상 도시에서의 호텔소유를 목표로 1992년 32개 호텔을 소유했다. Nikko는 일본열도의 전통여관 외에 대부분의 호텔을 서양식으로 건축했지만 일본식 정원, 다다미방, 꽃꽂이, 일본 녹차서비스 등 고객 편의에 집중된 일본식 종업원 훈련과 서비스의 고유한 호텔경영방식으로 운영되었다. 호텔의 기업형태는 소유와 위탁경영 등에 의존했고 예약을 위한 협약을 맺기도 했다. Nikko는 일본인 사업가를 겨냥하던 초기의 마케팅 전략을 세계 각국의 상용 여행자 유치목표로 전략을 전환하고 성과달성을 도모했다.

## 2. New Otani

동경지사의 권유로 호텔운영 경험이 전무한 자수성가 스모선수 출신의 성공적인 철강업주였던 Yonetaro Otani에 의해 건립된 1,000실 규모의 뉴 오타니는 일본 최대·

최고의 혁신적이며 전통성을 고수하는 호텔이었다. 고급 숙박시설이 아직 외국인을 위한 개념으로만 수용되던 동경 올림픽 개최 직전 시기인 1964년 동경에 신축된 뉴 오타니 호텔은 일본 호텔업계 혁신의 전기를 마련했다. 10년 후 원래 건물에 40층의 타워를 세우고 호텔 주변에 400년 된 10에이커로 된 부지에 일본식 정원을 복원하기도 했다.

뉴 오타니 호텔의 해외 진출은 1976년 하와이에 7개 그룹 계열 호텔들이 모두 참여해 건립된 New Otani Beach를 필두로 시작되었으며 1995년 현재 4개국에 19개 호텔을 운영하고 있다. 1976년 건물 내에 1/2에이커의 일본식 정원을 조성한 로스앤젤레스의 New Otani Hotel & Garden 개관은 서양시설의 완벽한 편의성과 안락함 위에 일본식 전통과 서비스를 통합시킨 최고급의 일본 호텔브랜드로 정평이 있다.

## 제4절 중국의 호텔업 발전사

### 1. 중국 호텔산업 발전 연혁

#### 1) 중국 근대 호텔업의 발전

19세기 초~20세기 중반까지 서양 열강의 중국침략과 1840년 제1차 아편전쟁 이후, 〈남경조약〉, 〈망사조약〉 등 불평등 조약과 조계지 설립 등과 더불어 유입된 서방자본 투자를 통하여 발전되기 시작한 각종 기업들과 함께 유럽과 북미의 대규모 호텔 발전과 시기를 같이 해 건설된 호텔들은 건축양식이나 시설과 서비스 등 모든 면에서 서양식 호텔로 호화롭고 대규모적인 편리한 시설들을 갖춘 것으로 중국 전통호텔과는 차이가 있었지만 중국 근대 호텔발전을 견인하는 역할을 수행했다. 1939년까지, 북경, 상해, 광주 등 23개 이상 도시에 80여개에 달하는 호텔이 건립되었는데, 그 중 1886년에 천진에 건립된 리순덕 호텔(利順德飯店), 1900년 북경의 북경호텔(北京飯店), 1930년대 상해의 동방호텔(東方飯店), 대중화 호텔(大中華飯店) 등이 유명하다.

당시 호텔 지배인들 영국, 미국, 프랑스, 독일 등 외국에서 파견된 전문 경영인들이었고 식음료 영업은 서양요리 위주였고 호텔서비스는 규범화, 표준화되고 있었다. 그 후 '반중반서(半中半西; 中西式)'의 신식호텔이 출현되고 중국 민족자본에 의한 호텔 투자를 유도하게 되면서 점차 이념과 경영방식 면에서 중국화되면서 중국 근대 호텔산업화의 요인으로 유도되었다.

### 2) 중국 현대 호텔업 발전 연혁

해방 후~개혁개방 전까지, 중국방문 외국인사의 접대 목적으로 국가에서 공사형태의 일부 국유 초대소(招待所)와 빈관(賓館)을 건설해 운영했다.

1978년 개혁개방 실시로 중국 관광산업이 비약적인 발전을 이루면서 주로 외래객이었던 관광객을 중심으로 관광자원이 풍부한 지역중심으로 비록 저급한 수준이었지만 정부투자의 국유기업 형태로 대형호텔 건설이 시작되었다. 1990년대에는 국내 관광과 인바운드 관광을 적극 추진해 호텔산업은 새로운 발전전기를 맞고 시장경제의 발전으로 정부투자 호텔이 도태되고 정부투자(주로), 기업투자, 외국인 투자 등 다양한 형태의 호텔투자가 이루어지게 되었다.

선진적인 외국 호텔경영방식이 도입되고 대규모 국제 호텔사들의 투자, 합작투자 및 경영호텔 증가해 높은 수준의 시설, 관리, 서비스 등으로 면 중국 현대 호텔산업의 발전을 촉진하는 결과를 초래했다.

## 2. 중국 호텔산업의 현황

### 1) 호텔현황 및 영업실적

호텔의 지역적 분포를 보면 관광산업이 발전된 광동, 북경, 상해, 복건, 강서, 절강 등 동부지역 10개 성에 중국 전체의 60% 호텔이 분포되어 있어서 서부지역보다 월등히 많다. 시장규모나 영업실적 면에서는 국유 호텔기업이 큰 비중을 점유하고 있다.

2008년 중국 호텔의 규모와 경영상황을 다음 표와 같다(표 3-3 참조). 2008년 말, 중국의 총 호텔수는 총14,099개로 전년 대비 516개가 증가되었고 총 객실수는 159.14만실로 전년대비 1.76만실이 증가되었으며 총 침대는 293.48만개로 전년대비 3.47만개 증가된 실적추이를 시사하고 있다.

경영성과 면에서, 2008년 말 호텔전체의 총 고정자산은 4353.25억 위안으로 전년대비 1.3%로 증가되었다. 호텔의 연간 평균 객실점유율은 58.30%이며 전년대비 2.66%로 하락했고 연간 총매출액은 1762.01억 위안으로 전년대비 7.0% 증가되었다. 법인세는 총 118.33억 위안으로서 전년과 유사한 수치이다. 총 국유호텔은 5,686개로 연간 총매출액 692.81억 위안이고 법인세는 42.06억 위안에 달한다. 외국투자 호텔과 홍콩, 오문투자 호텔이 561개이며 총 매출액은 252.61억 위안이고 법인세는 16.16억 위안에 이른다.

호텔 등급분류 상황을 보면, 총 호텔 중 5성급 호텔이 432개로 전년대비 63개 증가했고, 4성급 호텔은 1,821(전년대비 226개 증가), 3성급 호텔이 5,712개(전년대비 405개 증가), 2성급 호텔이 5,616개(전년대비 102개 감소)이며 1성급 호텔이 518개(전년대비 76개 감소)로 저급한 호텔수가 감소하는 추세를 시현하고 있다.

〈표 3-3〉 2008년 중국 호텔현황과 영업실적

| | 호텔수(개) | 객실수(개) | 침대수(만개) | 매출액(억위안) | 객실점유율(%) |
|---|---|---|---|---|---|
| 합 계 | 14099 | 159.14 | 293.48 | 1762.01 | 58.3 |
| 경제유형별 분류 | | | | | |
| 국유회사 | 5686 | 65.46 | 125.32 | 692.81 | 58.23 |
| 집체회사 | 872 | 7.98 | 15.53 | 66.12 | 56.63 |
| 주식합작회사(股份合作企业) | 345 | 3.49 | 6.38 | 33.83 | 60.82 |
| 연합회사 | 75 | 1.06 | 1.86 | 12.17 | 57.87 |
| 유한책임회사 | 2903 | 35.18 | 62.52 | 398.51 | 58.46 |
| 주식유한회사(股份有限公司) | 703 | 8.93 | 16.47 | 98.51 | 59.92 |
| 민영회사 | 2643 | 21.31 | 38.95 | 161.03 | 57.89 |
| 기타회사 | 311 | 3.57 | 6.7 | 46.42 | 59.49 |
| 홍콩마카오대만투자회사 | 339 | 7.3 | 11.97 | 144.22 | 57.65 |
| 외상투자회사 | 222 | 4.86 | 7.78 | 108.4 | 57.84 |
| 규모별 분류 | | | | | |
| 객방수 | | | | | |
| 500개 이상 | 129 | 8.84 | 14.89 | 227.96 | 57.66 |
| 300~499개 | 558 | 20.48 | 34.94 | 356.8 | 56.79 |
| 200~299개 | 1135 | 27.17 | 48.34 | 350.44 | 59.77 |
| 100~199개 | 4206 | 57.04 | 105.48 | 495.97 | 59.52 |
| 99개 이하 | 8071 | 45.59 | 89.83 | 330.84 | 56.8 |
| 호텔등급별 분류 | | | | | |
| 5성급 | 432 | 15.69 | 25.35 | 467.04 | 57.27 |
| 4성급 | 1821 | 36.96 | 63.97 | 534.7 | 59.89 |
| 3성급 | 5712 | 64.7 | 122.05 | 545.54 | 58.47 |
| 2성급 | 5616 | 39.15 | 76.85 | 205.86 | 57.19 |
| 1성급 | 518 | 2.64 | 5.25 | 8.87 | 50.97 |

### 2) 호텔산업의 현황분석

중국 호텔산업의 현황은 다음과 같은 4가지 특성으로 정리해 볼 수가 있다.

(1) 급속한 산업발전 추이와는 다른 산업의 불균형적 분포

최근 수년간 호텔수는 지속적인 증가추세를 시현하고 있고 매년 1,000여개의 호텔이 등급신청을 하고 있다. 2009년까지 중국 호텔총수는 1.5만 개를 초과했고, 그 중 5성급 호텔이 500개, 4성급 1,900개이다. 그러나 전반적으로 볼 때 산업의 신속한 발전에도 불구하고 산업 내에 존재하는 몇 가지의 불균형 상황은 여전히 개선을 요하는 측면으로 남아 있다.

① 호텔의 등급별 분포 면에서 불균형적인 호텔의 수

고급 호텔과 경제적인 호텔(經濟型酒店)의 발전 속도가 중저급 호텔보다 매우 빠르다. 2008년 전국 새로운 5성급 호텔이 81개 증가되었고 경제성 호텔의 증가속도는 더 빠르다. 2008년 경제적인 호텔 조사보고에 따르면 2007년 개관된 경제적인호텔수와 객실 수는 각각 전년대비 125%, 123% 증가했다. 수년 전 주강 삼각주(심천, 광동, 복건 등), 장강 삼각주(상해, 절강, 강서 등), 경(북경)진(천진) 지역에서 급속히 발전한 것을 시작으로 급속히 전국 각 지역으로 발전이 확산되고 있으며 국제적인 유명 브랜드 호텔들이 대거 중국에 진출하는 추세를 시현하고 있다. 그러나 중저급 호텔의 발전은 이보다 저조한 상황이다.

② 호텔의 지역적 분포 면에서 불균형적인 분포

경제발전이 이루어지는 지역에 관광산업과 더불어 호텔수도 많이 분포되어 있고, 특히 고급호텔도 많지만 반대의 경우에는 반대의 현상을 보이고 있으며 그것도 중저급 호텔이 대부분이다.

- 전국 총호텔 수의 50%를 점유하는 동부지역의 고급호텔 점유비율은 60%를 상회할 정도로 높다. 급속한 경제발전을 이룬 동부지역의 고급호텔은 이미 대도시에서 중소도시로 발전 되가는 추세를 보여 해남도 삼아(三亞), 강소성 소주(蘇州), 절강성 천도호(千島湖) 등 일부 지역에는 현급 도시에도 고급 호텔들이 건설되어 고급 호텔군을 형성하기도 했다.

• 중서부 지역에는 반대로 고급호텔이 성급도시에만 있을 뿐 영하회족자치주, 서장자치주(티베트) 등지에는 아직 5성급 호텔이 전무한 상황이다.

③ 호텔 등급별로 불균형성을 보이는 호텔의 경영성과

2007년 중국 전체 호텔객실의 평균 점유율은 60.96%이었지만 고급, 중급, 저급 호텔의 경영성과는 불균형적인 양상을 보이고 있다. 1성급부터 5성급까지 객실점유율은 각각 56.84%, 56.73%, 61.25%, 63.84%, 64.64% 등으로 호텔 등급이 높아질수록 객실점유율도 상승하고 있음을 알 수가 있다. 이처럼 각기 다른 점유율은 호텔의 경영성과 차이를 발생시키는 원인으로 작용된다고 하겠다.

동일 등급의 호텔경영 상황을 살펴보면, 지역별 호텔객실 요금에도 차이를 나타내고 있어서 2008년 5성급 호텔의 평균실료들을 비교해 보면 최고 2,172~최저 274위안에 이르는 큰 폭의 차이를 시사하고 있다. 4성급 호텔은 최고 실료가 992~최저 270위안으로 시사되고, 3성급 호텔은 최고~최저 가격이 442~66위안에 이른다.

(2) 지속적인 호텔시설 수준의 제고와는 대조적으로 저조한 경영 및 서비스의 발전 추이

호텔 상품은 시설과 같은 경성(hard) 상품과 경영, 서비스품질 등의 연성(soft) 상품이 유기적으로 결합된 상품이고 이들이 잘 복합될 수 있을 때 비로소 고객은 이에 만족하고 상품을 양질의 상품으로 지각하고 그 가치를 인정하게 된다. 특히 서비스업으로서 호텔의 등급과 수준은 하드시설도 중요하지만 그보다도 소프트시설을 중요하게 평가하고 있다. 그러나 대다수의 내국 호텔 투자자와 경영자들에게 오래도록 형성되어 온 하드시설 중시사상과 이로 인한 소프트시설 경시사조는 여전히 개혁을 요하는 측면이다. 최근 수년간 고급 원자재의 이용, 최신 상품과 기술의 도입 등으로 중국 호텔의 시설수준이 지속적으로 제고돼 선진국과 차이가 별무하거나 이미 일부지역에서는 그보다 더 혁신적인 시설을 구비하고 있기도 하다.

그럼에도 불구하고 선진국 호텔과 비교할 때 여전히 확립되지 못한 호텔경영관리 체계나 서비스 표준의 수립과 추진 면에서의 미흡성이나 비전문성 등 사람 본위의 전문적인 서비스 와 호텔경영면에서 중국호텔은 여전히 문제여지를 가지고 있다.

서비스경영 시스템의 합리화나 직원들의 저조한 서비스 대응능력은 고급인재의 채용에 대한 관심 외에는 도외시해 온 종업원의 교육훈련에 대한 필요성을 제기하는 측면이다. 종업원들의 서비스업무 수행과 대응능력을 위해서는 교육훈련에 대한 적극적

인 투자로 직원의 잠재력 개발과 동기화가 이루어져야 할 것이다.

(3) 호텔그룹의 급속한 확장세와는 달리 개발되지 못한 유명 호텔 브랜드

중국 호텔산업의 지속적인 발전은 국내외 호텔경영 그룹에 기회를 마련해 주고 있다. 최근 수년간, 중국에서의 국제 및 국내 호텔그룹의 확장속도는 가속화되어 왔다. 통계에 의하면, 현재 40여개 국제 호텔경영 그룹과 70여개의 호텔 브랜드들이 중국시장에 진출해 있으며 이들이 경영관리하는 호텔은 1,000여개에 이른다. 현재 세계 10위 내에 속하는 모든 호텔그룹이 이미 중국시장에 진출해 480 여개의 호텔을 운영 중에 있으며 중국내의 투자, 경영, 관리를 위해서는 대도시에서 점차 중소도시로 이동하는 추세를 시현하고 있다. 극소수의 국제 호텔그룹만이 호텔에 직접 투자하는 추세이고, 일반적으로는 합작경영(경영합동)과 프랜차이즈 방식으로 중국호텔을 경영하고 있다. 기본적으로 투자위험이 적고 경영 노하우에 의한 높은 용역수입을 기대할 수 있는 사업모델을 선호하는 때문이다.

중국 내 호텔그룹의 급속한 발전속도로 인해서 거린호태(格林豪泰) 59위, 월해국제(粵海國際) 60위, 해항그룹(海航集團) 64위, 개원여업(開元旅業) 83위 등 그룹을 포함한 중국의 10대 국내 호텔경영그룹이 이미 전 세계 100위 내에 진입했다. 2008년에 비해 2개 그룹이 추가되었는데 그 중 진강그룹(錦江) 13위, 루가호텔(如家) 21위, 상그릴라(香格里拉) 33위, 강중여위경국제(港中旅維景國際) 43위, 금릉그룹(金陵集團) 48위, 군정국제(君廷國際) 50위 등 6개 호텔사는 세계 50위 내에 랭크되고 있다(Hotels, 2009). 그러나 아직 국제 호텔 순위를 신청하지 않은 역량 있는 중국호텔들도 적지 않으므로 중국 호텔그룹의 세계 랭킹은 계속 상향 조정될 추세지만 여전히 브랜드 관리면에서의 취약성으로 인해 전국적 혹은 세계적인 유명 브랜드 호텔은 부족하거나 별무한 상황이다. 특히 중국 내 일부 대규모 호텔그룹사는 지역 브랜드나 산업 내 브랜드에 불과한 수준이다. 이처럼 내국 호텔들이 전국적 혹은 세계적인 브랜드 호텔로 발전될 수 있는 브랜드 개발방안은 중국 산업계가 강구해야 할 주요한 당면과제로 인식되고 있다.

(4) 밝은 발전전망과는 반대로 초래될 위기관리 역량을 요하는 호텔산업의 과제

세계 금융위기, 지진, 산사태, H1N1 등 일련의 돌발 재해 및 사건들은 중국 호텔산업에 미칠 부정적인 영향은 다대하다. 통계에 의하면, 2008년과 2009년 호텔의 객실

점유율, 객실가격, 매출, 이윤은 모두 하락했고 특히 고급 호텔, 특히 동부지역 및 대도시의 대규모 호텔과 국제 호텔그룹에 미친 영향은 매우 컸다.

비록 위기가 호텔산업의 발전에 특정의 영향을 미쳐왔지만 중국 및 세계의 관광산업과 호텔산업에 대한 낙관적인 전망을 내놓고 있다. 특히 높이 평가되는 중국의 산업발전 전망은 향후 5~10년간 중국시장에 대해 국제 호텔관리 그룹사들이 투자와 확장계획을 지속적으로 추진해 갈 것으로 전망하고 있다.

현재 중국내 대규모 호텔그룹사들이 건설 중인 4성급 및 5성급 호텔 총수인 1,000여개 중 5성급 호텔은 500개로 기존의 5성급 호텔 통계수치를 상회하는 수준임을 시사한다는 점에서 투자전망은 신뢰가능성이 있다고 하겠다.

## 3. 중국 주요 대형 호텔그룹 개황

중국의 5대 호텔그룹을 소개하면 다음과 같다.

### 1) 상해 진강호텔그룹(上海锦江饭店集团)

1984년 3월에 창립된 진강그룹은 주로 진강(錦江), 국제(國際), 화평(和平), 곤륜(昆侖) 등 12개 호텔 브랜드를 소유한 중국 최대의 호텔그룹으로 150여개 호텔과 객실 3만여 개를 보유한 중국 최대의 호텔그룹사로 발전했다.

### 2) 루가 호텔그룹(如家饭店)

중국에서 최다 자산보유의 수도 관광국제 그룹과 중국 최대의 인터넷 관광사와 세청여행복무회사(携程旅行服務公司) 공동 출자로 설립된 호텔그룹인 루가 호텔사는 2002년에 설립되었고 루가카이제(如家快捷)와 허이(和頤) 호텔 등 2개 브랜드를 소유하고 있다. 현재 루가호텔은 중국 30여개 성과 직할시의 100여개 도시에 분포되어 있는 표준화, 청결, 안락하고 편안한 분위기를 가진 대중호텔 루가카이와 중고급 상용관광객들을 대상으로 하는 고급브랜드의 허이 호텔을 소유하고 있으며 700여개의 체인호텔을 가진 중국 호텔업계 최대의 체인 호텔그룹이기도 하다.

### 3) 상그릴라 호텔그룹(香格里拉酒店集团, Shangri-la)

세계 유수의 호텔그룹 중 하나인 상그릴라 호텔그룹은 아시아 최대의 호화 호텔그룹으로 2009년 말 현재 중국에 투자된 상그릴라 호텔은 59개에 달한다. 대부분의 호텔 지분은 말레이시아 곽씨 그룹의 곽학년 선생이 창립한 대형기업 그룹이 소유하고 있다. 호텔그룹은 상그릴라(香格里拉)와 상무호텔(商貿飯店) 등 2개 브랜드를 소유하고 있는데, 상그릴라는 대부분 500실 이상의 대규모 5성급 호화 호텔로서 대도시와 유명 휴양지에 많이 분포되어 있다. 1989년에 설립된 상무호텔은 4성급 호텔로서 가격이 비교적 저렴하고 현재 북경, 장춘, 심양 등 도시에 분포되어 있다.

### 4) 깡중여위경 국제호텔그룹(港中旅维景国际)

홍콩의 중국여행사 그룹이 소유한 위경 국제 호텔그룹은 2009년 현재 홍콩, 마카오, 내륙 20여개의 도시에 분포되어 있는 50개의 호텔과 14,096개의 객실을 보유한 호텔 그룹으로 2009년 세계 51위의 호텔로 평가되었다(Hotels, 2009). 2007년 중국의 중국여행사 그룹의 중여호텔총회사를 인수해 호텔자산을 확장했고 '위경국제(維景國際)', '위경(維景)', '여주(旅居)', '여주카이제(旅居快捷)' 등 4개 브랜드의 호텔을 갖고 있다.

### 5) 금릉그룹(金陵集团)

강소성 남경에 본사를 둔 금릉 호텔그룹은 2002년 10월에 강소성 정부의 인허가를 받아 설립되었고 체인호텔, 여행사, 고급상업, 부동산, 광고 인쇄업 등 기업을 소유한 지방의 대형 종합그룹이다. 현재 금릉 호텔그룹이 소유한 호텔은 45개로 주로 동부지역의 대도시에 분포되어 있다.

CHAPTER_4

# 호텔산업의 경기변동 사적 고찰

## 제1절 서 론

호텔산업의 국제적인 발전사에 대해서는 앞에서 살펴보았다. 이제 이 산업이 어떤 과정을 거쳐서 발전되어 왔고 또 경영기법들은 어떻게 진화되어 왔는지를 개략적으로 이해할 수 있게 되었다.

그런데 호텔산업은 사실 경기의 변동과 더불어 어려움에 대처하고 이를 극복할 대안을 강구하면서 부단히 강화되고 발전되어 왔다. 그러므로 세계 숙박업의 발전사는 경기변동사와 함께 해온 것이다. 그러므로 고객에 대한 호스피탈리티의 성공적인 제공과 그들의 만족을 지향한 사업성과를 위해서는 이런 불경기와 경기변동 요인들이 어떤 형태로 오고 또 극복되었는지에 대해 사색해 보는 것이 매우 유익할 것이다.

그러나 경기가 침체되는 시기에는 모든 가계 지출이 생필품 위주로 집중되고 소비지출은 과거보다 위축되게 되므로 가능한 한 여행은 자제하게 된다. 그러므로 집 떠난 사람들을 위한 여행자의 집으로서 운영되는 호텔은 여행의 감소와 더불어 당연히 수요 감소를 체험하게 된다. 종래의 수요에 맞추어 건립된 많은 호텔들은 매출이 급격히 감소됨으로써 산업 전체로 보았을 때 호텔산업은 결과적으로 과잉공급 현상을 초래하게 된다.

이처럼 호텔사업은 경기침체의 원인과 이유를 불문하고 이것이 매출 및 경영성과에 미치는 부정적인 영향을 피하기 어려운, 소위 깨지기 쉬운 특성을 지닌 사업이다.

중동의 석유 무기화로 초래되었던 에너지 위기 시절에도 쓰나미나 지진이 발생되었을 경우, 조류독감이나 쇠고기 관련 질병이 발병했을 때, 그리고 테러나 전쟁이 발발되었을 경우에도 여행은 격감되고 호텔은 수요 감소를 면치 못해 예외 없이 재무적인 어려움을 겪어 왔다. 특히 고정원가의 비중이 상대적으로 큰 호텔의 원가구조로 보았을 때 적정수준의 매출이 실현되지 못했을 때에는 매일 거액의 영업 순손실을 피할 수 없게 된다.

경기침체가 일시적인 것이 아니라 심각하고 장기적인 형태로 일어날 때 호텔은 여지없이 사업도산을 막지 못했다. 성공적으로 운영되던 대규모 호텔사들의 타인자본에 의한 사업 확장으로 인해 불경기에 호텔 사업체를 통째로 혹은 계열사를 매도한 사례들은 허다하다. 이 때 새로운 질서가 마련되면서 파산 기업과 신흥 호텔재벌의 부상이 엇갈리는 경우도 있지만 업계 전반적으로 전업, 도산을 면치 못해 왔던 역사적인 사실들을 앞에서 고찰해 보았다.

그러므로 호텔산업에 있어서 이러한 불경기에 대한 대책 마련은 다른 기업에서 보다도 사업체의 흥망을 좌우하게 될 중대 사안이 되고 있다. 이런 점에서 호텔경영에 있어서 특히 호텔산업의 과거 역사를 통해서 지금껏 체험했던 불경기의 원인과 부정적인 효과 및 영향들을 개략적으로 고찰하고 분석해 볼 상시적인 필요성은 가히 절대적이라 하겠다.

역사적으로 고찰해 볼 때 상당기간 호스피탈리티 산업인 숙박산업(lodging industry)에서는 매 7~10년을 주기로 해서 거듭되는 경기의 상승과 하강을 통한 사업의 부침을 지속적으로 경험해 왔다. 초기 호텔경영에서는 1919년 주류판매금지법(Volstead Act)의 발효로 외식매출 감소에 의한 영향을 받은 이래 경제 대공항(Great Depression)과 호텔건설 붐에 따른 상품의 과잉공급 사태, 모텔의 등장, 테러공격, 자연재해 등에 따른 경기침체를 겪어왔다.

경제상황 변화로 야기된 사업상 문제들을 통해서 얻은 교훈은 변화하는 산업의 환경변수들에 대처하는 방안강구 필요성에 대한 학습경험이었다. 사업 확장으로 호텔업자들은 가족경영이나 경험론적(rule of thumb) 경영에서 탈피해 점차 경영 과학적인 길을 모색·지향하게 되었다. 때로는 어려움을 극복하기 위한 획기적인 대안이나 혁신책의 강구로 위기를 또 다른 기회요인으로 바꿀 아이디어 개발에도 이런 기법들이 활용되었다. 특히 1981년, 1991년 및 2002년과 최근 2008~2009년에도 그랬지만 심지어는 금년 2010년까지도 경기침체로 말미암은 경기하강으로부터 산업이 완전히 탈피하지 못한 상태이다.

물론 호텔산업의 경기가 최저점에 도달하는 데는 다양한 요인들이 작용되고 있다. 일련의 사태와 상황 속에서 경영자들은 발견해야 하는 긍정적인 측면들과 동시에 향후 도래할 경기상황의 예측과 대비에 관련된 의사결정 책무를 게을리 할 수가 없다. 이러한 전략 개발과 실천 방안 강구 및 시행은 물론 성과를 위해서는 전 직원의 합의와 참여로 추진되어야 하기 때문에 지속가능한 경쟁상황 유지를 위해서는 경영의 전 분야와 영업부문을 망라한 전사적인 모색과 개발에 전력투구해야만 할 것이다.

이 절은 경기변동에 따른 호텔경영자들의 노력에 다소나마 교훈적 시사점 발견과 대안마련에 도움이 되었으면 하는 마음으로 준비되었다.

## 제2절 호텔산업의 경기변동 사적 고찰

### 1. 호텔업에 타격을 준 1919년 주류판매금지법

1919년 미국에서 발효되었던 주류판매금지법(Volstead Act)으로 호텔이나 기타 장소에서 주류의 판매가 금지됨으로써 호텔과 외식업계에 상당한 타격을 주었다.

호텔사업은 객실과 식료와 음료를 주된 상품으로 가지고 운영되는 사업이다. 그런데 주류판매금지법으로 인해서 호텔이 식당에서 주류를 판매하지 못하게 됨으로써 식음료의 균형도 깨졌지만 그보다도 상호보완적인 관계에서 식음료 매출이 이루어지는 사업현장에서 입은 타격은 상상을 초월하는 것이었다. 그러므로 호텔식당이 입은 매출감소의 체험은 호텔 전체의 매출과 이익 급감으로 호텔은 또 한번 위기에 직면하게 되었다.

이런 법안에도 불구하고 술을 마셔오던 소비자들의 습관이 하루 아침에 근절되기는 어려웠다. 그러므로 당시에 이들을 위한 주류판매는 밀조와 밀매에 의존하게 되었다. 불법적인 상행위에 따른 위험성으로 말미암아 주류거래는 주로 갱단 등에 의해서 현금거래 원칙으로 이루어지는 거래로 수익성이 높았으므로 그들이 운영하는 주요 수익사업의 한 영역으로 되었던 사실들을 흔히 오늘날에는 소설이나 영화 등을 통해서 엿볼 수가 있다.

이 시대에는 주류를 판매하는 영업점들은 모두 'local speak-easy'라 칭해지는 주류 밀매점이었고, 이들이 생겨나면서 사람들이 비밀리에 드나들게 되었는데 간단한 식사도 서비스가 되었다고 한다.

이곳을 애고하던 고객들은 주류 판매 금지법이 해제된 이후에도 여전히 이 주점들을 지속적으로 즐겨 찾음으로써 많은 고객을 확보할 수 있었으므로 이들 업소들이 후에 성공적인 식당사업체로 발전한 사례들은 많았다.

## 2. 호텔산업에 대한 경제 대공항의 영향

### 1) 체인 호텔사의 탄생

1929년 증권시장 붕괴로 시작된 경제대공항(Great Depression)은 호텔 최악의 침체기를 초래했다. 재무 전문가들은 호텔산업의 재기불능 전망을 내어 놓았거나 혹은 과잉공급에 의한 수요공급의 불균형 상태가 지속될 것이라는 전망을 하기도 했다.

호텔투자의 거액 초기자본수요 특성으로 인한 높은 타인자본 의존도는 1935년경 전 미국 호텔의 85%에 달하는 호텔산업의 붕괴나 도산과는 반대로 현금 동원력이 있는 투자자에게는 절호의 사업체 인수 기회가 되었다. 그러므로 이시기는 최악의 경기 침체와 동시에 최고의 호텔거래가 이루어진 시기이기도 하다.

이 시기에 많은 호텔들을 저가에 인수했던 사람들은 부동산 업자들이거나 자금력을 가진 금융가들이었다. 경매에 나온 매물이나 기타 헐값에 나온 많은 호텔사업체를 매수(買受)함으로써 전매가 아니면 수 개의 호텔을 그대로 유지하는 전략으로 대기업을 일으켰던 시기가 되기도 했다.

이 시기에 많은 호텔을 인수함으로써 체인경영의 시발점 마련에 선도적인 역할을 수행했을 뿐만 아니라 새로이 일으킨 호텔사의 장기적인 영업권을 획득하는 계기를 마련했었다는 사실들을 통하여 대 공항기의 호텔발전에 대한 역사적인 의미를 음미해 볼 필요도 있다.

호텔사적으로 오늘날 Hilton사나 Sheraton사 등이 기존 호텔 매수와 신규 개발을 통한 공격적인 호텔 포트폴리오(portfolio) 확장으로 오늘날과 같은 굴지의 호텔 체인사를 일으켰던 사실을 상기해 볼 때 분명히 공항이나 경기 침체도 어떤 개인이나 회사에는 좋은 사업기회가 될 수 있음을 알 수 있다.

### 2) 초기의 호텔 자산평가이론

공항기에 호텔경영분석 담당 재무 분석가들은 당시의 악화된 경영성과로 인해서 이를 기준으로 한 자산의 가치평가 보다는 경기가 회복되는 미래에 기대되는 미래 소득을 기준으로 한 부동산 평가를 권장했다.

이것은 그 이전에 경험했던 경기침체가 약 3년여만에 회복되던 매출과 이익을 전제로 한 것이었다. 그러나 3년여를 전제로 한 회복을 기준으로 해서 내 놓은 낙관론적 견해는 공항의 장기화와 더불어 심각한 판단의 오류로 인한 부적응성을 초래했음은 말할 것도 없었다. 이러한 호텔산업의 체험으로 인해서 오늘날의 경기침체에 있어서도 호텔전문가들은 장기침체를 더욱 무서워한다고 볼 수도 있다.

당시 공항은 1940년대 초까지 장기화 되었고 정상수준으로 영업이 회복되기 까지 호텔사업자들은 자산매각이나 파산을 경험해야 했다. 호텔은 높은 고정원가를 가진 원가구조로 말미암아 매출이 부진한 경우 오래 버티기가 힘든 사업특성을 갖고 있다. 당시에 겪었던 재무적인 어려움은 이런 원가를 감당할 수가 없었기 때문에 정상수준으로 경기가 회복되기 훨씬 전에 이미 호텔사들은 파산지경에 이르렀고 저가에 의한 자산 매각에 대한 선택여지를 고민할 수가 없는 여건이었다. 이런 점에서 그 이전 시기에 재무전문가들이 호텔투자자들에게 권유했던 내용은 사업자들의 어려움을 가중시켰고, 이러한 극도의 어려움에 비추어 볼 때 전혀 올바른 판단이나 적정한 권고는 아니었지만 당시에 겪지 못했던 경제적 상황에 대한 예측불능으로 초래된 결과였다고 볼 수 있다.

### 3. 호텔경기가 완전히 회복된 제2차 세계대전 시기

1940년대 초의 경기회복 조짐이 경제공항에서의 완전한 탈피를 의미하진 못했다. 그러던 중 1942년 발발한 제2차 세계대전의 영향으로 호텔산업은 사상 미증유의 호황을 누렸다. 수요에 비한 공급의 과부족 현상에도 고객들은 서비스 내용을 문제시 하지 않았고 객실이용 가능성에만 집중했다.

호텔경영사를 통틀어 이 시기만큼 호텔점유율이 높았던 시기를 찾기가 어렵다. 호텔객실이 군대 숙사로 전용되는 지역의 객실점유율 급등은 물론이고 1947년까지 전국 평균 점유율은 90% 상회~100%로 만실 이상의 수준이었으므로 환언하면 절대적인 객실부족 현상을 초래한 시기였다. 고객들은 최고 3일 이내로 투숙을 제한해 줄 것을 요청받기도 했고 호텔 로비에서 잠자는 진풍경도 다반사에 불과했을 정도였다.

## 4. 모텔의 출현으로 타격받은 기존 고급호텔

철로 개설로 인한 철도사업의 발전에 이어 자동차의 개발과 자동차 산업의 발전에 따른 자동차의 보급과 고속도로의 개설은 많은 사람들의 이동에 대한 동기와 수단을 제공함으로써 1940년대 말 처음으로 나타난 모텔의 출현과 1950년대의 발전은 필연적인 결과로 해석될 수가 있다. 비록 규모는 작지만 사업체 수면에서 호텔과 대등한 수준으로 급성장된 모텔에서 제시하는 저렴한 객실요금은 가격 탄력적인 성향의 사람들의 호응은 물론 점차 대중들의 모텔 선호를 촉진시켰다. 그 결과 호텔사업은 호황 중 불황을 감수해야만 했고 어떤 새로운 사업 분야를 개척하지 못하면 폐업해야 할 위기로 몰리게 되었다.

이 때 호텔사들이 생존을 위해서 개발한 아이디어가 식음료사업의 강화책이었다. 그 이후 호텔에서의 식음료사업은 2대 주요 사업부문 중 하나가 되었는데 당시의 방안은 기존의 영업부문을 보강하는 방식의 식음료사업 개발이었다. 예를 들면, 호텔 안쪽으로 통하던 식당을 거리로 통하는 장소로 바꾸어 거리에서 사람들이 쉽게 접근할 수 있도록 식당의 접근성을 획기적으로 개선하는 정책부터 강구하기 시작했던 것이다.

## 5. 최초로 고정비 대책을 마련한 Statler Hilton

호텔사업은 여타의 수익발생 자산을 주된 상품으로 하는 모든 사업 분야에서 노정되는 유사한 현상인, 높은 고정원가 구조로 말미암아 이에 대한 대책을 수립하지 못하는 한 사업정상화나 목표이익 달성은 어렵다. 성업기에는 높은 수익을 올리지만 한업기에는 성업기에 가득한 이익을 통하여 이를 진보하거나 혹은 당기손실을 불가피하게 감수하는 악순환을 거듭하던 시기였다. 이에 대한 대책을 처음으로 마련한 호텔이 Statler Hilton이었다는 점에서 호텔의 수익관리에 기여한 성과라고 평가할 만하다.

1952년 Los Angeles에서 개관된 Statler Hilton 호텔은 최초의 한업기 대책을 마련한 호텔로 기록되고 있다. 스태틀러(Statler) 힐튼(Hilton)은 한업기의 저조한 영업성과에 대비한 고정비 충당 대안으로 고정적인 수익 확보를 위해서 투자 및 개발계획 단계부터 임대료 수입을 고려한 상당수의 임대 사무실을 건축설계에 반영해 건축한 호텔이었다.

## 6. 과잉공급과 여행 감소로 인한 호텔경기 하락

여행경기의 호・불황은 호텔사업에 긍정적이거나 부정적인 직격탄이 된다. 호텔의 매출감소는 과잉공급이 아니면 여행 감소를 배경으로 해서 초래된다.

호텔의 고객이 곧 세계의 여행자들이기 때문에 경제적인 이유에서든 기타 전쟁이나 테러 및 질병 등으로 야기되던 간에 여행수요가 감소되는 사태발생 즉시 호텔예약 취소와 더불어 매출감소현상은 필연적으로 발생된다.

### 1) 1960~1970년대 호텔의 경기침체

1960~70년대 초에 용이한 자본조달과 증가하는 수요에 걸 맞는 호텔건축 붐이 조성되어 왔다. 여행자의 증가추세에 맞추어 새로 형성된 부동산 투자신탁회사로부터 조달되는 자금을 가지고 이루어진 호텔의 과잉 건축 열기는 갑작스러운 중동의 에너지(석유) 무기화로 인해 예기치 못한 위기를 맞게 되었다. 1973년 제1차 및 제2차 에너지 위기로 초래된 여행 감소 추세는 결국 그 해를 정점으로 해서 호텔매출이 급격히 감소하는 현상을 초래했다.

이러한 경험을 통하여 호텔사들은 신규투자에 의한 건축은 물론 기존호텔의 시설에 대한 개보수를 하기 시작했다. 설비투자는 장기적으로 높은 에너지원가로부터 발생될 비용지출보다는 유리하다는 판단에서였다. 즉 호텔은 종전처럼 에너지 관련시설을 전관대상으로 해서 설비하지 않고 시설 단위를 몇 개로 분리해서 여러 개로 나누기 시작했다. 호텔고객의 과거 수요를 기준으로 해서 시설을 몇 개 층에 해당하는 영역을 통제할 수 있도록 바꾸는 경향으로 나가게 되었다. 최근 2008~2009년의 에너지 원가의 상승으로 소형이나 전기 자동차가 인기를 끌고 있다는 점과도 비교해 볼 만한 대목이다.

이보다 큰 글로벌 트렌드는 장기적이고 지구횡성 전체로 본 에너지 문제와 환경문제를 포괄하는 운동으로는 저탄소 녹색호텔의 경향이 있다.

### 2) 1981년 경기후퇴로 초래된 여행 및 호텔의 수요 급감

경제여건의 악화로 자연스레 급격히 감소한 여행수요는 또한 호텔수요를 급락시키는 효과로 유도되었다.

## 7. 1991년의 극도의 경기침체와 산업의 Moral Hazard 위기

1991년에 또다시 찾아온 극도의 경기침체(recession) 여파로 초래된 여행 감소 추세는 호텔경기를 악화시키기에 충분한 것이었다. 그간 호텔 투자자본의 조달이 은행과 대부회사로부터 용이하게 이루어지던 투자시장을 배경으로 심각한 호텔 과잉공급 현상까지 초래되는 여건에서 일어난 호텔 경기침체는 산업을 위기에 직면케 했다.

평균 9%대 이상으로 객실요금이 하락되었지만 그보다도 큰 문제는 불경기로 인해서 50% 대로 하락한 객실 점유율은 정상 영업의 수준으로 보는 60%대 중반의 매출수준 유지를 위해서 가격의 추가적인 급락 여지를 조성했었다는 점이었다.

여기서 초래될 수 있는 더 심각한 문제 측면은 객실가격의 덤핑현상으로 인해 상거래 윤리와 질서가 와해됨으로써 경험하게 될지 모를 업계의 '도덕적 해이(moral harard)'의 위험성이다. 호텔의 수익분기점 매출선 저지를 위해서 실료 책정에 대한 투명성이 약화되고 그 결과 가격질서가 무너지게 된 역사적인 사례들이 있기 때문이다(Smith, 2009).

## 8. 안전에 대한 위기의식으로 인한 호텔경기 하락

2002년 미국 뉴욕시에서 발생되었던 9·11 테러사태는 이후 안전에 대한 위기의식의 고조로 긴장된 여행자들을 위협했고 여행시장을 냉각시켰다. 이로 인해 상용이나 순수목적을 포함한 제종의 여행 급감 현상으로 이어져 경기가 더욱 악화되는 사이클을 조성, 재연했다. 이때 초래된 급격한 여행 감소 사태로 인한 이 시기의 호텔 경기침체(recession)는 최악의 상황을 맞게 되었다.

오늘날 겪는 경기침체 양상은 과거에 경험했던 것과는 형태가 다른 특이한 양상을 띠고 있다. 신규호텔 개발 열기가 뜨거웠던 2005~2007년에도 불구하고 호텔은 과잉공급 수준에는 도달하지 않았음에도 불구하고 경기침체는 심화되었다. 그러므로 현대에 겪는 호텔경기 침체는 과거에 겪었던 과잉공급으로 유도된 결과와는 다르다는 것이다.

Stephen Rushmore

HVS 회장 Stephen Rushmore는 현재 환경에서 호스피탈리티 업계 최대 관심사는 경기후퇴의 심각성과 심도 및 지속기간 관련 분석정보 여하에 의존된다고 했다.

또 과거에는 호텔의 경기변동 주기가 대부분 3년 정도의 단기적인 것이었던데 비해 현재의 경기침체는 경제 대공항기에 체험했던 것처럼 장기적이고 상당기간 지속되는 형태로 나타나고 있다. 글로벌 호스피탈리티 컨설팅 그룹의 Rushmore도 유사한 견해를 피력하고 있다.

사실 누구의 지적이나 현상을 떠나서도 호텔 소유주, 채권자 및 운영자들이 경기변동 국면에 대해 갖는 질문은 거의 항상 두 가지로 압축되고 있다.

### 1) 경기침체의 심각성에 대한 의구심

경기침체가 얼마나 심각한 것인가? 경기침체기에 가장 주요한 의문의 여지는 심각성 정도에 대한 의구심과 관계가 깊다. 경기침체의 영향으로부터 안전한 사업상의 이해관계자는 없다. 경기침체의 영향은 고객, 경영자와 종업원, 납세권자, 경제정책담당자, 행정부 등 경영의 모든 이해관계자에게 파급된다. 그러므로 어려운 국면타개를 위해서는 기업 내부의 강약점 외에도 기업 내·외부적인 기회나 위기 여지를 정확히 분석하고 파악해 계획을 수정해야 할 필요성이 매우 긴요해지게 된다. 이 때 침체의 심각성 정도는 회복에 필요한 시간을 달리하게 됨으로써 대안의 세부내용과 준비를 차별화해야 할 필요성을 제기한다. 그러므로 각종 경영의사 결정과 전략추진에 있어서 경기흐름의 심각성 예측은 결정적인 요인이 되고 있다.

### 2) 경기침체의 장기성 여부에 대한 의구심

경기침체가 장기화 될 것인지? 관광의 빅뱅주기를 50년으로 보았던 종래의 믿음은 여지없이 깨져 버리고 있다. 관광의 위기에 대한 전망을 주로 순수한 경제적 원인들에서만 추구해 오던 종래적인 관점은 현대에 와서 완전히 진부화해 버렸다. 크고 작은 규모의 경기침체의 원인은 다양해져 가고 있고 어쩌면 예측을 불허하는 사태가 초래될 수도 있다는 가능성을 부정하지 못하는 가운데 위기의식으로 이어지고 경기침체에 대한 관리는 위기관리로 인식되고 있을 정도이다. 더구나 이런 위기는 국내적인 원인 뿐 아니라 글로벌한 영역의 어디에서도 초래될 수 있는 일이고 언제 어디에서 발생된다고 해도 영향권을 벗어나기가 쉽지 않다는 인식도 함께 하는 세상이다.

미국을 중심으로 한 호텔산업은 7~10년을 주기로 경기의 부침을 거듭해 왔고 세계여행업의 빅뱅은 50년을 주기로 했다고들 하고 있다. 경기흐름의 시간적 요인에 수반된 효과는 국제관광량에 영향을 미치고 이를 통하여 호텔 수요는 물론 글로벌 호텔시장에서 국제적인 계약, 소유, 관리, 자문 등 다양한 형태의 관계를 통하여 전 세계적로 파급되어 왔다.

숙박산업은 1981년, 1991년, 2002년 등 수회의 경기하락 추세를 극복해 왔지만 최근 2008년과 2009년에 곤두박질치던 경기가 2010년 중반 다소 회복되고 있지만 경기하강 국면을 완전히 벗어났다고 보기에는 시기상조이다. 미국에서는 2010년 말까지 ADR(Average Daily Rate)는 97.74 달러, 그리고 객실 점유율은 전년대비 4.4% 상승한 57.1%로 상승될 것으로 낙관적인 예측을 내놓고 있어서(STR, 2010.8) 유럽 지역과 함께 회복세를 시현하고는 있지만 아태지역(Asia-Pacific)과 중동지역 및 아프리카 지역에서의 회복세는 비교적 관망세로 분석된다(표 4-1 참조).

〈표 4-1〉 글로벌 관광지역별 호텔 지표 (2010. 7 현재)

| 지역별 | Occupancy(%) | ADR(US$) |
|---|---|---|
| Asia Pacific 지역 | 67.30 | 124.69 |
| 남북 America 지역 | 67.90 | 100.93 |
| Europe 지역 | 70.90 | 131.39 |
| Middle East 지역<br>Africa 지역 | 61.30 | 145.00 |

source : STR, 2010.

호텔경기의 사이클에 있어서 최저점을 경험케 하는 경기침체의 주요 요인들은 유사하게 표출되어 왔다. 그러나 최근 지구 온난화 등에 따른 이상 기후와 이로 인한 수해, 풍해, 지진이나 해일, 화산폭발 등으로 인한 국지적, 일시적, 혹은 장기적인 여행감소 현상은 완전한 파악과 대응조차 어렵게 하는 새로운 형태의 경기침체들을 경험하게 하고 있다. 그러므로 경기에 대한 영향 요인들이 어떤 형태로 나타나고 또 어떤 규모와 형식으로 도전을 제기하게 될지 자체에 대한 예측에 있어서도 불확실성이 심화되는 호텔경영의 환경에 직면되고 있다. 요컨대 호텔의 경영환경은 점차 다양한 형식의 도전 제기에 대한 우려성을 더해 가고 있다고 분석된다.

다음 표는 지금까지 경험했던 호텔산업의 경기 흐름을 사적으로 요약한 것이다(표 4-2 참조). 이 표는 필자가 많은 문헌자료들을 조사・연구함으로써 얻은 결과를 표로

〈표 4-2〉 호텔산업의 세계적 불황과 원인 분석

| 구분<br>년도 | 경기침체의 원인 혹은 효과 | | |
|---|---|---|---|
| 1919<br>경기침체 | Volstead Act 제정 · 발효 | 주류판매 금지로 인한 수이 감소 | 식음료사업부문 강화 |
| 1929<br>경제대공황 | 증권시장 붕괴, 부동산 급락세 | 호텔도산, 경매 | 대규모 호텔사 태동<br>체인사 모태 마련 |
| 1950<br>경기침체 | 수요의 전환(호텔에서 모텔로) | 경쟁력(예약 불필요, 저가) | 모텔의 출현(소형업소들 모텔 전업) |
| 1973<br>원가상승 | 에너지 부족(중동에너지 무기화로 인한 경기침체) | 심각한 과잉공급 현상<br>여행 급감 | 용이한 자본조달<br>신설된 부동산 투자회사로부터 |
| 1979<br>장기침체 | 호텔수요 감소추세(제2차 에너지 위기로 4년간) | 인플레통제위한 강력한 통화정책 | 높은 이자율과 자금조달문제로 신규투자 제하됨 |
| 1981<br>경기침체 | 여행 감소 효과 초래(1980~1982) | 수요하락 결과초래(정부 세금감면책 기대) | |
| 1991<br>경기침체 | 여행예산(due) 감소<br>(moral harard 위기) | 제2 과잉공급현상 | 용이한 자본조달<br>은행과 대부기관에서 |
| 1997<br>IMF | 외환위기로 초래됨(아시아권 수개국과 동시) | 호텔매출 급감 | 대기업의 연쇄부도 |
| 2002<br>경기침체 | 외부요인에 의함(수요시장 여건 보다) | 여행격감 결과 초래 | 9 · 11테러 이후 안전에 대한 위협 |
| 2005~2007<br>경기하강 | 독특한 침체의 원인(과잉공급 아님) | 과잉공급지표 미달(상태에도 불구함) | 신규 호텔개발 열기 |
| 2008~2009<br>경기침체 | 사이클의 저 지표에 도달됨(리먼사태 등 자본, 부동산, 기타 요인에 의한 경기의 최저점도달) | 요인의 다양성(질병, 전쟁, 테러, 자연재해) | 부동산 투자 및 거래 냉각 |
| 2010<br>신경쟁형태 | 글로벌 경쟁요인 제기 | 저탄소 녹색성장(시설투자 및 개보수) | 그린호텔 출현 |
| 경기침체의<br>key point | 10여년 동안 숙박산업의 사이클은 상승과 침체를 반복적으로 경험 | | |
| | 최근의 기록적인 경기침체 시기는 1981, 1991, 2002, 2008~2009년 | | |
| | 소유주, 경영자, 채권자 공히 침체의 심도와 지속기간에 대한 우려 | | |
| 호텔번영기※ | 1차 붐 | 1920년대 : 경제적 번영에 의해 초래됨 | |
| | 2차 붐 | 1950년대 : 여행 대중화에 추세에 의함 | |
| | 3차 붐 | 1980년대 : 호텔의 특성화 개발과 마케팅의 혁신에 의함 | |

※ 호텔의 번영기(boom)는 분석과정에서 경기 침체기와 비교하는데 참고하도록 첨부됨.

자료원 : 필자의 연구결과로 정리되고 작성됨.

만든 것인데 지금까지 세계 호텔산업이 직면해 왔던 불경기의 발생빈도와 그 내용들을 한 눈에 파악함으로써 향후 어떤 영향 요인들에 의한 경기변화가 초래될 수 있는가에 대한 가능성을 비교하고 분석하는데 도움을 줄 수 있는 정보자료라고 확신한다.

## 제3절 경기후퇴와 호텔의 자산가치

### 1. 산업 초기의 경제 불황과 호텔 자산평가이론

공항기에 호텔산업의 경영분석을 담당하던 재무 분석가들은 당시에 호텔의 경영성과가 극도로 악화되었기 때문에 투자자들로 하여금 악화된 당시의 성과(이윤)를 기준으로 해서 호텔의 자산(부동산) 가치를 평가하지 말고 경기가 회복되는 미래에 기대되는 미래 소득의 기대치를 기준으로 해서 부동산을 평가하도록 권고했다. 이런 권고는 과거에 경험했던 경기침체에 기초해서 3년 정도만 경과하면 매출과 이익이 호전될 것이라는 낙관론적인 견해에 의한 것이었다.

이러한 견해와 권고에는 사실 경제공항 발발 전에 이미 제기되었던 공급초과 현상에 대한 고려가 전혀 포함되지 않고 있었는데 실제로 공항은 장기화되고 그 여파는 1940년대 초까지 지속됨으로써 그 때까지도 영업이 정상수준으로 완전히 회복되지 못했었다는 점을 고려할 때 부적절한 판단이 되었다.

### 2. 호텔산업의 자산가치에 대한 예측

2009년 이래 2년 내에 경기가 회복되지 못하고 장기화 된다면 호텔가치의 하락폭은 깊어질 수가 있다. 호텔투자는 총자본의 90~95% 정도에 달하는 대부분의 투자가 고정자산에 투자되기 때문에 호텔 자산가치의 하락은 심각한 결과를 초래하게 된다.

호텔의 가치에 영향을 미치는 요소는 ① 순영업이익(NOI : net operating income)과 ② 자본비용(the cost of capital)인데, 경기침체기에 양 요소 모두가 불리한 결과를 초래하기 때문이다. 그러므로 호텔가치의 흐름을 예측하려면 이러한 정보를 갖고 있어야 한다.

거액 최초투자를 요하는 호텔사업에 있어서 매입원가의 자본화 비율로 인한 자산

가치의 하락은 불경기에 있어 큰 폭으로 일어난다. 그러므로 경기침체의 장기화로 인한 호텔 자산가치의 하락폭은 어느 정도가 될 것인가가 업계(자본시장)에서 큰 우려가 되는 상황이다. 더구나 경기 침체기에는 매일 거액의 영업 순손실 발생이 현실화되는 사업특성을 감안할 때 호텔가치의 등락 여부에 대한 호텔 소유주나 경영자들의 관심은 절대적인 것이 될 수밖에 없다.

미국을 중심으로 호텔의 자본시장에서 자본조달(financing)에 적용되는 자본비용의 계산은 전형적으로 가중평균법에 의존하고 있다. 즉 자본비용(the cost of capital)은 부채와 자기자본의 가중 평균치(weighted average of the debt and equity)를 가지고 산출된다.

여기서 사실에 준하는 사례를 가지고 설명해 보기로 하자.

2006년대 초반 한 호텔의 부채규모(loan; 차입금액)는 총자산가치의 70%에 해당되는 것이었고 당시의 전형적인 호텔 모기지(mortgage)는 7.05%였다고 하자. 그러므로 총 자산가치의 30%는 자기자본이 된다. 이 호텔이 자기자본에 대해서 추구하는 내부수익률(IRR : internal rate of return)은 대략 20%라고 하자. 이런 자본구조를 가진 이 호텔의 자본비용은 어느 정도가 될까?

이 호텔 총자산의 가중평균원가(WACC : weighted average cost of this capital structure)를 산출한 결과 재무비용은 10.9%로 임을 알 수가 있다(예제 1 참조).

[예제 1] WACC 산출방법

| | | |
|---|---|---|
| 산출근거 | Mortgage | 70% × 7% = 0.049 |
| | Equity | 30% × 20% = 0.060 |
| | Total | = 0.109 |
| | ∴ 이 호텔의 자본비용 WACC은 10.9%이다. | |

내부수익률(IRR)은 투자나 프로젝트의 수익성 기대치를 측정비교(평가)할 목적으로 자본예산 과정에서 사용되는 효과적인 이자율 정보인데 일명 ROR(rate of return) 혹은 DCFROR(discounted cash flow rate of return)이라고도 한다. 내부수익률(IRR)이란 긍정적(+) 요인인 현금유입과 부정적(-) 요인인 현금유출이 대등해서 모든 현금흐름의 순현재가치(NPV : net present value; NPW : net present worth)를 0으로 만드는 할인율

혹은 연간 지불액으로 표시된 복합수익률(annualized effective compounded return rate)을 말한다. 산식은 다음과 같다.

$$NPV = \sum_{n=0}^{N} \frac{C_n}{(1+r)^n} = 0$$

단, $Cn$은 cash flow이고 $N$은 연수이고
$n$은 정수이며 $r$은 주워진 내부수익률이다.

여기서 내부(internal)라 함은 인플레이션이나 이자율 등 외부적인 환경요인을 계산과정에 전혀 반영하지 않는다는 사실을 나타내주는 표현이다.

NPV는 장기투자안의 평가를 위해서 사용되는 할인현금흐름(DCF : discounted cash flow)에 대한 표준적인 분석도구인데 투자나 프로젝트가 기업에 대해 초래할 가치부가에 대한 평가지표이다.

IRR기법에 의한 투자나 프로젝트의 평가는 미래 현금흐름의 현재가치와 구매가 등 현금 유출의 현재가치를 일치시키는 내부 수익률이 자본비용보다 클수록 투자성과가 기대된다고 보고 채택하게 된다. 다른 조건들이 동일한 프로젝트의 선택에도 IRR을 이용하지만 실제 투자는 기업의 자금사정이나 사업추진 역량을 고려하여 제한하게 된다. 만약 반대의 결과가 도출된다면 가치하락 여지가 있는 불리한 투자 안으로 보고 기각된다.

예제를 통하여 상세히 알아보기로 하자. 만약 투자 안이 다음의 보기에서와 같이 연차적으로 단계별 현금흐름으로 이루어지고 있다고 가정하자. 또 여기에 일정한 IRR이 주어졌다고 가정할 때 NPV는 어떤 산식을 거쳐 어떻게 산정될 수 있을 것인가? 다음 예제에 나타난 NPV 산식이 어떤 과정을 거쳐 이렇게 표시되어야 하는 것인지를 이해하는 가운데 NPV를 구하는 방법과 과정을 익혀보기로 하자(예제 2 참조).

[예제 2] 순현재가치의 산출 예 (단위 : 1,000원)

보기

| 내용연수(N) | 현금흐름(Cn) |
|---|---|
| 0 | −40,000 |
| 1 | 10,200 |
| 2 | 10,410 |
| 3 | 10,875 |
| 4 | 10,050 |

산식 $NPV = -40{,}000 + 10{,}200 / (1+r)^1 + 10{,}410 / (1+r)^2 + 10{,}875 / (1+r)^3 + 10{,}050 / (1+r)^4 = 0$

## 3. 자산가치 평가에 대한 미래 전망

2009년 초 가중치로 계산된 평균 자본비용(WACC : Weighted average cost of capital)[1]이 더 이상은 상승할 것으로 보이지 않기 때문에 그간 대폭 상승되었던 차입원가의 자본화 비율(higher capitalization rate)로 인해 초래되었던 무려 22%에 달했던 호텔 자산가치의 대폭적인 하락은 더 이상 없을 것으로 전망되고 있다.

현재 글로벌 세계의 다양한 여러 호텔시장에서 체험해 온 바, 여행 감소 추세로 인한 객실점유율의 하락은 평균 객실수익(RevPAR : revenue per available room)[1]의 하락을 초래함으로써 결국 순영업이익(NOI : net operating income)의 감소현상으로 이어져 왔다. 이것(WACC)은 호텔 채권자가, 호텔에 융자해준 자본에 대해 기업이 지불할 것으로 기대하는 비율인데 채권자와 소유주들을 만족시키려면 기존 자산에 대한 최소의 수익을 기초로 해야 한다.

그러므로 과거 수십 년간 그리고 최근 몇 년 동안 자본시장에서 자기 소유의 자산가치에 비해 과도한 규모의 차입자본을 조달해 온(over-financing) 호텔 소유주들은 상당 폭의 손실 등 경제적 타격을 피하기 어려울 전망이다. 구조적으로 거액 최초투자(initaial investment)를 요하는 부동산 투자인 호텔투자에서 건설 프로젝트 초기부터 자기자본에 비해 타인자본에 대한 의존도는 거의 관행적으로 높아왔다. 그리고 호황기 시절에는 이런 투자가 적중했고 타인자본에 대한 레버리지 효과만으로도 거액의 투자성과를 득할 수가 있었다. 세계 도처에서 시도되었던 대형 혹은 초대형의 리조트 단지개발은 거의 이런 방식의 투자형식으로 이루어진 것이었다. 우리나라에서도 대부분의 스키리조트 단지, 비치 리조트 단지 개발이 예외사례가 아니었던 점을 상기해 볼 필요가 있다. 호텔사적으로도 호텔자산이 현재처럼 무려 20~30%에 달하는 큰 폭의 시장가치 하락을 체험한 사례들은 흔치 않다.

이처럼 자산가치가 하락하는 시기에 호텔사가 사업체 매각을 고려한다면 시장가치의 낙폭을 감안해서 종전보다 저렴하거나 혹은 40~60%로 대폭 인하된 가격으로 급매하는 '호텔이나 기타 숙박자산의 덤핑 매각'을 고려할 경우가 발생될 수 있다. 그러므로 준비된 자본으로 사업체 매수를 희망하는 잠재 투자자들에게는 매우 유리한 자산매입 기회가 될 수도 있다(제13장 참조).

경기 침체기나 불경기라곤 해도 저렴한 매매 가격의 제시는 거래의 유인으로 작용될 수 있어서 거래성사 가능성을 제고할 수 있다. 전체 호텔산업계의 시각으로도 이런 거래들은 불경기로 초래된 어려운 여건에서 경기 활성화의 촉매역할을 통해 산업에 활기를 부여할 수 있는 기회 마련이란 점에서 희망적 전망을 갖게 하는 측면으로 작용되기도 한다(Strebel, 2009).

## 4. 객실영업의 분석지표들에 대한 이해

### 1. RevPAR와 ADR에 대한 필자의 주해

#### 1) RevPAR의 의의와 산식

호텔의 RevPAR(revenue Rer Available Room)는 객실점유율, ADR과 더불어 호텔의 3대 수익지표 중 하나이다. RevPAR는 판매 가능한 객실 당 수익정보로서 호스피탈리티 산업의 통계지표(bellwether)가 되고 있는데(Jacobs, 1997) 총객실 매출수익을 총판매 가능객실수로 나누어 산출하거나 혹은 ADR(Average Daily Rate)과 객실점유율을 가지고 산출될 수가 있다.

- 산식 1 ➔ RevPAR = 총객실수익 ÷ 판매가능 총객실수
- 산식 2 ➔ RevPAR = Occupancy × ADR

#### 2) RevPAR와 ADR의 차이

RevPAR와 ADR은 정보의 가치나 유용성 면에서 상당한 차이점을 가지고 있다. ADR은 판매된 객실에 한정된 수익성 정보를 제공해 주기 때문에 단순히 판매된 객실 1실당 평균 실료만을 알려줄 뿐이므로 산출된 금액이 높거나 낮게 나타난다고 해도 호텔 전체의 매출상황의 적정성 여부 파악이나 수익성 여하를 판단할 수 있게 해주는 분석정보를 제공하지는 못한다.

이에 비해 RevPAR는 호텔의 판매 가능한 총 보유객실을 계산에 산입하여 얻게 되는 정보이기 때문에 판매된 1실에서 가득되는 수익의 크기가 아니라 호텔 객실사업 전반에 걸친 수익성을 분석하고 그 수준을 파악할 수 있게 해주는 신뢰성 있는 수익성 지표가 된다. 또한 이러한 객실 수익지표는 호텔의 다른 영업부문에 대한 수익성 예측이나 분석에도 유용한 정보로 활용될 수가 있다.

이처럼 RevPAR는 호텔 수익성 분석에 이용되는 객실 단위당 수익정보란 점에서는 ADR과 유사하지만 계산요소로 사용하는 대상 객실이 각각 다르기 때문에 결과적으로 여기서 산출된 두 개의 수익지표가 분석정보로 갖는 의의는 각각 다르다. 즉 단지 실제 판매된 객실만을 가지고 산출된 정보인 ADR 정보는 단순히 판매된 객실 1실 당에 대한 평균 실료를 나타내 주는데 비해 RevPAR 정보는 다르다.

(1) 단순히 판매된 객실 1실 당 평균 객실요금만을 알려줄 뿐인 ADR

ADR(Average Daily Rate)은 총객실 매출수익을 판매된 객실 수로 나누어 얻을 수 있는 것으로 단순히 판매된 객실 1실당 평균 객실요금만을 알려줄 뿐이다.

• 산식 3 ➔ ADR = Room Revenue ÷ Room Sold

(2) 판매가능 총 객실을 계산에 산입하는 RevPAR의 정보가치

그러나 RevPAR는 판매가능 총 객실을 계산에 산입함으로써 판매 혹은 점유되지 않은 호텔의 판매가능 객실 재고량에 의한 영향까지도 반영하고 있다는 점에서 정보의 가치 혹은 유용성에 차이가 있다고 하겠다.

### 3) 수익정보의 적정성 평가를 위한 분석지표

그런데 ADR(rate) Index와 RevPAR Index를 알게 되면, 이것을 그룹사 전체 호텔의 ADR이나 동종 유사 규모의 경쟁 호텔사들 집단인 세분시장의 RevPAR 정보와 비교함으로써 당해 호텔사의 ADR이나 RevPAR 수치가 적정 수준에 있는지의 여부를 평가하는데 유익한 판단 지표로 활용될 수가 있다.

이때 산출된 ADR 지수나 RevPAR 지수가 100을 중심으로 해서 이것과 동일하면 이것은 적정수준에 있는 것이고 그 보다 작으면 적정 수준보다 낮은 수준이며 그보다 크면 적정수준 이상이라는 의미가 된다.

• 산식 4 ➔ ADR 지수 = (호텔 ADR / 그룹전체 호텔의 ADR) × 100
• 산식 5 ➔ RevPAR 지수 = (Hotel RevPAR / Segment RevPAR) × 100

## 2. 숙박산업에 있어서 RevPAR 지표의 분석기능

RevPAR는 미래의 객실수익을 예측하는 예측도구로서, 기업의 시장점유율 평가와 예측 및 종업원의 생산성 결정에도 활용되고 있다.

(1) RevPAR는 기업에 대한 고객 만족의 지표를 제공한다.
(2) RevPAR는 또한 세분 숙박시장에서의 수익 변동성(volatility)과 상대적인 성장세의 관점에서 비교 가능한 정보를 제공해준다.
(3) RevPAR 분석은 전형적인 숙박시장 분석기법과는 차별화된 방법이다. 즉 종래에 사용하던 기법에서는 일평균 실료(ADR : average daily rate)와 객실 점유율 수준을 함께 고려해서 연간 객실수익(ARR : annual room revenue)을 예측, 평가하던 분석방법과는 달리 이 정보들을 별도로 취급 한다는 점에서 차이가 있다(Woods, Dexter E., Jr., 1994).
(4) RevPAR는 일평균 객실료와 각기 다른 숙박 경기변동(cycle)의 제 측면에 기인된 점유율과의 상호작용에 대한 정보를 알 수 있게 해준다(capture). 그렇게 때문에 하나의 지표(index)를 가지고 숙박시장에서 수요와 공급 간의 역학적 관계를 동시적으로 나타내 준다(Gallagher, et al., 2000; Ismail, et al., 2002).

## 3. 투자평가 및 분석에 대한 RevPAR 의존도

(1) 호텔의 투자 안에 대한 평가에는 주가 수익을 고려하고 있다(Marriott, Hilton등). 그러나 동일기업 내에서의 각기 다른 세분 시장별 성과파악은 잘 이루어질 수가 없다.
(2) 그러므로 증권가나 산업계는 산업의 성과에 대한 평가지표(benchmark)로 RevPAR에 상당히 의존하고 있다. 사실 주식시장의 분석에서는 RevPAR를 숙박업 관련 주식의 가격 변동에 대한 주요인으로 고려하고 있다(See, for example : Elgonemy, Anwar R., 2000). 그 까닭은 주가수익 정보는 산업계 세분시장에서 얻을 수 있는 자료가 아니라 기업체를 통해서만 가능한 수익 정보이기 때문이다(Mattson-Teig, 2000).

이정자(2009), 호텔의 수익성 연구

# 제3편

# 글로벌 호텔-호스피탈리티 산업 본래적 환경 이해

CHAPTER_5

# 호텔사업 특성의 근원적 파악

## 제1절 호텔경영에 제기되는 기본문제의 이해

어떤 개체를 대상으로 연구함에 있어서 가장 중요한 기초 작업의 하나는 그것이 본래적으로 지니고 있는 성질을 이해하는 일이다.

호텔경영이란 동태적인 환경에서 예측할 수 없을 만큼 다양한 형태로 제기되는 도전들에 대처하고 적용할 구체적인 대안 및 전략 개발을 통하여 변화 가운데 균형을 유지하고 발전을 이루려는 명제의 탐구를 중심으로 하는 응용과학으로 이해될 수 있다. 크고 광범위한 변화의 폭에 대한 대처는 흔히 혁신적이라는 용어로 표현될 만큼 대폭적인 수정이나 종래와는 완전히 다른 새로운 대응방안이 요구되기도 한다. 경영에서 혁신은 다기한 변화에 적응하면서 경쟁적 상태를 지속적으로 유지 혹은 개선해 가기 위해 필요한 과정 혹은 전략적 대안의 적용과정으로서 추진되고 있다. 이런 여건에서 강구될 혁신이나 대안에 우선해서 가장 중요하고 필요한 기본은 호텔사업이 본래적으로 지니고 있는 성질을 파악하고 이러한 특성을 통하여 제기되는 문제들을 이해하는 것이다. 사업에서 근원적으로 제기되는 어떤 본질적인 문제점이나 강점들을 통한 사업의 경영환경에 대한 깊은 인식으로부터 사업상 제기되는 현재적 및 잠재적인 문제에 대한 접근이 이루어질 때 적정한 전략대안의 개발과 바람직한 결과가 기대될 수 있을 것이다.

호텔경영학은 다른 사회과학 영역에서 노정될 수 있는 것처럼 실용주의 중시로 자칫 현상주의적 문제들에만 집착하는 접근방식으로 실무적 적용성과 활용성을 지나치게 강조해 과학으로 성립되기 위한 요건들을 경시할 우려성도 갖고 있다.

호스피탈리티 경영학은 기본적으로 이런 점에 유념하면서 이론 및 실제적인 연구들을 추진해 오고 있다. 이처럼 호텔사업 고유의 성질들을 이해함으로써 이런 특성들과 배치되지 않는 가운데 호텔이 지향해야 할 원래적인 기능인 사회적 및 기업적 목표를 성공적으로 이끌어 가려고 노력해 오고 있다. 호텔은 즉 사회적 기관으로서 여러 가지 기능을 통하여 사회적 책임과 서비스를 이행하고 수립된 기업목표들을 성공적으로 달성하려 한다.

호텔경영학은 이 사업이 서비스업으로 본래 지니고 있는 생태(ecology)에 부정적인 영향을 미치거나 역기능적인 효과를 발생시키지 않으면서 사업적 성과를 능률적으로 달성하는 이론과 기법들을 찾아 이를 유효적절하게 적용해 가는 것과 관련된 학문이다. 여기서 생태(ecology)란 여러 가지 경영요소들과의 상호관계 혹은 조직체가 생존하고 발전되는데 영향을 미치는 환경으로 이해될 수가 있다. 호텔이 본래부터 지니고 있는 본질적인 성질이나 특수성이 바로 호텔의 생태인 것이다.

호텔경영의 궁극적인 목표는 관광과 호텔산업이 초래할 수 있는 사회적인 역기능들을 극소화하고 기대하는 바의 긍정적 효과들을 극대화시켜 사업 내·외부의 이해관계자들에게 긍정적인 역할을 다하려는 것이다. 호텔을 사회적 기관(social institution)이라고 하는 까닭은 일반 투자자를 포함한 소유자, 경영자, 종업원, 고객 외에 사회 속에 포함될 범주가 넓기 때문인데 이들 모든 관계자들이 기대하는 역할과 성과가 골고루 모두를 만족시키는데 기여될 수 있도록 해야 한다는 의미를 함축하고 있다.

그러자면 기본적으로 호텔을 둘러싸고 있는 일반적인 환경인 정치, 경제, 문화, 사회적인 요인은 물론이고 기업이 고유하게 지닌 변하지 않는 특수성을 파악함으로써 사업상 긍정적 성질 측면이나 부정적인 측면들에 대해 대응해 나가야 할 것이다. 강점이나 유리한 여건들은 크게 부각시키고 취약점이나 고질적인 문제들은 예방, 완화 혹은 대처를 위한 전략개발과 방안 마련을 서둘러 목표로 수립된 재무적 및 비 재무적 성과를 효율적으로 창출해야 한다.

이 과정에서 분류하게 되는 유리하거나 불리한 사업의 특성들을 분석적인 시각으로 유사한 계열의 성질들을 한 그룹으로 분류해 봐야 할 필요성이 크다. 분석적 시각과 정보만 있다면 현재 상황에 가장 적합한 방향으로 계획을 수립하고 추진하면서 진일보할 가능성을 극대화하는 첫 걸음을 내디딜 수가 있다.

호텔의 특수성을 이해하는데 필요한 지식들을 가지고 있다면 바로 운영상의 문제점을 해결할 수가 있게 될 것이다. 왜 그런 문제와 도전들이 지속적으로 제기되는 것인가에 대한 이해가 있다면 호텔사 내부의 제 인간관계 개선에도 좋은 토대를 구축하는 효과를 기대해 볼 수가 있다.

호텔의 특수성은 타 업종 특성들에 비교되는 상대적인 개념이라고 하겠다. 동시에 능률적인 호텔사업의 투자계획 수립과 경영활동에는 전문성이 요구되는데 이런 특성들을 이해하고 대처해 나가는데 필요한 지식과 경험이 바로 호텔경영의 전문성 역량이라고 하겠다.

무릇 모든 종류의 사업에는 유리한 측면과 동시에 불리하거나 위험성이 도사리고 있는 측면들을 동전의 앞면과 뒤 면처럼 함께 가지고 있다. 호텔경영이 목표로 하고 있는 성과를 기대하려면 양 측면이 동시적 입체적으로 검토되고 고려됨으로써 강점이나 유리한 여건이나 기회가 제공해 줄 수 있는 가능한 모든 이점을 극대화하고 부정적인 측면으로부터 제기 가능한 문제나 위험성을 극소화하고 극복하지 않으면 안된다. 호텔사업의 특성 중에는 일반기업의 설비투자가 자금 운용 면에서 초래할 불리한 영향과 유사한 부분들도 있는데, 이 사업이 원래 부동산 사업 혹은 투자라는 점을 감안할 때 문제의 심도는 더욱 커진다.

## 제2절 호텔사업의 본래적 특성

호텔자산의 특수성은 호텔경영에 있어서 계획의 수립, 제종의 업무추진, 인적자원의 관리, 부동산 자산의 관리, 서비스의 품질관리 등에 필수적인 호텔경영의 전문성과 깊이 관련되어 있다. 물론 한 가지로 설명될 수는 없지만, 대부분의 호텔경영상의 문제들이 이러한 특성들로부터 발단되고 있고 경제적인 여건변화나 기타 환경변화가 초래될 경우 이런 문제들은 더욱 심화되고 있기 때문에 사업에서의 전략이나 대안 강구 또한 그런 문제들을 완화하거나 해결하려는 것과 관련되어 있다.

### 1. 호텔사업이 부동산업이라는 특성

#### 1) 부동산 사업으로서의 호텔경영

호텔은 토지와 특수목적의 시설물로 이루어진 부동산 사업이다.

시설물이란 호텔의 종류나 규모 및 등급에 따라 차이가 있지만 호텔 통일회계시스템(uniform system accounting for hotels)에서 지칭하는바 건물, FF & E(furniture, Fixture, and Equipment; 가구 및 비품, 설비) 등 영구적 시설, 주차장과 수영장 등을 내포하는 수익발생 자산들을 말한다. 호텔사업이란 이상과 같은 시설물 상품들을 가지고 수행하는 사업으로서 타 업종에서 보유하는 수익발생 자산과는 다른 독특한 요소들을 내포하는 부동산 사업의 한 형태이다.

그러므로 호텔은 고객에게 편리하고 가치가 지각되는 상품이어야 하고 주인에게는 자산가치가 있는 투자자산이 되어야만 한다. 그러기 위해서 중시되는 요건으로는 편리한 입지와 접근성, 특성적인 건물외관과 건축미, 전통적인 가치가 아니면 새로운 건축양식이나 건축자재 및 실내장식, 최신 설비, 안전성, 품위, 가격탄력성 혹은 최고가의 호화성, 진부화를 방지하거나 개선할 수 있는 건물영선유지와 경영관리, 적정한 시설교체, 호텔조경과 공용면적의 규모 여하, 지식기반 인적자원 등 많은 요소들이 고려되고 있다.

고객들에게 항상 매력적인 상품으로 구매의욕을 자극할 만한 어미니티나 부대시설도 중시되고 있다. 인접한 지역의 쇼핑이나 볼 일에 대한 여건도 고려대상이 되고 있다.

호텔은 항상 잠재 고객들에게 인기 있고 매력적인 상품으로 구매의욕을 자극할 만한 고객이 중시하는 가치를 지니고 있어야만 한다. 그러므로 호텔사적으로 세계 어느 나라에서도 호텔은 항상 가장 좋고 가장 비싸고 가장 멋있는 건물로 존재해 왔다. 아랍에미리트의 Burj Al Arab, 두바이의 Rose Tower, 라스베거스의 Venetian Palazzo Complex, MGM Grand Hotel, 말레이시아의 Genting Highlands의 First World Hotel 등을 예로 보기로 하자.

### 2) 장기적인 거래기간을 요하는 호텔부동산

호텔과 설비의 매매는 전문적인 거래이므로 거래시장의 범주가 넓지 못하다. 거래시장은 소수의 잠재구매자에 한정되기 때문에 매매거래에 소요되는 기간도 장기적인 것이 보통이다.

원매자가 있어도 재무적인 준비, 각종 인허가나 특허권(licences)과 임차권의 교체나 명의변경, 서비스에 대한 협상, 경영계약, 명칭 등 세부사항의 검토나 거래여건을 구비하는데 장기간이 소요되고 있다. 그러므로 재무적인 어려움이나 기타 사유로 호텔을 매각하려고 해도 매매에 긴 시간을 요하기 때문에 거래가 용이하지는 않다. 호텔

매각을 희망하는 측이 호텔개발자인 경우에는 일정의 제한된 형태로 계속 호텔의 이해관계자로 남기를 희망하거나 요구하기도 한다. 그런 경우에는 그 같은 제안의 수락여부가 호텔 매매거래를 촉진하거나 지연시킬 수도 있다. 실제로 호텔개발자가 호텔 매각에서 요구하는 조건들 중에는 그들이 당해 호텔의 영업에 대한 위탁경영권을 위탁받거나 해서 경영 계약사(management company)로 남기를 원하는 경우가 있다. 호텔개발자들은 주로 대규모 글로벌 호텔사들인 경우가 많기 때문이다.

### 3) 부동산 투자의 레버리지 효과와 대형 리조트단지의 개발

부동산 경기가 활성화되는 시기에 호텔이나 콘도 및 각종 스포츠시설을 중심으로 개발되는 대규모 스포츠 복합단지(sports complex)는 대부분 자기자본에 의존하기 보다는 대부기관 등으로부터 대출받은 타인자본을 가지고 개발하게 된다. 그런데 부동산 경기가 좋은 시기에는 모든 콘도 분양이 단기간에 이루어짐으로써 건설 초기부터 대금회수가 되기 때문에 원리금 상환에 대한 압박도 심하지가 않게 된다. 이런 경우에 대부기관에서 차입한 차입자본에 대한 원리금을 상환하고 남은 차액은 레버리지 효과에 의한 개발사의 이익이 된다.

더구나 대규모 스포츠 콤플렉스 형 리조트단지 개발에는 지자체나 국가적인 차원에서 체육진흥이나 국민건강과 여가 및 웰빙이라는 콘셉트의 생활의 질(quality of life) 향상차원에서 사회복지정책과 관광문화체육 정책과 맞물려 추진될 수도 있다는 점에서 개발의 편의나 지원이 기대될 수도 있는 것이다. 이런 부동산 사업과 개발 차원에서 전국의 대형 리조트단지들이 개발되었다고 볼 수도 있다.

## 2. 호텔경영이 소매업 형태의 사업이라는 특성

### 1) 자본 집약적이면서 노동 집약적인 특이한 사업구조의 호텔경영

호텔은 거액자본 수요 측면에서는 자본 집약적인 특성을 가진 사업이면서도 동시에 투숙객에 대한 질 높은 인적서비스를 제공해야 하는 문제를 중심으로 할 경우에는 노동집약적인 특성을 지닌 사업이기도 하다.

호텔의 성패는 종업원들이 제공하는 대 고객서비스를 고객이 어떻게 수용하고 있는가(customer acceptance) 하는 고객의 반응과 고도로 숙련된 전문적인 지식과 경험을 갖춘 역량 있는 전문 경영자의 과학적인 호텔경영과 운영(operation) 여하 및 경험론적인 기술에 의존하는 바가 크다. 이러한 노동집약적인 성질은 종업원 등에 대한 임금 및 후생복리비가 총수익의 40%선에 근접할 정도로 인건비의 고비용 구조에 의한 비용압박 여지가 크다.

이러한 여건도 호텔경영에서는 특성적 측면으로 이해하지 않으면 안 된다.

### 2) 일시 체류객을 주된 고객으로 하는 호텔

호텔이 객실 등을 빌려주는 부동산업이지만 입주자나 사용자가 장기 임차계약(賃借契約)을 맺는 아파트나 사무실 임대 등 여타 부동산 투자와는 다른 형태를 띠고 있다. 호텔의 주된 고객은 대부분 사업이나 순수 여행 외에 기타 목적으로 여행하는 일시적 체류고객(transient guest)으로 주로 일시적으로 정주지를 떠난 관광객들이다. 그러므로 호텔에서는 대체로 매 1~4일 혹은 그 이상을 간격으로 고객들이 입숙과 출숙을 하는 때문에 빈번한 고객 변경과 고객 회전을 하게 됨으로써 주거 목적의 장기체류 호텔(residential hotel)이 아닌 대부분의 경우에 다거래처(多去來處) 특징은 불가피하다. 호텔에 고객이 입숙(check-in)하게 되면 고객이름으로 된 인명부 원장(guest folio)이 준비되고 각각의 고객은 모두 거래처로 처리가 된다. 그러므로 호텔은 객실수 혹은 투숙객에 상응하는 수만큼의 고객원장과 동시에 거래처를 갖게 되는 것이다. 이런 특성으로 인해서 수요시장 내에서 구전효과나 소그룹 이론(minor group theory)에 의한 호텔 평판의 급속한 대중적 확산이 초래될 수가 있기 때문에 긍정적이거나 부정적인 구전효과로 작용된 사례들은 허다하다.

결과적으로 호텔이 지닌 수많은 소액 거래처 특성은 결과적으로 객실 점유율(room occupancy rate)과 각종 호텔수익에 반영될 잠재력으로 작용될 수 있다는 점에 유의하지 않으면 안 된다. 이것은 질 높은 고객 서비스와 마케팅 전략에 주력하게 하는 요인이 되고 있다.

### 3) 질 높은 고객 서비스와 마케팅 전략에 주력하는 소매업 특성

호텔은 많은 거래처를 가지고 있는 만큼 거래처의 관리가 어렵다. 많은 거래처가 되고 있는 고객들의 개인적인 성향과 선호도를 고려해야 하는 접객서비스와 마케팅 전략 수립 및 호텔의 업무처리는 많은 비용과 시간을 요한다. 이런 업무처리에 소요되는 많은 직무들로 인한 비교적 높은 객실 당 인사비율과 인건비의 발생은 물론이고 종업원들의 교육훈련에도 적지 않은 노력과 비용을 투입해야만 한다.

## 3. 서비스업으로서 호텔사업이 갖는 특징

### 1) 무형재인 서비스 상품 특성으로 제기되는 경영상 문제점

호텔-호스피탈리티 경영에 있어서 경쟁 사업체들 간에 좋은 서비스의 특징이나 강점들은 쉽게 추종해 갈 수가 있기 때문에 짧은 시간 내에 유사해지게 된다. 이런 서비스 환경에서는 비록 서비스의 본래적 특성은 변하지 않지만 상품에 대한 차별성이나 특징적 요소의 추구가 중요하고도 어려운 과제가 되고 있다. 새롭고 다른 좋은 품질의 서비스를 다각적으로 추구하고 견지하려면 우선 서비스의 본래적인 성격을 잘 이해하는 서비스의 기본을 튼튼히 하근 것이 매우 긴요해진다. 서비스의 차별성은 서비스의 기본적인 성격에 대한 깊은 이해를 기반으로 해서 추구되고 창출될 수 있는 것이기 때문이다(Grotsky, Harvey, “A Re-definition Of Service Quality Puts New Emphasis On Basics”, Hotel & Resort Industry; Apr 1990, Vol. 13 Issue 4). 기본에 충실할 때 창의력은 고조될 수 있고 맹목적으로 다른 것의 추구에 급급할 때 본래 목적을 상실할 수도 있다. 더구나 급속한 기술발전과 더불어 급격한 변화가 초래되는 복잡해지는 사회적 환경에서 이런 현상은 더욱 심화될 여지도 크다.

서비스가 지닌 여러 가지 성질을 이해하고 여기에 맞는 적정한 접근 방법을 찾을 수가 있을 때 서비스 품질의 상승으로 고객은 만족할 수가 있으며 사업성과에 대한 긍정적인 기여도 가능해지게 된다. 생산과 소비가 동시적으로 발생되는 서비스의 생산과 제공에 있어서 실수는 고칠 시간도 허용되지 못해 곧바로 고객의 불만족으로 이어지기 때문에 이런 서비스특성에 유의할 필요성은 절대적이다.

서비스상품이 일반적인 상품(tangible goods)과 다른 특성은 무형재(intangible goods)라는 점에 있다. 이런 서비스의 무형성은 대부분의 다른 특성들은 초래하는 기본적인 원인으로도 작용하고 있다. 이런 점에서 호스피탈리티 산업에서 서비스의 특성을 논한다는 것은 거의 사업경영 전반에 걸친 문제를 다루는 것과 비견될 만하다. 호스피탈리티 경영에서 유의해서 관리해야 할 요소들이나 경영상의 문제점들은 대부분 서비스의 특성들로부터 야기되고 있기 때문이다.

서비스의 특성의 이해는 곧 상당부분의 산업 본래적인 성질을 알게 해 줄 것이고 또 곧 바로 해결을 요하는 주요 사안 파악과 문제점에 접근할 수 있게도 해 줄 것이다.

이렇게 호스피탈리티 산업에 대한 조감적인 시야를 득하기 시작하게 되면 호텔경영에서 원천적으로 제기되는 강점은 물론 사업상의 약점들이 어떤 배경으로 초래되는가에 대한 배경 이해와 함께 초래될 가능한 문제점 및 해결 여지를 추구하기 위한 실마리를 찾게 될 것이다. 그럼으로써 경영상 제기 가능한 도전들에 대한 사전적 대응책이나 신속한 해결책 강구로써 지속가능한 경영상태 유지와 발전에 충실해질 수가 있을 것이다.

### 2) 인적서비스 요소와 분리되기 어려운 호텔상품의 속성

호텔사업의 특징 중 하나는 그것이 유형재뿐만 아니라 인적서비스인 무형재에 대한 의존도가 높다는 사실이다. 호텔은 건물과 객실, 침대, 의자, 커튼이나 카펫, 컴퓨터 등 가구 및 시설물로 이루어진 유형재뿐만 아니라 숙련된 인적자원에 의한 질적인 서비스를 중심으로 하는 무형재를 상품으로 갖고 있는 사업체이다.

고객들의 호텔 선정에는 입지여건이나 편의성 외에도 시설, 가격 등 유형적인 요소에 관심을 갖기도 한다. 또한 시설의 고급화 수준이나 안락성, 친절한 서비스, 격조 있는 이미지와 평판 등에 대한 지각을 통하여 특정호텔이나 식당사를 선호하고 애고한다. 이들 중 상당부분이 숙련된 종업원의 품질 높은 서비스로부터 기대되는 요소들이다. 호텔이나 식당 등 호스피탈리티 산업의 상품은 상당부분 무형재적 요소에 의존하는 바가 크다는 특성을 갖고 있다.

## 4. 투자 및 개발상의 특수성

### 1) 최초의 거액 자본수요(資本需要)라는 호텔투자의 특성

호텔투자의 현저한 특징은 최초의 거액자본 수요이다. 호텔사업에 대한 총자본은 토지 외에 대부분 건물과 시설물에 투자된다. 사업에 필요한 가구와 집기 및 현대식 설비가 갖추어진 객실, 필요한 시설과 설비가 완비된 식당, 기타 오락이나 레저를 위한 계획된 제반 부대시설이나 어미니티에 대한 고정자산 투자비율은 대체로 75~95%에 이르는 정도로 절대적인 것이다. 호텔사업은 원래 건축과 모든 설비를 끝낸 후에 영업을 개시하는 것으로 되어 있으므로 다양한 시설들은 호텔사업을 개시하기 전에 먼저 건축되고 설비되지 않으면 안 된다. 그러므로 호텔사업에 예상되는 투자액이 거의 전액이 건축과 설비투자에 사용되기 때문에 신규호텔 개발에 투자되는 자본금은 거액의 최초 투자가 되는 호텔투자의 특징적인 부분을 이루고 있다.

호텔투자에 있어서의 자본집약성은 개별 투자안(계획)의 재무적 타당성 분석에 있어서도 중심적 논의 대상이 되고 있는데, 주로는 이미 이루어진 호텔투자 사례들에서 입증되는 바의 낮은 자본의 회전율(回轉率)과 결부됨으로써 이러한 검토는 일반적인 것이라고 하겠다. 이처럼 높은 호텔의 고정자산 투자비율로 인한 과대한 최초투자(initial investment)란 특징은 토지, 건물, 설비 및 운영에 따른 비용을 줄일 수 있을 것인지의 가능성을 주요한 투자평가의 요소 혹은 논쟁점으로 하는데 그 평가의 기준점은 특정 세분시장의 수요를 충족시키는데 필수되는 최소의 비용 개념을 한계로 하고 있다.

또한 그것이 투자적 지출인 자본비용이던 경상 운영비이던 간에 총 투자액 결정에 관한한 상호 의존적이므로 함께 고려되고 계획될 성격의 문제이다. 그러므로 대규모 자본수요는 단순히 호텔투자의 특징을 넘어서 신규호텔 건립 프로젝트(계획안) 전반에 걸친 중심과제가 되는 의의를 갖는다.

### 2) 고정자산 투자에 대한 높은 의존성

호텔은 총 투자액의 95%(85~95%) 정도가 고정자산에 투자된다(표 5-1 참조). 호텔의 건물과 객실 및 설비들은 고객에게 판매될 상품자산이 된다. 그러므로 표에 시사되는 굵은 글자로 된 투자규모 외에 가늘게 된 부분에서도 고정자산에 산입될 금액이 내포되고 있다는 점에서 그보다 약간 상회하는 비율이 산출되게 된다.

호텔에 투자되는 총자본이 비율이 어느 경우에나 고정된 것은 아니지만 대체로 다음과 같은 비율로 지출되는 것으로 보고 있다(Lawson, 2004).

〈표 5-1〉 신규호텔 개발투자 비율

| 투자항목별 | 비 율(%) |
|---|---|
| 토지구입 | 15~5 |
| 하부구조 및 호텔조경 | 1.5~4 |
| 건 물 | 50~55 |
| 특별시스템 | 1~1.5 |
| FF & E | 14~16 |
| 법률자문비 등 | 4~6 |

| 투자항목별 | 비율(%) |
|---|---|
| 개업 전 준비 | 1.5~2.5 |
| 운전자본 | 1 |
| 자본비용 및 이자 | 11~8 |
| 기 타 | 1 |
| 합 계 | 100 |

자료원 : Lawson, 2004.

호텔의 건물이나 공용면적 및 객실, 특히 FF & E의 구입이나 설비가격은 호텔의 등급수준에 따라서 고가의 수입품을 사용하기도 하고 실용성 위주의 검소한 자재나 완제품을 구입해서 사용하기도 한다.

### 3) 자본조달과 FF & E의 문제

(1) 자본조달에 있어서의 불리점

FF & E(Furniture, Fixture and Equipment; 가구, 집기 및 비품)는 총투자의 14~16%에 달하는 거액의 호텔자산이다. 그런데 호텔의 최초 거액자본 수요로 인해서 건축과정에서 건물이나 FF & E를 담보물건으로 하는 모기지를 차입자본으로 사용하려고 할 때, FF & E는 흔히 제외하려는 경향을 보인다. 대출을 위한 담보물건으로서나 혹은 호텔 매매거래를 위한 호텔의 가치평가(價値評價; valuation)에서 이를 평가대상으로 넣길 거부하거나 제외시키는 경우도 있다. FF & E를 좀 더 세분하면 다음과 같다.

① 객실, 식당, 라운지의 FF & E
② 주방설비(廚房設備)
③ 프론트 오피스의 업무적인 설비
④ 각종 데코레이션 품목들

(2) 타목적으로 전용하기 어려운 시설물

호텔건물의 매매거래에는 장기간이 소요되는 것이 일반적인 특징이 되고 있다. 사업부진, 경기 침체나 기타 경제적인 상황, 진부화 등 어떤 이유에서든지 호텔건물을 다른 목적으로 전용해야 할 경우 호텔전용의 FF & E는 별로 용도가 없다. 새로운 소유주가 호텔을 매입해서 새로운 용도로 전용하려고 해도 공간 소요나 배치 등을 고려할 때 그대로 사용하기가 쉽지 않다.

호텔건물은 구조와 면적 및 설비들이 숙박, 식음료, 연회, 컨벤션, 수영장 및 헬스장과 같은 스포츠 시설, 혹은 카지노 호텔의 경우는 카지노 게임에 적합한 특수한 시설과 장비들을 갖추고 있고 또 여타의 다양한 부대시설을 갖추고 여기에 적합하게 되어 있다. 그러므로 호텔건물과 시설들을 그대로 놓아두는 경우에는 다른 목적으로는 사용할 수가 없게 된다.

더구나 FF & E 같이 상당히 많은 가구, 집기, 설비, 특수목적의 기구나 시설물들이 있어서 이것을 그대로 인수한다면 창고에 보관하는데 소요되는 창고 관리비 추가적인 비용부담이 클 것이다. 또 시설물들의 일부를 매각처분하는 데만도 상당한 시간과 비용이 소요되는 작업을 필요로 할 것이므로 모두가 이를 기피하는 경향이라고 이해할 수가 있다.

### 4) 호텔투자의 입지 의존성에 대한 문제

호텔에서 입지는 매우 중요하다. 호텔사업이 성공하려면 입지(location) 여건이 좋아야 한다. 고객을 위해서도 중요하지만 총 투자액의 대부분이 투자된 건물의 자산가치 하락을 막기 위해서도 호텔투자에 있어서 가장 중요한 고려요소가 되고 있다.

좋은 입지조건이란 고객에게는 접근성이 월등히 좋고 편리하며 투숙객의 사업상 볼일이나 쇼핑 및 관광 편의성을 극대화할 수 있고 호텔주에게는 도시계획이나 도로개설 등 계획변경으로 인한 경제적 진부화(economic obsolescence)가 일어나지 않을 지역에 호텔 건축 부지를 선정해서 호텔을 건축한 경우를 말한다.

그러나 건강과 미용에 대한 인식이 제고됨에 따라 비교적 건강에 좋은 입지와 안전한 지역을 선호하는 경향이 제고되고 있다. 대부분 바쁜 일정으로 이동하는 상용여행자들의 편의를 중심으로 한 상용호텔의 견지에서 볼 때 좋은 입지조건이란 접근성이 월등히 좋고 투숙객의 사업상 볼일이나 쇼핑 및 관광 편의성을 극대화할 수 있는 도심지역 입지가 가장 선호된다. 그만큼 지가도 고가일 것이므로 법규나 도시미관도 중요하지만 개발자의 입장에서는 단위 객실 당 지가(地價)를 떨어뜨리기 위해서 건물은 고층으로 축조되게 된다.

시설물이란 호텔의 종류나 규모 및 등급에 따라 차이가 있지만 호텔 통일회계시스템(uniform system accounting for hotels)에서 지칭하는바 건물, FF & E(가구 및 비품, 설비) 등 영구적 시설, 주차장과 수영장 등을 내포하는 수익발생 자산들을 말하며 다른 업종에서 보유하고 있는 수익발생 자산과는 다른 독특한 요소들을 내포하는 부동산 투자 혹은 부동산 사업의 한 형태이다.

호텔을 개발해서 영업하려고 하는 경우에 투자안의 타당성과 입지의 최적성 확인은 호텔경영의 기본지식으로 되고 있다. 아무리 강조해도 부족할 정도로 인식되는 것이 입지여건(location)이다. 그러나 어떤 사업에서 보다도 입지가 중요시되는 또 다른 이유는 호텔이 본질적으로 부동산 사업이고 수익발생 자산이므로 건물과 건물입지 자체가 상품성이 있어야 하는 때문이다. 그래야만 부동산 투자로서의 호텔개발에서 목표로 하는 투자수익을 달성하게 될 것이다. 타인자본을 이용하는 경우의 레버리지 효과(leverage effect)에도 이러한 입지여건은 절대적인 영향 요인 중 하나가 되고 있다.

### 5) 장기투자(long-term investment)의 특성

호텔투자는 장기성 특성을 가지고 있다. 호텔투자의 장기성은 요컨대 최초투자의 거액성과 대부분의 투자자본이 부동산으로 이루어진 수익발생 고정자산에 투자되는데 기인된다. 영업 개시전의 최초투자가 거액인데 비해 호텔사업은 소매업 특성으로 인한 빈번한 거래빈도와 수많은 이용객을 거래처로 하는 때문에 매출과 관련된 번잡한 직무에 비해 단위당 거래규모가 작아서 소액 매출로 투자 자본을 1회전시키는 데는 장기간이 소요된다. 그러므로 호텔투자는 투자자본 회수에 장기간이 소요되는 장기투자의 성격을 지닌다.

호텔사업에 투자된 자본은 건축주인 투자자가 호텔을 개발해서 매각하지 않는 한 호텔영업을 통해서 회수된다. 호텔이 설비한 객실상품과 각종 스포츠 관련시설 등 수익발생 자산 운용과 식음료 상품, 연회상품, 컨벤션, 이벤트 유치 등 개발 가능한 많은 창의적 상품 계획과 출시로 영업을 함으로써 이런 과정을 통해서 투자 자본을 회수하게 된다.

종래에는 호텔이 자본, 규모 및 시설의 영세성과 완만한 경쟁 등 여건으로 5~10년이란 비교적 단기간의 자본회수가 가능했으나 여가의 생활화로 본격화된 여행과 글로벌시대의 도래로 인한 지구촌 사람들의 내왕에 걸맞게 경쟁도 심화되어 왔다.

대규모 시장을 겨냥한 여가관련 시설로 호텔, 리조트 콤플렉스 호텔, 콘도미니엄의 개발규모는 가일층 대형화 되었고 스키장, 골프장, 워터파크 등 레포츠 관련 시설은 부대시설이라기보다는 본격적인 주 시설로 개발되고 있다. 전문화, 고급화, 대형화가 촉진되는 반면 심화되는 글로벌 경쟁으로 인해 투자자본의 회수기간은 오히려 20~30년, 또는 그 이상으로 장기화 되는 추세이기도 하다.

이와는 대조적으로 경제적인 모텔이나 호텔도 숙박업의 세분시장으로 급성장했다. 가격 경쟁력을 가진 비교적 규모가 작은 이코노 모텔이나 버젯텔 혹은 중저가 모텔들은 대부분 대규모 글로벌 호텔사들이 시장세분화 차원에서 다중 브랜드 개발전략의 일환으로 소유, 경영 혹은 운영하기 때문에 자본, 규모, 시설 및 전문 인력 면에서 경쟁력이 약한 개별 호텔사들의 영세성과는 전혀 다른 형태의 것이다.

즉 대규모 체인사나 개별 호텔사가 내놓는 호텔상품이 제품유형이나 속성에는 큰 차이가 없다고 가정해도 호텔 이미지, 마케팅, 서비스, 인적자원, 입지 등 요소 중에는 분명 차별성이 있을 가능성을 고려해야 할 필요가 있다.

더구나 최초 거액자본 수요 때문에 전액 지분 투자는 어렵고 대부분 제 형태에 의한 타인자본의 이용이 불가피하다. 이런 경우 원리금 상환 등으로 인한 호텔의 경영성과나 건전한 재무구조를 위협하는 요인으로 작용되지 않도록 관리하는 것이 중요하다(호텔 발전사 참조).

## 5. 진부화의 위험성 문제

### 1) 호텔의 조기 기능적 진부화에 대한 위험성

호텔은 건물과 설비의 기능적 진부화(陳腐化)가 빠른 특징을 지닌다. 호텔은 건물과 그 내부의 시설들을 상품으로 판매하는 사업이다. 그러므로 수익발생자산인 건물과 제설비들은 고객의 욕구나 취향의 변화와 더불어 유행에 민감하다. 건축기법, 건축자재, 색깔, 설계 및 외양, 소재와 질감은 물론 시설물 및 부대시설의 종류와 수 등에 따른 사회적인 흐름과 고객의 선호도에 따라서 유행이 달라진다. 물리적으로는 전혀 낡지 않고 기능에도 이상이 없는 시설 및 설비들이 유행이나 당대 소비자들의 감각과 다른 경우에는 기능적 진부화(funtional obsolescence)를 피할 수가 없게 되므로 많은 예산을 들여 이것을 혁신(renovation)하거나 개선(remodeling)또는 교체해야만 할 필요성이 매우 크다. 여기에는 당연히 추가적인 자본 수요로 호텔기업에 자금압박을 줄 가능성도 크다. 그렇다고 재무적인 이유로 기능적인 진부화를 관리하거나 대처하지 않고 방치한다면 호텔에 대한 소비자들의 관심과 인기가 하락됨으로써 호텔수익이 감소될 가능성이 커질 수도 있다. 이러한 호텔수익 감소현상 외에도 더 근본적인 문제는 대부분 고정자산에 투자된 호텔의 자본이 급속한 호텔자산의 가치하락으로 인하여 동반 감소하는 위험을 피하기는 어려워지게 될 것이란 점에 있다. 이러한 제종의 변화에 수반된 호텔시설의 배치, 디자인, 건축자재와 취향 변화는 진보된 기술과 지속적으로 향상되고 있는 새로운 설비의 출현으로 불가피해지고 있다. 이처럼 지속적으로 초래되는 보유설비의 구식화 위험과 가속화되는 기능적 진부화는 호텔사를 통하여 확인되어온 경향이기도 하다. 호텔산업에 초래되었던 변혁의 예로는 금속의 객실열쇠와 무겁고 큰 열쇠장식(key tag) 대신에 얇은 소형의 카드열쇠, 대형 무도장(ballroom)이 대회의장(convention room)으로, 라이브 엔터테인먼트에서 디스코 데크로 또 NCR에서 컴퓨터 시스템으로의 변화되는 등 수를 헤아리기 어렵다. 이제 호화성이나 간편성을 더하는 것에서 나아가 일반가정이나 개인 사무실에서 사용할 수 있는 팩스, 인터넷 설비의 컴퓨터, 복사기등 사무용 기자재를 자유롭게 객실에서 이용할 수 있도록 하는 신개념의 객실설비로의 발전이 점차 본격화되고 확산되는 추세이다.

유명한 호텔 실내장식가인 리(Lee)가 호텔의 실내장식을, "대중 가운데서 개인들에게 기쁨을 줄 수 있는 공공장소의 창조하는 것"으로 정의하듯이 고객만족을 향한 현대 호텔경영자의 부단한 노력은 결국 소비자의 욕구(문제)와 이를 둘러싼 경영환경에 대한 반응 혹은 적응노력이라고 할 수 있다.

글로벌시대의 호텔경영에서 경쟁무대는 선택의 여지없이 무한대의 세계 속으로 펼쳐지고 있고 기존설비의 교체냐 혹은 자금소요로 나빠질 재무적 균형문제 때문에 기능적 부적응성의 감수냐 하는 선택의 강요는 현대 호텔경영자들이 일상적으로 직면하고 있는 도전요소가 되고 있다. 고객만족 그리고 궁극적으로는 경쟁력을 강화하기 위해서는 이러한 비능률적인 기능을 교정하고 현재와 미래에 맞추는 노력을 지속시키지 않을 수가 없다.

그런데 장기적으로 최고의 투자수익을 기대하고 있는 호텔 투자자(주로 소유주)는 경영능률 평가에 관심을 갖고 있고 전형적으로 기본적인 경영능률 평가지표로는 재무적 성과가 활용되고 있다. 그러므로 호텔경영 계약체결사들 간의 관계이서 이를 의식하고 있는 위탁경영을 맡은 호텔사는 가능한 한 단기적인 수익 극대화를 추구하게 된다. 그러므로 소유주의 장기적 관점과 위탁경영사들의 단기적인 수익욕구는 상치될 뿐만 아니라 실제로 경영상태를 적정히 표시하지 못할 경우도 발생될 수 있다. 단기적인 수익보다는 장기적으로 자산가치와 수익성을 중시하고 있는 투자자의 입장에서는 투자관리를 해주는 호텔자산 관리자가 필요하게 된다. 조직 내에서 그들의 지위는 상승되고 비교적 고압적 자세와 입장에서 계약사(경영자)들이 단기적인 수익보다는 장기적인 가치의 개선을 목표로 노력하도록 통제하려 한다(Feldman D. S., 1995).

### 2) 경제적 진부화에 대한 높은 감수성과 호텔의 가산가치

호텔은 입지를 중심으로 한 경제적 진부화(Economical obsolescence)에 대한 감수성(感受性)이 매우 큰 특성으로 가지고 있다. 이로 인해서 호텔의 자산가치 등락은 입지요인에 따른 의존도가 매우 높은 사업이다. 입지 선정에 있어서는 도시계획이나 도로개설 혹은 변경사항에 대한 면밀한 검토를 통하여 입지에 대한 경제적 진부화 발생여부를 확인해야만 한다.

경제적 진부화란 흔히 거시경제적 요소에 의해서 발생되고 촉진되는 경제적인 무용화의 증진 및 경제적인 가치하락 현상을 말한다. 호텔업체들 간의 경쟁력 여하에 의해서보다는 경제적 원인으로 인해서 초래되는 경기침제 현상이다.

수차례의 에너지 위기를 겪으면서 초래되었던 급격한 전세계 여행수요의 감소현상으로 인한 호텔산업의 경기침체는 경제적 진부화의 좋은 사례라 하겠다.

미국의 호텔사를 고찰해 보면, 새로운 도로개설로 인한 기존 도로망의 변경이라는 경영외적 요인으로 말미암아 1950년대에 건립되었던 모텔들 중에는 경제적 무용화의 영향을 받은 곳도 많았다. 그로 인한 구 도심권의 쇠퇴는 통제 불능의 사태가 됨으로써 신도시나 새로운 지역의 발전과 함께 지역 내의 호텔 최적입지를 변경시켰다.

결과적으로 이는 구 도심권에 입지한 호텔의 경제적 진부화를 가속시키고 호텔의 자산가치 하락에도 직접적인 영향을 미침으로써 비정상적인 자산가치의 감가로 반영되었다. 뿐만 아니라 그것도 대부분의 경우 회복 불가능한 사태로 진전되었다.

흔히 새로운 도시 개발계획 수립에 대해서 기존 상권지역의 상인들은 도심권을 새로운 지역으로 이전하는 것에 대해 거세게 반대하기 마련이다. 이러한 신 도시계획의 성공적인 추진 결과가 도시 발전이 가속화될 가능성에도 불구하고 대부분 거부하려는 경향이 큰 것도 도시 상권지역의 경제적 진부화와 무관하지는 않다. 반대로 교통이 불편했던 지역에 도로가 개설되고 전철이 연결된다면 긍정적인 현상이 기대되게 될 것이다. 이처럼 호텔이라는 거액자산은 매출증진을 위해서나 투자자산의 가치유지에 있어서 입지 의존성이 매우 긴요한 사업이다.

## 6. 호텔 운영상의 특성

### 1) 호텔 건립기간의 장기성 특징

호텔은 건립기간의 장기성을 특징으로 하고 있어서 투자자본의 투입에서 설비 가동이나 호텔상품의 판매를 통한 매출수익을 가득하기까지는 흔히 1~5년이 소요됨으로써 상당한 시간적인 갭이 발생된다. 이 기간 동안에 상당 금액의 운전자본이 소요되기 때문에 재무관리가 긴요하다.

호텔을 개발하려면 사업성 평가를 위한 자체적인 시장조사 연구를 포함한 투자안의 타당성 평가도 중요하지만 그 다음 단계는 관련 행정기관으로부터 인허가를 득하는 문제가 매우 복잡하고 어렵다. 계획된 일정 내에 관련 업무들을 추진하고 완결하지 못한다면 정치, 경제, 사회적인 개발 환경의 변화 가능성으로 발생될 수 있는 투자위험에 대한 불확실성이 제고될 수 있다. 투자위험의 회피와 투자계획에 대한 변화 가능성으로 인한 계획의 수정이 불가피해질 수도 있다. 더구나 장기적 특성의 호텔 건립에 소요되는 기간이 더 지연된다면 많은 문제발생과 비용 증대 가능성이 제고될 수도 있다.

흔히 호텔은 개발계획에서 정상적인 영업에 이르기까지 소요되는 건립기간을 1~5년으로 보는 것은 투자안 검토, 프랜차이즈나 위탁경영계획 등 각종 계약체결에 소요될 기간, 인허가에 소요되는 정상적인 기간에다가 실제로 건축 공정에 소요되는 기간과 개관 준비기간을 더하여 평가되기 때문이다. 정상 영업 수준이란 건축기간처럼 소요자본이 사용되기만 하는 것이 아니라 규모가 작더라도 매출을 통해서 발생된 영업이익으로 재무관리를 보조하는 수준에 이르게 됨을 의미이다.

그 이전까지는 때로 호텔 건립 중 혹은 개관(grand opening) 전에 사전판매(pre-selling)로 발생된 선수수익을 이용해서 부족한 현금수요를 충당하기도 하는데 개관 후 이 부채는 또 다른 자금압박 요인이 되기도 한다. 호텔개발 프로젝트에서 계획된 일정 수준의 객실 점유율이 실현되기까지 소요되는 현금은 호텔건립계획에 의한 투자 자본만으로 각 건축 공정별 수요에 대해 처리할 수 있는 철저한 자금 계획(안)의 수립이 절대적으로 긴요한 과제가 된다. 그래야만 건설 중 도산될 위험성을 방지할 수가 있다.

### 2) 식음료사업 부문의 위험보상

일반적으로 호텔의 매출은 객실부문과 부대시설 부문으로 크게 구분될 수가 있다.

그러나 부대부문에 있어서 실제로 대부분의 수익은 식음료 부문으로부터 창출되고 있다. 그러나 식음료 부문은 제조업적인 성질로 사업상 위험도 수반되고 있다. 높은 인원비율과 인건비 부담 혹은 상품의 부패성 등에 따른 부담이 크다. 식음료 수익의 중요성은 호텔 분류에도 반영되고 있다. 즉 호텔의 등급을 분류할 때 만능적인 서비스(full-service; versatility service) 호텔과 제한적인 서비스(limited service) 호텔로 구별하고 있는데, 실제로 제한적이라고 하는 의미의 실질적인 내용은 호텔이 식음료서비스를 제공하지 않는다는 의미로 통용되고 있다. 그러므로 부대 영업부문 최대의 매출은 주로 식음료로부터 창출되고 나머지 소부문(minor departments)에서 약간 발생된다는 의미로 받아들여도 큰 무리가 없을 정도이다.

다음 표는 우리나라 특급호텔의 2001~2009년까지의 영업실적으로 표시된 객실부문과 부대부문의 매출 비교표이다. 이 표에서 시사되는 부대매출이 객실매출보다 월등하게 크다는 것을 알 수 있을 것이다(표 5-2 참조).

〈표 5-2〉 특급호텔의 객실매출 대 부대시설 매출의 비교표 (단위 : 천원)

| 연도별 | 등급구분 | 객실매출 | | 부대시설매출 | | 총 계 | |
|---|---|---|---|---|---|---|---|
| | | 금액 | 비율(%) | 금액 | 비율(%) | 금액 | 비율(%) |
| 2009 | 특1등급 | 301,469,168 | 21 | 1,151,437,809 | 79 | 1,452,906,977 | 100 |
| | 특2등급 | 94,739,535 | 22 | 327,243,798 | 78 | 421,983,333 | 100 |
| 2008 | 특1등급 | 269,767,557 | 17 | 1,312,972,817 | 83 | 1,582,740,374 | 100 |
| | 특2등급 | 85,008,515 | 25 | 261,304,780 | 75 | 346,313,295 | 100 |
| 2007 | 특1등급 | 653,933,772 | 35 | 1,219,868,465 | 65 | 1,873,802,237 | 100 |
| | 특2등급 | 217,748,643 | 41 | 312,195,116 | 59 | 529,943,759 | 100 |
| 2006 | 특1등급 | 621,538,625 | 30 | 1,426,052,286 | 70 | 2,047,590,911 | 100 |
| | 특2등급 | 227,385,209 | 41 | 325,915,754 | 59 | 553,300,963 | 100 |
| 2005 | 특1등급 | 667,024,704 | 35 | 1,232,637,602 | 65 | 1,899,662,306 | 100 |
| | 특2등급 | 247,316,328 | 44 | 310,929,601 | 56 | 558,245,929 | 100 |
| 2004 | 특1등급 | 669,558,106 | 37 | 1,161,199,537 | 63 | 1,830,757,643 | 100 |
| | 특2등급 | 253,559,896 | 46 | 293,832,498 | 54 | 547,329,394 | 100 |
| 2003 | 특1등급 | 587,036,797 | 35 | 1,100,364,553 | 65 | 1,687,401,350 | 100 |
| | 특2등급 | 217,984,877 | 42 | 297,976,164 | 58 | 515,961,041 | 100 |
| 2002 | 특1등급 | 712,607,219 | 39 | 1,112,456,786 | 61 | 1,825,064,005 | 100 |
| | 특2등급 | 272,513,958 | 47 | 313,022,588 | 53 | 585,536,546 | 100 |

| 연도별 | 등급구분 | 객실매출 | | 부대시설매출 | | 총 계 | |
|---|---|---|---|---|---|---|---|
| | | 금액 | 비율(%) | 금액 | 비율(%) | 금액 | 비율(%) |
| 2001 | 특1등급 | 645,880,434 | 39 | 1,002,842,544 | 61 | 1,648,722,978 | 100 |
| | 특2등급 | 262,414,047 | 45 | 323,128,798 | 55 | 585,542,845 | 100 |
| 평 균 | 특1등급 | 569,868,487 | 32 | 1,191,092,489 | 68 | 1,760,960,975 | 100 |
| | 특2등급 | 208,741,223 | 39 | 307,283,233 | 61 | 516,024,456 | 100 |

표 : 저자 작성.
자료원 : 한국호텔업협회, 2009 호텔영업실적.

식음료부문은 우리나라 특히 특급 호텔의 경우나 다양한 기능과 서비스의 고급 호텔에서는 객실부문에 상응하거나 이를 초과하는 높은 경영성과를 창출해 내는 호텔의 2대 수익부문 중 하나가 되고 있다. 어떤 호텔의 경우에는 호텔 내부적인 식음료사업에서 호텔 외부로 진출해 항공사 급식, 회사급식, 컨벤션 사업체나 빌딩, 등 다양하게 외식업을 대규모로 확장시킨 본격적인 케이터링(catering)사업이나 제과점, 외식 출장 서비스 등 다양한 외식사업에 역점을 두고 있다.

공항식당이나 전문 외식점포를 운영하는 방식을 취하기도 하고 있지만 호텔산업 전체로 보면 식음료사업을 여전히 이익센터(profit center)나 사업부문 수준에서 보다는 소극적인 시각으로 숙박시설의 부대설비 혹은 부대 서비스 정도로 간과하는 사례들이 많다.

식음료(F & B) 부문은 숙박부문과는 전혀 다른 전문성과 경영기술을 요하는 사업부문이다. 인건비와 재료비 등 매출원가도 객실과는 비교가 되지 않을 만큼 큰 비율로 지출원가를 발생시키므로 사업상 위험요인이 숙박부문보다 크고 손실가능성도 따라서 높기 때문에(이정자, 호텔-호스피탈리티 경영론, 2004) 실제로 객실수익이 총이익에 기여하는 것과는 비교가 되지 않는 게 기본적인 사업 여건이다(표 5-3 참조).

〈표 5-3〉 부문이익의 비율로 표시된 부문 비용

| 부 문 별 | 총 부문수익에 대한 원가비율 |
|---|---|
| 객실부문(rooms) | 25~30 |
| 식음료 부문(food and beverage) | 75~85 |
| 소부문(minor operated) | 60~80 |

자료원 : Lawson, 2004, 132.

그러므로 식음료사업의 다각화는 소극적으로는 생산성 제고로 원가를 상대적으로 절감하려는 노력으로 볼 수도 있지만 적극적으로는 비교적 수용력이나 생산량에 제한을 받지 않는 식음료사업으로부터 재무적 성과를 증진하려는 경영정책의 결과라고 볼 수가 있다.

실제로 호텔 최고경영자가 식음료에 대한 이해나 전문성이 결여된 경우에는 사업의 불확실성은 커지고 목표 사업성과 달성은 어려워진다. 그러나 전문성을 가지고 사업활동을 성공적으로 전개한다면 상품 생산의 고정성 문제를 안고 있는 객실부문 보다는 월등히 높은 사업성과를 기대해 볼 수가 있다.

식음료 부문은 제조업적인 성질을 가진 영업부문으로서 호텔의 원가관리란 대체적으로 식음료 부문 원가관리를 지칭한다. 식음료사업의 제조원가를 고려할 때 철저한 원가관리 없이는 많은 위험요소들을 극복할 수가 없지만 효율적으로 관리된다면 위험보상도 그만큼 증대될 수 있음을 인식해야 할 필요성이 크다. 부수적으로 전문성을 지닌 호텔 식음료부문 종사자들은 외부의 외식사업계로의 취업기회 확대라는 가능성까지 향유할 수도 있게 되었다.

### 3) 원가구조상 객실 및 설비의 수익 잠재력이 큰 호텔사업

숙박업의 경영에 있어서는 일단 수익이 손익분기점(損益分岐點)을 초과하면 이윤은 급증하게 된다. 이러한 손익의 행태는 변동비보다는 고정비가 큰 호텔업의 원가구조적 특성에 기인된다. 호텔은 대부분 객실이나 기타 설비로 이루어진 고정자산을 고객이 이용하도록 시설물을 판매함으로써 수익을 발생시키는 수익발생자산을 중심으로 해서 이루어지는 사업이다. 그러므로 비용의 대부분은 고정비(固定費) 또는 그에 준하는 성격의 원가로 이루어져 있어서 일단 손익분기점을 초과하는 수익이 발생되는 경우에는 이윤이 급증되지만 매출이 이에 미달되는 경우에는 매일 거액의 영업손실을 감수해야만 한다. 대부분 성업기에 기대될 수 있는 현상이지만 손익분기점을 초과하는 매출실적이 있는 경우에는 객실매출 상승폭에 비례해서 그만큼 비용이 증대되는 것이 아니라 더 적은 폭으로 비용이 상승되기 때문에 상당부분이 이윤이 됨으로써 유리해진다.

원가구조적 측면에서 대체로 제조업 등의 사업에서는 주로 변동비의 상대적인 비율이 커서 매출이 없는 경우에도 원가부담이 비교적 나은데 비해서 매출이 증가된다고 해도 비용도 원가에 비례적으로 수반하여 증가되므로 매출이익률에는 큰 변동이 없게 된다.

반면에 고정원가가 비교적 높은 호텔과 같은 사업에 있어서는 매출이 없거나 손익분기점에 미달되는 경우에는 고정원가의 부담으로 재무적 압박이 커지는 어려움을 겪게 되는 반면에 매출이 손익분기점을 초과하면서 부터는 수익중 이윤의 점유율이 커지게 된다. 일단 고정원가만 초과할 수 있다면 대부분의 매출수익은 순이익에 기여되는 것이다. 그러므로 경제적 상황이나 경기여하에 따라서는 어떤 사업을 하는 것이 더 위험하거나 유리한가를 생각해 볼 필요도 있다.

호텔 내부적으로 볼 때, 객실영업은 고정원가가 크지만 식음료사업은 제조업으로서의 성격이 강해서 변동원가가 높다. 호텔에서 한업기에 객실요금을 할인해주는 주된 까닭은 매출이 부진한 시기에 고정원가 이상의 매출을 올리는 것이 급선무이기 때문이다.

식음료영업에 있어서는 거의 할인이 없거나 많아도 특별한 할인혜택을 부여한다고 해도 정상적으로는 10%선을 크게 넘지 않고 있는데 그 까닭은 매출에 수반되어 발생되는 일정액의 변동비는 지출원가이기 때문에 실제로 비용지출을 요하므로 할인을 많이 해줄 경우에는 호텔이 그 비용만큼을 다른 수익원이나 이윤으로 충당하지 않으면 안 되기 때문이다.

### 4) 재고자산과 운전자본의 동시적 필요성을 제기하는 사업

호텔에서는 지속적으로 소모품을 요한다. 객실과 케이터링부문 등에서 계속적으로 소비되는 소모품(消耗品)의 수요를 충당하기 위해서는 필수적으로 일정량의 재고자산(在庫資産) 확보를 요한다. 더구나 객실 어미니티도 경쟁 및 제품차별화의 차원에서 호텔업들이 앞을 다투어 개선하고 차별성을 부각시켜 가기 때문에 소위 소모품 전쟁(amenity war)이라는 신조어까지 등장했을 정도이다.

임차한 호텔이 아닌 자사소유 호텔을 경영할 경우에 단위 객실 등에 대한 재고자산 투자는 비교적 크지 않아 자금동결의 위험성은 적다고 보겠다. 그러나 식음료 재고자산에 대한 투자는 그보다 크다. 식재료는 부패성이 높아서 신선도를 유지하려면 자주자주 구매해야 되기 때문에 식료의 재고자산 회전율은 보통 연간 30~60회에 이를 정도로 높다. 그러나 음료는 비교적 변질되거나 부패될 염려가 적기 때문에 경성음료(hard drink)와 연성음료(soft drink)의 회전율은 호텔 간에 차이가 크기는 하지만 연간 12회 정도로 보고 있다.

이처럼 식음료부문 사업에서는 식음료의 품질관리상 항상 신선하고 위생적인 질 좋은 원재료의 공급이 식음료의 준비 및 사업에 있어 매우 중요하므로 재고가 필요한 시점에서 이를 확보하는데 사용할 자금이 필요하다. 더구나 현금을 많이 취급하는 사업인한 호텔에서는 하우스 뱅크(House bank)나 소액현금(petty cash)제도 운영에 필요한 자금소요 등으로 해서 적정한 운전자본의 확보가 중요하기도 하다. 과다한 운전자본의 확보는 자칫 가장 비능률적인 자본운용 결과를 초래할 우려성도 있으므로 운전자본의 적정소요 규모를 결정하는 것이 매우 중요하다.

### 5) 다양한 전문성을 수요하는 호텔사업의 특성

호텔경영은 서비스업 중에도 사람들의 일상생활과도 같이 숙소와 식음료 및 안락성과 즐거움과 같은 상품과 서비스를 제공하는 기능을 중심으로 하므로 여기에 관련된 여러 사업부문들에 대한 다양한 전문적 기술들을 요한다는 점에서 인사관리와 노무비관리가 어려운 사업이다.

이러한 다양한 전문성을 개별 호텔사업체가 모두 갖추려면 과도한 인건비 지출이 불가피하고 또 한 호텔이 항시 그런 전문성을 갖춘 인력을 전 시간 운용할 만큼 일이 많지도 않다는 측면에서 정규직으로 모든 분야의 전문가를 고용해야 할 필요성도 적다. 이런 딜레마를 해결하려는 갖가지 시도들 중 필요로 하는 전문성을 필요한 경우에만 용역서비스와도 같이 받을 수 있는 방법을 생각하게 되었다. 뿐만 아니라 호텔건립을 위한 개발프로젝트의 기획단계에서도 갖가지 자문과 함께 자본조달상의 혜택도 수혜할 수 있는 방안들이 다각도로 강구되어 왔다. 호텔 개관 후 국내외적인 마케팅 활동을 중심으로 한 협력관계 유지와 도움을 받을 수 있는 다양한 형태의 계약관계를 통하여 상호 시너지 효과를 창출하기 위한 다양한 형태의 운영기법들의 활용방안도 모색되어 왔다.

이와 같은 대안으로서 세계적으로 널리 이용되는 형태들 중 하나는 단독기업에 대한 연쇄운영 방안의 도입이다. 연쇄운영 형태를 취하는 방법들 중에는 직접 지분투자를 하는 체인호텔, 위탁경영을 하는 경영계약 호텔, 브랜드명 사용과 함께 계약에 의존된 자문을 해주는 프랜차이즈 방식(franchising) 등이 있다.

### 6) 고질적인 계절적 수요변동을 특성으로 하는 호텔사업

호텔의 성업기와 한업기는 어느 지역이나 통일적으로 결정되는 것은 아니라 대체로 호텔이 입지한 지역의 관광지 특성과 기후대와 밀접히 관련되어 있다.

일반적으로는 세계 통상 봄과 가을이 성업기이고 12~2월을 한업기로 보고 있다. 우리나라에서는 가을보다 봄철에 호텔이 더 성업하는 것으로 알려져 있다. 그렇지만 아열대성 기후대에 있는 하와이 제도, 바하마, 플로리다 반도, 사이판, 괌, 지중해나 동남아 등 겨울철에 따뜻한 지역에서는 반대로 겨울이 최고의 성업기(peak seanon)가 되고 있다. 호텔업에서 성업기나 한업기가 경영상 중시되는 이유는 호텔업의 원가구조와 호텔사업의 재무적 성과와 밀접히 관련되어 있다.

성업기에는 객실을 비롯한 제반 호텔시설의 수용력이 부족되는 경향이다. 생산량의 고정성으로 인해서 제품의 생산력이 한정되어 있는 호텔은 모든 수요에 응할 시설여력이 부족한 현상을 일으키게 된다. 그러므로 밀려오는 수요를 수용하지 못해서 발생되는 사업기회의 상실여지도 당연한 것이 된다. 또한 성업기의 경영성과는 한업기의 저조한 영업실적을 보완한다고 볼 때 성업기 실적은 결국 호텔의 재무구조와 연간 경영성과를 좌우하는 것이므로 가일층 적극적인 성업기 및 성업기 대책이 요구된다.

반면에 고정비가 큰 원가구조라는 호텔사업의 현저한 특성을 고려할 때, 한업기의 저조한 관광호텔 이용률은 이 기간 최대의 운영상 문제로 대두될 것이다. 한업기에 도래될 공실로 인한 호텔의 고정비 압박만 아니라면 성업기 수요를 충족시키기에 충분한 객실생산을 위한 대규모적인 호텔개발 프로젝트들이 성안될 수도 있을 것이다. 이것이 불가능한 결정적인 이유는 한업기에 직면할 호텔업의 높은 고정비 압박이다. 이것이 성업기의 이윤을 잠식하고 또 이를 넘어서 영업순손실로 인한 호텔의 재무적인 압박을 초래할지도 모른다. 호텔이 택해 왔던 대안은 객실가격을 공공연히 인하하는 정책의 채택이었다.

앞에서 설명된 바와 같이 호텔의 높은 고정비 부담과 한업기 대책 및 성업기에 대비한 적정 투자규모의 결정이나 적극적인 사업 확장 등은 분리해서 생각할 수 없는 문제들이다. 부동산 사업이 활성화되는 경우 더러는 어느 정도 영업 순손실을 감수하더라도 레버리지 효과를 겨냥한 적극적인 대규모 부동산 투자 프로젝트로 부동산 투자이익을 기대할 수 있다는 판단 하에 투자안을 채택하는 경우도 없지 않다.

호텔의 계절적인 수요변동 특성으로 한업기에 일어나는 매출부진을 극복하려면 연중무휴로 고객들이 애고할 수 있도록 계절별로 이용 가능한 다양한 시설과 설비를 갖추고 수요저감을 방지하고 수익을 창출할 수 있는 전략수립을 고려하는 것은 일반적인 양상이다. 이러한 대안 마련은 비단 계절적 수요뿐만 아니라 요일 별 수요등락에 따른 성과유지 및 개선을 위해서도 강구되어야 할 사안이다. 흔히 호텔에서 적용되는 일드 매니지먼트가 그런 것이다.

### 7) 산업진흥 차원의 세제(稅制) 혜택을 수혜하는 호텔

수년간 한국 관광사업 진흥시책의 일환으로 호텔투자를 촉진하기 위한 기금이나 호텔의 영세율 적용 등 외에 세제상 혜택이 부여되기도 했다. 관광사업 초기의 한국에서 호텔에 용품이나 품질, 특수 건축자재나 서양식 자재의 수입 등에 일반적으로는 준용되지 않던 특별관세의 특혜가 시혜되기도 했다.

WTO(세계무역기구) 등이 국제 거래관계에 있어서 어떤 나라의 일방적인 금수 조치나 특혜관세 및 특혜는 더 이상 효력을 상실해 가는 추세이지만 호스피탈리티 산업진흥과 질 높은 서비스의 제공을 통한 시설 및 인적기반을 조성하기 위해서는 여전히 국가적 차원에서의 장려책이 기대되기도 한다.

### 8) 객실기반의 사업 특성

호텔은 원래 객실 위주의 사업으로 시작되었으므로 비록 오늘날 식음료사업, 기타 부대시설이나 서비스로부터 기대되는 수익이 비교적 비중이 높다고 해도 여전히 객실은 호텔의 가장 중요한 기본 상품으로 남아 있다. 저렴한 가격의 모텔이나 버제텔이 가능한 배경도 바로 객실에 집중한 시설투자를 기본으로 하고 있으며 이로부터 노무비를 강력히 통제할 수 있게 된 까닭에 연유한다. 뿐만 아니라 모든 경영분석 지표들 또한 객실위주로 이루어져 있다는 것도 객실기반 사업의 일면을 보여주는 것이라 할 수가 있다.

### 9) 노무비 압박과 인적자원관리의 중요성

호텔 및 호스피탈리티 산업의 인적서비스에 대한 의존성은 절대적이라 할 수가 있다. 이에 대한 상세한 설명은 본 편의 6장에 나오는 “호텔경영과 호스피탈리티 서비스”를 참조해 주기 바란다.

### 10) 신디케이트가 용이한 사업 특성

개별호텔들이 경영에 있어서 독립성을 유지하면서 조합원들끼리 합의한 바의 규정이나 일정의무를 준수하는 가운데 체인과 유사한 마케팅 중심의 협력을 해가는 리퍼럴 조직(referal organization), 컨소시엄이나 전략적인 제휴 등 기법들이 널리 이용되고 있다. 이들은 대부분 수직적인 통합이나 자본연합(資本聯合, syndications)에 적합한 형태라고 볼 수 있다.

CHAPTER_6

# 호텔경영과 호스피탈리티 서비스

호텔사업은 가장 핵심적인 호스피탈리티 산업의 구성요인으로서 객에 대한 서비스를 통하여 호텔사업의 본래적인 기능에 충실하면서 사업성과 측면에서도 기대감을 충족시킬 수가 있게 된다. 그러므로 서비스의 특성을 이해하는 것은 호텔산업 경영의 기반 구축과도 같은 효과를 초래할 것이다.

호텔은 관광사업이면서 서비스업이기도 하다. 서비스업의 성패는 서비스가 고객 욕구를 충족시킬 가치의 창출과 제공에서 가려질 수가 있다. 그러한 가치는 기본적으로 호텔이 제공할 상품으로서의 객실, 식음료, 안전 및 기쁨을 중심으로 한 개념이지만 각각의 현재 및 잠재 고객이 원하는 것이 무엇인가에 의존될 문제이다.

본 장에서는 서비스의 가치 구조를 살펴보고 또 서비스가 지니는 독특한 성질들을 고찰해 봄으로써 서비스가 어떻게 역할되어야 할지의 방향을 모색해 보려 한다.

## 제1절 서비스 가치에 대한 제 정의

서비스가 고객들에게 가치(value)가 있는 것인지, 혹은 그들이 제공받는 서비스를 가치 있다고 지각하는가의 관계는 서비스 품질과 이를 통한 고객만족에 있어 중요하게 접근해야 할 측면이다.

다음은 서비스 품질과 고객만족에 대한 조정변수(mediating variable)로서 가치가 갖는 기능관계를 그림으로 표시한 것이다(그림 6-1 참조).

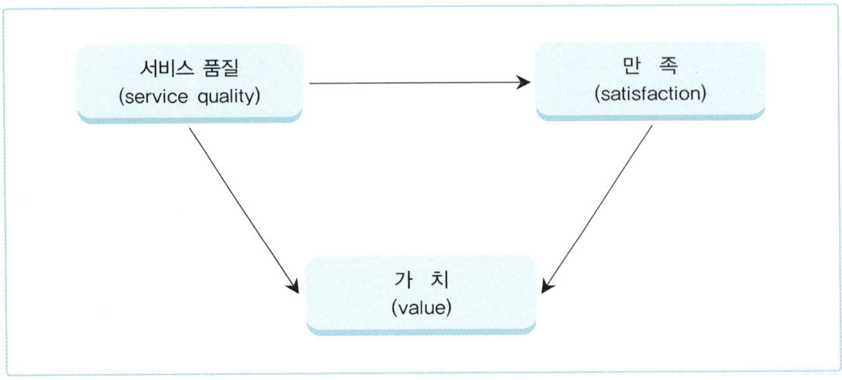


[그림 6-1] 가치의 조정변수 기능

그러므로 여기서 서비스의 특성들을 이해하는데 가치에 대한 여러 가지 정의를 살펴봄으로써 이 문제에 대해 어떻게 접근해야 될지를 사색해 보는 게 좋겠다.

### 1. Zeithaml의 가치에 대한 정의

가장 널리 통용되는 서비스 가치의 정의 중에는 Zeithaml의 정의가 있다. 그에 의하면, "가치(value)란 소비자들이 제품이나 서비스의 획득(get)과 제공(give)의 측면에서 그들에게 주워지고 받은 것에 대한 자신들의 지각에 기초해서 내린 총체적인 평가"이다.

### 2. 교환가치에 대한 정의와 수익실현 가능성

가치란 제품의 품질과 가격의 교환 관계(tradeoff) 여하에 근거한 개념(Monroe, 1990; Cravens et al., 1988)이라고 하는 정의도 있다.

그러나 어떤 사람들은 이 두 가지 요소에 의한 모형이 가치에 대한 충분한 설명력을 갖고 있지 못하고(Schechter, 1984; Bolton and Drew, 1991) 또 가치에 영향을 미치는 다른 변수들로 서비스 품질, 지각된 위험(perceived risk) 및 이미지(image) 등 또 다른 요소들이 있기 때문에 균형적 교환 관계가 성립될 수 있을 것인가에 대한 회의적인 견해를 표명하기도 한다.

그러나 이 모형이 상당히 타당해 보이는 것이라고 인정하면서 단지 서비스 경영자들이 가치를 단순히 품질-만족이라는 관계에서만 보려고 하기 보다는 더욱 많은 복잡한 관계를 이해해야만 한다는 단서 부가적인 주장을 하고 있다(Grewal, 1992; Dodds, et al., 1999).

이런 주장에 부가해서 가치란 다양한 상황에서 다르게 영향을 미칠 수 있는 사회적, 감성적(emotional), 기능적(functional), 인식론적(epistemic) 및 제한적인 많은 측면들을 가지고 있는 복합적인 구조로 되어 있다고 주장하는 사람들도 있다(Sheth, Newman, and Gross, 1991).

그러나 중요한 것은 가치 구조에 어떤 요소들이 들어가 있든 간에 서비스 품질과 서비스에 대한 만족도를 결정하는데 있어서 가치가 조정변수 역할을 수행한다는 사실에 대해서는 합의하는 것으로 보여진다.

특히 서비스로부터 얻는 것이 무엇인가에 대해 관심을 갖고 있는 고객들이라면 서비스에 대한 만족은 상당부분 서비스 품질 의존적이 될 것이다. 여기서 더 중요한 사실은 더 높은 품질에 대해서는 소비자들이 더 기꺼이 할증가격(premium)을 지불하려고 할 수가 있다는 점에 있다(Kandampully et al., 2001). 그러나 실제 호텔산업에 있어서는 고객들이 지각하는 가치에 호텔의 브랜드 및 가격이 매우 중요하게 작용된다고 보기 때문에 흔히 이 문제에 대한 고객 지각에 대한 연구가 수행되기도 한다.

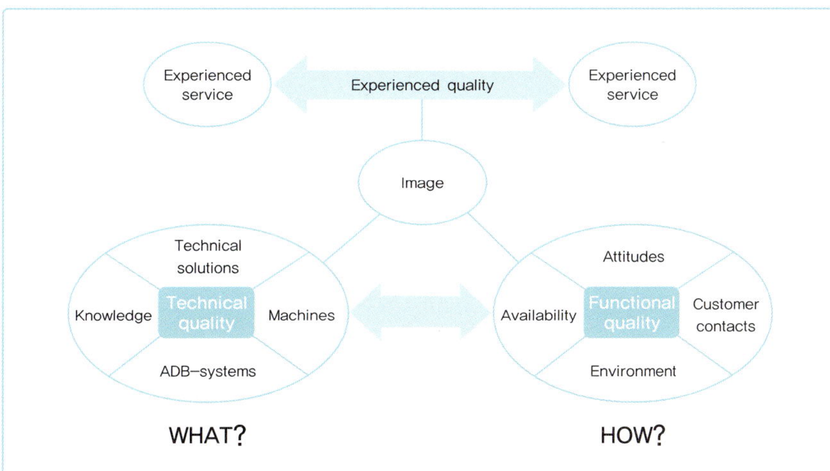


자료원 : Gronroos, 1983.

[그림 6-2] Gronroos의 서비스 품질모형

호텔 종업원들에 대한 서비스 교육은 고객이 서비스 제공과정에서 느낄 수 있는 위험성(risk)을 감소시킴으로써 서비스의 가치를 간접적으로 증진시킬 수 있는 서비스 제공을 목표로 하고 있다. 서비스 교육은 동시에 실제로 이것이 적정하게 이루어지는가에 대한 관리와 확인에 대한 필요성에 의한 것이기도 하다.

## 제2절 호텔서비스의 특성

서비스가 유형재와는 달리 상품과 서비스에 대한 차별화된 전략구축의 기반으로서 독특한 성질들을 갖고 있다는 것은 광범위하게 인지되고 있는 사실이다(Lovelock, 1991; Booms and Bitner, 1981; Sasser, Olsen and Wyckoff, 1978).

### 1. 지속가능한 경쟁적 이점(competitive advantage)이 될 서비스

서비스는 기업의 종사원들이 고객들과 더불어 생산하고 제공하는 무형재이다. 그러므로 그 품질을 지속적으로 관리하기 위해서는 여러 가지 조건들이 충족되어 있어야만 한다. 이런 전제들은 그들 스스로 이룰 수 있는 것도 있겠지만 대부분은 기업 조직이 서비스 문제에 대해서 어떤 합의를 담고 있는가가 중요하다. 이런 합의들이란 주로 종업원 자체적인 역량강화와 관련된 사항들이나 그들이 서비스업무 수행에 있어 기본적으로 직무상 기대되는 직무(역할 규정된 고객서비스)에 대한 이해와 수행능력 및 직무현장에서 제기되는 예측하지 못한 상황이나 여건에 대한 기술 또는 학습되지 못한 업무상(역할규정 이외의 고객서비스)의 대처와 문제 처리에 관련된 권한부여(empowerment), 지식, 경험 등과 광범위하게 관련되어 있다.

다음의 [그림 6-3]은 고객과 직접 접촉하게 되는 최일선 종사원의 고객 지향적인 사회적 행태에 대한 제 영향요인에 관한 연구(Lee et al., 2006)에서 인용한 모형이다. 이 그림에서 종사원들이 직무만족을 위한 제 요건들과 조직적인 합의에 대한 영향 및 고객 서비스에 대한 영향 관계가 잘 표시되어 있기 때문에 이를 통해서 좋은 서비스를 위해서는 종사원들과 기업이 어떻게 조직을 관리해야 할지의 방향을 잘 시사해 주고 있다.

사실 서비스란 품질관리 면에서 고객접촉 종사원들이 수행하게 되는 결정적인 역할을 고려할 때 그들은 서비스의 제공자일 뿐만 아니라 서비스의 마케터가 된다. 그들의 서비스 제공 기술보다도 고객과의 상호작용 여하가 더 중요할 때가 많다(Seithaml et al., 1985). 외부의 서비스 고객과의 교환관계 있어서 종사원은 곧 호텔사가 된다. 1990년 이래로 서비스 종사원에 대한 의례적인 노동력 풀이라는 견해는 서비스의 제공과 이에 대한 역할의 중요성에 대한 이해와 인식제고를 통하여 서비스 종사원들을 내부 고객시(employees as customers) 하는 철학을 갖도록 촉진해 왔다. 이러한 발상의 전환을 통한 현대 서비스 환경에의 대응은 서비스 생산에 참여하게 되는 외부고객들의(goodwin, 1988) 중요성 및 사회적 관계에 대한 인식 또한 제고시키게 되었다. 이런 관점이 서비스 생산과정에서 외부고객을 종사원시(customers as employees) 하는 경향을 초래하기도 했다(Bower, M. R. et al., 2007).

Lee 등의 연구모형에 나타난 사회적 관계도 이와 무관하지 않은 것이다. 서비스 직무수행에서의 관계 속에서 종사원들이 여러 가지 요인들을 통하여 얻을 수 있는 직무만족과 이러한 직무수행에 관련된 조직적 합의는 이미 기술된 내용의 직무수행에서나 예측가능성 여하에 관계없이 미리 직무내용으로 요구되지 못한 기타의 모든 서비스 상황에서 종업원이 취하게 될 대고객 서비스 행태와 서비스 역량에 지대한 영향을 미치게 될 것이기 때문이다.

서비스 산업인 호텔이 지속가능한 기업의 성장과 발전을 도모하려면 호텔의 주요 상품인 유형적 시설들 외에 무형재인 서비스의 지속가능한 품질이 전제 되지 않을 수가 없다. 이런 과정에서 지속 가능한 서비스 품질을 위해서는 고객과 직접 대면하고 직업적으로 갖게 되는 고객과의 사회적 관계 속에서 최일선 종사원들의 역할이 매우 중요하다. 또한 내부고객으로서 종사원들의 만족은 외부고객인 호텔 이용자들의 만족

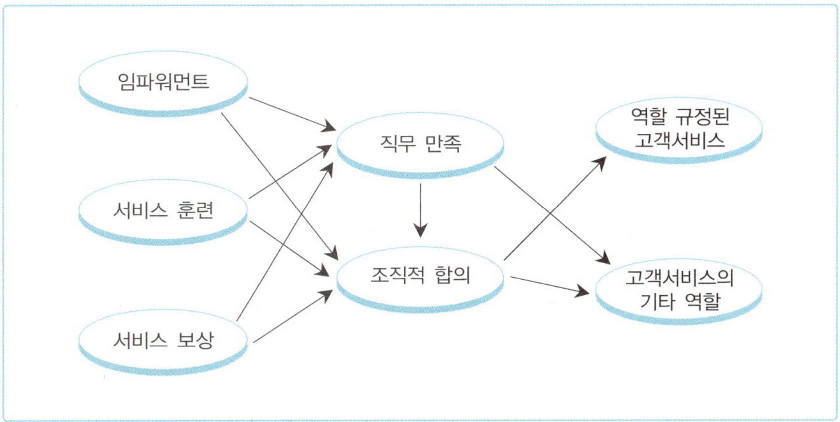


자료원 : Lee, Yong-ki et al.(2006).

[그림 6-3] 서비스관계 연구모형에 시사된 서비스활동의 영향요인

에 절대적으로 긴요한 요건이 된다. 이를 위해서 종사원에 대한 임파워먼트, 커뮤니케이션, 서비스에 대한 이해와 지원활동들이 수반되지 않으면 안 된다. 이것은 Zeitaml 등(Zeithml, V. A. et al., 1990)의 내부 서비스품질 모형(Intservqual)에 나타난 팀워크, 종업원의 직무적합성, 기술된 직무 적합성, 지각된 통제, 감독 통제시스템, 역할 갈등 및 역할 모호성 요인들과 관련된 종사원들이 지각하는 내부적인 서비스 품질의 관리 필요성을 제기하고 있다(최철호, 2006; 최철호 · 이정자, 2005; Frost and Kumar, 2001).

## 2. 고객의 서비스 생산과정 참여 특성

서비스는 고객의 필요성이나 요청과 동시에 고객-종업원의 관계에 의해서 생산, 제공된다. 일반적으로 유형재는 제품의 생산과 소비과정이 분리되어 있다.
고객이 생산과정에 참여할 수도 없고 참여의 필요성도 없다. 반대로 무형재인 서비스의 생산과 제공은 항상 고객의 욕구 등에 의해서 필요성이 제기되는 경우에 한정되고 있기 때문에 생산과 소비가 동시적으로 발생되는 특성을 지니고 있다. 그러므로 고객은 항상 종업원과 더불어 서비스의 생산 과정에 참여함으로써 서비스 상품을 소비하게 되는 소위 "서비스의 생산과 소비에서의 참여와 두 기능 발생의 동시성" 특징을 갖고 있다. 이러한 생산과 서비스의 동시성 특성이 제기하는 서비스산업의 경영상의 문제는 서비스 제품 생산에서 품질관리에 할애할 시간적 여유가 없기 때문에 품질 미달의 경우에도 좋은 품질의 서비스를 다시 생산해서 고객에게 제공할 수 있는 기회가 부여되지 못한다는 점에 있다.

서비스의 생산 공정에는 관리상 이러한 한계가 수반된다. 항상 좋은 품질의 서비스를 일정하게 제공하기 위한 지속가능한 품질 관리의 환경이 조성되기 어렵고 그 공정관리 또한 불가능하기 때문이다. 일단 생산된 서비스는 동시에 서비스 체험에 제공된 것이고 여기서 이루어진 서비스의 평가는 일단 그 서비스 과정에서는 수정될 수가 없다.

서비스산업으로서 호텔산업이 서비스 품질관리에 의존할 수 있는 것은 다만 교육, 훈련과 종사원에 대한 직무만족과 사기진작 등과 관련된 지속적인 인적자원관리 활동이라고 하겠다. 어떤 상황에서 서비스를 수행되던 간에 종업원들이 좋은 서비스를 생산하고 제공할 수 있게 하려면 종업원들의 숙련도와 서비스 직무수행에 대한 동기유발에 좋은 환경조성이 중요하다.

그러기 위해서 직장 내 커뮤니케이션, 종업원의 동기화, 사기진작, 교육, 훈련 등에 다각도로 활용될 수 있는 연구와 프로그램들이 필요하게 된다.

### 3. 한 부분을 다른 사람과 공유하는 서비스의 특성

서비스를 생산하고 제공하는 과정에서 대부분 다른 종업원들은 물론 다른 고객들이 함께 있게 된다. 식당이나 호텔 커피숍 등 한 장소 혹은 가까운 장소에서 좋은 서비스는 다른 사람들의 언행이나 협조 여하에 영향을 받게 된다. 공유된 공간이나 장소에서 서비스 종업원 뿐만 아니라 다른 고객들의 협력 없이는 만족할 만한 서비스의 생산과 제공이 제한을 받을 수가 있다.

조용하고 품격 높은 식당에서의 식사경험은 곁이나 그 안의 다른 고객들이 만들 수 있는 소음이나 무례한 행동이 없을 때 고객이 원하는 가치에 대하여 효과적으로 작용함으로써 고객들은 만족한 서비스 체험할 수 있게 될 것이다.

아무리 좋은 객실에서 투숙한다고 해도 옆방에서 떠들거나 큰 소리로 음악을 듣거나 TV를 듣지 않는 환경을 가정하거나 조성할 때 비로소 편안한 휴식이 가능해 질 것이다. 그러므로 서비스 실행과 품질에는 동일한 장소나 업무적으로 연계되어 있는 다른 사람들이 한 부분으로 서비스에 참여하고 있기 때문에 이처럼 부가된 기능들을 통하여 서비스의 품질수준이 결정될 수 있다는 점에서도 서비스는 일반 상품들과는 또 다른 특성을 가진다고 할 수 있다.

### 4. 품질관리에 수반되는 문제와 서비스의 특성

호스피탈리티 산업에서 서비스의 생산자는 모든 서비스 담당 종업원이다. 서비스의 품질관리 또한 관리자가 최종 소비자에게 제품을 판매하기 전에 미리 품질 확인과정을 거쳐 제품을 출시하는 일반상품의 경우와는 달리 서비스 종사원 스스로 담당하게 된다.

서비스의 생산과 제공은 모든 것을 담당 종업원에 의존하게 된다. 고객과의 서비스 수급과정에서 고객-종업원 관계가 여하히 관리되느냐 하는 문제는 서비스 품질과 서비스 체험에 대한 내용을 좌우하게 된다. 서비스 산업은 종업원의 서비스에 의존된 사업이라 할 수 있다. 저자는 강단에서 수강생들에게 항상 그렇게 말하면서 서비스 산업의 성공은 종업원의 자발적인 노력을 도출해 낼 수 있느냐가 관건이라고 가르치고 있다.

### 1) 생산과 소비의 동시성으로 인한 서비스의 비저장성 특성

서비스 상품은 소비자의 요청 없이는 생산될 수 없기에 저장할 수도 없는 비저장성 상품이다. 서비스 제품이 표준품질 미달이어도 고객이 이를 경험하고 공유해 버리기 때문에 이를 실패품으로 별도 분류하고 보관하거나 다시 생산할 수가 없으며 제공된 서비스의 반품 기회도 주워지지 않는다. 서비스는 그대로 고객들에게 노출되기 때문에 사업체에 대한 불만을 야기하게 된다.

### 2) 관계 지향적인 서비스의 일관된 품질유지의 어려움

서비스는 시장생산이 불가능한 상품이다. 그러므로 미리 고품질을 유지할 수 있는 생산조건을 투입함으로써 좋은 서비스를 미리 생산할 수가 없다. 더구나 동일한 종업원이 생산, 제공하는 서비스라 할지라도 종업원과 고객 간의 관계 여하에 의해서 품질은 영향을 받을 수가 있다. 그러므로 동일한 종업원이 직무수행상 갖게 되는 여러 가지 환경여건에 따라서 서비스의 품질과 고객만족도는 달라질 수가 있어서 서비스의 이질성(heterogeneity)을 초래하게 된다. 직무상 고객과의 관계가 서비스 시점에서 어떠했고 또 그 때의 종업원과 고객의 개인적인 심리상태가 어떠했으며 그날의 주변 환경은 어떠했는지 등 많은 요인들에 의해서 생산성이나 품질수준이 달라질 소지가 매우 크다.

서비스의 생산과 저장에 관련된 특성은 유형재의 품질유지와는 달리 서비스 상품의 일관된 품질수준 유지를 어렵게 만드는 요인이 되고 있다. 그러므로 호스피탈리티 산업이나 연구에 있어서 좋은 서비스 상품의 품질관리는 주요 쟁점이 되고 있다.

## 5. 저장불능 재화로 재고없는 서비스의 상품특성

### 1) 저장 불가능한 서비스의 인력소요와 노무비 원가부담

서비스의 저장 불능성은 무엇보다도 대량생산에 의한 서비스 생산원가의 절감 여지에 크나 큰 제약요소로 작용되는 한편 일관된 서비스 품질 유지에 지장을 초래하고 있다. 작업현장에서 나타나는 Peak and Valley 현상은 노동력의 수급에 있어서 적정 요원수 산정을 어렵게도 한다.

적정한 서비스 종업원의 고용 규모 결정에 있어서 노동력 수요가 가장 고조된 시간대(peak)를 기준으로 할 것인가 혹은 최저점(valley)에 도달된 시간대를 기준으로 할 것인가는 항상 중요한 고려요인이 되고 있다. 최고 혹은 최저의 노동수요 점을 기준으로 고용규모를 결정했을 경우 제기 가능한 문제들은 어떤 것들이 있을까?

### 2) 인적서비스에 대한 의존도와 노무비 원가고

특급이나 호화 호텔 등 고급의 인적서비스를 요하는 사업에 있어서는 높은 객실 당 인사 비율로 인해서 원가요소 중 인건비가 최대 단일 비용항목이 되고 있다. 인건비 절감을 위한 경영자들의 방안 강구는 당연하지만 적정 인원수가 확보되지 않은 상태에서의 질적인 서비스 제공은 실로 아닐 수가 없다.

인건비 절감을 향한 고려과정에서 경영자들은 흔히 매출-원가-이윤 관계분석을 시도하고 흔히 인건비를 고정비와 변동비 항목으로 구분해서 분석하게 된다.

이것은 변동비의 성격을 지닌 일용 잡급을 어느 정도 수준으로 활용할 것인가의 문제와도 관련되어 있다. 과연 어느 정도의 비율로 두 가지 형태의 원가를 유지하는 것이 적정할지를 집중적으로 분석하고 고려하게 될 것이다. 업계에서는 고정원가를 변동원가로 바꾸려고 할 때 일반적으로 정규 직원을 최저 수준으로 유지하고 성업기에 증폭되는 업무를 위해서는 임시직으로 대치하려는 원가절감 전략을 관행적으로 사용하려 한다. 그러나 정규 직원에 비해 임시직에 의한 서비스 숙련도, 동기 및 태도에 차이가 없도록 인적자원관리를 할 수 있느냐의 문제는 원가관리 못지않은 중요사안이다.

도심권보다도 특히 계절적인 수요 변동이 더 심한 해변이나 산악 지대에서 계절성 영업을 하는 리조트 호텔이나 카지노 호텔을 고려해 보기로 하자. 해변지역은 하계에 그리고 스키 등 겨울 스포츠 휴양지에서는 동절기에 객실수요가 집중되지만 다른 계절에는 수요가 하락하게 된다. 인건비를 변동비로 바꾸어, 증대된 노무비를 커버할 수 있는 매출수익 증대 기간에만 노동력을 활용하려는 전략이지만 수습생이나 파트타임, 임시직 활용은 정규직원과 비교할 때 서비스 품질 저하에 대한 우려성을 극복할 수 있느냐가 전략 성공의 관건이다.

## 6. 시간적 요소가 중시되는 서비스의 품질요건

정당한 대가를 치르고 상품이나 서비스를 구매하려는 소비자들은 기다리는 걸 별로 좋아하지 않는다. 구매행동 과정에서 가끔 경제성보다 편의성을 중시할 때도 있기 때문에 길게 줄을 서서 기다리는 경우에 무엇인가 보상책이 없을까 하고 기대해 보기도 한다. 시간을 들여 먼 곳에 가서 좋은 물건을 저렴한 가격으로 구매할 수도 있지만 시간, 피곤함, 귀찮다는 생각으로 더 비싼 값에 덜 좋은 품질의 상품을 구매하기도 한다.

서비스 상품은 글자 그대로 서비스이다. 당장의 욕구해소, 경제성, 편의성, 우아함, 품격, 보통보다는 상류라는 느낌, 타인의 부러움을 느껴보려는 기대, 귀히 대접받고 싶은 욕망, 기타 다양한 이유들로 소비자들은 서비스를 받으려고 한다. 이런 모든 것들이 고객이 지각하는 서비스의 가치가 될 것이다.

Zeithaml(1988)은 "가치(value)란 제품이나 서비스의 획득(get)과 제공(give) 측면(dimensions)이라고 설명한 바 무엇을 주고받았는가에 대한 고객의 지각(perception)을 기반으로 한 제품이나 혹은 서비스의 utility에 대한 고객의 전반적인 평가"라고 한 바 있다.

서비스가 당장 그들의 욕구나 필요성 및 문제를 해결해 줄 수 없다면 이에 상응하는 처우를 위해 노력하고 있다는 신뢰감과 함께 납득할 만한 적정하고 신속한 반응을 실제로 보이는 것이 서비스에서는 중요하다. 서비스는 오래 기다리는 것을 경원한다.

팁(Tip)이 "신속성을 확인하기 위한 것(To Insure Promptness)"이라는 의미를 지닌 용어라는 것을 상기해 볼 필요가 있다.

## 7. 각기 다른 경로를 통하여 배급될 수 있는 서비스

서비스의 생산과 배급은 고객과 서비스 종업원의 만남이라는 독특한 경로를 통해서만 이루어진다. 공장에서 생산된 유형재는 운송수단을 통해서 도매상이나 기타 배급업자들에게 도착된 다음 소매업을 통해서 최종 소비자들이 이용하게 되는데 비해 무형재인 서비스는 고객이 직접 서비스 생산 장소와 생산과정에 직접 참여하여 서비스 종업원과 접촉함으로써 배급되고 소비된다. 비록 소비자들이 직접 혹은 대행사를 통한 예약을 한다 해도 생산과 소비의 과정은 여전히 이런 관계를 통해서 이루어진다. 서비스를 고객에게 이전하는 과정에서 종업원들은 단순한 재화 전달이 아니라 태도, 언어, 기분, 신속성 등 전달방법 그 자체부터가 서비스인 까닭에 무형재인 서비스를 다루는 종업원들에게는 유형재의 취급과는 달리 서비스에 관련된 사람간의 관계에 대한 숙련도가 결정적으로 중요한 요소가 된다.

서비스의 인간관계에 대한 강한 요구, 이것이 서비스 거래의 특징이다. 호스피탈리티 경영 교육담당의 세계 유수대학이 공통적으로 '인간관계 관리'와 '커뮤니케이션'

과목을 비중 있게 다루는 것은 이 산업에 있어서 서비스가 얼마나 중요한가를 인식하고 이를 교과과정에 반영한 결과라 하겠다.

## 제3절 사례로 접근한 호스피탈리티 서비스 특성

인적서비스의 생산과 품질관리가 어렵다는 것은 서비스가 지닌 생산과 제공에 있어서 지니고 있는 특별한 성질에 기인된 것이며 다른 시간과 장소에서도 여전히 일관된 품질의 서비스를 창출할 수 있느냐 하는 목표에 대한 표현이다. 이런 특성들은 서비스 품질을 제약하는 요인으로 작용되고 있기 때문이다. 이런 서비스의 특성은 호텔사업 성패가 특히 최일선 서비스 종사원의 직무에 대한 태도와 능력여하에 절대적으로 의존되고 있다는 것을 의미하기도 한다. 또한 종사원의 태도와 능력여하는 호텔의 인적자원관리 여하에 의하여 개발의 성과가 결정될 수 있는 것으로 이해되고 있다.

### 1. 무형성(intangibility)

서비스는 보고, 듣고, 맛보고, 냄새 맡고, 느끼는 인간의 5감(five senses)을 통하여 내보일 수도 만질 수도 없는 무형성을 갖고 쉽게 감지하고 확인하기 어려운 무형상품이다.

환대산업의 서비스는 가장 무형적인 형태의 제품이라고 할 수 있다. 그 이유는 환대산업의 모든 제품에는 서비스가 항상 동반되지만 소비자는 이런 환대산업의 제품과 서비스를 구매를 통하여 완전히 소유하는 것이 아니라 단지 경험할 수 밖에 없기 때문에 무형성에 대한 의존도가 더욱 가중되는 환경이기 때문이다. 제조업의 상품에서와는 달리 고객은 호텔의 객실, 종사원의 태도 등 인적서비스에 수반된 모든 상품들을 체험할 뿐이다.

이러한 무형성으로 인하여 고객 뿐만 아니라 마케터조차도 제품과 서비스에 대한 확신이 어렵고, 제품과 서비스 마케팅에 있어서도 마케터는 소비자의 기대감을 유발시키기 위해서 명쾌하지 못한 방식으로 약속을 해야만 하는 입장에 처하게 된다. 그렇기 때문에 이런 약속을 위해서는 유형적 단서에 의한 협력을 기대해야만 한다. 유형적 단서는 서비스 제품의 무형성으로 인한 모호성을 완화하고 구매에 있어서 무형성으로 인해 가중되는 소비자의 위험부담을 감소해 주는 역할을 기대할 수 있기 때문이다.

홍콩 Regent Hotel 직원의 유니폼은 세계 어느 호텔보다도 우아하고 고급스럽다. Regent Hotel은 직원의 유니폼을 통해서 호텔의 우아함과 전문성의 상징적 이미지에 대해 유형적 단서를 제공하고 있다.

호텔객실에 투숙할 때, 흔히 하얀 종이로 싸여있는 컵의 사용을 경험한다. 컵을 싸고 있는 종이는 컵의 청결성이라는 무형성에 대해 유형적 단서를 제공하는 것이다. 유사한 예로서 McDonald's는 청결성 강조를 위해서 큰 유리창을 통해 외부로부터 이 점포를 투명하게 들여다 볼 수 있도록 만들고 있다. T. G. I. F.(Thanks God It's Friday's) 레스토랑은 크게 유형적 단서로 디자인된 상호(brand name)를 레스토랑 주변에 부착함으로써 밝고 캐주얼하다는 무형적 이미지를 가시적으로 보여주고 있다.

미국에서 급성장한 모든 Hampton Inn의 사업체에서는 도어맨, 벨맨, 컨시어지(concierge) 데스크가 없다. 대신 호출기(beeper)를 가지고 대기하는 직원들에게 고객이 필요할 경우 호출을 하면 고객에게 그러한 서비스를 제공하는 방식을 적용하고 있다. 작은 로비, 호화스럽지 않은 가구, 비품 등을 비치함으로써 고객이 호텔현관에 들어서는 순간부터 부담을 갖지 않는 편안하고 경제적인 호텔의 이미지에 대한 유형적 단서를 제공하고 있다. Marriott Hotel에서는 제 시간을 지키지 못하여 고객의 불평이 빈번히 야기되는 룸서비스의 시간적 무형성을 속도감 있게 처리함으로써 신속한 서비스에 대한 유형적 단서를 제공하고 있다.

최근 트레이드 드레스(trade dress)란 용어가 환대산업의 많은 기업들에게도 적용될 수 있다. 제조업에서는 특허(trade mark)에 의해 제품의 스타일, 기능 등에 대한 복제를, 출판 및 비디오 업계에서는 판권 및 저작권(copy right)에 의해 그 복제를 방지시킬 수 있다. 그러나 환대산업에서는 제품과 서비스의 무형성 때문에 독창적인 서비스가 개발되어도 아무런 법적 하자 없이 무수히 복제될 수가 있었다. 미국의 법정에서는 시각적 이미지, 외관, 장식, 메뉴, 심지어 완전히 무형적인 서비스 스타일 등에 대한 복제를 법적으로 보호할 수 있다는 판결을 내린 바 있다. 이것이 'trade dress'인데 향후 환대산업의 많은 기업들은 이 'trade dress'의 이용방안을 고려해 볼 필요가 있는데 이런 사실은 환대산업 제품과 서비스의 무형적 특성과 관련된 마케팅에 대해 중요한 시사점이 될 수 있을 것 같다.

## 2. 부패성 및 비저장성(Perishability and Nonstorability)

환대산업 제품과 서비스의 두 번째 특성은 부패성 혹은 비저장성이다.

이해를 돕기 위해 가장 대표적인 제품인 객실의 예를 들어 보기로 하자. 객실 100개 규모의 호텔이 시장에 진출해 50년을 영업한다고 가정하여 보자. 객실을 하루에 한번만 판매한다고 가정할 때, 특별한 하자가 발생되지 않는 한 그 호텔이 판매 가능한 객실상품의 수량은 50년 동안 최대 100×50×365개가 될 수 있을 것이다. 그런데 영업 첫날 객실점유율(occupancy rate)이 70%로 30개의 객실이 남아 있었다고 가정하면 판매되지 않은 객실 30개는 향후 50년간 언제도 다시 판매될 수 없는 상품이 되는 것이다. 유형재인 통조림 100통을 제조업자로부터 구매해 첫날 10개만 판매되고 90개가 남았다면 유통기한이 지나지 않는 한 이것은 수년 혹은 수개월에 걸쳐서 지속적으로 판매가능한 상품이 된다. 이런 점에서 객실과 통조림이라는 상품의 판매에는 분명한 차이가 있다. 호텔 객실의 유통기간(판매주기)은 24시간에 한정되므로 그 시간 내에 판매되지 않으면 저장 불가능한 것이라서 영원히 소멸되는 특성을 가지고 있다. 유사한 예가 항공기, 선박, 및 버스 좌석 등 수익창출 자산을 가지고 운영되는 사업에서 발견되고 있다.

호텔의 유형상품과 서비스 상품의 부패성과 비저장성 특성은 호텔사업에 있어서 일정수준의 매출유지를 사업상 가장 긴요한 고려사항으로 만들고 있다. 비저장성의 객실이 특히 비수기에 일평균 60% 수준으로 판매되지 못하는 한 사업성과는 부정적이 될 것이다. 그러므로 할인율을 적용해서라도 일정 매출을 유지하려고 노력하고 있다. 이러한 결정은 물론 매일매일의 영업에 대한 의사결정이 아니라 평소에 이런 정책결정이 이루어져야 한다. 호텔을 애고하는 고객이 많을수록 정확한 호텔의 수요 예측은 용이해 질 수가 있다. 반면에 큰 폭의 할인율을 적용해서 객실점유율을 제고해야 하는 호텔의 사례에서는 개발계획 수립시부터 객실수를 적게 해야 할 것이다. 결론적으로 이런 부패성, 비저장성이라는 서비스의 특성은 환대산업에서 제품과 서비스의 수요예측과 고객창출 및 유지를 어떤 사업에서 보다도 중요한 활동으로 만들어 오고 있다.

## 3. 이질성(heterogeneity; variability)

환대산업에서도 제조업 못지않은 다양한 제품들이 차별성 있게 개발되고 시장에

출시된다고 할 수 있다. 특히 환대산업에서 이런 제품들은 상상할 수 없을 만큼 이질적인 서비스를 통하여 판매되고 있다고 봐야 할 것이다. 어떠한 인간도 동일할 수 없지만 서비스를 생산하고 제공하는 시점에서 서비스담당 종사원들은 이질적인 환경에 직면될 수가 있기 때문이다. 항상 제공하는 서비스나 서비스 담당자가 다르다는 것이 아니라 이를 제공하는 시점에서 서비스 여건과 담당자들과 고객이 평소의 그들과 다를 수가 있고 또 고객-서비스종사원간의 서비스 생산과 제공의 사회적 관계가 다르게 설정될 수가 있다는 말이다.

여기서 시사하는 바는 인적 판매로 인해 서비스의 표준화가 어렵다는 현실적인 문제를 제기하는 것이며 동일한 서비스도 환경, 종업원, 혹은 고객 특성에 의해서 차별화 된다는 의미이다.

극단적인 예로 같은 연령, 경험, 지식을 가지고 있는 서비스 종사원들 간에도 그들이 제공하는 서비스는 흔히 이질적인 것으로 나타날 수가 있고 또 동일한 사람에 의해서 생산·제공된다고 해도 서비스는 매 순간 같은 것이 되기가 어렵다. 이런 점에서 제기되는 문제가 일관된 서비스 품질관리의 어려움인 것이다. 서비스의 품질을 좌우하는 요인들은 다양하게 나타날 수가 있다. 작업환경, 건강상의 이유, 기분, 일기 등 다양다기한 원인들이 작용될 수가 있다. 그러므로 일관된 품질의 유지나 품질개선이나 서비스 종사원들의 직무수행 역량을 개발하려면 기업이 통제가능한 인력인 종업원들에 대한 인적자원 관리에 주력해야 할 필요성이 제기된다. 만족한 종업원들로부터 만족스러운 서비스가 창출될 수 있기 때문이다.

오늘날 종사원을 내부고객이라고 부르는 배경이 바로 여기에 있다. 서비스 종업원들을 만족시킬 수 있는 여건이 조성될 수 있을 때 이들을 통한 고객만족을 기대할 수가 있게 되기 때문이다.

미국에서 경험했던 한 사례를 들어보기로 한다. 성수기였던 어느 날 불과 두 시간 남짓 한국행 비행기 탑승시간을 남겨두고 급히 짐을 챙겨 퇴숙하려고 종업원 2명 뿐인 프런트 데스크에 갔는데 고객들의 입·퇴숙으로 혼잡한 대기줄에서 기다렸지만 신속한 업무처리가 되지 못해 라인은 줄지 않았다. 앞을 보니 미숙한 영어를 하는 고객에게 친절한 직원이 모든 질문에 일일이 답해 주고 있었으므로 이 직원의 서비스가 그 고객에게는 최상이었을지 모르나 대기 고객들에게는 최악의 서비스였다. 탑승시간을 위해서 다른 사무실 직원의 도움으로 겨우 퇴숙절차를 마치게 되었다. 질 좋은 서비스에 대한 사람들의 반응은 다르게 나타날 수 있다.

환대산업 제품과 서비스가 이질적이 되는 것은 이질적인 사람들이 각기 다른 환경에서 생산하고 이질적인 시점과 장소에서 고객에게 제공되는 'people business'이기 때문이다. 이런 배경에서 표적 세분시장에 부합되는 제품과 서비스를 찾아 더 정확한 환대산업의 서비스를 제공하기 위해서는 시장세분화 전략(market segmentation strategy)이 요구되고 있다. 모든 소비자를 만족시킬 수 있는 단일 상품과 서비스가 불가능 하므로 기업들은 특성에 따라 시장을 세분화함으로써 상품과 서비스의 생산 · 제공에서의 이질성을 최소화할 기초를 마련해야 한다. 제조업에서 시장에 출시하는 동일한 계열의 유형적 제품(product line)에는 하자나 이질성이 비교적 적게 나타나고 있어서 적어도 95%가 일관된 제품이고 이를 필요로 하는 고객이 해당 제품을 선택해서 구매하게 된다. 뒤에 설명하겠지만 환대산업에서는 서비스의 생산과 소비의 동시성으로 인해서 마케터나 고객이 그러한 환경을 공유하기는 쉽지 않다.

이질성과 관련된 또 하나의 마케팅 시사점은 서비스 표준화(service standardization)에 의한 서비스의 관리이다. 대부분의 체인 호텔사업체의 업무지침(manual)을 보면, 예약과 프런트 데스크의 경우 전화벨이 네 번 이상 울리기 전에 업무를 처리하도록 되어 있다. 레스토랑에서는 고객을 1분 이상 기다리지 않도록 요구하기도 한다. 이런 서비스 표준화의 개념에 의한 업무 표준화로도 완전한 서비스 표준화가 어렵겠지만 서비스 및 환대산업 마케터들은 이를 위해 노력하고 있다.

시장 세분화로 표적시장을 선택하는 것이 고객 측면에서의의 이질성을 줄이기 위한 노력이라면 서비스 표준화는 서비스를 제공하는 기업과 서비스 종업원에 의한 서비스의 이질성을 줄이기 위한 노력이라고 볼 수가 있다. Levitt(Theodore Levitt)는 서비스의 산업화라는 표현을 통하여 서비스산업 및 환대산업에서의 서비스 표준화는 거시적 및 산업적 측면에서 수행되어야 할 과제임을 역설한 바 있다.

### 4. 생산과 소비의 동시성(simultaneity)

서비스가 생산된다는 것은 곧 서비스 수요가 발생됨으로써 동시에 생산 · 제공되고 소비된다는 것(simultaneous production and consumption)을 의미한다. 즉, 이런 과정에는 판매자와 구매자가 관계를 맺고 서로 대면하게 된다. 서비스의 생산 · 소비는 양자 관계를 전제하고 있다.

이런 동시성을 두고 볼 때, 앞에서 예시된 제조업의 생산여건은 환대산업에는 유토

피아가 될지도 모른다. 서비스를 미리 제조·점검하여 하자를 없앨 수 있는 시간적인 여유가 있다면 서비스품질의 관리는 보다 용이해 질 것이다. 앞서 설명된 대부분의 이질성 특성들은 곧 생산과 소비의 동시성 특성으로 야기된다.

환대산업에서 매뉴얼 및 서비스 표준화로 고객과 종사원의 만남을 대비한 서비스의 이질성을 희석시킬 필요성이 제기된다면, 이로 인해 발생될 가능한 상황에 대비한 서비스 업무수행 능력을 개발을 위한 교육·훈련은 서비스의 충분조건을 마련하는 것이라 할 수 있다. 또 다른 마케팅 시사점은 서비스 제공 체계(service delivery system) 이해를 통하여 서비스종업원 뿐만 아니라 고객에 대한 통제여건을 파악할 수 있도록 습득시켜야 한다는 점이다. 유형재인 상품과는 달리 호텔의 인적서비스에서의 실수는 취소, 수정, 개선 혹은 교체되지 못한다는 점에서 숙련된 서비스와 서비스품질 개선에 주력하게 된다. 처음부터 좋은 서비스를 이행하기 위해 희생하는 가치보다는 예측하기 어려운 잘못된 서비스의 결과나 이를 개선하는데 소요되는 비용과 노력 등 대가가 더 클 수 있다는 점에서 호텔경영자들은 항상 이에 대한 정책, 전략개발에 주력하고 있다.

한 조사연구(백악관 소비자 조사국)에 의하면, 서비스에 대한 고객의 불만과 오해에 수반된 더욱 심각한 문제는 서비스에 만족하지 않는 무려 96%라는 대부분의 고객들은 직접 해당 기업에 불평하기 보다는 해당 사업체를 다시는 방문하지 않는다는 것이다.

대신에 그 중 대다수는 소그룹을 통하여 친구, 동료, 친지 등에게 이런 사실을 전파하고, 언론이나 경쟁사에 이 사실을 유포한다는 것이다. 얼마나 위협적인 소비자 조사 결과인가? 비록 작은 효과가 기대되는 것이긴 해도, 서비스 제공 체계를 고객에게 공지함으로써 고객 통제를 시도해 얼마간의 고객의 오해와 불만을 감소시킬 수 있다면 이러한 조치는 환대산업 매출증진 방안으로서 모색될 가치가 있겠다.

## 5. 기타 특성들에 관련된 호스피탈리티 서비스 사례

환대산업 제품과 서비스가 다른 산업과는 달리 부가적으로 가지고 있는 제특성들은 많다. 그 중 제품의 무형적 특성에 기인해서 호텔경영자(marketer)나 소비자가 인지하지 못하는 욕구와 필요성도 허다하다. 다음의 사례를 살펴보자.

이른 아침 6시경 남미의 한 관계호텔에서 공항으로 갈 리무진을 기다리던 호텔 본부의 간부들에게 호텔의 식음료 매니저와 웨이터가 오렌지주스, 커피, 빵을 카트(cart)에 싣고 기다리는 간부들에게 가져왔다. 이때 간부 중 한 명이 "우리가 자신에게 하는 것처럼 고객들을 배려한다면..." 생각하면서 역시 같은 공항행 대기중인 옆의 고객들에게 카트를 끌어다 주었다. 이후 이 서비스는 같은 호텔의 모든 사업체에서 서비스업무 수행의 관례가 되었다.

제품의 무형성 때문에 파악되지 못한 고객 욕구와 필요성이 많다면 가장 쉬운 일부터 시작해야 한다. 환대산업의 서비스에서는 직원들이 자신의 입장에서 업무를 판단해 보고 이를 고객에게 실천하는 방안이 좋은 사례로 학습되고 있다.

또 다른 서비스의 특성은, 환대산업의 제품은 그것만 가지고 개별적으로 판매되지 않는다는 사실이다. 컴퓨터 사용시, 하드웨어, 소프트웨어, 모니터, 키보드, 프린터, 스캐너 등 주변 기기들이 필요하듯이 모든 환대산업의 제품과 서비스에는 부수적으로 많은 서비스들이 관련되어 있다. 그러므로 이러한 특성들은 제품의 무형성과 함께 서비스의 제공이 어렵듯이 서비스의 가격결정도 쉽지가 않다. 제조업에서처럼 가격결정에 근간이 되는 원가보다는 궁극적으로 고객에게 제공될 가치에 근거해서 가격결정이 되고 있으므로 동일한 제품이라고 해도 고객이 사용하는 제품과 서비스에 대한 궁극적인 지각은 다양하게 나타날 수밖에 없고 또 부수적인 서비스와 더불어 가격은 여러 계층으로 결정되고 제시될 수가 있다. 이러한 과정에서는 또한 긍정적인 면도 있다. 제품과 함께 제공되는 부수적 서비스의 가치가 인정된다면 단순한 제조원가를 넘어서는 고가격 결정의 잠재력도 있을 수가 있다.

호텔은 제품과 서비스 특성 외에도 본서 앞부분에서 살펴본 바, 영업적, 관리적 측면에서의 고유한 특성들도 많다. 호텔사업의 높은 고정비(high fixed cost), 계절적인 수요변동(fluctuating demand), 연중 무휴의 영업, 및 노동집약적(labor-intensive)인 사업 특성들 또한 인적서비스에 대한 경영관리를 중시하게 만든 요인으로 작용되고 있다.

## 6. 고객이 원하는 서비스의 연구결과

고객이 원하는 서비스가 복잡한 것만은 아니다. 어려운 서비스를 통해서만 고객만족이 가능한 것도 아니다. 고객들은 처음의 필요사항을 충족시켜 주는 서비스와 서비스 종사원들의 태도를 기대하고 있다. 아주 비싸고 어려운 서비스에 성공한 호텔이라고 해도 사소한 고객의 욕구나 필요성을 충족시키지 못하거나 고객을 배려하고 그들이 지닌 문제를 해결해 주지 못한다면 그 이전에 이루어졌던 성공적인 서비스의 가치는 지속되기 어렵게 될 것이다.

기업이 알아주길(측정해 주길) 가장 바라는 서비스의 측면들(dimensions)이 무엇인가를 묻는 한 설문조사(U.S. 소비자 설문) 결과, 응답자들은 이상과 같은 사항을 확인시켜 주고 있다. 고급의 숙련도를 요하는 서비스 수행능력을 가지고 있는 지식기반의 일선 종사원과 여타의 중요한 요소들에도 불구하고 응답자들은 간단한 문제를 알아서 해결해 주기를 바라고 있음이 밝혀지게 되었다. 한 번의 접촉만으로도 소비자에 대한 서비스 목적이 달성될 수 있는 서비스를 선택항목으로 선택한 응답자는 두 번째로 많았다.

특히 아래의 〈표 6-1〉에서 시사된 바와 같이 응답의 내용들은 지극히 평범한 것으로 보인다.

그들은 지식기반 종사원의 유무(65%), 첫 번의 접촉에서 필요성을 알아보는가(64%), 고객취급의 기본자세(62%), 욕구충족을 위한 행동시범(54%), 신속한 정보 파악(49%)에 이어서 지불가격에 상응하는 가치, 예의 있는 종업원, 기업브랜드의 신뢰성, 공정한 처우, 적정한 개별화된 서비스제공 여부 등의 순으로 나타나 있다(표 6-1 참조).

여기서 대부분의 응답자들이 가장 중요한 서비스 종업원의 역량으로 꼽고 있는 "지식을 갖추고 있는(knowledgeable)"이라는 의미를 "처음 만난 종업원이 직접 그리고 신

〈표 6-1〉 소비자들이 중시하는 서비스

| 설 문 항 목 | 응답율(%) |
|---|---|
| 지식기반 종업원의 유무(Has knowledgeable employees ) | 65 |
| 대면 즉시 고객요구 파악 여부(Addresses my needs on first contact ) | 64 |
| 공손한 고객처우(Treats me like a valued customer) | 62 |
| 행동에 의한 고객욕구 이행(Demonstrates desire to meet my needs) | 54 |
| 즉각적인 필요사항 파악력(Can quickly access information) | 49 |
| 지불가격에 상응하는 가치 여부(Is good value for the money) | 49 |
| 예의있는 종업원의 태도(Has courteous employees) | 45 |
| 기업브랜드의 신뢰성(Is a company / brand I can trust) | 43 |
| 공정한 처우(Treats me fairly) | 38 |
| 개별화된 적정서비스 제공 여부(Provides relevant /personalized service) | 31 |

자료원 : Dougherty and Murphy, 2009.

속하게 문제를 알고 처리해 주기를 바라는 것"과 관련하여 지각하고 있었다. 즉 그들은 지식기반의 종업원들의 유무를 중시했는데 지식기반이란 의미를 "고객을 기다리게 하거나, 다른 서비스 종사원을 찾도록 만들거나 혹은 다른 종사원에게 업무를 전가시키지 않고도 질문사항에 답하고 처리해 줄 수 있는 서비스 역량"이라고 정의하고 있었다. 그러므로 소비자들이 좋은 서비스를 위해서는 실력 있는 종사원이 기본이 되어야 한다고 생각한다는 점에 주목할 필요가 있다(Dougherty and Murphy, 2009).

CHAPTER_7

# 호텔의 기업형태론

## 제1절 호텔산업의 경쟁력과 기업형태의 의미

### 1. 호텔기업의 경영형태 개관

세계의 호텔산업을 기업형태별로 분류하는 경우 각 대륙별, 혹은 관광지역별로 선호도나 구성비 면에서 얼마간의 차이는 있을 수 있다. 그러나 호텔은 크게 개별 호텔사와 체인사로 대별된다. 고유의 호텔 브랜드를 가진 독립적인 호텔사업체를 독립적으로 운영하는 대소 혹은 고저 등급의 개별 호텔사(independent hotel)와 동일 브랜드로 이루어진 2개 이상의 사업체(property)를 같은 호텔사가 소유, 프랜차이즈 혹은 위탁경영 형태로 운영하는 연쇄 호텔사(chain hotels)가 있다.

세계 호텔의 사업체수 면에서는 개별호텔(independent hotel) 수가 절대적 다수를 점유하지만, 비록 총 사업체(property)의 수는 적어도 많은 사업체를 소유하거나 경영하는 체인사의 기업규모는 개별사에 비해 월등히 크다.

호텔 체인사는 또다시 소유나 계약관계의 내용 여하에 따라서 ① 소유 호텔사(owner company), ② 프랜차이즈 호텔사(franchise company), ③ 위탁경영 호텔사(management company), ④ 자산관리사(asset manager), ⑤ 회원사(membership company), ⑥ 리퍼럴 호텔사(referral company), ⑦ 건축설계회사(architect), ⑧ 개발회사(developer), ⑨ 부동산 투자 신탁사(REIT : real estate investment trust), ⑩ 경쟁적 세트(competitive set) 등 조직으로 호텔형태를 더욱 세분화해 볼 수가 있다.

이상과 같은 호텔기업의 형태에 대한 분류는 대부분 글로벌 호텔산업 공동체에서 현실적으로 존재하고 실제로 이용 가능한 기업형태이다. 그러나 분류된 각각의 형태들을 살펴보면 그 용어들이 시사하듯이 모든 분류가 기업조직을 기초로 한 형태라고 보기는 어려울지 모른다.

## 2. 기업형태 결정에 고려할 호텔등급 분류 경향

### 1) 복합된 하위등급 시장의 붕괴

호텔의 등급별 명칭은 시장등급과 유사하게 명명되고 있다. 그런데 동일하거나 유사한 시장을 목표로 하는 두 개 이상의 호텔들이 각각 다른 등급으로 분류되거나 복합적인 하나의 등급으로 분류되는 경우 호텔사들의 표적 시장이 각기 다른 시장이 아니라 동일한 시장이 된다. 그러므로 다른 이름으로 호텔이 분류되었다고 해도 현실적으로는 다른 호텔등급 분류나 명칭을 부여할 수가 없다. 호텔별로 다른 시장을 근거로 한 등급명칭 부여가 될 수 없기 때문에 마케팅 활동과 상품 매출에 있어서도 한 등급으로 복합된 각기 다른 두 개의 호텔사들이 동일한 시장에서 활동하게 되기 때문이다. 결과적으로 이 두 등급의 호텔들은 동일한 시장을 목표로 서로가 시장 점유율을 나누게 됨으로써 불리한 경쟁여건을 맞게 되는 효과를 초래하게 되었다.

이런 배경에서 이처럼 두 계층으로 복합된 호텔등급은 붕괴(collapsed)되고 점차 단일 등급으로 통합하는 방향으로 변화되는 추세를 초래했다. 이런 사례들은 다음과 같은 호텔등급 분류에서 흔히 나타나고 있다.

① 호화등급(Luxury hotel)과 최고급 등급(Upper Upscale)을 두 등급으로 나누던 관행
② 고급 호텔 및 식음료 서비스 포함의 중급 호텔에서처럼 두 등급으로 구별하던 관행
③ 식음료 서비스가 없는 중급 및 저가 등급의 호텔을 각각 구분하던 호텔분류 관행 등

이상과 같이 두 개로 분류된 두 개의 유사한 수준의 호텔사들이 동일 시장에 대해서 복합적인 등급으로 구분되고 있다는 측면에서 비록 고급화 및 서비스 수준에 약간의 차이가 인정되기는 하더라도 더 이상 별도의 독립된 호텔 등급으로 구분해서 취급

하기보다는 한 등급 그룹의 호텔사로 분류되게 된 것이다. 이와 같은 연유로 이런 호텔사들은 다음과 같이 포괄적인 명칭의 동일 등급으로 통합해서 분류되기에 이르렀다.

① 호화 및 최고급(Luxury and Upper Upscale) 호텔의 단일 동일 복합 등급으로
② 고급 및 식음료 포함 중급(Upscale and Mid with food & beverage)호텔 등급으로
③ 식음료가 제외된 중급 및 저가(Mid without F & B and Economy) 등급으로의 통합

### 2) 세분시장을 겨냥한 숙박기업 형태별 투자행태

경제적 여건, 필요성 및 취향이나 가치관 등 측면에서 객관적 및 주관적 가치를 굽히지 않고 그들이 추구하는 명쾌한 등급의 호텔을 추구하는 숙박업 세분시장의 소비자 성향을 배경으로 호텔시장 세분화는 지속적으로 이루어져 오고 있다. 그 결과 차별화된 다양한 계층의 호텔상품과 서비스의 개발은 성공적인 호텔경영의 절대적인 요건이 되고 있다.

세계적인 대규모 호텔사들은 사업확장 및 경쟁력 강화를 위한 다중 브랜드 개발로 최적 포트폴리오 개발에 주력하고 있다. 시장의 요구에 충실하기 위해서 계층, 상표, 기업형태를 달리하는 다양한 호텔 프로젝트의 계획과 개발도 종래의 만능적 서비스(full-service) 중심 고급호텔(versatile hotel) 일변도의 투자를 지양하게 됨으로써 나오게 된 것이다. 호텔 분류체계에서도 두 등급의 시장 계층을 아우르는 복합 호텔들은 없어지고 각각 단일등급으로 분리되기에 이르렀다. 뚜렷한 등급과 명확한 가격대의 숙박업을 선호하는 시장트렌드로 인해 불가피해진 투자행태의 변화 및 새로이 형성된 등급체계라고 할 수가 있겠다. 호텔산업에서의 호텔 포트폴리오의 변화는 이처럼 현대 호텔산업에 있어서 기업형태는 다양해진 브랜드만큼이나 종류가 많아지고 다양해져 가는 추세이다.

호텔 포트폴리오는 변화되는 사회경제적인 여건에 수반된 시장계층별 수요에 부합되는 가격과 품질의 호텔 브랜드 확보와 브랜드별 최적 분포비율을 추구함으로써 고객에 대한 서비스와 기업에 대한 수익성과 증진을 추구하려는 전략이다. 각 세분시장별 수요예측이나 이용실적에 따른 적정 구성 비율로 분포된 브랜드별 및 기업형태별 숙박브랜드의 추구는 수요변동에 의한 것이므로 적정 수준의 객실요금을 전제한 포트폴리오라고도 할 수 있다.

2009년 미국의 숙박산업 통계를 보면 평균실료(ADR)는 97.85달러로 2006년 실적(107.18달러)이나 2007년의 104.24달러보다 낮았다(Smith Travel Research, 2010).

〈표 7-1〉 가격층별 호텔 및 객실 분포율* (2010년 현재)

| 구 분 / 가격(rate)계층별 | 호텔사업체수(property) | | 보유객실분포 | |
|---|---|---|---|---|
| | 업체수 | 분포 비율(%) | 객실수(Room) | 분포 비율(%) |
| $30 미만 | 832 | 1.64 | 56,008 | 1.176 |
| $30~$44.99 | 7,032 | 13.84 | 430,790 | 9.046 |
| $45~$59.99 | 15,276 | 30.07 | 952,019 | 19.991 |
| $60~$85 | 13,965 | 27.49 | 1,195,277 | 25.100 |
| $85 이상 | 13,695 | 26.96 | 2,128,051 | 44.687 |
| 계 | 50,800 | 100 | 4,762,145 | 100 |

* 전 계층을 포함하지 않은 총 50,800개 호텔 총 4,762,145개실을 기본 자료로 함.
표 : STR 2010 자료에 의해 필자 작성.

앞의 표에 시사되듯이 객실 가격대를 기준으로 30달러 미만, 30~44.99달러, 45~59.99달러, 60~85달러 및 85달러 이상 등 5등급으로 분류한 호텔업체와 보유객실(rooms)의 분포비율을 보면 그 중 45~59.99달러의 중간 가격대의 중저가 호텔이 총 15,276실로 전체의 30.07%에 달하지만 객실은 전체의 20% 미만의 비중이다. 이것은 그만큼 호텔 규모가 비교적 작다는 것이다. 객실분포 면에서는, 85달러 이상의 고가 호텔이 업체수는 26.96%(13,695업체)로 작아도 객실분포 비율은 44.69%(2,128,051실)로 가장 높아 이 계층의 호텔시장 규모가 크다는 것을 시사함으로써 저가 호텔에 대한 수요를 알게 해 준다(표 7-1 참조).

점차 전 인구의 여행참여와 더불어 종전의 고가격 보다는 중저가 여행을 추구하는 여행시장에서 대중적인 숙박시설 수요는 현저한 추세가 되고 있다.

중저가 호텔 선호라는 세계 여행시장의 주된 흐름은 여가 대중들의 여행 및 숙박행태가 그만큼 가격 탄력적인 양상을 보인다는 의미로 해석될 수 있다. 숙박 고객들이 선호하는 숙박시설의 가격 수준과 서비스 및 등급 수준에 수반된 이런 변화 추이는 우리나라에서도 예외가 될 수 없다. 호텔에 대한 투자 촉진을 위한 관광정책수립에 있어서 우리나라의 호텔산업도 점차 객실위주의 염가호텔 개발을 촉진하는 방향으로 산업구조의 개편노력이 경주돼야 할 때이다.

### 3) 객실원가의 통제와 기업의 기업형태 전략

저렴한 매가결정을 가능하게 만들기 위해서는 호텔 건축에 앞서 개발프로젝트의 입안과정에서 전체 실료 원가에 대한 강력한 통제가 불가피하다. 결국 부대시설과 서비스를 최소한으로 감소시키고, 또한 소요 인력을 줄이는 것이 호텔산업에서 활용해 온 가장 효과적인 원가통제의 방안이다.

호텔의 고급화 수준을 좌우하는 핵심요소는 식음료서비스에 있다. 식음료서비스를 포기한다면 인건비는 물론이고 공용면적과 최소화된 부대시설 및 설비투자로 인해 수익공간을 확대할 수가 있다. 그만큼 객실에 많은 공간을 할애할 수가 있기 때문에 객실수익 극대화와 함께 원가절감을 기할 수가 있게 됨으로써 일정한 투자수익률을 전제한 목표수익을 비교적 용이하게 달성하게 될 것이다.

요컨대 부대시설과 서비스 보다는 호텔 본래적 기능인 숙박기능에 집중된 투자 및 호텔건축을 통하여 최고급은 아니더라도 일정한 품질수준을 유지할 수 있는 청결성과 서비스 및 안락성을 제공할 수 있는 고급의 객실상품의 생산과 제공에만 호텔기능을 집중할 수 있게 된다. 계획부터 경제적 규모의 비교적 저렴한 가격으로 가격 경쟁력을 지닌 고급 객실 생산과 제공을 할 수 있는 중저가 호텔이나 버젯모텔(budget motel) 개발이 가능한 호텔 투자안의 수립과 시행을 기대할 수가 있기 때문이다.

대부분의 모텔, 버젯 모텔, 이코노미 모텔들과 저가 호텔들은 이런 과정을 거쳐서 탄생되는 것이다. 그러나 이런 중저가 모텔 등 숙박 브랜드들조차 개별 호텔사의 단일 브랜드로 개발되기 보다는 대규모 다중 브랜드의 글로벌 호텔사들에 의해서 투자, 개발, 운영되고 있다. 초대형 규모의 글로벌 다국적 호텔의 탄생 또한 이러한 다국적에 소재한 다중 브랜드의 다양한 숙박시설 없이는 불가능한 것이었다고 할 수 있다.

초대형 규모의 호텔사들의 세분시장 별 호텔개발이나 인수는 국제적인 호텔 브랜드 포트폴리오 개발을 촉진했다. 호텔사의 체인경영은 기업 확장과 경쟁에 있어 많은 강점들을 가져다 주었고 또 경영통제에 있어서도 막강한 통제력을 가능하게 해 주었다. 이런 맥락으로 다국적 호텔기업들은 점차 더욱 더 성장 발전하게 되었다.

글로벌 호텔사의 출현은 결국 개별 호텔사들의 경쟁력을 위협하게 되었다. 개별 호텔사들은 종래에 그들이 고유의 사업영역으로 의존해 왔던 소규모 자국 내 시장에서조차 경쟁력 유지가 어렵게 되었다. 이런 취약한 경쟁여건과 위협요인을 탈피하고 경쟁력을 강화하기 위한 수단으로 국내외 유사규모의 개별 호텔사들은 조합형태의 모종의 계약관계를 수립하거나 아니면 대규모 글로벌 호텔사의 관계회사로서 프랜차이즈나 기타 형태의 사업적 협력관계를 유지하지 않을 수가 없게 되었다(표 7-2 형태별 객실분포 참조).

〈표 7-2〉 세계 호텔사의 기업 형태별 객실분포 (1985년 현재)

| 기업 형태별 구분 | 객실분포 비율(%) |
|---|---|
| 소유 혹은 부분적 소유 | 30.5 |
| 리　　스 | 11.9 |
| 경영계약 | 44.2 |
| 프랜차이징 | 13.4 |
| 계 | 100.0 |

자료원 : Gee, 1994, p. 178.

변화하는 환경에서 글로벌 호텔사들은 그들이 처한 상황이나 수립된 전략 목표 달성을 위해서 연차적으로 추구해야 할 가치와 규모에 맞는 포트폴리오 의사결정으로 사업을 운영하지 않으면 안 되게 되었다. 프랜차이즈(franchise) 계약이나 컨소시엄(consortium), 전략적 제휴(strategic alliances)나 이를 지향한 리퍼럴 조직(referral organization)과 같은 다양한 기업 형태별로 각기 다른 대안들을 놓고 평가한 후 그 중 최선안을 선택하는 방식으로 의사결정이 이루어지게 된다.

이런 문제와 관련해서 호텔의 기업형태에 대한 상세한 이해는 호텔경영 목적별 측면에서 각기 다른 입장을 보일 수도 있기 때문에 해석도 다양해질 소지가 있다. 그러므로 결정에 앞서서 각 대안들을 호텔의 사업정책과 관련시켜 분석하고 평가할 필요성을 제기하게 된다.

가령 호텔기업의 해외 확장 추진을 일의적인 정책으로 고려하는 체인 호텔사라면 호텔의 매입, 합병, 합작투자 등 방법 외에 경영계약(management contracts), 프랜차이징(franchising), 컨소시엄이나 다른 형태들 중 선택하거나 다양한 기업형태를 골고루 고려해 볼 수 있겠다. 반대로 분석결과 경쟁력 약화에 대한 위협(threats)요인이 문제시되는 개별 호텔사의 입장을 가정한다면 사업 확장보다는 경영계약(management contracts), 프랜차이징 등 방법으로 대규모 체인사 조직에 참여함으로써 여기서 기대되는 경영상의 수혜를 통하여 안정성 모색이나 경쟁력 강화를 도모해 볼 수도 있겠다.

### 4) 경쟁적 우위를 지향한 호텔사들의 전략적 제휴

본문은 본장 제3절 3 - 6)을 참조하기 바람.

### 5) 고객만족 지향의 가치추구와 컨소시엄

본문은 본장 제3절 3 - 7)을 참조하기 바람.

## 3. 체인화에 의한 글로벌 호텔사업 추진의 경영상 이점

### 1) 글로벌 호텔사업의 추진 배경

호텔사들이 글로벌 시장으로 진출하는 데는 기업 내부적 요인과 외부적 사업환경 요인 등 두 가지 요인들이 크게 작용하는 것으로 알려져 있다. 다음의 그림은 호텔사가 기업 내·외부적 요소들에 대한 분석을 통하여 기업전략을 수립하고 호텔사의 목표를 결정하는 기업전략 수립의 과정과 관계를 나타낸 것이다(그림 7-1 참조).

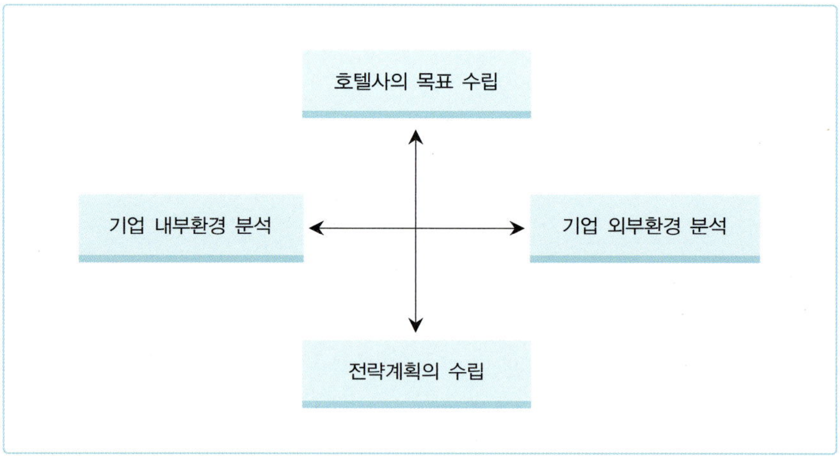


[그림 7-1] 호텔의 전략 수립

물론 호텔사의 국제진출(internationalization) 및 기업 확장(international expansion)에는 더 큰 위험성이 수반될 수 있고 실제로 확장 전략의 추진에는 성패에 대한 의문점들이 제기되기도 한다.

기업이 주로 체인경영 방식에 의한 기업 확장을 도모하려는 내부적인 요인들은 대개 긴급한 경영관리상의 문제제기, 성장 및 이윤목표 개선, 규모의 경제 실현, 기타 독특한 제품의 출시 및 제공, 서비스의 확대 등에 대한 적극적인 활동전개 차원에서 야기되고 있다. 그러나 경제, 기후나 자연재해, 질병, 전쟁이나 테러 등 다양한 원인들로 제고되는 투자 및 경영상의 위험을 분산시키려는 의도에서 환경에 대한 적응책의 일환으로 강구되기도 한다. 또 외부적 요인들로는 해외 시장기회, 경쟁 대안 강구, 변화요인을 통한 사업촉진책 등을 들 수 있는데, 그보다는 시장포화로 축소되거나 쇠퇴하는 내국시장이나 경쟁 대안 추구가 국제화의 배경이 되기도 한다(제2편 참조).

다음의 〈표 7-3〉은 호텔기업의 해외진출과 기업 확장의 배경 요인들을 표로 요약한 것이다. 기업의 내·외부적 요인에 의한 해외진출은 환경에 대한 대응책으로서 모색되기도 하지만 적극적인 정책 및 전략추진 대안으로 개발되기도 한다.

〈표 7-3〉 호텔사들의 국제진출 배경

| | 환경대응책 | | 적극적인 대안강구 |
|---|---|---|---|
| 내부적 요인 | 위험분산 | 자연재해 | 관리상의 필요성 |
| | | 전쟁 · 테러 | 성장추구 및 이윤 목표 |
| | | 지역경제 | 제품이나 서비스의 확장 |
| | | 질병발생 | |
| 외부적 요인 | 내국시장 포화상태 | | 해외시장 기회 |
| | 경쟁대안 | | 사업체 독려 |
| | | | 경쟁력 부각 |

그러나 일단 호텔사들이 해외 확장을 결정하는 배경은 잠재적이 성과 기대에 있다. 글로벌 시장으로의 사업 확장과 진출로 인한 비용과 투자에 관련된 위험성 여지에 대한 우려보다는 이익 잠재력에 대한 지각(perception)에 기인된 것이라고 보는 시각이 더 타당할 것이다.

기업이 외부의 경영환경 여건 변화를 인식하고 또 내부적으로는 계획수립과 참여의지를 통하여 대응책을 강구하는 등 적극적으로 대처하는 과정에서 다국적 기업전략을 수립하고 추진하게 되었다고 볼 수 있다.

### 2) 국제 호텔 체인화에 의한 글로벌 호텔경영 전략의 고려요소

호텔이 공격적이거나 방어적인 전략기술들을 적절하게 구사할 수 있느냐의 문제는 호텔이 수립한 정책 방향과 경영진의 역량 여하에 의존될 문제이기도 하다. 특히 글로벌 경영의 관점에서 호텔의 제 전략 요소들을 고려함으로써 확실한 정책방향을 결정하고 이를 통해서 글로벌기업의 국제경영 네트워크를 개발하게 된다. 그렇지 않으면 다국적 기업경영에서 기대되는 이점들을 경쟁적 이점으로 수혜할 수 있는 환경에 대한 확신을 어렵게 할지 모른다.

이런 전략에서 고려되어야 할 요소들로는 다음과 같은 것들을 들 수가 있다.

① 유형, 무형의 호텔 제품 계열의 표준화로 기후, 관습 및 종업원 여건의 차이에도 불구하고 동일한 기초 위해서 제품과 서비스가 제공될 수 있도록 관리해야 한다.

② 표적시장을 결정함에 있어서 국제적인 수준과 기초 위에서 각기 다른 경제적 및 문화적 여건에서도 부합될 수 있는 새로운 지역에 맞도록 계획을 수정하거나 기존시장을 유지해야 한다.

③ 마케팅 기능은 기존과 동일하게 유지할 것인가? 혹은 국제화와 더불어 조직에 부합되도록 국제적 및 지역의 표적시장에 대해서 변화시킬 것인가? 결정해야 한다.

④ 최고의 점유율 믹스를 달성하기 위해서 판매활동과 판매서비스 정책을 어느 정도로 변화시켜야 할 것인지에 대한 범주 결정을 포함한 매출문제에 대한 전략결정을 요한다.

⑤ 호텔기업이 추구하는 주요도시 중심지, 휴양지, 여행 등과 관련된 특정 국가 내의 특정 입지유형과 여행사나 여행 대리점 등과 같은 여타의 판매 대리점 모두에 대한 관점에서 분포(distribution)와 관련된 정책 특성(nature)을 결정해야 한다.

⑥ 구매와 관련된 의사 결정의 관계를 분명히 결정하고 있어야 한다. 즉 모든 구매 의사 결정과 구매를 지역단위로 수행할 것인지 혹은 본사에서 중앙집중적인 구매와 지역분산적인 구매를 어떻게 어느 정도로 협력해서 수행할 것인가를 결정해야 한다.

⑦ 연구개발에 대한 중앙집중식 혹은 지역분산식 방법에 대한 논란의 여지는 있다. 이러한 의사결정 문제가 실제로 야기되는 영역은 흔히 새로운 호텔서비스의 개발이나 개선문제, 새로운 메뉴개발이나 새로운 기술사용 등과 관련되어 있다.

⑧ 재무관리 및 재무통제 문제는 국내 경영이나 글로벌 경영에 있어서 다 같이 성공의 중요한 변수가 되고 있다. 회사의 자본 원천, 재무적 성과인 수익률, 기타

전략적인 변수들에 대한 추이와 기재방식 여하는 중요한 영향변수가 될 수도 있다. 통제의 측면은 호텔의 재무적 통제뿐만 아니라 호텔 전사적인 품질통제와도 관련되어 있다. 말하자면 재무적 통제도 포함되지만 전반적인 시장표준과 영업표준이 기업과 고객들의 기대를 충족시키기에 충분할 정도로 더 넓은 개념에서 서비스산업 전체의 영업이 가장 잘 나타나고 있는지를 확인해야만 한다.

⑨ 경영진과 기타 직원의 선발, 고용, 유지 및 개발은 기업의 전사적인 전략 실행과 성과표준의 충족을 위해서 가장 중요한 요소가 될 것이다.

### 3) 글로벌 호텔 체인 경영의 배경과 수혜 기대 영역

기술발전과 급속한 경영환경 변화가 초래하는 도전 요소들로 인해 경영에서 불확실성이 제고되는 여건에서 경쟁력을 유지하고 수립된 기업 목표를 달성하려면 개별 호텔사들도 단독 기업 형태보다는 경영에 있어서 다양한 이점을 강점으로 하는 체인화를 고려하거나 이를 통한 경쟁력 제고방안 모색이 불가피해지게 되었다. 호텔사들이 자체적으로 축적해 온 경영 노하우에도 불구하고 체인관련 계약이 만료되는 시점에서도 여전히 계약관계 유지를 희망하게 만드는 매력은 어디에 있을까? 세계적으로 지속되고 있는 다양한 형태의 체인관련 계약의 발전 추세는 무엇을 시사하는가? 기업 형태별로 세계 호텔의 객실분포 상황을 고찰해 보면 이상과 같은 원인을 분석하고 추적하는데 도움이 될 것이다.

호텔이 체인화를 통하여 기대하는 많은 잠재적인 경쟁적 이점들이 창출되는 원천적 요인들은 크게 다음과 같은 몇 가지로 요약될 수가 있다.

첫째, 국내외적인 관광자원의 활용 가능성에 대한 기대와 고객에게 제공할 상품 및 상품 특성의 지역적 차별화 가능성에 유리하게 작용될 소지가 크다는 점이다.

둘째, 체인사들은 개별 호텔사로서는 얻기 어려운 규모 및 범위의 경제로부터 이점을 수혜할 가능성이 크다는 점이다.

셋째, 체인 호텔사들은 글로벌 호텔망 구축을 통하여 경영상의 이점과 호텔 자산가치 면에서 많은 혜택 수혜가 기대된다는 점이다.

국제적인 체인화를 통하여 대규모 글로벌 호텔사와 가입 호텔사들이 기대할 수 있는 운영, 자본, 예약, 프랜차이즈, 시설 설계와 건축 및 신규 투자나 부동산 매입에 소요되는 거액의 자본 조달에 있어서 누릴 수 있는 이점의 수혜 내용들은 다양하다. 축적된 전문성을 토대로 한 호텔경영의 노하우 등과 함께 이상에서 언급된 이점 창출의 제원천들을 통하여 글로벌 호스피탈리티 시장에서 월등한 경쟁적 강점들을 골고루 갖추고 사업에 임할 수가 있게 된다.

체인 형태의 호텔기업 경영에서 기대할 수 있는 이러한 이점들은 이상에서 검토한 바의 전략 요소들과 분리해서 생각하기는 어렵다. 대부분의 강점들은 그런 요소들과 더불어 발생되고 있다. 이런 영역들을 개략적으로 재정리해 보면 다음과 같다.

① 재무관리상의 이점
② 구매관리상의 이점
③ 마케팅 면에서의 이점
④ 매출수익에서의 이점
⑤ 회계시스템 수립과 관리에서의 이점
⑥ 고급 전문인력 및 기타 노동력의 확보와 활용에서의 이점
⑦ 인력개발과 교육훈련에서의 이점
⑧ 연구개발에 있어서의 이점
⑨ 경제적 규모의 이점

## 제2절 기업형태 결정을 위한 경영환경과 SWOT 분석

### 1. 글로벌 전략을 위한 호텔의 경영환경 분석

이미 미국을 비롯한 영국과 프랑스 등 구미의 몇 개 국가에서는 다국적 기업의 이점들을 기대하면서 일찍부터 글로벌 호텔경영 전략을 수립하고 추진해 왔다. 이 책에서는 다국적 기업과 글로벌 경영을 동의어적으로 사용하고 있는데 다국적 기업경영에서 직면되는 복잡한 글로벌 환경 측면은 각기 다른 지역과 국가에서의 사업에 있어서 목표 달성 또는 성과실현을 위해서는 반드시 극복되지 않으면 안 될 측면들로 이해되고 수용되어야 한다. 계획된 모든 사업성과의 실현을 위해서는 자국의 경영환경과는 달리 불확실성이 높은 알지 못하는 경영환경을 다각도로 평가하고 고려하지 않으면 안 된다. 새로운 경영환경에 대한 평가와 고려를 통하여 관련된 제 측면에 대한 평가 결과가 긍정적으로 분석된다면 이것은 곧 글로벌 호텔경영으로의 전환과 적응

은 경영성과 창출에 대한 잠재력 또한 긍정적이어서 계획이 타당성을 갖고 있다는 의미가 될 수 있다.

글로벌 경영에서 중점적인 분석대상이 되는 복합적인 측면들 중에는 조직적 요인, 규제 및 법적 측면, 자본조달이나 기타 금융 측면, 및 문화적 요인 등 주요 측면들이 있으며 각각 그림에서와 같이 구별해서 접근해 볼 수가 있겠다(그림 7-2 참조).

그러나 호텔기업의 글로벌 경영을 지향한 경영환경의 평가 문제는 비단 기업의 글로벌 진출 시 어떤 형태의 기업형태에 대해 투자하거나, 프랜차이징, 혹은 경영계약을 체결해야 할 것인가의 문제에 국한된 주제가 아니라 호텔기업이 글로벌 경영을 위해서 세계시장에 진출하고 기업규모를 확장해 가려고 할 경우에도 반드시 고려하지 않으면 안 될 요소들로서, 매우 가치 있는 연구 주제가 되기도 한다.

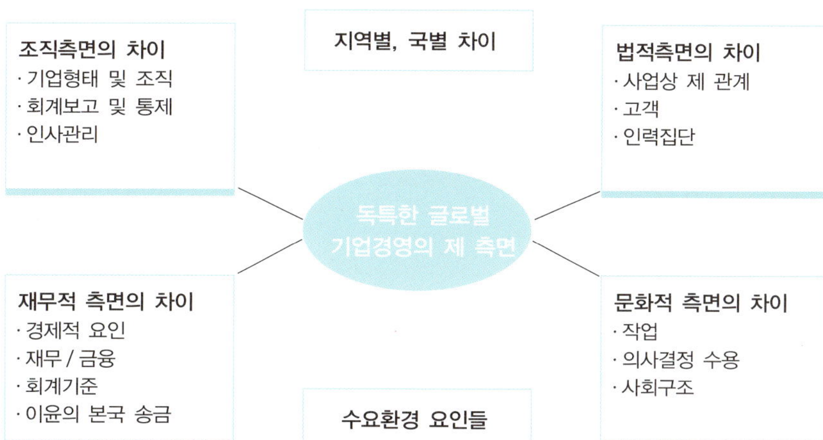


자료원 : Litteljohn et al., 1991.

[그림 7-2] 글로벌 호텔경영 환경평가의 제측면

## 1) 조직적 요인의 평가

기업경영에서 의사결정의 전달과 의사소통, 인사조직 및 경영의 관점에서 기업조직의 설계를 둘러싸고 몇 가지의 문제들이 제기된다. 그러나 조직 관련의 모든 의사결정에서는 글로벌 호텔경영에서 제기되는 몇 가지 특수한 고려를 요하는 현지의 지역적 현안들을 제외하고는 호텔 본사와 동일한 원칙에 준거하게 된다. 글로벌 기업으로서 호텔이 어떤 나라 혹은 지역에 진출하는데 고려해야 할 요소들로는 다음과 같은 것들이 있다.

(1) 기업의 확장 형태에 대한 고려

기업이 전액 투자함으로써 호텔을 건립하고 운영할 것인지, 합작투자 혹은 지역 투자자들을 참여시킬 것인지 혹은 프랜차이징, 위탁경영 및 기타 기업조직이나 형태에 의한 해외 진출 및 기업 확장을 할 것인지를 고려하고 결정하여야 한다.

(2) 조직구조 및 보고 체계에 대한 고려

본사에서 소유 및 기업형태를 어떤 것으로 결정하든지 간에 호텔사는 지역 업체에 대한 경영통제 및 회계 통제력의 유지 혹은 현지 경영에서 필가피한 신축성 있는 대처를 가능하게 해줄 조직 구조 및 보고 체계에 대해 신중한 고려를 하지 않으면 안 된다.

흔히 글로벌 호텔사들은 아시아 지역, 혹은 북미 혹은 중남미라는 식으로 지역단위 조직으로 분류해서 지역관리자들이 호텔사업체를 관리하도록 하기도 한다. 그러나 글로벌 호텔사들의 관리·통제 업무를 본사가 직접 담당하거나 지역관리 본부에서 관리하는 경우의 원가 및 효용 면에서의 이점과 불리점을 각각 고려하면서 다각적인 분석을 거쳐서 결정되어야 할 것이다.

흔히 사용되는 해결방법 중 하나는 글로벌 호텔사의 총 사업체들을 지역별로 분류하는 것과 호텔사가 운영하는 브랜드별로 구별하는 방안을 들 수가 있다. 그런데 가장 중요한 사안은 본사가 세계 도처에 산재되어 있는 각기 다른 문화권과 입지여건을 갖고 있는 자사 소유 혹은 관계호텔 사업체에 대한 지원과 통제를 위해서는 수직적인 경영시스템의 설계를 고려하는 것이 매우 긴요하지만 개개의 사업체가 입지해 있는 지역의 기회와 한계요인들을 가지고 효과적으로 사업을 운용해 나갈 수 있도록 할 조직을 위해서는 수평적인 조직설계에 대한 고려 또한 매우 긴요한 사안이다. 이런 점에 대해 Lee(1966)는 다국적 기업의 조직은 이러한 두 가지 관점에서 조직을 고려함으로써 글로벌 기업의 요구들을 충족시킬 수 있는 것이라야 한다고 지적하고 있다.

호텔은 특히 강력한 수직적 통합에 매우 적합한 사업으로 알려져 있다는 점에서도 호텔사들의 글로벌 경영의 배경을 얼마간 설명할 수 있을 수 있을 것 같다.

(3) 호텔의 적정 노동력 확보에 대한 고려

호텔종사원 등 인력집단에 대한 모집과 개발에 대한 고려는 호텔 뿐만 아니라 모든 글로벌 기업에 직면된 주요과제가 되고 있다. 변화하는 글로벌 노동시장 여건에서 호텔이 필요로 하는 적재를 적시에 모집하고 고용함으로써 본사에서 개발한 프로그램에 맞추어 교육시키려면 전 세계를 돌아다니면서 관리해 줄 관리인력의 확보 또한 필요하다. 변화를 받아들이면서 이에 적응해 가려면 그들의 직무활동을 위한 본사의 재무 및 기타 지원이 필수적이지만 지역의 직원들이 이런 변화 추이에 잘 적응할 수 있도록 여건을 마련하는 것 또한 매우 중요하다.

### 2) 법적 요인의 평가

글로벌 경영에서 처음부터 직면되는 문제는 각기 다른 지역의 여러 나라의 다른 법적 환경에 적응하는 일이다. 개발 프로젝트 시행 초기의 회사설립 관련 법규와 토지 및 재산소유관련 법규는 절대적으로 중요하지만 이어서 호텔건축 및 인허가 관련 법규, 식료 서비스 및 주류 판매 관련 허가취득, 소비자 관련 법규, 종업원 및 노동관련 법규, 프랜차이징이나 위탁경영계약 관련 법규 등을 정확히 알고 접근하는 것이 중요하다. 특히 자국의 관련법규를 가정한 개발프로젝트 등은 상당한 계획의 차질을 불가피하게 제기해 올 것이기 때문에 항상 사전적인 법적 환경에 대한 면밀한 평가분석을 거쳐 계획을 입안하고 시행하는 것이 필요하다.

### 3) 재무적 환경 요인들의 평가

재무적 환경에서 고려할 주요 요인들로는 많지만 특히 이윤산출, 감가상각이나 자산 재평가 등과 관련된 현지의 회계기준 및 실무, 현지 국가의 외환관리 정책, 재무비용 예측에 있어서 타인자본에 대한 이자율 등, 판매세 등 각종 세제, 이윤의 자국 송금 등 이윤관련 법규 등이 중요하게 고려될 요소들이다. 물론 국제간의 거래가 다반사가 되어가는 글로벌 사회에서 각국이 국제회계기준으로 전환하고 있지만 여전히 재무적 환경에서의 차이요인들은 남아 있을 수가 있다.

### 4) 문화적 환경요소에 대한 고려

문화적 차이로부터 제기될 수 있는 문제의 영역은 매우 광범위하다.

Roblck & Simmonds(1989)에 의하면 문화는 "사람들의 행동을 규율하는 사회적 규범과 반응의 총체적인 세트이다. 이것은 타고나는 것이 아니라 하나하나 학습된 관례와 행동양식의 세트로… 습득되고 주입되는 것이다(the whole set of social norms and responses that condition a population's behavior. It is the "acquired and inculcated... set of rules and behavior patterns that an individual learns but does not inherit at birth").

여기서 시사되는 문화적 차이는 곧 기업 내·외부 고객의 행동에서의 차이이므로 경영에서 문화적인 차이는 곧 인사관리와 시장에 대한 고려에 있어서 반드시 유의해야 한다는 점을 지적해 주고 있다. 우선 문화적인 차이가 제기하는 가장 분명한 도전은 시장과 직원들에 대한 의사소통과 언어문제에 있다. 이것은 소통에 있어서 상당한 조종이나 왜곡을 초래할 가능성을 제고함으로써 다음과 같은 문제를 동반할 수가 있다.

① 직무와 직무를 통한 성취에 대한 태도에 대한 정확한 소통이 어려울 수도 있다. 직무 수행에 대한 경제적인 급부와 성취감이 종사원 개인들을 어느 정도까지 동기화 할 수 있을 것인가의 문제파악에 어려움을 줄 수가 있다.
② 의사결정 수용의 양태 면에서 개인, 가족, 고용주, 종교 지도자 혹은 기타 누가 의사결정을 내리고 또 결정수용에 영향을 미치는 사람은 누구인가가 문화적 차이에 따라 다를 수가 있다. 그러므로 호텔에서 고객을 유치하기에 앞서 이런 의사결정의 문화적 차이를 파악하고 이를 활동에 도입하는 것이 매우 중요하기 때문에 이런 측면에서도 문화적인 차이를 고려하지 않으면 안 된다.
③ 사회적 구조를 이해함으로써 문화적인 차이로부터 발생될 수 있는 호텔경영에서의 문제소지를 완화하거나 해소할 수 있어야 한다. 과연 사회적 집단, 경제적제 집단, 그리고 미속 집단들 간에 어떤 장벽이 있는지의 유무를 파악하고 또 장벽이 있다면 그것이 얼마나 허물기 힘든 것인지의 정도에 대해서도 파악함으로써 어떻게 대처해야 할지를 결정해야 한다.

이런 제요소에 대한 고려를 통하여 어떤 기업형태를 통한 글로벌 호텔경영이 가장 효과적인 결과를 초래할 수 있을 것인가의 관점에서 기업의 세계적인 확장, 진출방식, 기업형태 등이 결정될 수 있을 때 비로소 성과도 기대될 수 있을 것이다.

## 2. 성장전략과 기업형태를 위한 호텔 SWOT 분석

### 1) SWOT 분석의 기초

SWOT 분석이란 프로젝트 혹은 사업투자에 있어서 야기될 수 있는 각기 다른 요인들인 강점(Strengths), 약점(Weaknesses), 기회요인(Opportunities) 및 위협요인(Threats Risk factors)들의 평가를 위해서 활용되는 전략계획 수립의 한 방법이다. 이 분석 기법은 사업투자 혹은 프로젝트의 목적을 명시(specifyig)하고 목적을 달성하기 위해서 기업 내부적 및 외부적인 바람직한 요인들과 불리한 요인들을 평가하고 판정(identifying)하려는 것이다. 이 기법은 1960년과 1970년에 Stanford University에서 Fortune지의 500대 기업 자료를 사용해 이 분석기법을 유도했던 Albert Humphrey에 의해서 처음으로 개발되었다.

SWOT 분석은 우선 원하는 성과나 목적을 기술하는 것으로부터 시작되는데 분석요소들로는 다음 네 가지가 있다. 오늘날 전략적 계획수립은 특히 많은 연구의 주제가 되어오고 있다.

- 강점(Strengths) : 산업에서 다른 것들에 대해 유익을 주는 사업의 특성 혹은 인력집단(team) 특성을 말한다.
- 취약점(Weaknesses) : 기업을 다른 것들에 대해서 불이익이 되게 만드는 특성
- 기회요인(Opporturnites) : 주워진 환경에서 더 큰 매출이나 이익을 만들 수 있는 외부적인 기회
- 위협요인(Threats) : 사업에 문제를 일으킬 수 있는 원인을 제공할 외부요소들

### 2) 호텔의 기업형태 선택을 지향한 SWOT 분석

기업이 국내 사업에만 전념하거나 혹은 글로벌 기업으로 도약하려는 전략적인 의사결정을 하기 위해서는 SWOT 분석을 통하여 기업 내부적인 강점(strengths)과 약점(weaknesses)을 분석하고 동시에 기업 외부적인 기회요인(opportunities)과 위험요인(threats)을 분석해 보아야 한다.

호텔기업에 있어서 강점은 기업이 지니고 있는 제 자원 여건, 기술 혹은 경쟁자나 기업이 서브하고 있거나 서비스에 참여하고 있는 시장욕구와 관련된 여타의 이점들을 들 수가 있다. 그러나 반대로 제 자원, 기술 및 성과에 대한 심각한 제한이나 결함이 있다면 이것이 곧 취약점(weaknesses)이 될 것이다. 마찬가지로 기업 외부적인 경영환경이 기업 상황에 매우 유리한 주요 여건이 있다면 기업을 위한 커다란 기회요인(opportunity)이 될 것이지만 반대의 경우라면 기업의 외부환경은 기업에 대해 주요한 위협요인(threat)이 될 것이다.

여기서 호텔 B가 처해 있는 상황의 분석결과처럼 기업 내부적인 강점과 외부 환경적인 기회요인이 함께 분석된다면 공격적인 확장(aggressive expansion) 정책을 추진해 볼 수가 있다.

그러나 반대로 기업 내부적인 취약점과 기업 외부적인 위협요인이 분석되면 C사의 상황이라면 성장전략보다는 규모를 축소(retrenchment)하는 방향으로 전략을 수립하는 것이 유리할 것이다. 호텔사 B는 가장 이상적인 상태에 처해 있고 주요한 외부 환경적 기회와 동시에 상당한 내부적 강점도 갖추고 있어서 성장지향적인 공격적인 확장전략을 추진해 볼 수가 있다. 그러나 호텔사 A는 외부환경적인 기회요인에도 불구하고 내부적 약점으로 말미암아 이를 경쟁자산으로 활용할 기회를 가로막고 있기 때문에 전략을 위해서는 먼저 내부적 비효율을 극복하는데 전력해야만 한다.

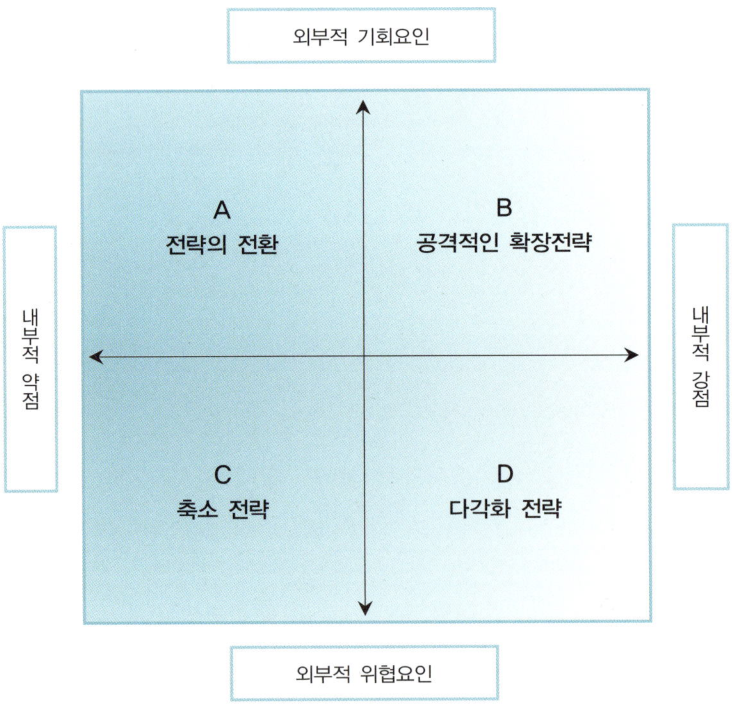


[그림 7-3] 확장전략을 위한 호텔의 SWOT 분석

내부적으로는 주요한 강점이 분석되지만 외부적으로는 주요한 위협요인이 있다는 분석결과가 도출되는 경우에는 호텔사 D는 다각화(diversification) 전략을 수립하고 추진하는 것이 권장될 수가 있다. 또한 반대로 내부적으로는 주요한 취약점이 드러나고 있지만 외부 환경적으로는 주요한 기회요인이 분석되는 상황에서는 전략방향의 전환(turnaround)이 요구되는 여건이다. 여기서 호텔사 C와 호텔사 D는 다 같이 주요한 외부적 위협요인에 직면되어 있는 사례이다. 그렇지만 D사는 상당한 내부적 강점을 갖고 있다. 호텔 C는 환경이 총체적인 어려움에 처해 있는 상황이다(그림 7-3 참조).

이상과 같은 분석결과를 행렬(grid)로 표시한 것이 앞의 [그림 7-3]이다.

## 제3절 호텔의 기업형태별 소유 및 경영

### 1. 기업형태에 대한 호텔의 전략 개관

호텔은 원래 소유주가 호텔건축과 그 내부에 필요한 각종 시설을 설비함으로써 사업을 운영하는 형태로 발전되었지만 점차 다른 기업형태로 세분화되기에 이르렀다. 호텔시설을 위해서는 거액의 최초투자를 요하기 때문에 그러한 막대한 자본을 단기에 조달하는 것은 어느 시기의 호텔경영에 있어서도 항상 매우 어려운 재무관리 문제를 제기했다. 이에 수반된 투자 위험성도 매우 컸지만 실제로 소매업으로서의 호텔영업을 통하여 거액 투자 자본을 회수하는 데는 장기간이 소요되는 자본회수의 장기성 특징은 건전한 재무구조를 위협하는 요인으로 작용될 소지가 매우 크기 때문에 어려움이 가중될 수도 있기 때문이다.

한편 호텔기업은 서비스업으로서 고객을 즐겁고 편안하게 해 주는데 소요되는 다양한 시설의 설비와 그 운용 및 서비스 이행을 요하기 때문에 다양한 분야의 많은 전문 인력을 수요함으로써 고질적인 노무비 상승요인을 안고 있다. 질 좋은 서비스와 노무비 원가관리는 어쩌면 이율배반적인 문제를 제기하는 영역으로 인식되어 오고 있기도 하다. 그러므로 투자위험과 경영의 전문적인 노하우는 호텔기업의 성공을 위한 기본 요건으로 간주되어 왔다. 이런 점에서 투자자본 회수와 전문인력 수요 측면을 중심으로 해서 호텔투자와 호텔경영은 분리될 필요성을 본래적인 환경으로 지니고 있는 사업으로서의 특성을 갖고 있다고도 볼 수 있다. 이런 환경여건으로 인해서 호텔의 개발, 소유, 및 전문적인 경영 노하우를 둘러 싼 다양한 호텔의 기업형태가 개발되고 활용될 수 있었다. 호텔의 다양한 기업형태의 생성과정을 이해하는 것은 호텔기업형태에 대한 사색과 학습을 통한 기업구조 전략수립에 효과적일 것이다.

호텔의 개발역사는 단기적인 투자자본 회수책으로 개발 종료 시점에서 호텔 사업체를 매도하는 방안을 추구하도록 촉진하는 요인이 되었다고 할 수 있다. 또한 개발이나 경영에 대한 특별한 전문성을 갖고 있지 않은 소유주 혹은 투자자들은 부동산 경기 전망에 의해서 호텔건물과 시설 자산을 매수함으로써 부동산 매매차익이 아니면 영업수익 창출기회를 추구해 볼 수도 있다. 호텔경영의 노하우를 축적한 기존의 대규모 호텔사들은 이를 필요로 하는 호텔 소유주들이나 경영자와의 프랜차이즈 계약체결(franchising)이나 위탁경영계약(management contracts)을 통하여 직접투자와 이에 따른 위험 감수 없이도 용역수익을 기대할 수 있게 되었다.

다음 〈표 7-4〉는 직접 소유(direct ownership), 경영계약, 프랜차이징 등 다양한 관계에 의한 기업형태별 특징들을 보여주고 있다. 그러나 호텔사들은 글로벌 호텔기업의 형태별 분류에서 시사되는 기업형태들 중 특정 형태의 호텔만을 전문으로 하거나 고집하지는 않는다. 점차 세분되어 가는 여행시장을 고려할 때 단일한 숙박 세분시장의 고객만을 대상으로 사업을 운영해 갈 수가 없기 때문이다. 개성과 여건을 중시하는 각기 다른 세분시장의 욕구들을 수용하고 서비스하려면 다양한 시장에 대해 알맞은 제품과 서비스를 생산하고 공급할 각기 다른 등급의 호텔 브랜드가 필요하다. 각기 다른 투자여건에서의 호텔 투자에는 많은 제약여건들이 수반되므로 위험요인을 회피하거나 극복하고 경쟁적 강점을 극대화 할 수 있는 최적의 호텔기업 형태를 결정하지 않으면 안 된다. 글로벌 호텔경영 환경여건에서 다양한 계층과 형태의 호텔경영 방식에 대한 선택은 트렌드가 되고 있다. 특히 사업규모가 방대한 글로벌 호텔사들이 전체의 세분시장에 접근하기 위한 전략을 개발하는 것은 지극히 당연한 일이 되고 있다.

대규모 호텔사들은 이런 방법들을 다양하게 구사함으로써 글로벌 호텔시장에 진출하고 시장을 확대하며 수익성을 제고하려고 한다. 그러므로 기업형태와 관련된 호텔의 경영전략은 다양하게 모색되고 있다. 다양한 등급과 규모 및 기업형태에 따른 호텔사들의 브랜드 포트폴리오 전략 여하는 기업형태별 투자와 경영전략을 결정하는 요인으로 작용된다. 호텔사들은 개발, 소유, 매도 혹은 매수, 프랜차이즈 방안(franchi- sing)나 경영계약(management contracts) 기법들을 다양하게 활용하면서 호텔의 경영환경 변화에 대한 대응전략들을 개발하고 있다.

글로벌 호텔사들 대부분이 이러한 전략구사를 통하지 않고는 성장 발전을 이룰 수 없었다고 할 수 있다. 호텔의 기업형태별 전략에 있어서 이러한 과정들은 당연히 글로벌 산업으로의 사업 확장과 이를 통한 국제진출의 자연스런 경로가 되고 있다.

## 2. 호텔의 기업 형태별 분류

### 1) ADR 규모에 따른 호텔기업의 분류

호텔의 기업형태는 대체로 개별호텔사와 체인호텔사로 대별 될 수가 있다. 또한 체인 호텔사 내에서도 호텔이 제공하는 시설, 서비스 및 가격수준을 중심으로 해서 다시 호텔 등급별 구분이 될 수도 있다.

다음에 나오는 체인 호텔의 계층별 분류는 각각의 체인호텔에 해당하는 세분시장(chain scale segments)별 영업활동을 기준으로 해서 분류된 것이다. 실제로 세분시장별로 수행한 영업활동 결과 실현된 평균 실료(ADR : Average Daily Rate)에 기초해서 각 체인호텔들은 규모별 그룹으로 나누고 호텔 브랜드를 이 그룹별로 분류함으로써 체인 호텔사들의 수직적인 등급이 브랜드 단위로 결정될 수가 있게 된다.

① 개별 호텔사
② 호화등급 체인 호텔사
③ 최고급 체인 호텔사
④ 고급 체인 호텔사
⑤ 중규모 식음료서비스 포함 체인 호텔사
⑥ 중규모 식음료서비스 제외 체인 호텔사
⑦ 경제적 체인 호텔사

### 2) 호텔의 기업형태별 분류

이상과 같이 수직적인 관점에서 호텔 체인사들을 세분하는 것과는 달리 호텔기업에 대한 분류관행은 실적보다는 형식에 의해서 호텔을 분류하는 것이다. 기업형태의 관점에서 개별 호텔사와 체인 호텔사의 분류는 매출액이나 실적을 기준으로 하는 것이 아니라 기업에 대한 투자, 소유권, 경영형태, 계약의 형태나 종류, 협력관계, 호텔사가 실제로 수행하는 주된 기업활동의 내용 등에 따른 것이다.

다음에 기업형태별 분류기준에 따른 다양한 호텔업의 형태들을 보여주려고 한다(제1절 참조).

① 직접 소유 호텔(owner company)

② 프랜차이즈 호텔사(franchise company)

③ 위탁경영 호텔사(management company)

④ 자산관리사(asset manager)

⑤ 회원사(membership company)

⑥ 리퍼럴 호텔사(referral company)

⑦ 건축사(architect)

⑧ 개발사(developer)

⑨ REIT(real estate investment trust)

⑩ 경쟁적 세트(competitive set)

### 3) 글로벌 호텔의 기업 형태별 분류

다음은 소유, 경영, 투자 및 수입지출 관련 정보들을 통하여 주요 호텔기업 형태별 관계를 비교해 볼 수 있도록 작성된 표이다(표 7-4 참조).

〈표 7-4〉 글로벌 호텔의 기업형태별 분류표

| 형태별 / 구 분 | 개별호텔 (independent hotel) | 리스 또는 임차 호텔(lease or tenant hotel) | 위탁경영 호텔 (management contract hotel) | 프랜차이즈 호텔 (franchise hotel) | 기술지도 호텔 |
|---|---|---|---|---|---|
| 경영 개요 | 소유주가 토지. 건물 소유하고 직접 경영, 운영 | 호텔사는 소유주의 토지. 건물을 리스 계약으로 경영, 운영 | 토지. 건물주가 경영. 호텔사는 경영계약으로 운영 | 가맹 호텔사는 프랜차이즈 체인사 경영지도로 소유주 경영, 운영 | 기술계약에 의한 기술지도로 소유주가 소유. 경영, 운영 |
| 토지소유주 | 소유주 또는 호텔사 | 소유주 | 소유주 | 소유주 | 소유주 |
| 건물소유주 | 소유주 또는 호텔사 | 소유주 | 소유주 | 소유주 | 소유주 |
| FF & E 소유 | 소유주 또는 호텔사 | 호텔사 | 소유주 | 소유주 | 소유주 |
| 호텔경영 | 소유주 또는 호텔사 | 호텔사 | 소유주 | 소유주 | 소유주 |
| 호텔 운영 | 소유주 또는 호텔사 | 호텔사 | 호텔사 | 소유주 | 소유주 |

| 자본 조달 | 자기자본. 개발 & 시중은행 및 기타 | 자기자본, 개발 & 시중은행. 건설관련 보조자금 등 | 자기자본, 개발 & 시중은행 등 | 자기자본, 개발 & 시중은행 등 | 자기자본, 개발 & 시중은행 등 |
|---|---|---|---|---|---|
| 수입, 지출 | 호텔의 영업이익과 영업비 지출 | 임대료 수입 | 호텔 영업수익. 비용 및 경영계약에 대한 비용지출 | 호텔영업 수익. 비용 및 프랜차이즈 가맹비 지출 | 호텔 영업수익. 비용 프랜차이즈가맹비 기술지도비 지출 |

표 : 저자 작성, 1982.

## 3. 호텔 기업형태별 개발 및 경영 전략

### 1) 개별 호텔사(independent Hotel) 또는 소유 호텔사

소유주가 직접 투자, 개발해서 직접 소유하고 사업체 단독의 독립적인 경영 및 운영을 직접 맡아 수행하는 단독 호텔기업을 말한다. 이것을 자산에 대한 소유개념을 중심으로 해서 표현할 때에는 직접투자를 거쳐 소유권(direct ownership)을 지닌 호텔이라는 의미에서 소유 호텔사(owner company)라고도 칭한다.

이런 형태로 경영되는 호텔에서는 사업 전반에 걸친 소유권을 유지하고 전략에 대한 모든 문제들은 하나의 조직 내에서 해결되게 된다. 조직은 높은 수준의 전문성유지, 제자원에 대한 활용을 최고로 잘해야 하는 부담하게 된다. 어떤 규모와 형태의 확대에 대해서도 막대한 자본수요를 기업이 부담해야 하기 때문에 성과에 대해서는 긴밀한 모니터링을 하지 않으면 안 된다. 모든 인적자원관리 기능에 대한 전적인 책임수용을 전제로 선발과 고용에 대한 자율성과 호텔 내부적인 재능을 촉진하는데 대한 신축성을 부여받게 된다.

### 2) 체인 호텔사(chain hotels)

동일한 브랜드를 사용하는 두 개 이상의 연쇄호텔 사업체(properties)를 가지고 호텔영업을 수행 하는 경우에 이를 체인호텔(연쇄호텔)이라고 한다. 그러나 반드시 호텔사업체를 직접 소유하는 것을 요건으로 하지는 않는다.

체인호텔사가 되기 위해서는 필요한 계약을 거쳐야 한다. 그 이후 본사와 회원사의 관계는 계약 의존적인 관계의 의해서 모든 협력이 이루어지게 된다. 계약에 있어서 가장 중시하는 요인들 중에는 본사가 가득할 수익금을 극대화 하는 것이라고 볼 수가 있다. 그러나 본사의 영업권 유지 및 제고를 지향한 여타의 요소들도 매우 중시하고 있다.

가입사는 물론 본사에 대해 계약에 따른 브랜드 및 브랜드 마크 사용, 협력과 자문에 대한 적정한 비용 지급(흔히 로열티 등 형태의) 의무를 이행해야만 한다. 이때 비용 계산에는 여러 가지 방식이 이용 가능하지만 어떤 경제적 여건에서도 본사의 수익을 극대화 할 수 있는 방안으로서 계산방식의 선택이 이루어진다는 것만은 명확한 사실이다. 가령 매출액이나 순익의 상당비율로 계산되는 금액을 지급하는 방법이 일반적인 사례이지만 혹 불경기에는 아예 매출이나 이윤이 불확실하므로 이런 경우에 대해서는 대부분 일정매출이나 이윤으로 금액을 명시하는 가운데 그 이하일 경우에는 아예 미리 정해진 금액인 정액법 기준으로 비용이나 용역에 대한 지급을 원칙으로 하는 조항을 포함시키지만 미래에 경제여건이 호전되는 경우에 대해서도 기회를 열어두곤 한다. 즉 이런 경우에 대한 방법으로는 회원사의 사업성과가 일정 매출액이나 이윤을 초과할 경우에 대해서도 참여할 수 있도록 일정수준을 초과하는 경우의 참여방안을 계약조항으로 마련해 두게 된다.

### 3) 개별호텔과 체인호텔의 경쟁적 이점의 차이

전 세계의 호텔산업을 보면 기업수 면에서는 개별 호텔사들이 체인사의 수보다 절대적으로 많다. 그러나 비록 회사 수는 적지만 체인사가 보유한 사업체의 수나 보유객실 수는 세계의 총 사업체와 총 객실 수 면에서 상당히 높은 점유율을 가지고 있다. 세계 숙박업계를 지배하고 선도하는 초대형 글로벌 체인 호텔사들이 비록 회사 수에서는 최대가 아니지만 그들의 규모 면에서는 그만큼 월등하게 크기 때문일 것이다.

개별(independent) 호텔사의 장점은 모든 경영의사 결정이 호텔 내에서 이루어지고 집행될 수 있다는 것이다. 그러나 체인사들은 계약 여하에 따라서 사업체에서 이루어지는 대부분의 경영의사 결정이 계약내용 의존적이기 때문에 자율적이고 독자적인 의사결정이 어렵다. 뿐만 아니라 비용에 대한 예산이나 지출에 대한 결정권도 상당부분 계약에 의해 통제되고 있다. 이런 관계를 계약 의존적인 관계라고 하지만 실제로 모든 계약의 내용들은 철저히 본사의 오랜 경험과 회원사에 대한 경영통제의 실질적인 방편으로서 마련되고 있다고 해도 과언이 아닐 정도이다. 그만큼 계약의 이행에 대한 의무로 인해서 경영상 독자성이 제한을 받고 있으므로 경영의사 결정에도 많은 제약이 따른다. 만일 계약과 상이한 의사결정이 이루어진 경우라면 이런 계약위반에 대한 처리 규정에 의한 본사의 처분(주로 경제적 및 기타 형태의 처분)을 기다려야 할지도 모른다.

치열한 경쟁 여건에서 경쟁역량 면에서 체인 호텔사의 경쟁적 강점과 우위는 절대적이 되어 가고 있고, 그 속에서 경쟁 열세를 면하기 어려운 개별 호텔사들은 자구책 모색에 고심하고 있다. 이런 경쟁력 강화방안 모색 과정에서 개별 호텔사들은 점차 프랜차이즈 계약(franchise contracts)이나 위탁경영 계약(management contracts)을 선호하게 되고 그들의 기업형태를 변화시켜 가고 있다. 주로 한 개 정도의 호텔사업체를 소유한 개별 호텔사가 생존 발전해 가기 위해서 세계적인 굴지의 글로벌 호텔사의 체인으로 기업형태를 전환함으로써 거기서 기대되는 경영상의 이점을 경쟁력으로 전환해 보려는 전략의 구사라고 하겠다.

이런 경영형태의 변화 추구 경향은 호텔의 체인화를 더욱 가속화시키는 요인으로 작용되어 왔다. 그 결과 호텔은 개별호텔, 체인호텔, 체인 관계호텔 및 리퍼럴 조직 등 외에 국제적으로 전략적인 제휴에 의한 상생방안을 모색하는 등 다양한 형태로 운영되게 되었다.

문화적, 산업적 및 정치적인 국제교류 증진과 상호의존적 관계의 발전에 의한 지속적인 글로벌화의 추진과 진전은 전략적인 국제적 제휴를 증진시켜 왔다. 이와 더불어 호텔을 소유한 기업, 호텔 개발사 혹은 호텔 운영사들이 수립한 경영정책과 전략에 따라 추종하는 가치가 달라지게 되면서 이러한 가치(value) 추구에 강점을 지닌 호텔사나 사업체들 간의 컨소시엄 형태의 협력이 호텔산업의 국제화 전략 혹은 국제 호스피탈리티 경영전략으로서 모색되어 오고 있다.

체인 호텔은 원래는 동일 회사가 둘 이상의 호텔 사업체를 직접 투자해서 소유, 경영하는 경우의 호텔사나 호텔 사업체(property)를 지칭하는 것이었지만 오늘날 이런 개념은 관계회사의 개념으로 확장되었다. 그러므로 직접 투자하거나 직접 소유하지 않아도 프랜차이징에 의한 경영자문이나 위탁경영을 하는 경우 등 관계회사가 됨으로써 동일한 호텔 브랜드를 사용하는 경우에 이들을 모두 체인호텔 범위에 포괄하여 칭하고 있다.

체인호텔은 적정한 규모 및 범위의 경제를 통하여 재무, 회계, 마케팅 및 판촉, 인적자원관리, 전문성 등 다양한 측면에서 많은 유리한 경쟁적 여건을 구비하고 있으므로 경쟁에 있어서 개별호텔들의 상대적인 열세는 불가피해지고 있다.

기술된 바와 같이 체인사나 계약 본사가 지니고 있는 신용도, 보증력, 담보력 등에 의한 자본조달 등 재무관리상의 이점이나 체인본부의 경영관리 목적을 통하여 오랜 경험과 연구개발을 통해 얻을 수 있는 회계 시스템 구축과 운영에 있어서 회원사 혹은 관계회사들이 받을 수 있는 실질적인 자문과 기여도는 무궁무진할 수가 있다.

원래 프랜차이징(franchising)에 가입하는 회원사들의 가장 첫째 되는 주된 동기가 마케팅과 판촉에서의 강점에 있듯이 회원사들 간의 광고 및 판촉관련 비용 배분과 분담 등에 의한 저렴한 비용과 노하우(know-how)를 기반으로 하는 지속적이고 효과적인 강력한 활동전개 가능성 등에 대한 기회는 절대적인 이점으로 기대되는 측면이기도 하다.

또 다른 측면에서 개별 호텔사들은 질 높은 고객 서비스를 위해서 필요한 다양한 전문 인력을 수요하는 호텔사업의 특성적인 여건에서 높은 인건비나 자문비 부담으로 인력조달이 매우 어렵다. 이러한 여건에서 체인사업체는 체인본부와의 계약에 따른 협력 등을 통하여 저렴한 비용으로 다양한 인력이나 자문역을 조달하기가 매우 용이하다. 더구나 새로운 기술발전에 따른 신기술의 습득과 종업원의 숙련된 서비스 역량 개발을 위한 지속적인 교육훈련이 어렵지 않게 된다. 제반의 인적자원관리에 있어서 기대되는 이점은 무엇보다도 잠재력을 크게 지닌 수혜 영역이 되고 있다.

호텔은 객실, 식음료, 연회, 국제회의, 연예, 기타 카지노, 다양한 스포츠 시설 등 부대시설별로 특성을 달리하는 많은 영업활동에 따라 수반되는 전문성 수요에 대해 언제라도 자문받을 수가 있다는 장점을 가지고 있고 조직 내 다른 사업체의 성공사례들을 사업에 활용할 수가 있는 등 많은 혜택을 수혜할 수 있다는 강점을 갖고 있다.

### 4) 호텔 프랜차이징(franchising)

호텔기업 형태 중 가장 획기적인 호텔산업의 성장을 이루는데 기여한 것은 역시 프랜차이징(franchising) 기법에 의한 프랜차이즈 체인이었다.

프랜차이즈(franchise)란 원래 특권이라는 의미인데, 오늘날 프랜차이징은 프랜차이즈 본사(franchisor)가 회원사(franchisee)에게 계약으로 정해진 사업상의 혜택을 특권으로 누리고 사용할 수 있도록 하는 양자 간의 계약관계를 본질로 하는 일종의 사용권 계약(licencing)이라고 할 수가 있다.

프랜차이징 기법은 크게 사업형 프랜차이즈(business format franchise)와 판매형 프랜차이즈(sales type franchise)의 두 가지로 분류해 볼 수가 있는데, 호텔산업에서 일반화된 프랜차이즈는 사업형 프랜차이즈로서 사업 전반적인 모든 것들과 관련된 프랜차이즈의 형태이다(표 7-5 참조).

〈표 7-5〉 프랜차이즈 유형의 분류

| | 프랜차이즈 형태별 | 사 례 |
|---|---|---|
| 프랜차이즈의 분류 | Business-Format 프랜차이즈 | 호텔 프랜차이징 |
| | Sales-type 프랜차이즈 | 제품중심의 Fast-food 프랜차이징 |

회원사는 본사로부터 수혜 하는 회계, 재무, 인사, 마케팅 등 여러 가지 전문적인 경영 노하우에 대한 서비스의 대가로 용역비 지급과 상표 사용료 등 제 지급에 대한 의무가 부과되게 된다. 회원사에게는 비용이 되지만 본사에는 용역수익 항목이다.

프랜차이징(franchising)에 의한 호텔의 경영 형태는 고도로 전문화된 선진국의 호텔 경영 기법과 선험들을 단 시간 내에 접할 수 있는 계기를 마련함으로써 후발국들의 호텔산업 발전에 실로 다대한 공헌을 해왔다.

호텔이 프랜차이즈 사업에 진입하는데 절대적으로 중요한 요소는 프랜차이즈 망(network)의 구축인데, 이때 프랜차이즈 회원사의 선택이 전략적으로 중요하다. 그 까닭은 만약 적정한 가맹사(franchisee)를 얻지 못할 경우에는 본사의 프랜차이즈 영업에 있어서 프랜차이즈 영업권의 품질 손상을 초래함으로써 프랜차이즈 사업 자체를 위협할 수도 있다.

특히 요원훈련과 광고 및 예약 망 운영에는 적정규모(critical mass)에 의한 경제성이 전제되고 프랜차이즈 시스템 내 회원사의 사업 연계를 촉진할 수 있으므로 프랜차이즈 망 적정 규모는 절대적으로 중요한 요건이 되고 있다.

세계 호텔산업의 프랜차이즈는 호텔사들이 직접투자에 수반된 위험부담 없이 단기간 내 국내외적인 기업 확장에 효과적인 수단으로 활용되고 있다.

프랜차이즈의 본사(franchisor)-회원사(franchisee) 간 관계에서는 계약 여하에 따라서는 각종 수익 실현을 기대할 수도 있다. 개별 호텔사들인 회원사(franchisee)는 흔히 회사형태인지 혹은 점포 형태의 사업인지에 따라 가맹사 혹은 가맹점이라고 하는데, 자체적으로는 얻기 어려운 마케팅과 판매에서의 각종 이점들을 누릴 수 있게 된다.

호텔 프랜차이징(franchising)의 대표적인 사례로는 세분시장별로 Sleep Inns, Comport Inns, Quality Inn 및 Clarions 등 4개의 브랜드를 가지고 있는 Choic Hotels 계열사 보유 사업체들은 모두 프랜차이즈 회원사이다. 유럽, 아시아, 태평양, 남미 및 캐나다 등 지역의 쉐라톤 호텔은 대부분 위탁경영 형태이고 20% 정도는 프랜차이즈 관계에 의한다.

그런데 Day's Inn의 경우처럼 마스터 라이센싱을 하는 경우도 있어서 호텔경영에 대한 경험과 함께 역량이 입증된 경영관리 및 재무적 지원까지 하게 된다.

### 5) 호텔의 위탁경영 계약(management contracts)

호텔 소유주가 위탁경영 계약(management contract)을 통해서 호텔운영을 다른 호텔사에 위탁하는 것이다. 이때 호텔 관리회사는 대부분 시장에서 강력한 이미지의 호텔 브랜드를 가진 대규모 글로벌 호텔사가 되지만 호텔을 처음에 개발한 개발사가 위탁경영을 조건으로 호텔을 매도하는 경우에는 호텔개발사가 호텔의 경영을 위탁받아 호텔을 경영하게 된다. 계약에서는 어느 경우에나 적법성에 대한 평가 능력 및 경쟁적 협상 능력이 요구되지만 호텔을 소유한 회사나 위탁 경영사나 상호간에 다른 경쟁사들이 제시하는 조건보다 유리한 조건이나 사업 전망이 기대될 때 계약은 성사되게 된다.

계약기간의 장단 여하는 계약의 협상대상이 되므로 신축적인 요소이기는 하지만 대부분 20년 내외의 장기 계약이 되고 있다. 또한 계약에는 만료시 어떻게 계약연장을 할 것이며 기존 사업체가 누릴 수 있는 기득권 여부나 이를 수혜하기 위한 전제조건들은 무엇이 있는지에 대한 관련 조항들이 포함된다. 반대로 계약기간중 위반사항과 중간에 해약할 수 있는 조건들도 대개 명시되게 된다.

그러나 호텔사들은 자국법의 제한을 받게 되므로 관련 법규가 어떤 내용으로 되어 있는가에 대해서 계약 상대방 회사와 위탁경영사 본사가 입지한 나라의 영향을 받게 된다(이정자, 2006). 국가에 따라서는 독일처럼 법정 최장 계약 기간을 30년으로 제한하기도 하는데 경우에 따라서는 기간 관련 규제법이나 관련 조항 여하에 따라서 결정사항이 다소 타협적이거나 조정될 수도 있다.

관리회사가 가장 관심을 기울이는 협상조항 중 하나는 계약기간 동안 그들이 호텔 소유 회사로부터 받게 될 경제적인 대가(fee)라고 할 수가 있다. 이를 결정하는 계산요소들로는 총매출이나 총이윤 등이 이용되고 있다. 특히 총 매출의 몇 %(흔히 3~5%)라든가 영업이익의 몇 %(흔히 10%)라는 식으로 결정되거나 또는 일정 수준의 매출이나 순 이익을 기준으로 해서 이를 초과할 경우와 미달될 경우로 나누어서 구체적인 협상 내용을 결정하기도 한다.

위탁경영(management contracts)을 맡은 계약 본사는 어떤 경제적 상황에서도 그들이 가득할 수익을 극대화 할 수 있는 조건을 협상내용으로 결정하려고 한다. 그래서 경제적으로 침체된 기간 동안에는 확정된 금액으로 받기를 원하지만 경기가 활성화되고 매출이 급신장되는 경우에는 확정된 금액을 받기보다는 매출액의 일정비율이나 순익의 일정비율로 받도록 계약을 체결하는 것이 오히려 수익을 극대화할 소지가 크기 때문에 계약내용이 이러한 경기변동에 따른 목표수익 달성의 위험성을 피할 수 있는 방식으로 계약내용을 협상하려고 한다.

혹 경기 침체기나 또 침체가 예측되는 경우에 대해서 용역수익을 확정된 금액으로 받기로 할 경우에도 그것으로 모든 수익증대의 가능성을 닫아두려고 하지 않는다. 그래서 일정매출이나 일정 수준의 이윤을 초과할 경우의 매출이나 이익의 초과분에 대해서도 역시 참여권한을 갖도록 하는 여지를 계약 내용으로 열어 두는 계약조항의 삽입을 유도하게 된다. 즉 이런 경우에는 확정 금액과 함께 초과 성과에 대한 일정비율(%)의 참여에 대해서 명확한 조항으로 표시해 둠으로써 경제적인 여건(호황이던 불황이던 간에) 모두에 대해서 활용 가능한 방법을 혼용하는 방식의 혼합적인 계산방식을 사용함으로써 호텔 소유자 혹은 소유 회사가 위탁경영 회사에 용역비를 지불하도록 하는 협상내용으로 계약을 하려 한다.

호텔사업체의 소유자나 소유회사는 당연히 호텔 입지 결정에 주도권을 갖지만, 호텔 운영과 전략수립 관련 사항들은 모두 관리회사에 결정권이 주어지는 것이 일반적이다.

위탁경영 계약에서 흔한 예는 아니지만 호텔 관리회사가 자본 수익의 일정부분을 수혜할 수 있는 조항을 계약에 포함하기도 하고, 관리회사가 신규호텔 개발에 참여하기도 하는데 일단 호텔이 완공되면 관리회사는 자사 지분을 매각하는데 흔히 매각협상 과정에서 매각조건으로 그 호텔의 장기적인 위탁경영 계약을 내놓기도 한다.

Marriott 본사가 그런 사례인데, 이 호텔사는 운영회사(management company)이면서 동시에 직접 입지선정과 직접투자(총 투자자본의 약 90% 정도)로 호텔을 개발한(H & HMV215-N.1) 다음 자사가 호텔경영을 위탁받는 매도조건으로 원매자인 다른 호텔사나 개인에게 매각하는 경우가 있다. 그러므로 어느 경우에나 개발이나 계약의 모든 조건이 획일적인 것이라고 할 수는 없다.

1990년대에 경험했던 것과 같은 경기 침체기에 직접 지분투자 방식에 의한 글로벌 호텔사들의 호텔부동산 개발이나 투자 사업은 수반된 위험성이 매우 크다는 점에서 우려성과 함께 회피 가능한 방안이 모색되기도 했다.

위탁경영 계약(management contracts)은 호텔산업에서 프랜차이즈처럼 동일한 브랜드를 사용하고 있기 때문에 신속한 기업 확장전략의 일환으로 추진되고 활용되기도 한다.

위탁 경영사들은 대부분 신규 개발될 호텔입지 지역의 정치, 문화 등에 정통하지 못한 경우에 초래될 위험가능성으로 인해서 직접투자를 기피하기 때문에 투자에 수반될 재무 위험이 대부분 소유주나 개발사에 귀속되므로 투자위험 부담 없이 성장을 촉진할 수 있는 기업 확장 방안으로 위탁경영 방식을 활용하게도 된다.

호텔사들은 지분(equity) 없이도 기술지도 및 자문, 개업 준비, 마케팅 활동 지원 및 경영 자문역할 수행에 대한 용역의 대가로 회비(fee) 형식의 수익을 가득하게 된다. 이런 현실적인 배경에서 사업 확장전략으로 자국(상당 회사가 미국에 있음) 내에서조차 호텔 소유보다는 주로 위탁경영에 관심을 갖는 체인 호텔사들이 많아지고 있다.

호텔의 견실성이나 경영능력에 대한 좋은 평판을 얻을 수 있다면, 위탁경영 계약의 체결로써 소유주 대신에 동일한 상표(brand)명을 가지고 호텔을 운영할 위탁경영사는 더욱 증가될 전망이다. 우리나라의 도심권 특급호텔 중에도 상당수의 위탁경영 호텔들이 있고 내국 호텔사들이 해외의 호텔의 위탁경영을 하기도 한다.

### 6) 전략적 제휴(strategic alliance)

계약사들 간에 기업형태의 변화 없이 경영상 독립성을 유지하면서 특정 요소들을 중심으로 하는 윈윈(win-win) 전략의 일환으로 수립되는 호텔사들 간의 전략적 제휴(strategic alliance)에는 여러 가지 형태에 이르는 다양한 양상을 보이고 있다. 가령 가장 일반적인 전략적 제휴의 형태는 특정 업무에 대해서만 공통적인 시스템을 운영하거나 보조를 취하는 방식이 있다. 각기 독립된 개별 호텔들이 연합하는 가장 단순한 형태의 전략적 제휴가 호텔에서는 가장 많은데, 주로 예약이나 마케팅시스템의 공동 운영방법을 중심으로 한 제휴가 많다. 어떤 경우에는 경쟁적 이점을 위한 수직적 통합(vertical integration)을 목적으로 호텔사들의 전략적 제휴에 호텔업종 뿐만 아니라 여행대리점 등까지도 제휴에 가담시키는 보다 더 복잡한 형태의 전략적 제휴들도 나오고 있다.

호텔기업의 성장촉진에 있어서도 전략적 제휴는 특별한 효과를 갖고 있다. 이런 기업의 성장 촉진에 대한 전략적 제휴의 장점은 이것이 몇 몇 호텔사의 사례에서 볼 수 있었던 바와 같이 호텔 브랜드에 대한 국제적인 인식 제고를 통하여 호텔의 다국적 기업으로서의 면모를 신속히 알리고 확산시키는 데 탁월한 효과가 있음을 알 수가 있다. 최근에는 다른 기업에서처럼 호텔에서도 융합 등에 대한 새로운 시도들이 모색되기도 한다.

광범위한 영역에 이르는 국제간의 전략적 제휴는 규모의 경제를 통하여 마케팅 비용의 효율성을 제고시킨다. 또한 세계 여러 나라의 새로운 지역에 호텔사업 확장 계획을 수립한 경우에 직면될 수 있는 문제 해결에 있어서도 국제간의 전략적 제휴는 상당한 잠재역량을 기대할 수 있게 해준다. 가령 각기 다른 문화권에서의 사업에서 제기될 수 있는 문제들 중에는 이질적인 문화와 문화 간의 접촉에서 오해와 편견 등으로 제기될 소지가 큰 경영상의 의사소통 장애나 통제에서의 갈등, 해당 지역에서의 노동력의 확보와 교육훈련에 수반되는 문제, 호텔경영 전문가의 모집과 확보에 따른 문제들을 축소하거나 해결할 수 있는 상당한 잠재력을 갖고 있기도 하다.

전략적 제휴는 비단 대규모 호텔뿐만 아니라 점차 세계적 체인사들이 지배하는 세계호텔시장에서 소규모의 국내 체인사나 개별 호텔들이 생존을 위해서도 활용 가능한 방안으로 강구될 수가 있다. 예를 들자면 마케팅과 리퍼럴 조직(referral organization) 중심의 컨소시엄이나 수개의 개별 호텔사들이 모요 조직한 조합이나 공동체에 가입하는 것도 전략적 제휴의 한 방법이 될 수가 있다.

체인 관련 호텔사들의 매출이 급증하는데 비해 개별 호텔사들의 매출이 이를 따르지 못한다면 결국 체인사들의 시장 점유율은 절대적으로 커지게 될 것이다. 이 경우 대규모 호화 등급 호텔사보다는 소규모 저가 개별 호텔사들의 타격이 커질 것으로 전망된다. 그러므로 개별 호텔사들이 시장경쟁에서 생존하려면 성장세의 국제회의 시장을 목표로 한 컨소시엄 구축이나 이와 관련한 단체나 조직과의 전략적 제휴방안 모색을 게을리할 수가 없다. 이런 경향을 도입한 사례들로는 영국의 엑스포텔(Expotel)과 미국의 초호화연합호텔(Accociated Luxury Hotels) 등을 들 수가 있다.

### 7) 컨소시엄(Consortium)

고객이 추구하는 가치(value)들과 관련된 고객 만족을 지향하여 호텔사들은 경쟁사와는 차별화 되고 시장에는 더욱 정확하게 부합되는 가치를 추구하게 되었으며 이것을 지닌 호텔시설과 서비스를 더 저렴한 가격에 생산하고 제공하는 개발 프로젝트의 수립과 시행을 통한 가능한 최고의 평균 실료를 실현하는 데 고심하게 되었다.

이것은 호텔 내 설비된 모든 시설들에 대한 점유율을 제고할 역량을 구비하기 위한 전략으로서 특정 시장 계층에 어필될 수 있는 최고의 가치 제공을 확실하게 해줌으로써 소비자를 만족시키는 것을 대 전제로 하는 것이었다.

다음의 〈표 7-4〉에 시사되는 호텔브랜드별 가격층을 참고로 고려해 볼 필요성이 있다. 이러한 가격 매트릭스가 시간의 경과와 더불어 다소 변동되고는 있지만 대체적인 흐름을 파악하는 데는 여전히 효과적일 수 있다(표 7-6 참조). 이런 관점에서 호텔사의 체인관계 수립은 여러 가지들에 의해서 재분류될 수 있다.

호텔산업에서 널리 관심을 갖는 가치들로는 고객 서비스, 관리통제, 예약 및 연결, 마케팅과 판촉, 인적자원관리, 호텔의 운영, 프랜차이징, 시설 설계와 건축, 및 부동산의 구입과 자본조달 관계 등이 있다. 그 중 고객 서비스와 인적자원관리, 마케팅과 판촉 및 관리통제 등은 주로 호텔을 운영하는 기업이나 소유주들이 추구하는 가치들이다.

인적자원관리와 관련된 컨소시엄은 하얏트 호텔(Hyatt Hotels)과 리조트, 예약 및 연결서비스 시스템 관련은 Holiday Inn과 유럽과 남미 및 남태평양 지역에 1,500개 이상의 사업체를 해외에 두고 있는 최대의 호텔사 중 하나인 Best Western, 관리통제는 Meridien, 고객서비스는 Novotel 등이 컨소시엄 참여를 희망하는 인기 있는 호텔사들이다.

호텔 운영을 중심으로 한 경영계약(management contracts)은 이미 오래전에 우리나라에도 진출해 있는 Hilton 호텔사, Hyatt Internationa Corporation과 Holiday Inn World Wide, Marriott, Ramada, Hospitality Internationa Inc.을 예로 들 수 있다. 호텔 소유주나 개발자 혹은 대부기관 등과 관련된 부동산 구매와 자본조달 문제는 Prudential 부동산 회사(Prudential Realty), 그리고 호텔 시설 설계 및 건축 관계는 Marriott Corporation 등이 인기 있는 컨소시엄 대상기업이 되고 있다.

다음의 〈표 7-7〉은 세계 유수의 컨소시엄 호텔그룹을 나타낸 것으로 참고해 볼만하다.

〈표 7-6〉 호텔의 가격 매트릭스

| 버젯(budget)모텔 | 이코노미 (economy)호텔 | 하급(low)호텔 | 고급(upper)호텔 | 호화(luxuary)호텔 | 초호화(super luxuary)호텔 |
|---|---|---|---|---|---|

← Sleep Inn.--→
← Motel 6---→
←Super 8-------→
←Econo Lodges→
←budgetel Inns→
←Fairfield Inns→
←Travelodge→
←----------Days Inns---------→
←-----Roadway Inns------→
←-----Hampton Inns--→
←-----Comfort Inns--→
←-----La Quinta--→
←--------Howard Johnson----→
←--------Quality Inns--------→
←-------Ramada Inns------→
←-------Holiday Inns---------→
←-------Sheraton Inns---------→
←-------Hilton Inns-----→
←-------Courtyard--→
(by Marriott)
←--------Doubletree Club→
←--------Cresthil by Hilton---→
←---Sheraton Hotels---------→
←---Hilton Hotels--→
←---Ramada Hotels →
←---Doubletree-----→
←---Clarion Hotels--→
←----Crown Plaza→
← Marrott Hotels→
← Stouffer Hotels→
← Renaissance H →
←Radisson H→
←Omnl Hotels→
←Hyatt Regency→
←Westin-------→
←RitzCarlton--→
←Four Seasons--→

자료원: Gee, 1991.

〈표 7-7〉 세계적인 컨소시엄 호텔그룹 사례

| 순 위 | 컨소시엄 호텔사명 | 본사 소재지 | 총객실 수 | 사업체 수 |
|---|---|---|---|---|
| 1 | Pegasus Solutions | Dalla, Texas | 1,802,872 | 8,700 |
| 2 | Lexington Services Corp | Irving, Texas | 494,000 | 3,800 |
| 3 | VIP International Corp | Calgary, Canada | 210,320 | 1,872 |
| 4 | suparanational Hotels | London, England | 123,563 | 1,077 |
| 5 | Leading hotels of the World | New York, NY | 94,000 | 340 |
| 6 | Hotusa-Eurostars-Familia Hotels | Barcelona, Spain | 77,950 | 976 |
| 7 | Keytel S. A. | Barcelona, Spain | 76,000 | 760 |
| 8 | SRS Hotels Steignenberger | Frankfurt, German | 72,000 | 400 |
| 9 | Logis de France | Paris, France | 65,734 | 650 |
| 10 | Unirez Inc. | Grapevine, Texas | 60,891 | 583 |

자료원 : Hotel, Hotel's Giant Survey, 2000.

제4편

# 글로벌 호텔-호스피탈리티 산업의 주요 쟁점

CHAPTER_8

# 호텔사업의 수익성 관리

## 제1절 일드 매니지먼트의 이해

### 1. 호텔경영에 있어서 일드 매니지먼트의 의의

호텔경영자들이 객실 매출실적을 측정·평가하려 할 때 다각도로 준거할 통일적이며 효과적인 방법이 별무해 경우에 따라서는 객실점유율(occupancy rate)이나 평균실료(ADR)를 측정지표로 사용하거나 혹은 실제성과를 예상수치와 비교하는 방식을 활용해 왔다(제4장 3절 참조). 이 방법들이 업적평가에 전혀 의미가 없다는 논지는 아니나 성과는 항상 정확한 관련정보를 산출할 수 있도록 측정되어야 한다는 속성 면에서는 검토를 요하는 차원이다. 경영자가 성과의 범주를 어떻게 결정하고 측정하느냐 하는 문제는 그들의 경영의사 결정과 사업의 우선순위 결정은 물론 호텔 전사업부문과 사업단위별 경영활동 전반에 걸친 내용에 영향을 미칠 것이다. 그러나 중요한 관점은 호텔이 영업회계의 단위를 일반적으로 객실, F & B 및 소부문 등 부문으로 나누는 만큼 부문별 책임회계 문제와 관련된 문제의 추적 가능성에 비중을 둬야 한다는 점이다. 이것이 곧 각 부문별 사업의 통제력(controllability)에 비춘 부문의 계획과 통제 책임을 확정하는데 관계되기 때문이다. 이런 관점에서 호텔산업 내에서 일반적으로 인정될 만한 성과 측정에 기여할 수 있는 방법은 더욱 절실해진다.

호텔업에서 전형적으로 채택되던 대부분의 경영활동 내용의 범주들은 호텔의 경영성과 극대화를 촉진하거나 도모하지 못해 왔다. 더구나 서비스사업인 호텔의 주된 상품들은 유행에 민감한 건물, 시설, 및 인적서비스로 요약된다. 좋은 서비스란 자동화된 설비에 의하기 보다는 인적서비스라는 소비자들의 관념이나 사회적 통념은 여전히 광범위한 사회적 합의를 얻고 있다. 이런 여건에서 인건비가 여전히 서비스산업 최대의 단일 비용항목으로 기업의 수익성을 위협하고 있음도 지극히 당연하다 하겠다.

호텔은 고질적인 고정비 압박과 계절적 수요변동 등으로 인한 수익성 악화 등 재무적인 어려움을 면하기 어렵다. 다 계층화되는 소비자의 욕구 변화와 이를 중심으로 세분되는 시장들, 서비스 품질과 노무비 원가의 이율배반적인 문제의 상존과 다기한 형태로 심화되는 경쟁 여건 등 많은 도전적 요인들은 호텔경영의 수익관리 환경을 더욱 악화시키고 있다.

객실 점유율이나 평균 실료에 의한 수익성 측정과 평가는 단층적인 객실 경영분석을 통하여 의도적이던 아니던 호텔의 이익관련 정보의 왜곡이나 분석으로 경영자를 오도할 소지도 없지 않다.

가령 객실 점유율에 집착할 경우 부문성과의 좋은 평가 결과를 유도할 목적으로 객실 점유율을 높이기 위해서 과도한 실료 할인이나 가격 인하가 부문 경영자만의 결정으로 단행될 수도 있다. 그 결과 불가피한 평균 실료의 하락은 결국 호텔의 최대 수익원인 객실수익의 실질적인 감소로 이어져 표면적인 지표와는 무관히 호텔의 저조한 경영성과와 재무구조 악화를 유발시킬 수도 있다.

호텔업의 계절성과 경쟁적 여건에서 수요만을 고려한 시장 수요에 기초한 가격결정 방법(market-demand pricing)은 이처럼 비정상적인 할인정책의 시행으로 적정수준의 호텔 이윤을 잠식하는 결과로 이어질 수도 있다. 그러나 호텔 프랜차이징 등의 경우에 이런 관행들은 본사의 주된 통제대상이 됨으로써 가격정책 결정에 대한 참여방안을 모색하도록 하고 있다. 반면에 목표로 하는 가격과 평균 실료의 달성을 중시한다면 객실 점유율 하락이 불가피해지고 이 또한 수익성 하락이나 악화를 초래하게 될 수도 있다. 결국 이것으로는 어떤 방법도 호텔의 수익목표에 실질적으로 기여하기 어려운 평가실무로 유도될 소지가 커지게 될 것이다.

여기에 일드 매니지먼트(YM : yield management)의 도입 여지가 있다. YM은 가격과 재고 통제를 통하여 호텔 객실수익의 극대화 목적을 달성하기 위해 호텔에 도입된 후 광범위한 호응을 얻어 온 수익성 관리의 기법 혹은 이익관리 제도이다. 그러므로 YM은 수익성관리나 일드 매니지먼트라는 용어로 혼용되지만 최근 고객중심의 가격결정(customer-centric pricing)으로도 불리워진다. YM은 상당부분 마케팅 노력으로 지원될 수 있기 때문에 이 분야 중심의 연구도 활발하지만 YM의 실제 목표는 목표이익의 실현과 이를 위한 진실한 성과측정에 있는 만큼 관리회계적인 연구기법이라고 할 수 있다.

1980년대 세계 항공업계의 규제완화로 초래된 기존 수요를 초과하는 항공기와 기내 좌석의 공급과잉 여건에서 이를 통제할 수 있는 일정한 규범(장치)이나 제도 마련 없이 단행된 무분별한 가격할인 결과 항공사들이 경험했던 영업 손실과 그로 인한 심각한 재무적 압박 등을 배경으로 새로이 모색된 자구책 혹은 수익성 관리방안이 YM이었다.

호텔객실의 업적평가에 이용되는 실-일(room-night)은 항공사의 업적평가에 채용되는 객-마일(passenger-mile)이라는 평가단위와 유사하다. 또한 두 업종이 가지고 있는 주요 상품의 특성과 생산성 측정 원리 면에서도 중요한 차이가 없었다. 이런 여건에서 호텔은 항공사가 개발, 활용했던 YM의 호텔적용을 시도하게 되었다. 이 수익성 관리기법의 원리는 요컨대 기회비용을 관리함으로써 수익을 극대화하려는 것이다.

호텔경영에 있어서 YM의 적용대상 영역은 객실 외에도 각종 회의장, 연회용 소형 공간, 식음료시설 등이 있지만 호텔수익의 중요성(materiality)에 비추어 호텔에서 가장 중요한 상품은 객실이므로 여기서 논의를 객실에 한정하기로 한다.

YM의 일관적인 시각은 종래 호텔의 단층적인 업적평가 방법에서 진일보해 객실수익의 극대화 실현에 관련되는 제요소들을 통합적으로 연구, 검토하려는 데 있다.

## 2. 일드 매니지먼트의 개념

일드(yield)란 수익성 능률을 말한다. 일드의 계산요소는 객실점유율(occupancy rate)과 가격효율(rack efficiency)이다. 일드 계수는 객실사업의 능률과 적용된 정책의 효율성을 측정하려고 할 때 가장 널리 이용된다. 다음의 산식에서 볼 수 있듯이 일드 계수는 단순히 보유객실 수에 객실의 정규요금(공표요금; rack rate)을 대입시켜 얻은 예상 최고 매출수익에 대해 실제로 실현된 수익이 점유하는 상대적인 비율을 구하여 얻는다.

$$\text{일드(yield)} = \frac{\text{실현된 수익(revenue realized)}}{\text{예상최고수익(revenue potential)}}$$

예상 최고 수익은 달성 가능한 최고의 잠재수익인데, 호텔의 각종 판매가능 총 보유

객실을 할인하지 않고 공표요금으로 판매했을 경우에 달성될 수 있는 최고의 수익이다. 객실 점유율은 총 보유객실 재고수량에 대한 실제 거래 객실수량의 상대적인 비율로 표시된다.

예상 최고 객실수익의 산출 방법은, ① 전 객실을 2인 이상 고객이 점유한 경우에 대한 이중 점유율(double occupancy rate)로 계산하는 방법과, ② 판매된 객실의 실제 점유 인원수에 따라서 1인 점유율과 이중 점유율을 적용해서 구하는 두 가지 방법이 있다. 여기서 중요한 문제는 어떤 산식을 적용 하는가 보다는 채택하고 운용하는 방법에 대해 일관성과 지속성의 회계원칙을 준수하는가에 있다.

가격효율은 실제 거래가격이 정규 객실가격의 어느 정도를 달성했는가를 보려할 때 이용되는 분석정보인데 실제 거래가격의 객실정가에 대한 상대적인 비율, 또는 정규가격을 기초로 산출된 평균 실료에 대해 실거래 가격을 적용하여 산출된 실제 평균 실료가 점유하는 상대적인 비율로 표시된다.

YM이란 일드(yield)의 극대화 도모를 위해서 호텔수요시장 중 특정 세분시장의 특정 고객에게 특정 유형의 객실재고를 특정 가격 계층별로 얼마나 배분하고 판매하는 것이 가장 적정할 것인지에 관한 단기적인 의사결정 과정을 기초로 해서 이루어진다.

의사결정과정에서 강조하는 요지와 기저된 사조는 호텔투숙이나 예약을 희망하는 모든 수요자에게 판매 가능한 객실이 남아 있는 한 같은 객실을 항상 동일 가격으로 판매하는 것을 통제하려는 것이다. 즉 2~3일 이상 혹은 1주일을 기간으로 수일 동안 같은 수요가 변동하는 데도 불구하고 동일한 조건으로 객실을 판매하는 대신에 여기에 통제를 가하려는 사고로 임하는 것이다. 이것은 호텔경영자들이 수익성 결정의 관련요소들인 높은 객실 점유율, 높은 객실요금, 혹은 평균 실료를 각각 다른 목표로 분리해서 고려하는 것을 방지하고 이것들을 상호 의존적인 관계 하에서 분석하고 결정하도록 함으로써 호텔 전사적인 수익관리를 도모하고 수익(yield)의 능률을 제고하려는 때문이다.

호텔사들이 분석할 때 가시적인 생산성과 위주의 단체예약 우선관행 등이 객실 점유율 제고 등 수익지표 개선에는 기여했지만 실질적인 수익 잠재력이 더 큰 개별 관광객 시장에 대한 객실 판매나 예약 접수기회의 상실로 말미암아 거액의 기회비용(opportunity costs)을 발생시켰던 경험적인 사실에 주목해 개발된 수익관리 대안이 YM이기 때문이다.

이 점을 고려할 때 호텔 투숙객들의 각기 다른 시점에서의 예약과 이에 대한 가격

적용에서의 영업 손실을 완화하거나 최소화할 수 있다면 기존 수요와 매출수준만으로도 이익은 제고될 수 있다.

그러나 가격-구매행동의 관계를 고려할 때 어떤 가격이 진실로 이익 극대화를 초래(달성)할 수 있는 가격인지를 규정하기란 쉬운 일이 아니다. 이런 점에서는 단순히 YM을 이익 극대화 개념으로 정의하는 데는 다소 모호성이 수반될 소지도 있다. 오히려 판매가능 객실 1 단위당 매출수익의 극대화 또는 객실당 일드(yield)의 극대화를 위한 관리기법으로 YM을 정의하는 것이 명료성을 더한다(Kims, 1989). 이런 관점에서 YM의 목적은 이러한 객실수익의 변수들을 어떻게 얼마만큼 바꾸어야 할 것인지를 결정하는 데 있다.

YM의 내용은 객실 재고통제와 가격결정으로 요약될 수 있고 이런 내용과 관련된 모든 결정사항들은 예약 과정을 통해서 구체화되고 실현된다.

재고통제는 주로 호텔시장에 대해 시간적 관점에서 각기 다른 유형의 객실들을 가격중심으로 각기 다른 세분시장에 배분하는 방법과 문제들을 다루는 것으로 각 고객층별, 이용시기별로 객실재고를 통제하려는 것이다. 차별적인 객실요금의 결정은 주로 1주일 이하의 단기간을 단위로 해서 고려하게 된다. 호텔수요가 주말형 혹은 주중형으로 집중되는가? 혹은 지역이 상업중심 지구인가 혹은 휴가지인가에 따라 다르게 나타나는 주초와 주말의 객실수요에 대해서 적용할 요일별 객실 판매가격이 달라져야 한다고 보는 때문이다. 여기서 최적의 실료란 그로 인해서 경쟁사의 수요를 증대시키거나 자사 고객을 잃지 않는 수준에서 결정될 수 있는 가능한 최고 가격으로 이해되지만 한업기의 호텔가격 덤핑현상을 고려할 때 수요를 기초로 해서 결정된 가격이 반드시 객실원가(투자자본 원가나 기타 원가를 적정히 포함한 개념)를 넘을 것이라는 보장은 없다. 이런 가능한 상황에 대한 문제는 YM의 주요한 한계가 되고 있다.

호텔은 근본적으로 계절적인 영향으로 수요변동을 겪는 시장의존적인 사업이지만 동일한 시기(月 또는 주일) 내에서도 단기적인 주기성 수요변동의 빈발가능성 크다.

호텔의 YM은 이런 시장여건 변화로 초래될 수익성 변화에 대비하기 위해서 착안한 것이 재고통제와 가격결정을 관련시키는 수익관리 기법으로 개발된 것이다. 그만큼 동일한 상황의 불변 상태를 보장할 수 있는 단 기간에 대한 시각유지에 의한 의사결정을 하게 된 배경이다.

호텔객실의 원가구조를 보면 변동비에 비해 고정비가 절대적으로 크다. 이런 원가구조 에서는 매출증감 변동이 수익성에 미치는 영향이 매우 큰 특징을 보인다(이정자,

1995). YM이 중시하는 시각은 현재의 확실한 수요를 근거로 한 가능한 최고의 수익 실현에 있다.

### 3. 일드 매니지먼트의 철학

YM의 이면에 내재된 사조는 전체주의이다. 호텔이 판매하는 객실상품은 건물이나 시설 및 설비 등 단지 호텔의 고정자산에만 국한되는 것이 아니라 호텔의 이미지나 분위기 등 다양하고 총체적인 개념의 숙박체험이라고 보는 견해이다. 수익성 관리에 내재된 YM의 철학을 이해하지 못한다면 물리적으로 동일한 객실상품 가격이 하루 또는 2~3일 간격으로 변화된다는 것을 호텔 고객들이 수용할 수도 없고 호텔이 합리적인 이유를 설명할 수도 없게 될 것이다. 이것은 즉 호텔의 이용객이나 예상 고객들이 구매하는 상품은 단지 투숙 또는 체재 목적을 위한 숙박 공간뿐만 아니라 일년 중 특정 절기와 기후, 특정 시기나 요일과 환경여건(environment) 등을 포함한 총체적인 숙박체험을 구매하는 개념을 전제한 것이다(James and Hamilton, 1992). 이 체험이라는 주관적인 요소는 호텔경영관리 측면에서나 고객 서비스 차원에서 장·단기적으로 차별화된 가격과 재고통제를 고객의 개별적이고 주관적인 가치지각이라는 차원에서 합리화시켜주고 있다. 그러한 숙박경험이라는 창을 통해서는 수요변동에 따른 가격변동도 정당화될 수 있다는 가능성이 제시되고 있다. 관광시즌이나 기타 호텔의 성수기에 한업기 가격이나 혹은 할인가격의 객실을 수요하는 수요자나 여행 도매업자들에게 가격의 선택폭을 제공할 수도 있어서 매출증진에 긍정적인 효과를 기대할 수도 있다. 원하는 염가개실이 불가하다는 반응 보다는 요일, 월, 계절을 달리하는 일정에는 원하는 가격대의 상품이 가능하다거나 아니면 다른 가격 상품재고가 있다고 대응함으로써 선택과 협상여지를 열어두는 편이 사업과 서비스 면에서 유익할 수가 있다. 이런 사고를 일드 지향적 사고방식이라 할 수가 있다. 더구나 특정시기에 가능한 더욱 저렴한 객실이용을 적극 홍보, 제의, 안내함으로써 고객을 여건을 배려하는 진정한 서비스 증진으로 원만한 소비자와의 관계, 고객관계 및 공공관계의 관리효과도 기대할 수가 있다.

진정한 YM이란 수익성 외에도 서비스 품질의 향상으로 고객만족을 증진하기 위한 지식기반의 경영관리 대책이 될 수 있을 것이다.

이와 같은 YM에서의 전문성은 미리 생산되어 저장될 수 없고 필요한 시점에서 생산, 소비되는 인적자원에 의한 서비스로만 발휘될 수 있는 것이다. 그러므로 YM의 성과를 위해서는 종업원의 숙련도와 호응노력에 대한 의존도가 매우 높다. YM의 성과는 전적으로 관련 종업원들의 안내, 가격 및 예약업무 등에 대한 경험과 숙련도 및 협력 자세에 따른 업무수행 역량에 의존되고 있다. 이런 점에서 YM에서 바람직한 사조는 종업원이 노력과 성과체험을 통하여 직무만족을 이끌어 낼 수 있는 인사관리적 사조라 하겠다.

## 제2절 호텔 일드 매니지먼트의 적용 환경

YM의 효과를 기대하려면 이를 적용할 수 있는 여건조성이 전제되고 있다. 이러한 여건들은 대부분 호텔업의 본래적인 특성과 관련되어 있다.

재고의 통제 필요성을 제기하는 상품 특성과 이런 통제 가능성과 관련된 호텔기업의 특성 및 단기적인 차별화된 가격전략 구사에 적합한 사업 환경 등이 YM 적용을 위해서 전제되고 있다.

### 1. 호텔 객실사업의 원가구조

원가구조상 변동원가의 점유비율이 상대적으로 높은 사업에서는 매출감소가 순이익을 극적으로 감소시키는 변동을 초래하지는 않고 어느 정도 원가의 변동 폭과 유사하게 나타날 것이므로 극히 단기적인 매출감소 사태에 대해서는 어느 정도 여유를 가질 수도 있다. 그러나 호텔 객실사업은 높은 고정비를 특징으로 하므로 객실매출 감소의 경우 수익은 그보다 큰 폭으로 하락되고 또 매출하락에도 불구하고 여전히 동일한 고정원가가 발생되므로 수익성을 위해서는 일정 매출실적을 유지하도록 관리하는 것이 절대적으로 중요하다. 그러므로 호텔사업의 경영분석에는 원가자료 보다도 주로 수익관련 자료를 중시하고 이를 기초로 하는 관행을 초래하기도 했다.

호텔객실의 한계 생산원가는 매우 높아서 추가수요가 발생된다고 해도 객실의 추가생산이나 증설은 거의 불가능한 것으로 고려 대상이 되지도 못한다(Kims, 1989). 반면에 한 단위 추가적인 매출에 소요되는 한계 판매 원가는 상대적으로 매우 작아서 매출증가에 수반되는 변동비의 증가는 소폭적으로 발생될 것이므로 추가매출 혹은 매출증진은 제조업 같은 경우보다 훨씬 더 수익성에 유리한 결과를 보장해 준다.

## 2. 객실재고의 고정성과 소멸성

호텔 객실상품은 보유재고 수량의 신축적인 증감이 불가능하다. 일단 객실 중심의 호텔이 건립되면 한정된 판매가능한 객실상품의 생산 수량은 그때 고정되어 버린다. 추가적인 상품재고에 대한 수요가 발생될 경우 필요하다면 호텔은 증축방법 보다는 신규투자 형식에 의한 새로운 부지에서의 건물신축 이나 기타 구관 가까이에 신관건립 등 방법을 택해 오고 있다. 호텔은 새로운 도로 교통망이나 도시계획 등으로 인한 경제적 진부화(economic obsolescence)의 위험성도 매우 높지만 무엇보다도 호텔건물과 기자재들은 사무용품이 아니라 고객에게 판매할 호텔의 주요 상품인고로 매우 유행(fashion)에 민감하므로 헌 것에 새 것을 더하는 증축은 별로 효과적인 투자방안이 못된다. 유행에 수반된 호텔자산의 기능적 진부화(functional obsolescence)나 그런 위험관리를 위한 개보수에 소요되는 예산규모가 신규호텔 투자보다 반드시 소규모적인 것이 아니기 때문에 새로운 투자분의 자산을 기존자산에 따라 진부화시키는 위험을 택하기보다는 새로운 감각의 호텔건립이 유리하기 때문이다(이정자, 1982).

호텔 상품재고의 고정성은 성업기에 추가수요가 발생해도 매출을 통한 수익성과 개선이 불가능한 여건을 조성하므로 호텔영업의 수익성분석에는 항상 객실수익을 보고 이를 극대화할 방안을 추구하게 된다. 객실수익 극대화 방안은 항상 한업기의 영업손실을 진보할 충분한 매출이익률 확보차원의 대안으로 항상 강구되고 있다. 한업기의 수익결정 요소로는 무엇보다도 일정 수준의 매출 유지가 중요하며 이를 위한 일정한 객실 점유율의 확보·유지가 가장 절실하다. 수익성관리의 지표로 흔히 보유객실에 대한 연평균 객실 점유율을 보는 까닭은 성업기의 성과분석 목적보다도 주로 한업기의 고질적인 현상인 수요감소로 인한 초래될 영업손실 가능성에 대한 우려 때문이다.

호텔의 수익계획은 보유객실 수량에 기초하여 수립되고 있다. 수익계획은 매일 그만큼의 객실상품 수량이 새로 생산되는 것으로 가정하는 가운데 수립되지만 사실은 항상 동일 장소에 고정시설로 설비된 일정한 수량의 객실재고상품이 있을 뿐이다. 그러므로 객실이 당일에 판매되지 못하면 저장되거나 다시 이용될 수 없기 때문에 소멸해 버리므로 제품 재고점은 항상 0이 된다. 그래서 판매되지 못한 객실상품은 부패된다고 표현한다(Brotherton and Mooney, 1992).

이상과 같은 호텔사업의 특성들은 수익성 관리를 저해하는 요인이 되고 있기 때문에 이런 여건에서만 YM의 적용은 실제로 요청되고, 또 그 타당성에 대한 설명력을 갖는다고 볼 수 있으므로 이들은 YM 적용의 전제요건이 되고 있다.

## 3. 예약에 의한 객실판매

상품의 매출거래가 그 소비시점보다 훨씬 이전에 이루어지는 사전 판매되는 성격의 거래일 경우에 YM 적용이 가능하다.

## 4. 다양한 호텔 이용객의 배경

호텔 이용객들은 컨벤션 참가자, 단체객 혹은 개별고객(FIT), 계약에 의하거나 직접 들어오는 고객(walk-ins), 혹은 순수 관광객이거나 볼일 위주의 여행자(business traveler) 등 다양한 시장으로부터 오고 있다. 다양한 수요의 원천 못지않게 수요 양태나 객실요금에 대한 반응이나 태도 혹은 예약에 대한 습관들도 다양하게 나타날 수 있다. 이것은 호텔경영자들이 수익성 관리를 위해서 어떤 방식, 어느 시점, 어떤 수요시장으로부터 예약을 접수하고 객실을 판매하는 것이 가장 유리할 것인지를 파악하고 결정하는 것을 어렵게 하는 환경이 되고 있다.

다양한 수요의 형태들은 호텔 수익성에 변수요인으로 작용된다. 수요가 단조로운 형태로 되어 있는 사업의 경우와는 달리 기존 수요 내에서의 예약요청에 대해 소극적인 대처로 단지 예약접수하고 보유 객실 내에서 판매하는 관행은 이런 변수들을 적극적으로 활용하지 않는 것이므로 경우에 따라서는 불리한 변수들의 작용에 의한 손실을 감수해야 할지 모른다.

그러므로 철저한 계획과 통제 없이 객실을 판매하던 종래의 소극적인 관리방법을 적극적으로 개선하기 위해서 가격 등을 기준으로 수요의 원천별로 객실재고를 배분하는 재고통제를 겸한 객실판매 관리로 달성 가능한 최대 매출 수익목표를 달성하려는 YM 적용을 해오게 되었다.

이론적인 가능성에 기초한 실제적인 관리노력의 시행방안이 YM의 성립배경인 만큼 관련된 변수들의 최적해를 구할 수만 있다면 수익성은 분명히 개선될 수 있을 것이다.

## 5. 명확한 고객시장의 세분화 능력

다양한 변수들에도 불구하고 호텔이 고객층을 명확히 세분화할 수 없다면 현실적으로 YM의 적용은 현실적으로 한계에 직면하게 된다.

객실 재고관리에 있어서 여러 가지 유형의 객실을 수량과 판매시기별로 배분하기에 앞서 객실이용 고객들의 계층을 세분화해야 하기 때문이다. 이용객별 호텔이용 목적, 즉 상용 또는 순수관광 등에 의한 여행객의 계층구분이 될 수 있을 때 비로소 재고통제가 가능해진다. 구매행태의 인식과 구분도 되어야 한다. 구매행태는 결국 그들이 지불할 객실료의 저가 혹은 고가에 대한 태도를 결정할 것이기 때문에 중요하다(Hanks, Cross and Noland, 1989).

각 고객층의 예약이나 투숙경향을 파악해야만 어느 시기에 어떤 고객층에게 얼마만큼의 객실을 판매할 수 있는지 그리고 목표매출을 얼마로 해야 될지를 결정할 수 있게 해준다. 입숙일에 임박한 예약을 선호하는 계층인지 혹은 미리 예약을 하는 계층인지를 세분시장별로 인식할 필요가 있다.

예약에서의 태도는 지불하려는 가격에 대한 태도와도 관련되는 것으로 여겨지고 있다. 수익의 구체적인 실현 수단인 가격에 대한 수요자들의 태도 파악은 예상수익의 실현가능성에 대한 확실성을 가늠하는데 효과적인 정보가 된다. 예약과 판매를 통한 예상수익의 예측이 비교적 확실한 것인지를 판단하는데 유익한 정보로 활용될 수가 있다.

## 6. 호텔의 객실 외 수익원에 대한 고려와 적용성 범위의 한정

호텔 YM은 주로 객실에 대한 수익관리기법이다. 호텔에 있어서 객실부문 수익 여하는 여타의 영업부문수익에도 직·간접적으로 영향을 미치고 있기 때문에 이 부문 수익의 중요성과 의미는 다대하다. 그러므로 YM가 어느 정도까지 적용될 수 있느냐 하는 결정은 객실부문수익이 호텔 총수익에서 점유하는 상대적인 비중을 고려하여 정의되어야 하겠다.

가령 모텔이나 버제텔 같은 경우는 부대시설이나 부대 영업장이 별무하다. 이런 유형의 호텔에서는 객실매출은 유일하거나 최대의 수익원이 되고 있다. 이런 경우라면 객실매출 극대화를 위한 호텔에서의 YM 적용은 별다른 제한 없이 적극적으로 추진될 수 있을 것이다.

만능적 서비스 호텔(versatile hotel)의 경우라면 흔히 객실부문 수익에 대등하거나 이를 상회하는 또 다른 영업부문과 수익원들이 있다고 예상해 볼 수도 있다. 이런 호텔이라면 객실매출이 다른 부문영업에 미칠 영향을 고려하면서 수익성 관리를 해야 할지 모른다. 경우에 따라서는 객실부문 수익 자체의 극대화 보다는 호텔 전부문의 총체적인 이익극대화 추구를 목표로 YM이 수행돼야 할지도 모른다.

예를 들어, 카지노 호텔의 궁극적인 이윤목표는 객실이나 여타 부대시설로부터의 수익보다는 도박장 수익에서 추구되고 있다. 통례적으로 객실매출이나 식음료 매출은 자체 부문 이익의 가득보다는 도박장 수익 극대화를 유도하기 위한 유인(incentives), 또는 수단시 되고 있다. 가능한 한 고객의 카지노 이용과 카지노 호텔에서의 체류 일수를 연장하기 위해서는 실료나 식음료 대금을 최저수준으로 책정하는 것이 이런 목적에 유리하게 작용될 것이므로 좋은 의사결정이 될 수 있다. 이런 경우라면 YM의 적용과 관리대상 영역이 확대됨으로써 일반 호텔처럼 객실이나 식당이 아니라 가장 중요한 수익발생 사업부문인 카지노로 이전되어야 할 것이다.

그러므로 YM의 궁극적인 대상 수익원 결정과 적용범위의 한정을 위해서는 우선 호텔을 이용객의 이용목적별, 유형별, 및 수익원별로 분류하고 각 호텔을 어떤 부류에 귀속시켜야 할지를 알지 않으면 안 된다. 이런 과정을 통하여 호텔의 수익원들 중 가장 중요한 사업부문은 무엇인가를 정확히 규정하지 않는다면 조직내부의 부문 이기주의 등으로 인하여 YM의 적용은 오히려 호텔 전사적인 수익성 목표 달성에 역행하는 효과를 초해할 수도 있다.

## 제3절 일드 매니지먼트 기법의 이론

### 1. 호텔예약과 수익관리의 문제

호텔예약에서 수익성 관리상 중시해야 할 관리요소는 단지 보유객실에 대한 판매의 능률을 표시하는 판매수량 실적보다는 실제로 실현된 수익의 규모가 예상최고의 매출액에 대해 점유하는 비율로서 수익실현능률을 보는 것이 중요하다. 그러자면 가능한 최고의 수익실현이 가장 중요한 목표가 될 수 있어야 한다. 가능한 최고의 수익

실현은 이론적으로 점유율과 가격이 가능한 최고선을 유지해야만 달성될 수 있다. 점유율과 가격의 최적해 산출을 위해서는 어떤 세분시장의 수요의 탄력성이 크고 작으며 어느 시기에 수요가 가장 많이 발생하는지에 대한 정보가 필요하다.

그린버그에 따르면 순수관광목적 우선의 관광객들은 사업이나 일 목적우선의 관광객들보다 훨씬 더 가격에 탄력적인 반응을 보인다(Greenberg, 1985).

예약관행을 보면 순수관광 목적의 여행자들은 사전에 수립된 여행계획에 따라서 대부분 여행 훨씬 이전에 준비해둔 사전 예약에 의존하는 것이 일반적이다. 이들은 비교적 시간에 대해 민감(time sensitive)하다. 반면에 사업목적 위주의 여행자들은 사전준비에 의해서보다는 여행 직전의 예약에 의존하므로 예약과 여행이 거의 동시적으로 이루어지는 경향이다. 가격에 대한 행태 면에서 이 계층의 고객들은 덜 탄력적인 반응을 보이고 있다. 비교적 높은 객실가격을 기꺼이 지불하고 있어 호텔의 단위당 매출수익을 제고에 대한 잠재력이 크며 호텔의 수익극대화 목표에 공헌하고 있다.

어떤 종류의 사업에서나 안전성과 수익성은 동시에 추구되기 어려운 두 마리의 토끼이다. 호텔예약에 있어서도 이러한 문제는 고객이나 호텔 측에서 다 같이 예외가 아니다. 이것이 예약관리의 어려움이 되고 있다. 모든 예약이 이행된다는 가정 하에서 안전한 수익확보를 위해서는 예약을 가능한 한 빨리 많이 받는 것이 좋다.

안전한 예약업무의 완료를 위해서는 객실을 수요해오는 어떤 고객에 대해서도 예약접수일 현재의 가격이나 그때 할인될 수 있는 가격으로 기계적으로 예약을 접수하고 객실을 판매해야 한다. 이것은 호텔의 수익극대화 차원에서 계획된 세분시장별 매출수량 배분이나 예약시기와는 무관히 자연적 수요에 의존된 매출관리인 것이다. 그러므로 수량 면에서는 안전한 매출실적을 보여주지만 수익성면에서는 바람직한 결과를 도출하지 못할 가능성이 크다. 예약관리에 있어서 판매 가능한 보유객실의 전수판매에 대한 매출목표율의 안전한 조기달성을 위해서는 거의 순수관광목적의 단체관광객에 대한 예약 의존도를 높여야 할 것이다. 이 경우 저가격에 의한 객실판매가 불가피하기 때문이다.

고가격을 지불하려는 가격에 비탄력적인 세분시장에 의한 객실예약이나 객실판매는 단위당 수익성 목표의 제고와 수익성관리에는 유리하지만 그들은 여행 직전 투숙에 임박한 시기에 예약해오므로 판매가능 객실을 전수 판매하지 못하여 객실점유율을 하락시킬 수 있는 위험성과 함께 상품을 부패시켜 수익저하를 초래할 위험성이 매우 크다.

설령 정확하게 객실 예약업무가 수행되었다 하더라도 마지막 순간에 일어날 예약 취소와 노쇼우(no-show)가 관리되지 않는다면 목표는 달성되지 못한다. 최종적인 수익관리를 위해 취해지는 초과예약방법의 활용은 예상이 적중하지 못하는 경우 원활한 재고관리를 위협하고 턴다운 서비스(turn-down service) 등으로 호텔의 이미지를 실추시킬 위험성이 있다.

결국 정확한 수요예측이나 제도적인 뒷받침 없이 적용·수행되는 YM은 또한 수익 저하의 위험성에 그대로 노출될 수 있다. 이러한 여건은 객실수요를 일시 체류객(transient guests)과 단체객이라는 세분시장으로 분류해서 예측해 보아도 결과가 같다. 수익성을 위한 예약업무수행과 관리에 관한 의사결정상 역사적인 도전요소는 안전성 대 수익성의 문제로 요약된다. 그렇다고 해도 호텔 객실예약 실무에서 추구된 안전성이 사업고유의 계절적인 수요변동이나 수요의 탄력성 등을 고려해 볼 때 반드시 수익의 안전성을 보장할 것인가의 관점에서 제기되는 회의는 YM에 있어 중요한 쟁점이 되고 있다.

## 2. 일드 매니지먼트의 이론적 근거

호텔은 전통적으로 객실경영을 통하여 얻어진 역사적인 회계자료들을 각 영업부문들에 대한 성과측정이나 분석기준 또는 정보기반으로 해오고 있다. 호텔의 YM는 객실부문의 자체 경영성과 제고 및 업적의 측정·평가업무 개선을 도모하기 위하여 변화하는 수요시장 상황에 따라 여러 가지 수익성 변수들을 적정하고 신속하게 대처시키기 위해서 단기적으로 경영의사를 결정함으로써 수익성을 극대화하려는 관리기법이다. 이 기법의 적용에는 이미 앞의 2절에서 논거한 바 몇 가지 전제여건이 충족되어야 하는데 이것들은 인위적으로 조성되는 것이 아니라 사업 본래적인 특수여건을 말한다. 그런 점에서 적용여건이란 환언하면 YM의 연구와 적용의 필요성을 제기하는 사업상 극복되어야 할 문제측면인 것이다. 그 중 결정적인 문제는 호텔이 소매의 부동산 판매업으로서 상품재고가 곧 수익발생의 고정자산으로서 수용능력이 고정적이라는 점이며 특히 당일에 판매되지 못하는 객실재고분은 그대로 소멸해 버린다는 재고의 특성에 기인된다.

정가의 인하에 의한 신축성 있는 가격정책의 운용이 어느 경우에나 정당화되고 바람직한 방안으로 권장될 만한 것은 아니다. 그러나 계절에 따른 극적인 수요변동으로 수반되는 고정원가의 압박요인이 큰 호텔사업의 경우에는 무엇(가격인하정책)보다도 총원가를 커버할 수 있는 일정한 수준이상의 매출유지가 지상과제로 인식된다. 경영성과 유지에 필요하다면 가격변동도 그 하위개념이라는 것이 세계 호텔업계의 일반적인 견해이다. 실제로 전국단위의 시장에서의 관광수요는 비교적 비탄력적이지만 특정의 국한된 지역이나 지방별 관광지 인근의 숙박업체들 간의 수요에 있어서는 가격여하가 크게 영향을 미친다(Greenberg, 1985). 이것은 즉 부적당한 가격이나 잘못된 세분시장별 재고통제로 인한 기회손실을 최소화하겠다는 노력이라고도 볼 수 있다.

다음 [그림 8-1]에서는 모든 호텔 세분시장에 단일한 객실요금 50,000원을 적용하는 경우에 발생 가능한 두 가지의 잠재적인 기회손실을 보여주고 있다. ▤으로 표시된 부분은 획일적인 가격으로 인하여 더 높은 가격을 지불할 수 있는 고객층에 의해 실현될 수 있는 고가격에 의한 수익실현 가능성을 상실하게 됨으로써 발생될 잠재손실인 기회원가이고, ▥으로 표시된 부분은 너무 실료가 너무 비싸서 판매되지 못한 객실재고가 소멸됨으로써 발생될 수 있는 미실현 잠재수익을 나타내 주고 있다. 이 경우 예상객실수익은 2,500,000원이 된다. 이러한 가격은 결국 가격이 다른 어떠한 수요계층에 대해서도 크게 어필되지 못할 가능성이 크다.

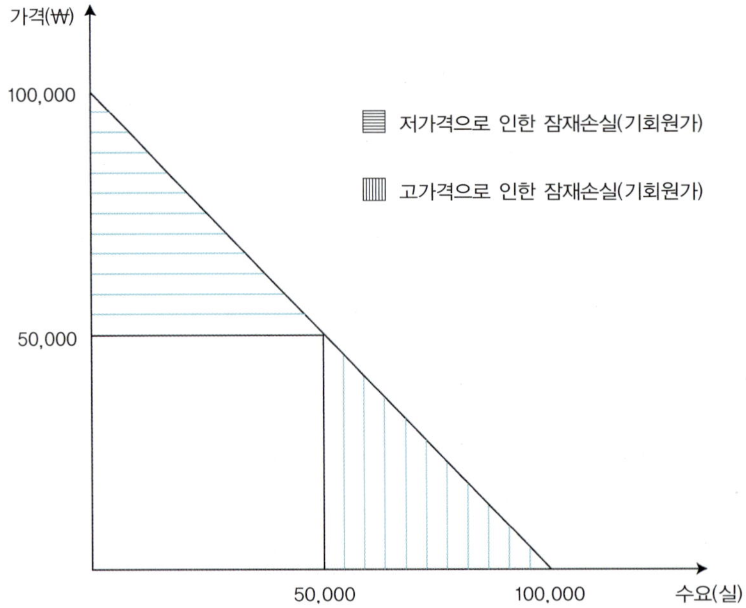


[그림 8-1] 단일가격 운용의 잠재손실

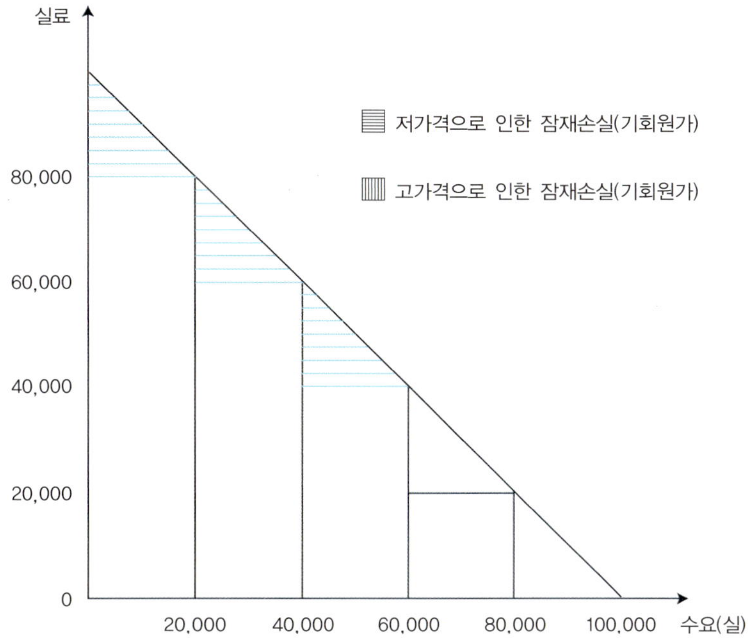


[그림 8-2] 4개의 차별화된 가격층에 의한 객실수익

전면의 [그림 8-1]에서 볼 수 있는 잠재손실(기회손실)을 관리하려는 것이 일드 매니지먼트의 중요한 목표이다. 그것은 각종 세분시장의 수요에 대해 가격층을 다양화하는 것과 각각의 시장에 대해 재고를 통제하는 것을 골자로 고객수요를 중심에 두고 사고(customer-centric thinking)함으로써 결과적으로 단일가격 운용으로 발생될 수 있는 기회원가를 최소화하려는 것이다.

[그림 8-2]는 호텔의 전형적인 수요층을 컨벤션 단체, 순수 관광객, 상용목적의 관광객, 개별고객 등 4계층으로 구분하여 각각 4개의 차별적인 가격을 적용한 사례이다. 그러나 이런 수요층은 호텔의 실제 고객을 통하여 정보를 수집하고 분류목적에 활용해 볼 수가 있다. 여기서 사용한 4개의 가격층은 각각 객실당 80,000원, 60,000원, 40,000원 및 20,000원을 가정하고 이를 토대로 해서 그림을 그린 것이다. [그림 8-1]에서 보다는 가격차별화를 기했을 경우에 얼마간 YM에서 기대하는 수익증대가 실현되고 있음을 개략적으로 알 수 있다.

각각 점선부분과 흑색부분이 나타내 주는 잠재손실과 함께 이러한 정책 하에서 실현된 객실수익 4,000,000원은 단일가격정책을 가진 경우의 수익 2,500,000원보다 1,500,000원이 증대된 수치임을 알 수가 있다.

수익성을 위해서는 객실판매와 예약접수과정에서 수익성이 취약한 세분시장을 수익성이 비교적 큰 세분시장으로 대체해야 한다. 수요가 적은 경우에는 가격탄력적인 고객을 통하여 그리고 수요가 급증되는 시기에는 가격에 대해 비탄력적인 고객의 유치를 도모하는 방안과도 같다.

시장세분화를 전제하는 만큼 세분시장에 대한 면밀한 분석결과 각 계층별 시장 수요가 파악되고 예약통제가 이루어지지 못하면 YM의 적용이나 성과 또한 기대하기 어렵다.

YM에는 적정 판매가격 결정과 재고관리(Belobaba)의 한계수익 모형이나 threshold curve method 등에 대해서 수요-공급이론과 가격에 대한 수요의 탄력성([그림 8-1]과 [그림 8-2]) 등 기초적인 경제 원칙들이 적용되고 있다.

YM은 미래의 회계기간에 대해 예측된 정확한 예약 수준에 따라 객실요금을 조정함으로써 손실(기회원가)을 최소화하고 객실수익 극대화를 추구하려는 것이다.

수익의 극대화는 적극적인 매출신장에 의해서 뿐만 아니라 비용절감에 의해서도 달성될 수 있는 만큼 보유 객실수에 미달되는 예약(underbooking)이나 초과예약(overbooking)의 비용이 관리될 수 있다면 수익은 커질 수가 있다. 예약미달로 인한 비용은 곧 객실요금과 같은 금액으로 발생되지만, 초과예약에 의한 비용은 다른 호텔로 턴다운 서비스에 수반되는 비용과 호텔에 대한 나쁜 인상이나 고객이 체험한 불편 등으로 인해 발생될 상실된 영업권(goodwill)에 따른 비용이다. 그러므로 YM을 위해서는 이러한 비용들이 계획되고 통제되어야 한다.

## 3. 일드 매니지먼트의 발전에 공헌한 연구들

YM의 선행연구들을 보면 대부분 일드 관리를 위해 충족되어야 할 각각의 분야들에 관련된 것들인데 그중 비판적인 시각에서 연구된 것 보다는 적극적으로 제도를 지지하는 입장에서 접근된 것들이 주류를 이루고 있다.

컴퓨터예약 시스템(CRSs)에 관한 연구는 McGuire에 의해 1990년에 이루어지고 있다(McGuire, 1990). 예약의 재고통제에 대한 기초적인 연구는 윌리암(William, 1977)에 의해서 달성되었다. 확률론적인 방법을 통하여 호텔최적 초과예약모형을 얻기 위한 통제방법들의 연구에 공헌한 것은 리버맨 등 여러 명이 있었다(Rothstein; Lieberman and Yachalli; Ladany).

Dunn & Brook은 관리회계적 측면에서 YM을 이익분석기법으로서 발전시켰다(Dunn

and Brook, 1990). 그들은 또한 YM에 대한 MSPA(market segment profit analysis) 접근을 통하여 YM에 있어서 가격은 일드(yield) 경영의 분석이란 측면에서 독립적으로 고려될 것이 아니라 그것이 수요와 수익에 미치는 수익성 영향평가 등을 통하여 수익성에 미치는 영향을 평가하는 측면에서 고려돼야 한다고 주장한다(Dunn and Brook, 1990. 그러나 위의 것과는 다른 논문임). 그들은 가격이 각종 장기적인 비용측면과 호텔이 결정한 특정의 고객측면과를 관련시키는 기초위에서 결정될 수 있을 때 장기적으로도 유용한 가격체계가 될 수 있다고 보고 있다.

Okin과 Kims 등은 YM의 전반적이고 기초적인 연구에 기여했다(Orkins, 1988; Kims, 1989). 한편 Relihan(Relihan, 1989)은 인사관리적 측면에서 환경 변화에 대한 신속한 대응 차원에서 가격결정 권한이 위양되고 분권적인 조직관리가 되는 일면에서 통일되지 못한 YM 모델 사용, 특히 예약과 각기 다른 이용객들에 대한 객실 배분과 통제 등으로 일어날 수 있는 위험성에 주목하고 있다. 그러한 위험성 관리를 위해서는 중앙집중적인 조직망이나 전문가 제도가 단기 가격결정에 유용할 것이라고 지적하면서 이러한 제도를 통한 가격결정이 문제를 약화시킬 수 있을 것으로 내다보고 있다(Relihan, 1989). 인사관리적 측면에서의 YM의 연구는 John & Hamilton에 의해서도 이루어지고 있다. YM의 성과를 위해서 이 제도를 인적인 측면에서 조명하고 모든 YM의 절차들에 대해 접근하고 있다(Jones and Hamilton, 1992).

Lieberman은 부정적인 시각에서 YM을 조명하고 있다. 그는 제도에 대한 전면적인 부정이라기보다는 기법의 적용상 제기되는 문제와 한계점의 측면에서 접근하고 있다. 특히 YM 연구가 애초부터 이론적으로 접근되었다기보다는 실무론적으로 접근했기 때문에 YM은 기술이나 실무적용 위주로 연구가 이루어져 온다는 점에 대해서 비판하고 있다(Lieberman, 1993).

## 4. 객실 수익분석에 대한 일드 매니지먼트의 공헌

종래에는 객실매출에 대한 업적평가가 상당부분 객실 점유율(room occupancy rate)에 의존하여 이루어졌다. 그러나 비율만으로는 객실경영성과를 객관적으로 표시해주지 못하여 경영자들의 업적이 사실과는 다르게 평가되는 폐단이 있었다. 객실점유율 자료에 의한 수익정보의 오도는 호텔에 그만큼의 비용발생의 잠재력으로 작용될 수 있었다. 그러므로 이러한 가능한 손실, 즉 과도하게 낮은 가격의 판매나 객실예약이나 판매 등 영업기회의 상실로 인한 손실을 계량화하여 금액으로 환산하여 내부적으로 표시해 줄 수 있다면 종업원들은 좀더 동기화 될 수 있을 수도 있고 호텔의 수익성도 제고될 수 있을 것이다. 이러한 가능성에 대한 도전이 YM이다. 수익성관리를 위해 좀 더 객관적이고 비교 가능한 방법으로 수익성을 평가하고 표시할 수 있는 새로운 방안에 대한 업계의 오래된 요청은 당연한 것이었다. 초보적이긴 해도 한업기에 실시되어 왔던 가격할인이나 인하정책 등을 상기해 본다면 일반적인 인식과는 달리 YM가 이전에 없었던 전혀 새로운 개념이라고 볼 수는 없고 다만 조직적으로 한계점들을 더욱 보완하고 개선했다고 하는 것이 타당할 것 같다. YM은 종래에 이용됐던 통계들을 이용한다는 점에선 새로울 것이 없지만 다만 이익분석 혹은 관리기법이 업적평가에 있어서는 종전의 방법들보다 훨씬 더 신축성이 있고 일관된 방법이라는 점에서 다르다(Orkin, 1988).

그러나 분석대상기간의 단기성으로 인하여 초래되는 의사결정 빈도의 다발성과 함께 필연적인 적용기간의 단기성 등에 의존된 고도의 신축성 있는 가격운용 등이 종래의 계절형 가격변동과는 실질적으로 차별화 된다. 월 또는 계절단위가 아닌 일일단위의 단기적인 가격 의사결정은 중앙 집중형의 의사결정 체제를 어느 정도 완화하거나 권한의 위양이 이루어지지 않는 여건에서는 현실적으로 어렵다. 객실은 호텔의 2대 수익발생부문의 하나로 그 영업성과 여하는 여타의 모든 부문영업에 걸쳐 영향을 파급하기 때문에 호텔에서는 가장 중요한 수익원천으로 인식되어 왔다. 그러나 분권적인 의사결정 구도라는 전제가 충족될 수 없다면 YM의 도입과 적용 및 성과기대는 어렵다.

YM의 생명은 수요분석에 따른 가격결정과 재고통제에 의한 기업환경에의 신속한 적응력에 있다. 컴퓨터와 도표 등 분석수단이 보조되지 못한다면 신속성의 실현은 불가능하다. YM에서는 가격 결정인자가 단지 객실유형과 계절적인 수요변동 만이라고 보지 않고 거기에 임기응변의 센스까지를 포함시킨다. YM에서는 세분시장별 이익분석기법(market segment profit analysis)을 활용하여 비단 각 고객층의 이익 공헌도 비교목적 뿐만 아니라 예약접수나 객실 판매의 단기적 대처에 있어서 어느 시장을 최우선적으로 고려하여야 하는가의 결정 목적에도 기여하게 되지만 YM이 시장 세분화에 의한 이익분석과 동일한 것은 아니다(Dunn and Brook, 1990). 이러한 관리에서 기대되는 효과는 경제적인 변수의 지속적이고 소폭적인 조정을 통하여 수요-공급 간의 균형 유지를 도모함으로써 경영자나 호텔 이용자가 다 같이 혜택을 볼 수 있다는 가능성에서 이론이 출발되고 있다. 능률적인 재고관리를 통하여 성업기에는 관광객들의 용이한 투숙을 돕고 한업기에도 호텔기업은 목표수익을 달성할 수 있다는 기대 때문이다. 무엇보다도 YM은 수익성의 최저 수준을 제고하는데 공헌할 것이다(Orkins, 1988). 객실수익 극대화 관리방안으로서의 호텔의 일드(yield)에 대한 성과는 관련된 통계들이 산업평균이나 지표들과 긴밀한 관련 하에서 분석되고 그 결과에 의해 경영 의사결정이 이루어졌을 때 실제로 달성되게 된다.

일드란 실제의 점유율에 실제의 평균 실료를 승하여 얻어지는 실현된 수익에 대한 정보이다. 객실점유율(room occupancy rate)은 호텔 총 보유객실(rooms available for sale)에 실제의 객실 매출수량(rooms sold)을 대비시켜 산출된다. 실제 평균실료는 공표요금표(room tariff)상의 각종 객실요금의 평균에 실제 거래된 각종 실료 평균치(average of sold rooms)를 대비시켜 산출한다.

평균실료는 단순히 절대금액으로서만 분석되지 않고 정규 가격평균에 대한 실제 가격평균의 달성비율로 환산해서 이용되기 때문에 수익에 대한 비교가능성을 제고하고 객관성 있는 성과분석에 기여하게 된다. 이러한 논지에서 실제의 객실점유율에 실제의 평균 실료를 관련시킴으로써 또 다른 방식으로 일드를 산출해 볼 수도 있다. 여기서 평균 잠재 실료란 달성 가능한 예상최고치라는 의미이다.

$$\text{일드(yield)} = \text{점유율} \times \text{평균실료} = \frac{\text{객실판매수량}}{\text{총보유객실수}} \times \frac{\text{평균판매객실수}}{\text{평균잠재실료}}$$

## 제4절 일드 매니지먼트의 모형과 수행과정

### 1. 일드 매니지먼트의 모형

YM을 위한 모형들은 주로 이를 실행하는데 필요한 요소들을 정확히 산출하거나 예측하는 것과 관련된 통계적인 모형들이 개발되고 있으나 전반적인 절차를 다루는 총체적인 모형들은 연구가 미흡하고 다만 존스와 해밀턴의 모형에서처럼 각 절차들을 기술론적으로 설명하려는 시도들이 있었다(Jones and Hamilton, 1992). 이러한 YM의 과정 순으로 보면 대략 7단계로 나누어 볼 수 있다. ① 일드담당 조직의 편성 및 교육, 기초자료의 준비 및 전략의 수립 → ② 수요예측 → ③ 호텔이용 고객층의 세분화와 새로운 고객의 창출 → ④ 가격 및 가치의 결정 → ⑤ 높고 낮은 수요형태 분석 → ⑥ 기존 여건에의 순응 또는 고객 대체 → ⑦ 평가 및 책임 소재와 피드백. 그러나 모든 과정들이 서로 관련되어 있기 때문에 굳이 그 순서를 논한다는 것은 무리일 수 있으므로 여기서는 YM의 모형을 절차나 흐름을 포함한 포괄적 개념으로 보고 전반적인 제도를 중심으로 호텔 내 일드 문화의 조성과 발전, 일드의 전략과 기술, 관리의 시간적 단위, YM의 과정 및 절차, 피드백 등 5단계로 나누어 보려고 한다.

## 2. 일드 매니지먼트의 기초과정

### 1) 일드 문화의 조성과 발전

일드 개념 하에서 경영자의 책무는 일드 제고에 있다. 성공적인 YM을 위해서는 일드 제고 관리의 원리, 필요성 및 그 성과에 대한 전사적인 이해가 있어야 한다. 그러므로 일드 문화 조성의 중심은 경영 계층을 불문한 관련종업원들에 있다. YM을 위해서는 관련 부서들의 협력은 물론 이를 수행하는데 필요한 정보 분석과 일드의 이해 등 능력이 겸비된 종업원이 절대적으로 필요하다. 가격, 구매통제, 환불통제 등을 중심으로 각각 차별화된 서비스 패키지를 결정하고 각기 다른 패키지를 위한 이용 가능한 호텔 잠재 수익원들이 결정되고 재고통제가 필요하거나 객실재고 제한 없이 판매해야 되는 고객층이 결정되었다고 해도 이것을 실제로 적용하는 것은 종업원이다. 조직 내에서 높은 수준에 대한 개념의 설정 혹은 합의가 이루어질 수 있을 때, 그리고 매니저나 예약담당직원 외에 현관 클럭이나 현금출납원등 관련종업원의 참여가 이루어질 때, YM에 대한 해박한 이해가 이루어질 때, 그리고 새로운 기술이나 아이디어 개발에 대한 어떤 형태의 보상이 주어질 때 모두 바람직한 YM의 문화적 기반으로서 그 성과에 공헌될 것이다. 이것은 재고통제와 수요와 세분시장에 기초한 가격결정과 예약판매에 관한 수익성 제고를 위한 기법이지만 단순히 그러한 문제와 함께 성공하거나 실패하는 단순한 문제 이상의 서비스정신에 기저된 하나의 총체적 사조로서 이해되고 설명되어야 할 것이다.

### 2) 일드 매니지먼트의 전략과 기술

YM의 계획은 종합적인 것이어야 한다. 흔히 계획은 전년대비 몇 퍼센트의 증감방식으로 수립되기도 하지만 YM에서는 일드 극대화를 위해서 호텔고객층의 믹스를 어떻게 하여야 할 것인가에서부터 계획이 출발된다. 일드의 전략은 주로 관리시스템이나 이를 통하여 기대되는 성과에 대해서 수립된다. 일드의 기본전략은 크게 두 가지로 나뉜다. 하나는 성업기에 대한 전략으로서 단위매출수익의 극대화 전략이고, 다른 하나는 한업기 전략으로서 매출유지 혹은 매출극대화 전략이다. 한업기에 적용되는 저렴한 실료로 인한 평균 실료와 공표요금을 근거로 산출된 평균 실료의 차액은 이러한 전략수행의 비용으로 인식되어야 한다. 객실은 호텔 자체적인 이용실수, 호텔이 입지한 지역의 컨벤션 개최회수, 지역의 제 단체나 기업체 등에 대한 할인율 등을 단체에 대한 개별고객(FIT)의 기대비율 및 경영성과에 대한 잠재력으로서 측정, 평가해야 한다.

기술적인 계획이란 YM을 적용하는 과정에서 필요한 실무적 계획을 말하는데 단체들과의 협상, FIT 잠재고객의 문의에 대한 가격정보제공기술, 패키지별 객실재고의 할당과 통제 등 기술적인 측면에서의 모든 계획과 결정은 YM 극대화 실현이라는 동일한 목표에 기여할 수 있도록 목표 지향적으로 이루어지게 된다.

YM극대화의 기술은 예상 고객층 간의 대체가 수익성에 미치는 효과분석을 거쳐 확정된다. 단체고객을 FIT로 대체하는 경우에 발생되는 수익성의 효과는 이 때 발생되는 기회원가의 계산을 통하여 분석된다.

### 3) 일드 매니지먼트의 시간적 관점

YM의 기본적인 관점은 수요가 호텔의 수익성과에 대해서 가장 효과를 갖는 시간을 중시하고 있다는 점에 있다. 그리고 이것을 위해서 어떻게 가장 효율적인 시간을 단위로 잡을 것인가를 결정하는 문제를 해결하는 것이 관건이 되고 있다고 할 수가 있다.

가장 효율적인 YM의 단위기간은 월 혹은 계절단위가 아니라 일일 단위이다. 가격에 민감한(rate-sensitive) 고객층에 대해 설계될 패키지는 미래의 장기간을 하나의 단위로 고려하기보다는 미래의 하루하루를 별도의 단위로 고려하는 것이 좋다. 최적 일드의 달성(Yield optimizing)을 위해서는 수요가 일별로 예측되어야 한다. 일별 수요예측은 한번에 2~3개월(60~90일) 정도의 기간을 한 단위로 해서 이루어지는데, 이것은 대부분의 사용호텔의 주된 이용객인 FIT고객들이 투숙 수주일 전에야 비로소 예약(단체보다 훨씬 늦게)을 한다는 사실을 감안할 때 적정하다. 이러한 사용호텔의 경우처럼 비록 단체객들의 이용이나 예약이 상대적으로 덜 중요한 경우라 할지라도 주된 세분시장인 개별고객에 대한 장기적인 수요예측은 매우 중요(critical)하다.

단체시장과 개별시장에 대한 매출 상호간의 대체는 흔히 점유율(한업기 대책)과 실료(성업기 대책) 중 어느 것을 택할 것인가의 결정문제로 볼 수 있다. 단체는 일반적으로 투숙하기 수개월 혹은 1~2년 전에 예약을 완료하므로 점유율 제고에는 가장 효과적이다. 반면에 FIT는 평균적으로 단체보다 높은 실료를 지불한다. 판매기회의 포착이나 상실 혹은 높은 단위매출 기회의 포착이나 상실과 관련하여 호텔은 단체나 FIT의 예약접수에 허용할 객실재고의 허용범위를 할당하지 않으면 안 된다. 다음으로는 두 계층 간에 기존의 재고통제 수준을 대체한다면 어느 정도로 해야 할 것인가와 관련하여 의사결정을 해야 한다. 그렇지 않으면 알지 못했던 전혀 새로운 시장으로서 예컨대 고가격을 지불하는 단체시장(새로운 세분시장의 창조) 등을 개척하는 문제를 고려해 볼 수 있다.

## 3. 일드 매니지먼트 수행의 본 과정

정확한 일별 수요 예측만으로는 일드(yield) 제고의 충분한 조건이 성숙 되었다고 볼 수 없고 정책과 절차 등이 균형을 이룬 가운데 종업원들이 함께 수익성 향상을 위해서 협업해야 한다.

### 1) 수요예측과 행태분석

이를 위한 전담반의 편성과 함께 이용 가능한 자료를 활용해야 한다. 호텔의 경영환경에 대한 검토와 관광지의 지속적인 경쟁 여건과 수요 원천조사를 통하여 한계점과 강점들을 파악해야 한다. 개략적인 미래의 목표수립과 전략 결정은 물론이고 일드(yield) 지향적으로 재편성된 직무 기술서와 시간표에 의한 책임 분담이 이루어져야 한다.

특정 기간 동안 변화하는 수요행태를 평가하여 필요한 경우에는 기 배분된 객실비율을 재조정한다.

### 2) 호텔에 부합되는 가치기준 설정과 적정가격 결정

종래의 가격결정은 주로 경험론적 가격결정 방법, 역산법이나 원가 가산법을 이용한 투자 수익률 목표를 기준으로 하는 방법, 및 경쟁업체들과의 경쟁을 고려하는 가격결정 방법 등을 이용해서 이루어져 왔다. YM에서는 이러한 방법들의 장점들을 모두

흡수하는 가격 결정이라고 보아야 할 것이다. 전체 환대산업에서 호텔이 점하는 지위나 시장적 지위를 파악하거나 혹은 적극적으로 지위목표를 결정함으로써 거기에 부합되는 가치추구가 되어야 한다. 객실상품 패키지와 그 가격 결정은 이러한 시장적 지위나 설정된 가치기준에 알맞게 이루어져야 하기 때문이다.

### 3) 사업 또는 상품믹스에 관한 의사결정과 시장세분화

고객층을 결정하고 거기에 맞는 가능한 호텔의 서비스 제고나 창조가 이루어져야만 이를 기반으로 수익성 제고의 목표가 수립되고 달성될 수 있다. 즉 상용고객 대 레저목적의 고객, 일시 체재객(혹은 개별고객) 대 단체 간의 구매행동 경향(예약 관행이나 요금에 대한 태도 등)의 차이를 인식하는 가운데 사업 또는 상품믹스에 있어서 일드(yield) 지향적 체제 구축을 통하여 어떻게 하는 것이 수익성 제고에 유리한가를 판단하는데 자료를 제공한다.

### 4) 수요행태 분석과 대책 수립

일드(yield) 극대화 계획은 부분적이 아니라 적극적이고 종합적인 계획이어야 하므로 앞에서 검토한 모든 과정을 통하여 이제 다른 수요 형태별로 높은 일드 산출을 위한 대책을 보기로 하자. 수요가 급증할 때 호텔은 FIT에 대한 저가 객실예약의 제한 및 금지, 호텔 체류일의 축소나 제한, 단체객의 접수를 고가로 한정하는 외에도 전체 수요의 일정부분을 고가격을 지불하는 고객으로 대체하는 정책을 입안한다. 수요가 감소할 때에는 대리점 등에 판촉 특가에 의한 예약접수를 요청하거나 개별 고객에 대해서도 표준가격을 제시하도록 한다. 특히 가격에 민감한 고객층이나 조직 혹은 단체에 대한 판매촉진책의 개발과 함께 제한을 두었던 지역시장에 대한 저 원가 패키지의 수를 늘리는 방안 등을 고려해 볼 수 있다.

### 5) 고객층의 대체

여기 객실 600실을 보유한 한 호텔의 경우 실료를 보면 FIT가격이 95,000원이고 단체가격이 70,000원이라고 가정하고, 오는 월요일부터 수요일까지 3일간 단체가 예약을 원한다고 가정할 때 다음 〈표 8-1〉을 보고 성업기의 세분시장에 대한 객실 할당(재고통제)과 수익극대화 문제를 생각해 보자.

〈표 8-1〉 예약 및 객실재고 정보

| 구 분 | 월 | 화 | 수 |
|---|---|---|---|
| 호텔 보유객실수 | 600 | 600 | 600 |
| 단체 예약실 수 | 300 | 100 | 400 |
| 예상 FIT 예약실수 | 200 | 200 | 200 |
| 새로운 예약접수 가능실수(총 보유실수 – 판매 객실수) | 100 | 300 | 0 |
| 대체를 고려중인 단체예약 실수(계 : 150실) | 100 | 100 | 100 |
| 기준FIT 대체예정 실수(계 : 100실) | 0 | 0 | 100 |

고객층의 대체는 대체로 수요가 급증하는 성업기에 높은 평균 실료의 실현을 위해서 취해지는 예약기술이므로 월요일~수요일 중 객실이 100%로 판매되는 수요일에 적용하는 것이 바람직하다. 수요일에 단체 허용객실 400실 중 100실을 FIT로 대체한다면 단체에 허용된 객실은 300실(300실-일)로 줄어 예상 객실 매출은 21,000,000원이 되고, FIT(개별고객)에 추가로 허용된 100실(100실-일)은 수익이 9,500,000원이 된다. 그러므로 실제로 단체객실로 허용된 100실이 FIT시장으로 대체되지 않은 경우에는 기회원가가 9,500,000원이 된다. 가능한 한 기회원가를 절감함으로써 호텔 수익의 극대화를 도모하려는 YM에서는 이러한 비용을 관리할 수가 있게 된다.

### 6) YM의 보조적 장치에 대한 적극적인 개발과 활용방안

YM의 효율 증진을 위해서 YM을 보조할 장치 마련이 필수되는데 우선 컴퓨터 이용을 통한 정보시스템 등의 활용 기술이 요구되고 있다. 또한 YM은 상당부분 담당 종업원들의 숙련도를 배경으로 하고 있다. 아무리 좋은 YM 시스템을 가지고 있다고 해도 종업원들이 이를 잘 활용할 수 있는 역량개발이 되지 못한다면 예약접수 등 업무 현장에서 이를 효율적으로 운용하기가 어렵다. 그러므로 종업원에 대한 교육훈련을 통한 YM에 대한 이해와 이를 수행하는 데 필요한 이론 및 실무적 능력 배양이나 적응력 제고 등 프로그램을 개발하고 활용할 수 있어야 한다.

## 4. 피드백(feed back)의 과정

일드(yield)지향적 행동과 의사결정을 촉진하기 위해서는 정기적인 피드백이 필요하다. 피드백은 예측 능률, 일드(yield)에 대한 기술적인 효과, 개인이나 부문의 업적 등을 평가하여 올바른 수익성 관리의 수행 여부와 계획과 성과달성의 정확성 정도 혹은 차이나 실패에 대한 원인 분석을 통하여 계획이나 수행 내용을 조정하고 효율을 제고하려는 활동이다. 이러한 피드백은 결과적으로 이에 관련된 책임 소재를 분명하게 귀속시키는 데 기여할 수 있는 과정으로서 역할되기도 함으로써 조직의 효율적인 관리에도 기여되는 부수적인 효과를 기대할 수도 있다.

예약 담당자나 대리점의 매출확인을 위한 조직적인 방법이 개발되지 못해 흔히 예약과 관련해서 사용된 평균시간이나 시간당 사용분수 등을 측정하려 하지만 정확한 능률 측정에 도달하지 못하고 있다. 피드백에 대한 YM 지향적인 접근은 그들이 예약을 위해 사용한 총시간에다가 실제로 성사된 예약을 관련 시켜서 비율을 비교해보는 것이 타당하다. 이런 경우 어떤 수단으로도 성공적인 예약의 능률측정에는 실패하지만 이와 같은 생산성을 중심으로 한 접근은 예약담당자나 대리점들의 사고를 일드지향적으로 만들기 때문에 평균적으로 높은 예약 달성률 촉진에 기여한다.

기술적인 측면에서의 피드백의 효과는 YM의 적용성을 높이는 데 크게 기여한다. YM의 기술이란 고가격과 관련된 고수익, 각기 다른 가격과 객실재고 수준의 통제 등 요소들을 변환 또는 대체시키는 것과 관련되어 있으므로 실제로 실무능력을 향상시키는데 절대적인 효과가 있다. 기술적인 개발은 이러한 여러 가지 대체 자료들을 가지고 기술적으로(거의 자동적으로) 더 많은 수익을 실현하는 잠재력을 가지고 있는 가격과 재고수준과 고객이라는 변수들을 선택하게 되는 것이다.

## 제5절 일드 매니지먼트에 대한 제 논쟁점

### 1. 포괄적인 문제

#### 1) 공정성 문제

공정성이란 YM 시행과정에서 고객에게 강요된 구속에 대한 서비스 및 혜택의 균형 문제를 포괄하는 용어로 사용된다.

YM은 고객에 대한 부가적인 서비스의 제공 및 증진과 함께 시장수요에 맞춘 재고 통제를 통하여 가격을 결정함으로써 객실수익 극대화를 도모하려는 한 제도 또는 방안이다. 그러나 여기에 필수적인 가격변동에 대한 고객의 인지가 따르지 못할 때 YM

은 실패한다. 고객들이 그러한 호텔수익 극대화의 구체적인 방안들로 말미암은 변화들이 고객들에게 인지되고 수용되는가는 변화들이 호텔과 고객 양자에 대해서 공정한 서비스와 혜택을 제공하는 것인가의 여부에 의존된다. 이런 YM의 성패에 대한 두 가지의 논의는 모두 여기에 수반되는 제한 요소들이 적정 수준을 유지하는가의 문제에 귀일된다(Kahneman et al., 1986).

첫째, 실료와 투숙기간에 관련되어 요구되는 제한적 요건들을 호텔 고객들이 인지할 수 있는가하는 문제이다.

둘째, 이윤추구가 어느 정도 선에서 제한되어야 공정성이 인정될 수 있을 것인가하는 문제이다.

여기서 공정성(fairness)이란 가치와 기회 및 공개성 등과 관련된 개념이다. YM과 관련된 통제들은 주로 구매에 있어서 고객의 자유나 선택권을 구속하는 것이다. 적어도 구속에 대등한 혜택이 주워지지 않는다면 공정하다는 평가는 기대하기 어렵다. 여기서 구속의 내용들로는 대체적으로 ① 일정시간 이전에 예약해야 한다는 불편, ② 투숙기간을 최단기간으로 한정하는 것, ③ 예약취소나 변경에 대한 벌금 부과, ④ 예약이 환불 불능성을 전제로 한 것 등이란 점에 기초하여 설명되고 있다. 혜택은 주로 경제적인 보상으로 표시되지만 실제로는 호텔 객실요금의 할인을 통한 가격할인을 말한다.

우선 주어진 혜택이 고객의 자유를 구속한 만큼(비율로) 이루어지지 않는다면 일단 공정성은 실패한 것으로 보아야겠다. 왜냐하면 고객들은 전보다 불편하다고 느끼면서 그 느낌을 보상할 만한 호텔의 어떠한 조치, 즉 부가적인 서비스도 전혀 없다고 생각할 것이기 때문이다. 실료 할인 정도에 알맞는 제한요소의 통제가 아니면 가격이 종전보다 할증된 만큼의 서비스 혹은 상품보상이 이루어져야 할 것이다.

다음으로 할인 등의 혜택에 비해 제한조건이 지나치게 크거나 심할 때 공정하다는 수긍을 받지 못한다. 예약조건의 변경이나 예약취소 등에 대해서 벌과금조로 얼마간 징수한다든지 하는 강한 제한은 거기에 대한 반대급부식의 충분한 혜택(예컨대 많은 할인혜택의 부여 등)이 주어져야 한다.

끝으로, 거래내용의 공개로 변화에 대한 정보들을 고객들이 알지 못할 때 고객들은 공정하다고 느끼지 못한다. 고객의 객실예약이나 객실구매에 앞서 가격차별화에 대한 정보가 마련되고 제시되어 자유로운 선택을 통하여 할인가격이나 할증가격의 객실구매가 이루어졌다고 할 때 공정성에 대한 느낌은 다소 강해질 수 있다. 항공사의 한업기의 할인요금이나 성업기의 요금할증에 대해 고객들이 큰 불평 없이 받아들이는 것은 호텔보다 훨씬 더 변화가 뚜렷하고 잘 알려져 있기 때문이라고 본다(Kimes, 1989).

호텔객실상품에 대한 거래는 호텔이 일방적으로 제시해 오는 것이다. 이러한 구속이나 제한들이 강요된 거래 속에서 고객들이 공정성을 느끼지 못하는 것은 이득(gain)이 없거나 충분하지 못하기 때문이라고 보는 견해들이 지배적이다(Kimes, 1994).

## 2. 호텔 일드 매니지먼트의 문제

이것은 YM을 적용하는 항공사, 교통사, 호텔 중 특히 호텔만이 지니고 있는 특수한 문제측면이다.

### 1) 투숙기간에 대한 실료 결정 문제

아무리 단기적인 의사결정에 의해서 가격이 결정된다고 해도 항공사의 경우에는 항공기 내에서 수일을 체류하는 경우가 별무할 뿐만 아니라 확실히 결정된 날짜에 대해서만 항공 여행을 하기 때문에 전혀 문제가 되지 않지만 호텔에서는 여러 날을 계속해서 투숙할 수도 있기 때문에 한 번의 투수기간 내에서도 단기(주로 주중) 수요 변화에 따른 다른 요금 적용의 필요성 문제가 발생될 수 있다. 예컨대 목요일부터 일요일이 높은 수요가 발생되는 기간일 때에 호텔 고객이 수요일에 투숙해서 토요일까지 4일간 체류한다면 과연 각기 달리 결정된 가격 중 어떤 가격을 기준으로 수익을 인식하고 또 고객에게 지불을 요구해야 할 것인가의 문제가 발생될 수도 있다. 반대로 토요일부터 다음 주 화요일까지 4일간 투숙하는 고객에 대해서도 유사한 문제가 발생될 수 있어서 어떤 요금을 적용할 것인가의 문제가 제기될 수도 있다. YM에서는 거래에 앞서 고객과 호텔 간에 이런 경우에 대비한 언급이나 거래약관에 의한 명시 조항이 요구될 수 있는 환경이라 하겠다.

### 2) 승수효과의 고려와 확정가격 시행의 어려움

항공사의 좌석과는 달리 호텔은 객실이 유일한 상품이 아니라 식당이나 회의장소, 기타 연회장소 등 다른 상품들을 판매하고 있다. 객실의 판매는 그러한 다른 상품판매에 대해 승수효과를 초래한다. 그러므로 객실만을 단독적으로 고려한 YM는 다른 부문들로부터의 수익발생 기회를 무시하는 결과가 된다. 이것은 항공사와 같은 확정가격에 의해서 반드시 객실을 판매할 수 없게 하는 요인으로 작용되고 있다.

### 3) 예약의 리드타임 결정 문제

호텔예약은 1~2년 혹은 수개월이전에 완료되기도 하는가 하면 어떤 경우에는 수일 혹은 당일에도 사전판매가 가능하다. 이러한 여건에서 예약의 리드타임을 어느 정도의 기간으로 하느냐 하는 문제가 어렵다는 것은 지극히 당연하지만 크게 단체와 개별 관광객으로 고객을 대별해서 리드타임을 별도로 결정해야 할 혹은 모두 함께 보아서 결정해야 할지가 문제이다.

## 3. 경영관리적 관점에서의 문제

### 1) 고객들의 무관심

호텔과 항공사의 여건이 몇 가지 점에서는 일치되지만 두 종류의 사업이 실제로 동일하지는 않으며 여기서 적용되고 있는 일드 매니지먼트의 환경이 같은 것도 아니다. 경쟁업체수면에서도 호텔은 항공사보다 월등히 많다. 고객들이 YM의 시행으로 변화된 구매조건들을 싫어한다면 얼마든지 다른 경쟁자의 객실을 애고할 수 있다. 그러므로 YM을 위해서 호텔경영자는 고객들이 가격과 서비스 차이 등을 이해할 수 있도록 학습시키지 않으면 안 된다.

### 2) 종업원의 숙련과 사기문제

YM은 비록 컴퓨터나 상당한 수학적인 작업을 통하여 정확한 예측을 기하기는 하지만 종업원들 성과를 전제로 이 업무를 수행함에 있어서는 판매객실수와 가격에 관한 많은 예측을 전제로 하고 있고 또 그 결과에 대한 책임을 져야한다. 이것이 종업원의 숙련을 요하는 측면이면서 동시에 이 제도를 어렵다고 느끼게 하는 요인이 되고 있다.

### 3) 유인 및 보상제도 문제와 종업원의 교육훈련

흔히 기업에서는 종업원이나 경영자들의 잠재능력 개발과 그 능력의 유용화라는 측면에서 보상제도나 유인제도 등을 마련하고 있다. 호텔에서는 주로 판매액이나 평균 실료 혹은 객실점유율에 의해서 보상을 해왔다. 그러나 YM은 반드시 이러한 지표들을 양호하게 나타내주는 방향으로 시행되지는 않는다. 이런 점에서 성과에의 유인이나 보상제도들이 YM에도 불구하고 종업원들의 성과를 공정하게 표시해 줄 수 있는 방법이 개발됨으로써 YM제도를 달가워하지 않는 분위기가 되지 않도록 관리할 필요성이 크다. 동시에 관련종업원들에 대한 교육과 훈련을 통하여 YM의 목적과 효과들을 잘 이해시켜야 한다(Kimes, 1989).

### 4) 분권화의 문제

YM은 단기적인 관리방식인 만큼 일일이 최고경영자의 재가를 거쳐서 모든 경영의사 결정해야 한다면 현실적으로 그 시행이 어렵다. 대부분의 의사결정들은 YM을 직접 담당하는 부서로 위양되게 되지만 실제로 이 제도가 객실수익증대를 통하여 호텔 전사적인 경영성과에 얼마나 중요한 영향을 미치는가에 대한 중요성의 인식이 되지 못한다면 실패한다. 그러므로 최고경영자는 종업원들이 YM의 주요성을 인식할 수 있도록 하는데 필요한 조치를 하시라도 취할 수 있도록 강한 관심과 함께 필요한 자료와 정보시스템을 갖추고 있어야 한다.

## 4. 일드 매니지먼트의 한계와 쟁점들

일드 매니지먼트에 대한 근본적인 비판은 이것이 이론적으로 접근되기 보다는 실무위주 혹은 기술론적으로 추구되고 있다는 사실에 있다(Lieberman, 1993). 이 제도는 출발부터 과잉공급으로 말미암은 무리한 가격할인에 의한 영업손실을 해결할 것인가 하는 절실한 업계의 요청에 의한 만큼 실제로 이론적인 토대위에서 시작되었다고 보기는 어렵다. 그러나 이것은 수요이론이나 가격의 탄력성 등 경제적인 기초이론에 기반을 두고 서비스에 의한 전체주의적 사상에 입각하여 합리화되고 있음은 이미 앞에서 살펴본 바 있다. 여기서 제기될 비판들의 대부분은 주로 YM 시행상 거론되고 있는 한계점들을 중심으로 하고 있다. 앞으로 더 효과적인 YM을 위해서는 후속연구들을 통하여 이러한 한계점들의 보완이 전제되어야 할 것이다.

### 1) 종업원에 대한 고려 및 통제의 한계에 따른 비판

YM의 통제가 지나치게 컴퓨터 분석위주로 이루어짐으로써 종업원에 의한 모든 통제를 제한한다는 비판이다. 또한 이 제도에서는 그 호텔만이 가지는 특수한 여건을 고려하지 않고 자동적인 재고통제나 가격결정에 의해(simulation 기법 등 이용으로) 수익증대를 기하기 때문에 고도의 전문성을 지닌 호텔경영자 등의 대한 인적자원에 대한 고려나 관리 등이 무시되고 있다는 한계성에 대한 이의제기도 적지 않다.

#### 2) YM의 가정이 실효성이 없는 허구라는 비판

일드 매니지먼트의 기본 사상은 각기 다른 시점에서의 차별화된 서비스에 근거하여 가격을 차별화하고 호텔고객들의 구매조건을 차별화하는 것이다. 그러나 실제로 높은 실료에 대해 부가적인 서비스가 수반되지 못하고 있고 고객에게 강요된 특정의 제한 요소들에 비해 혜택도 같은 크기로 주워지지 못하고 있다는 비판이다. 그러므로 서비스와의 양립을 가정한 YM 이론과 사실과 부합되지 않는다는 비판을 받기도 한다.

#### 3) YM은 성업기에만 효과적인 제도라는 비판

YM은 가격과 재고통제를 골자로 하고 있다고 볼 때 한업기의 가격할인은 종래에 있어 왔던 것으로 별다를 것이 없고 다만 수요가 공급을 초과하는 성업기에만 효과를 발휘할 수 있다는 비판이다. 실제로 각 호텔 이용객별 재고통제는 성업기에나 가능하다.

#### 4) 한업기 YM은 가격 할인제도라는 비판

일드 매니지먼트 프로그램은 경영자들이 가격체계를 수정해야 할 필요성 지적이나 변화가 있어야 할 방향 제시는 가능하지만 구체적으로 얼마만큼 그리고 어떻게 변화를 이끌어가야 될지에 대해서는 답을 주지 못한다. 그러므로 한업기의 낮은 수요에 따른 가격인하는 결국 호텔수익을 감소시킬 위험성마저 배제할 수 없다는 비판이다.

#### 5) 독자적인 YM의 적용 불가성에 대한 비판

최고급 호텔에서의 YM의 적용은 비교적 어렵다. 그러므로 대부분의 YM은 초호화 호텔 이외의 사업체에서 적용된다. 이것은 호텔수요자들이 가격에 대해 매우 탄력적인 경우에 이 제도가 실효를 거두기 쉽기 때문이다. 그러므로 다른 호텔들이 가격을 인상하지 않는 시기에 단독적으로 가격을 인상한다면 고객을 잃게 됨으로써 수익감소가 뒤따를 것이다. 반대로 다른 호텔들이 가격을 전혀 인하하지 않을 때에 인하하면 그만큼 손실을 감수해야 할지고 모른다. 그러므로 일반적으로 일드 매니지먼트는 경쟁사들이 모두 적용하고 있는 경우에만 적용되고 그보다 더 나은 성과를 기대하는 식의 적용이 되고 있다.

CHAPTER_9

# 편의적 관광학 연구와 식음료사업

## 제1절 관광학 연구의 신 경향과 식음료의 역할

### 1. 관광학 연구의 편견 탈피와 식음료 역할의 조명

관광(tourism)이란 우리의 심미적 실체 혹은 감각적 실체에 연루되어 영향을 미치고 있는 5개의 감각기관 중 어떤 것 안에 존재하는 것이다. 신체는 또한 주요 감기기관(Synnott, 1993)이므로 결국 관광은 인간의 육체적 욕구를 표출하는 활동이라는 견해도 있다(Veijola & Jokinen, 1994).

그런데 대부분의 선행연구들을 고찰해 보면 관광이라는 행위 혹은 관광학의 범주는 무엇을 보는 시각적이고(visual), 어떤 것을 응시하도록 끌고 구경하는 시각적인 편견(McCannell, 1976; Urry, 1990)으로 편협하고 제한된 개념에 국한되는 경우가 허다함을 알 수가 있다. 최근에 와서 학자들은 이런 관광연구의 오류를 인식하게 되었다. Urry는 그의 저서「관광객의 응시(Tourist Gaze)」제2판에서 신체와 감각기관들에 대한 무지를 지적하면서 관광의 시각적인 편견에 균형을 부여하기 위한 소리, 냄새, 맛으로부터의 이행(離行)과 탈출, 조경에 부가한 지리적 접촉 등 다양한 감각탈출(sensescapes)을 역설하고 있다(Urry, John, 2002).

Dann과 Jacobsen(2002)은 또한 냄새에서의 탈출(smellscapes)에 대한 논의(quest)를 제기했다. 이어서 관광을 미식(gastronomics)과 관련시켜 맛의 탈출(tastescapes)에 대한 추구가 관광 동기화에 미치는 작용에 대해 알아보려는 연구도 나오게 되었다(Hjalager &

Richard, 02, a, b). 요컨대 시각적 편견을 탈피해서 관광의 연구가 한 단계 진일보함으로써 다양한 비시청각적인 관광경험 측면들을 주제들로 전환되고 있는 것이다.

경험이론에 의하면(Pine, B. and Gilmore, J., 1998), 경험은 entertainment, 교육, 취미 및 도피나 탈출 등 4가지 영역으로 이루어져 있는데 탈출은 그중 한 영역으로 되어 있다. 맛, 냄새의 탈출을 중심으로 하는 외식관련 연구는 곧 관광체험에 대한 연구이다.

현대 호텔-호스피탈리티 산업연구에서 매우 중요한 사업영역인 식음료사업의 중요성은 비단 투자자나 경영자들을 중심으로 한 경영목적을 달성하기 위한 사업성 측면에서 뿐만 아니라 이 산업의 고객인 여행자 혹은 관광객들이 그들의 관광체험의 가치를 제고하는데 없어서는 안 될 중요한 관광측면이 되고 있다. 식음료사업 측면 혹은 식음료라고 하는 문화적 관광상품이 호텔-호스피탈리티 고객 혹은 관광객들의 총체적인 관광체험의 가치를 증대하는 데 명실상부하게 기여해 오고 있기 때문에 전 세계 호스피탈리티 및 관광연구에 있어서 주요한 연구영역으로 자리매김해 왔을 뿐만 아니라 변화하는 시장욕구에 부합되는 더욱 새롭고 품질 좋은 상품과 서비스 제공을 위해서 더욱 많은 연구가 기대되는 측면이다.

## 2. 편견을 초월한 관광체험 지향적 식음료의 연구

시각적 편견을 초월한 연구의 시도들을 통한 관광체험의 이해는 관광의 주요 이해관계자인 사업자나 관광객 모두에게 매우 긴요하다. 더구나 관광지에서의 식음료 체험을 총체적인 관광체험과 관련시키려는 노력은 매우 흥미로운 시도들이기도 하다.

시청각적인 체험뿐만 아니라 종래에는 보조적인 관광체험으로만 여겨졌던 식음료 등 비시청각적인 관광체험이 특정여건에 따라서는 주된 관광체험이 될 수도 있지만 두 체험요소 모두 관광의 중요 요소가 되고 있다(그림 9-1 참조).

관광산업 현장에서 이 두 가지 형태의 체험들은 모두가 관광객의 만족감 증대와 동시에 사업자의 경영성과 제고에 있어서 필요한 요소인 것이다. 그러므로 이들이 각각 어떤 차별성을 가지고 있으며 또 상호 교환 가능한 성질을 갖고 있는지를 고구해 보는 것은 성공적인 관광 혹은 관광사업을 위해서 필요한 연구가 아닐 수 없다.

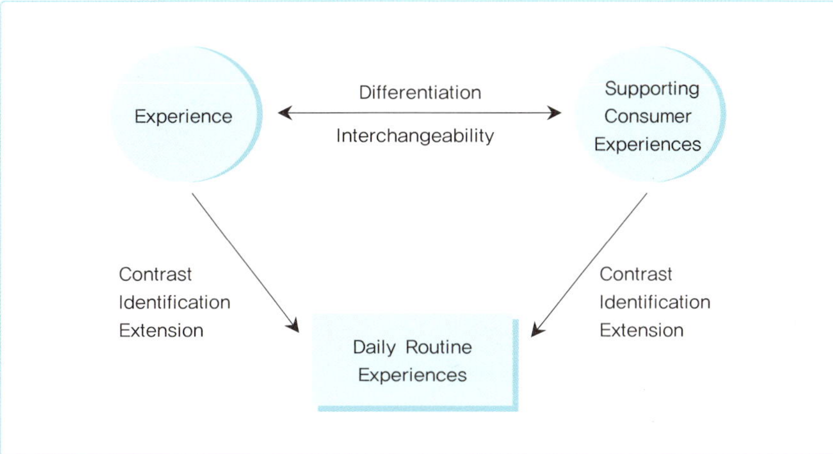


자료원 : Chan & Wang, 2004.

[그림 9-1] 관광경험의 개념 모형

## 제2절 관광과 식음료 소비의 중요성

### 1. 관광에 있어서의 식음료의 중요성

#### 1) 관광과 관광사업에서 식음료가 미치는 영향은 다대하다

어떤 경우에도 식음료 없는 호스피탈리티서비스는 없기 때문에 여행, 지역축제, 엑스포, 전시회 등 관광과 관광지에서의 식음료서비스 여하는 관광만족과 매출에 영향을 미친다. 식음료의 내용, 다양성, 문화 및 전통성 및 품질이 관광서비스의 총체적인 품질에 대한 느낌, 평가 및 매출 등에 효과를 달리해 올 것이다.

#### 2) 관광사업의 성패는 참여 관광객의 만족도에 의해 영향을 받는다

숙박, 식음료, 교통 등 관광상품 연구에서 만족도와 사업성과 중심의 관광체험에서 어떤 특정 요소의 체험이 고조되는 특정 환경이나 관계가 영향을 미치는지를 안다면 이에 기초한 지식기반 서비스를 통하여 전략적 노력을 기울일 수가 있을 것이다. 또한 특정 요소들이 서로 정비례관계 혹은 종속적인 관계를 이루는지를 검증하고 확인할 수 있다면 이에 대한 만족도와 사업성과 관계를 파악할 수 있게 됨으로써 고객만족을 향한 관광사업의 제 전략은 결과적으로 고객추구의 가치 증진과 경제성 실현에 대한 기대감을 현실화할 수 있게 될 것이다.

#### 3) 식음료는 효과적인 관광체험의 품질제고에도 중요하다

(1) 식음료를 통한 관광과 소비 체험의 만족도 제고 가능성 기대

모든 기업이 처해 있는 연관성 중 '수익과 고객 만족'이라는 직접적이면서도 강력한 관계는 관광체험을 사업과 관련시키려는 태도에서 비롯된 결과이다. 실패의 악순환 속에서도 지속적인 성공 기업들을 통해 배울 수 있는 서비스 운영의 집중력과 마케팅 능력 제고의 전략적 서비스 비전과 모형제시에 대한 노력(Haskett, J., 2000)에서 얻은 통찰력을 관광에 접목하려는 시도들은 많았다.

관광체험 연구의 사회과학적 접근과 마케팅적 접근에는 관광에서 추구되는 최고의 주된 체험을 각각 소비행위나 관광행위로 보려는 분명한 시각 차이가 대립되고 있지만 양자 모두 필수적인 관광 측면들을 내포하고 있다. 이런 점에서 진일보된 관광체험 연구를 위해서는 사고나 관점을 중심으로 나뉘는 학파(academic schism)를 초월해서 관광개념 및 체험 구조에 대한 새로운 개념화 작업(re-conceptualization)에 기초해야 할 필요성이 제기된다. 이런 필요성에 입각해서 식음료는 관광에서 주된 관광경험과 지원적(supporting) 소비경험 간의 관계연구에 활용될만한 전형적인 소비사례가 될 수 있다.

각종 구성요소별 포지션과 역할 규명을 통해서 개념적 틀을 제시할 수 있다면 불명확했던 관광체험의 이해를 통한 체험과 심신 및 소비자 만족 극대화에 기여할 수 있을 것으로 기대되는 것이다.

관광음식 소비가 관광객 체험의 품질을 높이고 소비자 만족에 미치는 작용에 대한 개념의 모형화 시도로 음식소비와 관광객 체험의 상호관계가 연구를 통한 경영관리에의 긍정적 효과제고를 향한 시도는 매우 유익할 것이다.

## 제3절 관광체험과 식음료 체험에 대한 연구

### 1. 관광체험 연구의 논쟁점과 연구의 새로운 시각

#### 1) 관광체험 연구와 소비자 체험 연구

관광개발과 투자계획에 있어서도 관광 구성요소별 포지션과 역할보다도 관광체험

자체가 여하한지를 이해하게 된다면 비교적 효과적인 관광체험과 관광객 체험의 품질제고를 도모하는 계획을 수립해 볼 수 있겠다. 이미 관광소비자를 위한 최고의 관광체험 창출과 이러한 관광체험을 지원할 수 있는 여타의 체험 사례들에 대한 실증연구 시도들은 많다.

일방적으로 관광체험만이 유일 최고의 관광체험을 준다고 믿어왔던 관광사업 영역에서 구조모형을 활용해서 이와 관련하여 제기되는 회의 또는 문제들에 대해 진위 여부를 확인하려는 시도는 가치가 있다.

근대 이후 시대(post modernity)의 사회경제적 생활에서 소비자의 체험은 점차 중요성이 제고되고 있다. 확실히 관광은 경험경제의 한 개척영역이 되고 있다(Cohen, 1979, 1988; Dann, 1977; Dann & Jacobsen, 2002; Gottlieb, 1982; Graburn, 1989; Henning, 2002; Lanfant, Allocock, 1976; McCabe, 2002; Bruner, 1995; Lee & Crompton, 1992; MacCannell, 1973; Mergen, 1986; Mitchell, 1983; Neumann, 1992; Ryan, 1997a,b; Redfoot, 1984; Urry, 1990, 2002; Van, 1980; Vukonic, 1996; Wang, 1999, 2002; to list only a few). 특히 1970년대 이후 관광경험 관련 연구는 최고의 관심영역 중 하나로 부상되어 왔다(Pine & Gilmore, 2008).

### 2) 관광체험 연구의 논쟁점과 연구의 시각

관광체험 관련 연구에도 불구하고 관광체험과 그 구성요소들이 무엇이고 그런 요인들이 또한 단측면적(single-dimensional)인지 다측면적(multi-dimensional)인지에 대한 기본적인 의문점들조차 해결되지 못한 상태이다.

관광의 주요 체험들은 이해되고 있지만 특정지역의 여행에 필요한 숙박, 식사 및 교통 등 체험의 포지션(positions)과 역할에 대한 정의가 명확히 규명되지 못한 채 여전히 논쟁여지를 갖고 있기도 하다.

관광체험 연구의 시각과 방법적 측면에서 볼 때 이 연구는 흔히 일상체험의 연장선에서 보려 함으로써 일상 체험과의 비교적 관점에서 숙식 및 교통 등과 혼합상태(mixed)의 체험과 총체적(gross)인 체험의 지원 요소들은 무시한 채 오히려 흔히 관광자원에서 창출 가능한 순수한 경험, 순(net) 경험 혹은 최고의(peak) 경험으로만 이해하려 해왔다.

그러나 단순히 보는 것에서 나아가 점차 품질수준이 제고되는 환대와 서비스에 대한 관광객의 수요가 증진되고 고객의 요구도 까다로워짐에 따라 종래의 접근방법과는 대조적으로 늘 부수적인 체험, 유도된(derisive) 체험, 혹은 지원개념 정도로만 보려고 했던 체험요소들이 연구 분야에서 주목과 각광을 받는 주제가 되고 있다.

관광마케팅과 사업적 시각에서 관광객은 소비자이고, 관광활동의 경제성과 마케팅 특성 면에서 관광은 소비(consumption)와 지출(spending) 관련의 추구활동으로 보고 접근하려 하고 있다. 총체적인 관광상품 소비에서 일상체험과 더불어 이와는 대조되는 자원에 대한 체험까지도 소비의 부분들로 고려되고 있다.

관련 연구들을 고찰해 볼 때 관광체험은 모두 일관된 소비체험의 시각을 견지해 오고 있다(e.g. Moutinho, 1987; Swarbrooke & Horner, 1999; Woodside et al., 2000).

## 2. 관광체험 연구의 발전단계적 고찰

일반적으로 관광사회과학의 연구에서 관광객 체험은 독자적인 하나의 연구 영역이 되어 왔다.

### 1) 현상적인 관광체험 연구

관광체험에 대해 개발된 다양한 연구방법들은 처음에는 주로 상식적인 관점에서 순수(naive; 순진한) 관광객의 실제 주관적 체험(subjective experience)에 초점을 맞춘 현상적 접근방법으로부터 연구가 시작되었다(Cohen, 1979; Neumann, 1992; Ryan, 1997a).

### 2) 일상탈피의 체험기회에 대한 연구

다음으로 관광체험은 유사 종교 여행이나 순례여행 등의 종교적 여행에 대응하는 체험으로 취급되었다(Graburn, 1989; Henning, 2002; MacCannell, 1973, 1976; Vukonic, 1996). 관광은 단조롭고 기계적으로 반복된 일상 업무, 속박, 사회적 혼돈과 세속적 책임에서 탈피할 다양한 체험기회를 제공하는 수단이 되었다. 속박으로부터 자유, 뿌리(근거), 신기성과 변화, 이국풍, 재기발랄한 어린 시절, 사회 조류, 의미, 정통성 및 신화 창조를 체험할 수 있게 해주는 방안이 되었다(Dann,1977; Gottlieb, 1982; Ryan, 1997b; MacCannell, 1973, 1976; Cohen, 1988; Redfoot, 1984; Wang, 1999; Cohen; Wang, 2000; Mergen, 1986; Dann, 198; Mitchell, 1983; Cohen, 1979); Lanfant et al., 1995; Henning, 2002; Selwyn, 1996).

### 3) 과학적 검증을 위한 계량기법의 관광체험 연구

다음의 발전단계에서 관광객 체험은 과학적인 검증과 기타 계량기법으로 연구되기 시작했다(pearce, 1982; Lee & Crompton, 1992).

### 4) 조직적인 기쁨 추구활동이라는 비판 제기

그러나 관광객 체험이 무의식적인 신분유지를 위한 조직적인(institutional) 기쁨 추구활동이라는 비판적인 시각의 접근방식(critical approach)도 있다.

### 5) 진정제로서의 관광

Marx의 표현대로 종교가 대중의 진정제였듯이 관광체험도 현대 관광객에게는 유사한 진정제가 된다고 보는 시각도 있다(Van, 1980).

### 6) 조직 내 역량의 척도라는 시각

관광객 체험은 요컨대 관광산업 조직 내 제역량 결합을 특정 유형의 척도로서 보려는 시도에서 비롯된 행동들이라는 시각도 있다. 관광체험을 나타내는 지배적인 형태의 언어들로는 대부분 문화, 가치 및 낭만주의 등 체험을 특정 척도로 보고(gaze) 유형화 하려는 접근방법들도 있다(Urry, 1990).

### 7) 관광체험론적 접근

(1) 최고의 관광체험

이상 관광체험의 다양한 접근방법들과는 달리 최고의 관광체험은 흔히 일상체험과 반대되거나 극명한 대조를 이루는 체험으로 정리되고 있다. 그렇기 때문에 관광객들은 특정 체험을 위해서 일상생활에서와는 다른 방식의 여행을 도구로 선택하게 된다. 이런 관광체험을 특히 최고의 체험(peak experience)이라고 한다.

(2) 관광의 체고 체험(peak experience)에 대한 McCabe의 비판적 견해

McCabe(2002)는 전체의 체험이 구성면에서 양분된다는 이유로 일상체험을 관광의 범주에서 제외하는 것은 오류라고 지적하면서 일상체험을 관광에 포함시키고 있다. 최고의 체험 없는 일상체험의 존재는 불가하고 또 의미도 없지만 불만족한 지원적 체

험의 경우 총체적인 관광객 체험은 그것이 주된 것이거나 종속적인 개념이거나에 상관없이 다소 실패한 체험이 될 것이란 점에서 그렇게 보고 있다. 그러므로 관광객 체험이 곧 최고의 체험이라고 동일시하려는 시각은 논리적인 설명이 불충분하다는 주장이다.

① 관광객과 소비자와 분류 및 관광체험과 소비체험의 구분 관행

이처럼 지원적 체험이 마케팅 관련연구 및 접근에서 간과되는 까닭은 관광객이 상품 공급자 및 서비스 제공자와의 관계에서 서비스를 받는 상업적 거래 혹은 교환관계를 형성하고 있다는 이유로 관광객이 소비자로만 간주되기 때문이다. 또한 주된 체험조차 소비자 체험의 일부분으로 간주된다. 이런 견해로는 관광체험 연구가 흔히 결과의 실무 적용성에 초점을 맞춘 소비자 행태적 접근방식으로 이루어지게 된다(e.g. Moutinho, 1987; Searb rooke & Horner, 1999; Woodside et al., 2000).

② 서비스 품질에 초점을 둔 연구

관광체험에 대한 마케팅 및 경영관리 연구의 관점 중 하나는 환대, 숙박 및 교통 등 관광객 체험의 서비스 품질에 초점을 맞춘다는 것이다. 이런 관점에서 대부분의 관광과 환대에 대한 총체적 품질관리 연구들이 이루어지고 있다. 대부분의 연구들은 소비자 체험의 주된 요소와 지원적 요소 간의 관계에 대한 철저한 고려보다는 사업운영상의 소비자 체험 및 행태의 실제 적용성에만 초점을 맞추고 있다.

(3) 문화관광적인 외식소비 체험을 통한 관광체험

관광의 외식소비 체험을 다룬 연구에서도 사회과학 연구에서 중시하는 주된 체험인 관광체험과 마케팅 및 경영관리 연구에서 중시하는 지원적 소비자 체험인 관광체험 간의 구조적 관계는 연구에 있어서 규명돼야만 할 문제이다.

관광에서 당연시 되었던 음식과 외식연구의 경시풍조는 초기 상당기간 수용되는 경향을 보여 왔다. 예술, 음악 및 역사는 문화관광 연구의 영역에서 주요자원으로 되었지만 음식은 종교, 이벤트, 축제 등과 같이 각광받지 못한 영역일 때도 있었다(Scarpato, 2002).

음식은 문화관광이나 일반관광에 모두 존재하는 필수불가결한 영역이다. 실제로 음식은 관광산업에서 점차 중요한 요소가 되고 있고 총 관광소비에서의 점유 비율도 제

고되고 있다. 현대 관광에서 이것은 더욱 제고될 전망이고 관광체험에 대한 음식소비 체험의 역할이나 비중에 대한 평가는 지속적인 성장세를 이어가는 상황이다.

대조적으로 관광지 관련 연구에서는 음식의 중요성이 인식되어 왔고 점차 음식문화의 역할에 초점을 맞춘 연구들이 발표되었다(Hegarty & O'Mahony, 2001; Williams, 1997). 음식은 관광소비의 기초가 되는 필수적 요소면서 지역 문화적 요소로 평가되고 있다(Jones & Jenkins, 2002).

음식이 관광지 특성화와 문화 매출의 주요 수단으로 입증됨에 따라서 음식소비는 관광지 마케팅 개발의 중요 요소로 인식되고 있다. 음식소비는 또한 식품 제조업자 등에게는 지역에서 생산되는 원재료 중심의 관광체험을 통해 제품의 부가가치 창출 대안으로 추구될 수 있는 문화 및 자연자원이 된다는 점에 유의하고 있다(Hjalager & Richard, 2002a).

음식소비는 관광지에서 사업자의 수익창출 수단으로 소득증대에 기여하는 특별하고 주요한 관광체험의 일부분이 되고 있다(Dittermer, 2001). 관광에서 음식관련 연구는 식당처럼(Marten & Warde, 1997; Warde & Martens, 2000) 일상적이고 일반적인 개념 외에 식품 관련 연구에 원용되는 사례들도 많다. 음식 소비에 특별한 의미를 부여하는 기념일이나 각종 축하 등 소비에서 볼 수 있는 비일상적 개념의 음식 체험은 기쁨을 맛보는 체험의 원천이 되고 있다(Humnphrey & humphrey, 1991; Warde & Martens, 2000).

관광에서 음식소비는 특별한 의미와 기쁨을 얻는다는 개념적 시각에서 바라볼 수 있는 주제가 되기도 한다(Hjalager & Richards, 02b). 색다른 음식 맛의 체험이 관광객의 주된 여행목적이던 아니든 간에 적어도 음식은 관광객의 기대 이상으로 추억에 남는 즐거운 휴가 분위기를 향유할 수 있는 부가적인 기회 제공에도 기여하고 있다.

미식관광(gastronomy)은 또한 관광 마케팅에서 주요한 이미지와 경험의 원천으로 활용되는 허다한 사례들을 보여주고 있다. 외식관련 연구에서 음식 소비가 관광의 주된 관광체험인지 혹은 지원적 소비자 체험인지는 명료하게 정리되지 못한 상태이다. 총체적으로 관광체험과 식품소비 관계가 개념화 되거나 일반화되지 못한 단계에서 관광체험에서 음식소비의 역할을 정리하기는 쉽지 않다.

## 제4절 식음료 역할에 대한 구조적인 연구

### 1. Chan 등 연구의 전제와 문제 제기

Chan 등은 특히 비시청각적 체험요소들의 역할과 포지션(position) 등 다양한 검증 요소들을 통하여 음식체험의 중요성을 고찰하기 위한 구조모형(그림 9-1 참조)을 개발해서 연구를 수행한 바 있다(Quan and Wang, 2004). 연구에서 관광에서의 음식소비 역할 연구는 적용성이나 기타 측면에서 타당하고 또 중요하다는 것을 전제로 하면서 관광에 대한 식음료체험의 역할 분석을 위해 개발된 구조모형이 호텔업, 교통업, 매력물 관광, 엔터테인먼트 등 광범위한 사업영역에서도 적용될 수 있다고 주장한 바 있다.

물론 이를 검증하려면 다양한 관광사업의 상품 및 서비스 체험을 포함한 다양한 요소들에 대한 검증분석과 적용이 문제시 되었으므로 환대, 교통, entertainments, 쇼핑 및 기타 체험 등이 관광에서 점유하는 포지션을 통한 그들 모형의 적용성 검증을 후속연구의 필요성 제기로 대신하였다.

### 2. 음식소비 체험에 대한 구조적 접근

식음료의 관광 및 관광산업적인 기여도는 절대적이다. 그러나 관광체험과 식음료 소비행위간의 역할이 명확히 정리되기 어려운 여건을 배경으로 Chan 등은 이에 대한 개념화 작업의 필요성을 역설하고 있다. 관광행위 전체에 지원적 소비 체험과 주된 관광체험 두 측면이 구조적으로 통합될 수 없다면 관광만족에 대한 역할 수행이 기대되기 어려울 것이다. 통합을 전제한 양 관계의 이해촉진을 위한 개념모형의 개발필요성이 제기된다.

관광체험은 주된 체험과 보조적 소비측면으로 이루어져 있다. 관광 매력물에 대한 체험을 의미하는 관광의 주된 동기요인을 최고의 관광체험이라고 한다. 보조적 체험은 식사, 숙박, 및 교통과 같이 여행에서 기본적 소비욕구를 충족시키는 체험으로 주된 동기요인과는 구별되는 의미에서 보조적 체험이란 용어를 사용한다(Quan and Wang, 2004).

관광체험 관계에서는 가능한 두 개의 개념정리는 다음과 같다.

### 1) 관광 본래적인 체험측면과 보조적 개념의 소비체험의 개념적인 구별

관광본래적인 체험측면과 보조적인 소비체험은 개념적으로는 구별되어야 한다는 것이다. 더 새롭고 적합한 '관계의 개념화'에서 이 차이는 절대적으로 중요하며 총체적 관광체험이 보조적 소비체험과 동일하지는 않다는 의미이다. 숙박 등 서비스 품질이 높아도 순수 관광동기를 충족시킬 주요 매력물의 결손, 부진 등에 의한 차이 발생의 경우에 대한 완전한 심리적 보상은 이루어지기 어렵다.

관광체험에서 주된 제자원에 대한 체험이 보조적 소비자 체험을 대신할 수도 없다. 용이성과 안락성 등에 대한 가능성 자체만으로는 만족 수준에 대한 표준 지표가 되지 못해서 이런 요소들의 결핍은 불만족을 야기하게 된다. 관광체험의 총 품질은 양 측면 상호간의 지원 및 강화 작용에 의존되기는 해도 관광만족에 대한 각 관광체험 요소들 간의 관계에 대한 와전한 구조적인 설명은 되지 못하고 있다(Ryan, 1994).

만족은 관광 목적지의 제요소에 대한 기대에 대응된 지각으로부터 나온다(Ryan, 1994). 관광체험 요소가 관광만족에 공헌하는 방식은 주로 기대의 수준과 형태에 의존되는 관계이고 부분적으로는 관광객 자신의 적응력에도 의존된다(Ryan, 1994). 여기서 적응력이란 중요성에 대한 실망, 가치의 평가 절하, 휴가에서 향유한 보상적인 제측면 발견 등과 관련되어 있다(Ryan, 1994).

### 2) 주된 관광체험과 보조적 소비체험의 상호교환 가능성

특정 여건에서는 두 가지 체험들이 상호교환 가능하다는 것이다. 한 편 어떤 보조적인 소비체험 요소들은 주된 관광체험으로 전환될 수도 있다. 가령 관광객의 원래적인 관광동기와 더불어 지방 음식이 아주 매력적이라고 지각할 때 특정지역 혹은 유명 관광지 관광 대신 음식 혹은 음식축제 관광으로 전환하는 것(transformation)을 흔히 볼 수가 있다. 이 경우에 지방음식(vernacular foods)은 주된 관광체험이 되고, 전반적인 여행만족도 제고에 공헌하게 된다.

우리나라에서도 각 지역의 특산식품에 대한 축제들이 한창인데, 이러한 음식축제를 잘 개발한다면 자연자원이나 다른 순수관광 목적에 기여할 관광자원 없이도 많은 관광객 유치와 성과기대가 가능한 측면이 되고 있다. 매력물의 체험이 때로는 보조적인 소비체험이 될지도 모른다. 유명 해변관광지에서의 휴가에서 젊은 남녀 관광객이 낭만적인 추억을 갖게 된다면 해변이라는 주된 '매력물의 체험'은 '낭만적인 만남'이라는 주된 체험의 배경이 됨으로써 보조적 소비체험으로 전환되고 해변 리조트에서의 낭만적 체험은 보조적 체험이 될 수 있다.

주된 관광체험과 보조적 소비체험의 차이는 일상체험에서 기대되는 관계를 통해서 상승될 수도 있다.

Parker(1983)는 일과 여가에 존재하는 3가지 관계유형을 ① 반대(opposition), ② 확장(extension) 및 ③ 중립(neutrality) 등으로 정의하고 관광체험과 일상체험 간에도 이런 유형의 관계들이 존재할 수 있다고 지적하고 있다(Parker, 1983). 즉 첫째, 일상적 체험과 대조적이거나 반대(opposition)되는 관광체험, 둘째, 일상적 체험의 연장(extension)으로서의 관광체험, 셋째, 일상체험으로 고조된(intensification) 관광체험 등 주된 관광체험과 보조적인 소비체험 간의 차이를 보완하기 위해서는 양 측면이 일상체험과 어떻게 관련되어 있는지를 분석해야 한다. 이미 일상적 체험과 완전히 대조적인 주된 체험인 관광체험에 대한 사회과학 연구들을 검토한 결과 이들 간의 관계는 주로 '일상 대 특성', '일상 대 비일상', '친숙성 대 신기성', '세속성 대 신성성' 등 일련의 '반대 개념'을 특징으로 하고 있다.

관광체험은 물론 일상체험의 확장, 고조 요소들이 있고 관광체험 목적을 정체성(self-identity)에서 찾는 관광객이라면 이를 확장, 고조할 수 있도록 해 줄 것이다. 그러나 관광체험과 일상체험은 대조를 이루는 형식으로 이들의 관계는 '대조(contrast)-확장(extension)-고조(intensification)'의 관계를 통하여 관광만족을 얻게 된다.

보조적 소비체험은 때로는 확장되거나 고조되는 특징을 갖고 있다. 특정지역에 내방한 관광객이 신기성과 다양성 추구 경향을 가졌다고 해도 대체로 자신들이 익숙한 시설의 호텔체인 투숙이나 음식선호 경향을 보이는 것은 기형성된 습관 등에 의한다 하겠다. 비록 위험요인에도 불구하고 신기성이나 새로운 음식을 시도해 볼만한 관광객들이라고 해도 대부분 기본적인 소비패턴은 보수적 성향이므로 여행에서도 친숙한 음식을 찾게 된다. 이런 점에서 관광에서 보조적인 소비경험은 주로 일상경험의 연장선에서 추구된다고 볼 수 있다. 그러나 일상경험과의 관계에서 대조, 확장 및 고조의 3요소가 항상 동일하게 위치하는 것이 아니라 확장-고조-대조의 유형으로 놓여질 수도 있다.

주된 관광경험이나 보조적인 경험들은 개념적으로만 분리될 뿐, 전반적으로는 유기적인 관계를 맺고 있어서 가각의 차이는 이런 관계의 이해를 촉진할 수도 있다. 총체적인 관광경험에 대한 구조모형은 장소적 요인과 친숙성 및 신기성 요소를 구별하지만 관광실무 적용성을 갖게 해 줄 것이다.

## 3. 관광경험에 있어서 식음료 소비의 역할 이해

관광에서 음식소비 체험은 두 가지 관점에서 분석될 수 있다. 하나는 주된 관광체험과의 관계에서 분석하는 시각이고 다른 것은 일상체험과의 관계에서 분석하는 시각이다.

식음료의 소비는 관광체험의 부분으로서 주된 관광체험에 대해서 2가지 유형의 관계를 맺게 되는데 특정 여건에 따라서 주된 관광체험의 구성요소 중 하나가 될 수 있다. 관광의 식음료 소비도 일상체험에 대해 주된 혹은 보조적인 2가지 형태의 관계를 맺고 있다. 보조적 소비체험일 경우 식음료는 일상적 식사체험의 확장이 될 것이지만 반대로 주된 체험일 경우에는 일상적 체험과는 반대가 된다.

### 1) 가정의 편안함에 대한 식음료의 역할

Giddens(1984)는 일상적인 과정이 사람들에게 존재론적인 안정감(ontological security)을 가져다준다고 하고 있다. 일상적 과정과 습관은 안락감, 휴식, 안도감(편안함) 및 안전성을 제공하는 원천이 되고 있다.

일상적인 음식소비는 일상적인 과정과 일상적 습관의 한 부분으로 Giddens의 말대로 편안한 가정(ontological comfort of home)과 같은 존재를 확인할 수 있게 해줄 것이다. 편안한 가정의 존재에 대한 확인은 여행으로까지 확장될 수 있어서 여행에서 경험하는 친숙하지 못한 환경은 근심과 부적응성을 야기할 수 있으므로 편안한 식음료를 통한 편안함의 인식은 부적응성 극복에 도움이 될 것이다.

### 2) 식음료 체험과 변화에 대한 욕구

관광에서 식음료 소비는 일상적인 식사습관과 과정의 단순한 반복이 아니다. 진짜 일상생활에서도 일상적 과정과 습관의 다양성, 및 변화가 필요하다. 관광은 그 자체가 일상적인 과정에 대한 변화이다. 다양한 음식들에 대한 궁금증(quest)은 체험 대상으로 어필되고 있다. 그렇다고 다양성 추구가 반드시 일상적이거나 요일별 생활패턴과 반대의 형태가 되어야 할 필요는 없다.

일반적으로 식음료 소비의 다양성 추구는 두 가지 형태로 이루어지는데, 하나는 주중에는 자국 음식을 먹다가 주말 등에는 정기적으로 중식, 멕시코요리, 혹은 이탈리아 음식 등 다양한 음식들로 바꿔가면서 먹는 것을 예로 들 수가 있겠다. 또 다른 유형의 다양성 추구는 과정의 다양성 추구(routine variety-seeking) 행태와 신기성 추구(novelty-seeking) 행태이다.

식사 경험이 없는 음식을 접할 상황에 따라서 다른 형태로 나타나게 된다. 관광음식 소비가 가정에서와 같은 안락감 확인(ontological comfort)의 연장선에서 추구되는 다양성이라면 과정의 다양성 추구가 될 것이다.

관광에서 과정 다양성 추구의 식사체험은 일상적 체험의 연장선으로 이해될 수 있다. 구조적으로 관광에 대한 일상적인 식사습관과 그 과정의 연장선에서의 식음료 소비는 핵심 재료(core ingredients)와 주변 재료(peripheral ingredients)들과 관련해서 이루어지게 된다(Djursaa & Kragh, 1998).

부재료나 주재료의 변화 가능성과 무관히 핵심 재료는 소비자 지향적인 고려에서 주변 재료 변화의 기반이 된다. 대부분 동남아 사람들에게 밥은 실제로 일상의 핵심적인 식사재료가 되고 있다. 주변 재료들 중에는 감자, 무, 배추 등 다양하면서 변화가능성이 크다. 중국, 일본, 한국인들도 때로는 식재료로 주재료인 쌀보다 감자, 호박, 밀가루 등을 이용할 수 있지만 대부분의 식사로 이것들을 밥 대신 식사하기는 어렵다.

식음료의 소비는 가정에서 형성된 식습관의 연장선에서 이루어지지만 관광에서 식음료 소비는 주된 여행목적을 완결하고 실현함으로써 관광체험을 지원해 주게 된다. 이런 점에서 식음료 소비는 보조적 소비 체험이 될 수 있다. 식음료의 기본적인 기능은 신체적 필요성을 충족시키는 수단이고 여행자에게 가정 같은 안락감을 맛보게 하는 수단으로서 기능한다.

자신의 문화정체성을 지닌 생활 터전을 떠난 관광객은 관광지 문화와 고립된 환경을 체험하는데 이 때 관광지의 음식은 관광객들이 가정같은 편안함의 존재유무를 평가하는데 있어서 절대적인 잣대가 될 수 있다. 편안함의 존재론적 인식 여부에 대한 연장선에서 관광객은 정신적으로 관광지 문화와 고립된 '가정의 섬'을 만나게 된다. 이런 환경에서 관광지의 식음료 소비에서 나타날 가능한 혼돈이나 문화적 충격에 대해서 식음료는 정신적인 안정과 관광에서의 안락감으로 인해 이를 극복하게 해 줄 것이다.

이런 맥락에서 관광지의 식음료 제공자나 사업자들이 추구해야 할 서비스 내용이 무엇이어야 할지를 알고 이에 대한 실천사항을 도출할 수가 있게 될 것이다.

(1) 관광객의 문화적 배경에 부합되는 관광지의 식음료

식습관을 중심으로 하는 관광객의 문화적 배경을 이해함으로써 식사에서 제공되는 음식들이 그들의 식습관과 관습 등 식문화에 일치되는(congruous) 것인지를 확인해야 할 필요성이 있다. 특히 체전관련의 이벤트에서의 식음료생산과 서비스에서는 선수나 임원들의 식사 관습과 음식에 대한 문화를 이해하는 것은 절대적으로 중요하다.

(2) 식음료 관광에 대한 시장 세분화의 필요성

식습관과 선호도가 다른 관광객의 관점에서 식음료서비스에 대한 관광지의 시장 세분화필요성은 시장규모 확대와 더불어 제고되고 있다. 식습관에 나타난 문화적 차이를 학습하고 효과적인 지식기반 식음료서비스에 주력함으로써 관광객의 서비스 품질제고와 관광만족을 통하여 관광체험의 가치에 대한 관광객의 지각을 촉진할 수가 있다.

(3) 음식관광을 통한 관광체험의 계획수립

음식소비가 관광객들에게 미치는 영향의 이해를 통하여 관광지 개발자들은 바람직한 관광체험을 향한 계획과 집행에 대한 정보역량을 증대할 수 있다. 관광지에서 관광객의 음식소비에 대한 이해를 통하여 새롭거나 친근하지 않은 신기성 환경에서의 음식소비가 관광객들에 미치는 영향을 알 수가 있다.

관광객들은 신기성과 비일상적 경험을 추구하는가 하면 종종 일상적 과정의 연장선에서 특정의 일관성(consistency)을 필요로 할지도 모른다. 이런 경우 관광지의 음식은 신기한 체험도 일상적인 체험의 연장선에서도 역할하게 된다.

관광지에서 '가정에서와 같은 안락함(ontological comfort)'을 대신해 줄 음식이 총체적인 관광체험 조성에 수행하게 되는 긴요한 역할을 이해할 필요성은 크다. 일단 관광객들이 숙박체험에 불만족하게 되면 총체적인 관광체험에 부정적인 영향을 미치게 된다.

성공적인 관광마케팅 전략의 적중을 위해서 담당자와 사업자들은 관광 매력물과 이를 보조해 줄 다른 요소를 추구해야 될 것이다. 관광여행자의 관광체험을 보조해 줄 요소로 음식소비 체험을 경시해서는 안 된다. 그렇지 않으면 적극적으로 식음료의 중요성을 인식하고 음식을 주요한 개별 체험요소로 전환하는 등 전략개발도 시도해 봄직하다.

## 4. 최고의 식음료 체험을 통한 관광 만족도 제고

전술한바 대부분의 관광식음료의 소비가 일상적인 식습관이나 과정의 연장선에서 존재하는 과정 다양성 추구의 음식체험 유형으로 설명될 수 있었다. 그러나 진정한 관광의 심층적 동기는 신기성과 변화 추구에 있다(Cohen, 1974)는 점에 비추어 볼 때 관광객들은 새로운 것에 도전하고 싶은 욕구를 지니게 될지도 모른다.

특정상황에서 관광객은 일상적이고 친숙한 영역과는 거리가 있는 식재료와 식음료 체험에 대한 호기심과 궁금증(quest)을 해소하고 싶은 욕구를 갖게 되기도 한다. 비교적 기본적인 식사 등 욕구충족과 관련된 대부분의 활동조차도 때론 이런 동기와 관련되어 존재하기도 한다.

신기성과 변화 추구의 관광에서 관광객들은 식음료의 소비도 평소 식습관과 일상적 과정과 유사한 선호도를 유지하기 보다는 새로운 기회의 제공이나 개발에 더 관심을 갖기 쉽다. 관광객들은 때로는 신기성의 새로운 음식을 총체적인 주된 관광체험(peak touristic experiences)의 일부분으로서 추구하기도 한다. 이러한 신기성의 식음료 체험은 새로운 재료, 요리방법 및 요리를 제공하는 서비스 방식 등 유형으로 분류해서 고려해 볼 수 있다.

### 1) 요리방식과 서비스의 다양성

식품재료의 참신성에 의해서 새로운 재료를 통해서 음식을 즐길 수 있는 경우이거나 아니면 음식이 제공되고 소비되는 방식 자체가 참신하게 개발된 경우이다. 한국, 일본, 중국 등지에서 밥은 정상적으로 냄비나 전자밥솥으로 요리하지만 특정 관광지에서는 밥을 대나무나 돌솥에 넣어 요리하거나 서비스하기도 한다. 이런 소비행태에서는 음식 맛을 좋게 하고 먹는 이를 즐겁게 할 수가 있고 또 기억에 남는 관광의 최고체험 기회를 제공하기도 한다.

옛 친구들과 지방의 식당을 찾은 특정상황에서 관광객은 때로 약간의 새로운 식음료에 대한 호기심으로 시도된 행동 결과가 기대 이상의 즐거운 추억으로 남을 때 식음료의 소비체험은 주된 관광체험으로 바꿀 수가 있다. 이런 체험은 주로 보조적 소비체험으로 여겨졌던 식음료 소비가 부분 혹은 전체적인 주된 관광체험으로 되는 기회를 창출하게 되는 것이다.

관광의 식음료 소비가 주된 관광체험이 되는 배경은 관광의 총체적 품질(total quality)

때문이며 추억과 고조로 인하여 기대되는 품질제고에 있다. 여정의 상당부분을 점하는 데도 불구하고 항상 일상체험의 연장선에서 관광에 부수된 보조적 체험으로만 간주되던 식음료 소비가 상황에 따라서는 최고의 관광체험이나 그 일부분으로 전환될 수 있는 것이다.

### 2) 미식관광과 글로벌화의 추진

새로운 현상은 글로벌화(globalization)의 영향으로 인한 다양성의 추구와 다기한 문화적 체험에 대한 세계인의 관심 제고는 더욱더 관광식음료 소비를 주된 관광체험으로 전환하는데 촉진제가 되었다.

일상적으로 접하는 음식과는 다른 맛, 냄새, 모양, 색깔 등에서 선택폭이 다른 넓고 다양한 국내외의 식음료 체험에 대한 욕구는 글자 그대로 5감 탈출로 관광의 시각적 편견을 탈피하는데 상당한 기여를 해 온 문화자원적 측면이 되고 있다. 식음료 요소에 대한 새로운 체험은 관광에서 급속히 확산되는 독립적인 동기요인이 되고 있고 글로벌 여행시장의 새로운 욕구요 트렌드가 되고 있다.

이렇게 해서 미식관광(gastronomic tourism), 식품 산지에서 개최되는 재료 중심 혹은 완제품에 의한 음식축제, 공산식품의 페스티벌, 특정 지방의 와인 마케팅을 겸한 와인 축제와 관광 및 기타 음식관련 이벤트관광 들이 다양하게 개발되고 있다.

식음료가 관광의 주요 매력물이 된 사례들은 허다하다. 싱가포르의 Chilli Festival (Financial Daily, 2002), 유럽의 와인투어(Jhonson, 2000), 시카고의 풍미(Taste of Chicago)나 앞서가는 맛(Taste Ahead, 2001), New York 주의 Hershey Chocolate 페스티벌 등 외에 국내의 김치, 고추, 인삼, 토종 술, 떡, 빙어 등 많은 음식 중심의 축제들이 다수 개발되고 있다.

우수한 조경이나 놀이공원(amusement park), 기타 특별한 매력물 없이도 음식은 이벤트 매력물로서 혹은 관광지 매력물의 하나로서 활력 넘치는 역할을 통해서 많은 경제, 문화, 사회적인 성과를 거두고 있다.

음식(gastronomy)은 관광체험의 주된 요소요 동기로서 글로벌 여행시장에서 작용하는 바가 크다.

### 3) 음식체험을 여행 동기화한 여행상품을 통한 관광유형

음식소비에 의한 주된 관광체험을 가능하게 만든 또 다른 유형의 동기요인은 여행에 대한 추억(memorability) 외에 식음료체험을 주된 여행상품으로 개발해서 여행 동기요인으로 촉진한 데 있다.

이런 형태의 여행을 동기화하는 데는 관광지에서 공급되는 식음료의 맛에 대한 의존도가 높다. 음식 자체를 관광지의 주요 매력물로 부상시켜 가족 치지들이 이를 주된 관광동기 혹은 체험의 수단(means)으로 만드는 것이다. 이때 식음료는 더 이상 다른 관광매력물이나 상품에 대해 보조적인 소비 체험이 아니라 주된 관광체험의 대상이 된다.

식음료의 잠재력은 기존 관광지의 여건에서 어떻게 관광매력을 높이고 관광객들을 유치할 것인가에 대한 문제에 있어서 시사하는 바가 크다. 관광지의 개발과 이 목적지에 대한 관광지 마케팅 전략 개발에 있어서 식음료와 그 체험은 다양한 형태로 영향을 미칠 수가 있다.

(1) 미식관광 형태를 통한 영향

미식관광(gastromonic tourism)은 특히 농촌의 식품 생산자들에게 농산물 부가가치 생성에 대안적 기회를 제공해 줄 수가 있다. 마땅한 주제발견이 어려운 농촌지역의 관광 매력물 여건에서 식품은 언제라도 지역여건에서 어렵지 않게 얻을 수 있는 무한한 가능성을 지닌 흥미 있는 매력물의 주제로 고려해 볼 수 있는 거리를 제공해 주고 있다.

감자, 옥수수, 인삼, 배추, 고추, 마늘, 김치, 생선이나 젓갈, 명태, 닭갈비, 막국수, 메밀, 떡, 등 농산물과 이와 관련된 것이라면 농촌지역에서 구할 수 없는 주제는 없다. 감자축제, 옥수수축제, 인삼축제, 고추축제, 고구마축제, 메밀축제, 닭갈비 축제 등 많은 사례들을 주변에서 흔히 찾아볼 수가 있다.

(2) 지방 토속식음료의 관광자원화

인공첨가물이 별무한 신선하고 건강에 좋은 그리고 미각과 시각적으로도 아름다운 다양한 지방의 토속음식(vernacular foods)이 풍부한 지역에서는 이를 관광 자원화 함으로써 여행시장에서 시장성이 큰 매력물로의 전환이 용이하다.

음식이 관광문화 자원이 되고 또 음식관련 이벤트로 개발될 수가 있다. 이를 통하여 지역민의 결속은 물론이고 문화적 자부심과 함께 생산지의 소득 증대에 크게 기여할 수 있다.

(3) 이벤트의 상부 혹은 하부 매력물로 재구성 잠재력을 지닌 식음료

음식이 단독으로도 관광 매력물로 재탄생 될 수도 있지만 이벤트에 있어서 다른 매력물과 함께 음식이 하부 매력물(sub-event attraction)로서 통합될 수도 있다. 이벤트나 페스티벌에 있어서 음식은 내방객의 호스피탈리티에 절대적인 요건이 된다. 그러므로 이것은 독립적으로나 메가 이벤트 관광과 통합될 수 있는 신축성을 갖고 있다. 이런 경우에도 음식은 내방객의 주된 관광체험의 부분을 이루게 된다.

(4) 지역사회 참여를 선도하는 식음료 페스티벌의 잠재력

음식 페스티벌이나 미식(gastronomic) 관광은 관광지 지역사회 고유의 지방 정체성 증진의 원천으로서 작용될 수 있으므로 지역사회 참여를 선도하는데 기여하게 된다.

특히 토종 지역산물을 재료를 이용한 토속음식은 주민에 의한 원재료 생산으로 생물종 보호에도 기여하게 될 수 있을 뿐만 아니라 지방민의 기능과 숙련도 제고로 제조될 수 있는 관광식품으로서 지역민의 참여증진은 불가피한 것으로 지역민의 협동심 제고에도 기여한다. 더구나 지속가능한 음식관련 관광사업에 대한 지역사회 참여와 지지를 통하여 목표성과 실현을 향한 지역의 여건 조성과 녹색성장 기반 구축에도 긍정적인 효과를 초래할 수가 있다. 전라남도에서 운영되던 62개 남도음식 명가와 별미집이 관광상품화 되고 정부추진의 '한 브랜드화 사업'으로 선정, 정착되도록 집중육성된 성공사례도 있었다.

이상과 같은 배경에서 특히 지방음식과 전통음식을 중시하고 보전, 보강하는 관광사업 개발은 비단 지역소득을 겨냥한 사업적인 노력으로서 뿐만 아니라 지역문화의 개발과 보전 목적에도 기여하게 될 것이다.

## 제5절 식음료 원가관리와 메뉴관리

### 1. 전통적인 원가관리 기법과 메뉴엔지니어링

식음료 산업에서의 원가관리는 역사적으로 표준원가관리 기법을 주로 사용해 왔다. 그러나 최근에는 메뉴엔지니어링 기법에 의한 원가관리 기법이 널리 활용되고 있다. 그 까닭은 원가율에 의한 원가관리가 실제로 호텔의 외식사업 부문 혹은 외식기업에

서 가득되는 매출액이나 이윤의 관점에서 볼 때 몇 가지 문제들이 없는 것이 아니기 때문이다.

일반적으로 식당 전체의 수준이나 분위기는 기업의 규모, 취급하는 메뉴와 종류와 가격 등에 의존되게 된다. 그렇지만 동일한 식당 내에서 메뉴와 메뉴 품목간의 가격이 적정히 조화를 갖지 못하고 가격차이가 심하게 결정되는 경우에는 고 가격을 선호하거나 비선호하는 고객 모두 만족하기 어려운 사례가 발생되기도 한다. 더구나 가격탄력적인 외식고객들인 경우에는 아예 저가 품목의 메뉴만을 선정해서 식사를 할 수도 있다. 이런 경우에 실제로 호텔의 이윤에 기여할 공헌이익이 매우 작아질 소지도 크다. 그리고 가격은 식당의 경영전략적인 시각에서 다루어져야 할 것이다. 가령 어떤 메뉴를 가지고 식당사업을 운영해 나갈 것인지에 대한 결정부터 그러하다.

메뉴는 수익성과 매출의 관점에서 4가지 계층으로 구별될 수가 있다. 수익성과 매출량이 많아질 수 있는 잠재력을 크게 갖는 메뉴가 기업의 경영성과에 직접적으로 기여할 수가 있게 될 것이다. 그러나 실제로 이 두 가지 측면에서는 크게 기여하지 못하는 메뉴품목이라고 할지라도 반드시 식당사업에 대한 긍정적인 효과가 전혀 없는 것은 아니다. 그러므로 어떤 관점에서 이것은 불가피한 현상이면서 동시에 그러한 각기 다른 메뉴가 존재하는 데 대한 가치를 갖고 있기도 하다. 그러므로 어떤 메뉴들이 각각의 그룹에 속하는 메뉴가 될 가능성을 크게 갖고 있는지를 알아내야만 한다. 더 이상 회생가능성이 없는 진부화된 메뉴는 메뉴판에서 철거해야 될지도 모른다. 반면에 새로운 메뉴를 개발해서 메뉴품목으로 부가해야 할 경우도 허다하다. 이런 모든 경영상 제기될 수 있는 문제의 해결을 위해서는 메뉴엔지니어링이 효과적이다.

이상과 같은 관점에서 종래의 원가율에만 의존해 오던 원가관리의 관행이 점차 변화를 요구하게 되었고 원가율 보다는 실제 메뉴가격과 단위당 공헌이익의 규모를 중시하는 메뉴엔지니어링 기법이 개발되게 되고 또 업계에서 널리 활용되기에 이르렀다. 그러나 메뉴 엔지니어링의 원래적인 의도는 가격을 결정하는 단순한 목적에서 비롯된 것이 아니라 식당의 메뉴전체를 어떻게 하면 수익성 있는 메뉴로 만들 수 있을 것인가의 관점에서 연구되기 시작한 것이었다. 이런 점에서 일부 메뉴엔지니어링을 메뉴가격 조작기법으로 보는 시각에는 다소 사실과 다른 점이 있고 또 실제로 이런 시각에서는 그 본래적인 메뉴관리 시스템으로서의 효율을 기대하기도 어려울 것이다.

원래 식음료의 원가관리 목적은 외식고객들에게 제공될 식음료의 양이나 품질에 손상을 주지 않는 가운데 가장 적정한 식음료 가격을 결정하고 유지하는 동시에 기업에도 적정한 투자 수익률 혹은 경영성과를 창출할 수 있도록 해줄 식음료의 관리에 있다. 그러므로 능률적인 식음료 원가관리는 결과적으로 품질개선에 기여할 수도 있게 된다.

## 2. 메뉴관리와 메뉴엔지니어링의 중요성

외식고객들은 메뉴를 통하여 식당의 모든 서비스를 받는다고 해도 과언이 아니다. 메뉴는 식당의 모든 것을 담고 있기 때문에 메뉴여하는 곧 식당의 모든 것을 의미하는 것이기 때문이다. 잘 짜여진 메뉴는 식당의 재무상태, 식음료의 생산과 서비스 품질 등으로 표시될 수 있는 식음료사업체의 총 생산능력과 관리역량을 단적으로 보여주게 된다. 어느 정도의 고급 식음료를 생산할 수 있는 질 높은 숙련노동력을 보유하고 있는가는 결국 기업이 제비용을 지불할 수 있는 재무역량이나 범위와도 직접적으로 관련되어 있다. 일단 고용된 노동력이라 해도 그들이 쉽게 이직하지 않고 외식업체에 그대로 머물러 줄 수 있는 여건은 인적자원관리의 성과에 의존된 문제라고도 볼 수가 있다.

어떤 경우엔 메뉴판에 적혀 있는 메뉴와 그림들과 실제로 서브되는 식음료 품목들의 모양과 맛, 품격이 다른 사례들도 많이 발견될 수 있는데 이것은 메뉴의 진실성을 충족시키지 못한 메뉴로서 그들 간의 차이 그것은 해당 사업체의 경영철학 혹은 역량을 그대로 여실히 반영하게 된다. 그러므로 소비자들에게 있어서 메뉴는 외식사업체의 실체와도 같이 작용된다. 이런 까닭에 메뉴관리는 곧 외식사업관리와 대동소이한 의미로 수용되고 있다.

메뉴 엔지니어링은 자기들이 내놓을 메뉴에 대한 철저한 분석을 통하여 이들을 4가지 그룹으로 다음과 같이 분류하게 된다(그림 9-2 참조).

밭갈이 말은 지금 한 창 시장에서 수요가 증대되고 시장점유율을 제고해 가는 과정에 있는 인기 메뉴 품목들이지만 매출에 비해서 수익성이 높지는 못하다. 새로 개발된 메뉴들 중 수익성이 점차 개선되는 품목들일 수도 있고 박리다매용 품목일 수도 있다.

별에 속하는 메뉴품목들은 공헌이익인 CM(Contribution Margin)과 MM(Menu Mix)가 높아서 가장 인기가 있는 품목으로 매출액이 가장 큰 식음료로서 식당 수익성의 상당비중을 점하는 효자 종목들이다. 그러나 라이프가 포화 상태인 만큼 이것이 하락할 시점이 언제인지를 예측하면서 이 품목의 수명을 연장하기 위한 조치들이 강구될 수도 있지만 새로운 수요 및 유행 추세에 따라서 식당의 신제품 개발 작업은 지속적으로 추진되어야만 한다. 그러나 MM이나 CM이 모두 저급한 개나 MM은 비록 높지 않지만 CM은 큰 수수께끼에 속하는 메뉴품목들은 다 같이 관리방안이 마련되어야 할 대상이 되고 있다. 그러나 이것을 어느 시점에서 메뉴에서 내릴 것인지는 식당 사업체의 전략에 따라 의사결정이 이루어질 문제이다.

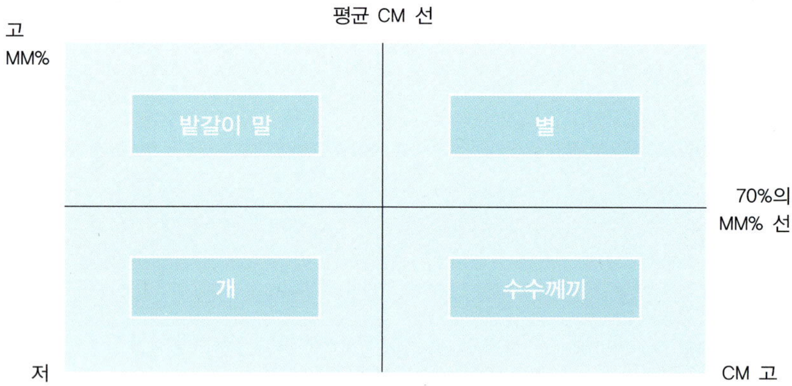


자료원: 이정자, 메뉴관리, p. 203.

[그림 9-2] 메뉴엔지니어링

CHAPTER_10

# 호텔산업의 저탄소 녹색성장

## 제1절 저탄소 녹색성장과 환경규제 논의와 이해

### 1. 국제 환경규제와 각국의 입장

우루과이 라운드(1986~1994) 타결로 1995년 출범한 WTO를 중심으로 한 환경관련 이슈가 제기된 이래 WTO의 무역·환경위원회를 주축으로 무역효과를 수반하는 환경관련 의제에 대한 논의를 진행시켜(CTE : Committee on Trade and Environment) 오고 있다.

성장위주의 기존 발전패러다임이 한계를 보이면서 지속가능한 발전을 위협하는 지구온난화 및 기후변화 현상에 대한 국제적 대응이 강화되고 있는 추세에서 나온 저탄소 녹색성장의 가치는 국제간에 합의가 이루어지지 않을 수 없는 사안이기도 하다. 실질적으로 국제교역에 있어서 논의되는 대부분의 주요 이슈는 당연히 건강 혹은 인체에 대한 유해성 유무 확인이나 식품안전 등 문제와 밀접히 관련되어 있다.

예를 들어, EU가 GMO(유전자 변형식품)에 대해 취했던 규제조치에 대해서 WTO는 2006년 이를 무역장벽으로 인정한 바 있었고, 2000년 프랑스가 국민건강에 유해한다는 이유로 취했던 캐나다산 석면의 전면적인 수입금지 조치도 타당하다고 판정한 바 있다. 이와 같이 국제간의 통상에 있어서도 저탄소 녹색환경 관련 운동은 새로운 통상마찰의 원인을 제기할 소지가 매우 크다.

그러나 이런 환경논의는 주로 선진국을 위주로 제기되어 왔지만 개도국이나 관련국들은 오히려 이것이 환경정책을 가장한 보호무역주의라고 비판하고 있다. 성장 잠재력을 지닌 녹색산업을 규제함으로써 주도권을 잡으려는 노력은 주로 선진국을 중심으로 가시화되고 있는 것도 사실이다. 환경오염 및 기후변화 문제가 세계적인 관심사로 등장하면서 20세기 말부터 지속적으로 환경이슈가 부각되어 다수의 환경관련 국제협약이 체결되어 오고 있기는 하다.

그러나 규제법규가 있다고 해도 자국문제만큼 타국에서 철저한 조사를 감행할 만한 근거도 약하고 조사비용을 투입할 근거도 약하지만 무엇보다도 과학적으로 모든 환경적으로 위해한 영향을 제시하기 어려운 모호성(ambiguity)의 문제가(Millner, A. et al., 2010) 해결되지 못한 상태에서 또 다른 일반적인 국제사안처럼 효과적인 강력한 규제기관도 없고 또 실질적인 효과를 거두기가 어려운 현재 여건이다. 이런 상황에서 취할 수 있는 규제 형태는 주로 보복수단이 되는 만큼 개도국에서 현실적으로 이를 강력히 저지하거나 거부하기도 어려운 입장이라는 것도 사실이다.

기후협약 당사국 총회는 환경의 상호관련성과 광역성 특징을 중심으로 한 사안의 중요성과는 대조적으로 환경의 제 특성으로 말미암아 합의도출이 어려운 사안이다. 특히 지구온난화 문제에 대한 해결을 위한 부국 중심의 분담비용과 빈국중심의 지원요청 문제에 대한 선진국-개도국간의 이해상충은 타협점을 찾지 못하게 하고 있다. 이런 점에서 저탄소 녹색성장과 관련된 여러 가지 규제들은 선진국과 개도국간의 새로운 쟁점으로 부상되고 있다.

실제로 온실가스(greenhouse gas carbon dioxide)를 세계에서 가장 많이 배출하는 선진국 사례가 적지 않지만 경제적으로 어려운 곳보다는 자유로운 지역에서 탄소배출(carbon dioxide)이 적다는 분석연구 결과(Bate B., 2004)도 있다. 실제로 1960~2005년까지 기간에 대해 주요국의 이산화탄소 누적배출량을 보면 미국, 중국, 러시아, 독일, 일본 순으로 많은 양을 배출하고 있으며 우리나라는 16위를 마크하고 있다(표 10-1 참조).

〈표 10-1〉 주요국의 이산화탄소 누적배출량(1960~2005)

| 순위별 | 미 국 | 중 국 | 러시아 | 독 일 | 일 본 | 한 국 |
|---|---|---|---|---|---|---|
| 국가별 | 1 | 2 | 3 | 4 | 5 | 16 |
| 배출량별<br>(단위 : 억톤) | 2,136.1 | 886.4 | 777.6 | 438.1 | 412.3 | 90.8 |

자료원 : www.greenpeace.org; SERI 경제포커스, 2010.

이와 관련해서 각국에서는 환경규제 요건을 준수한 상품 및 서비스임을 입증하는 데 필요한 객관적인 자격과 관련해서 환경마크(eco-label)를 사용하게 되었는데, 각국과 국제간의 거래에 있어서 환경마크 부여(eco-labelling)의 요건을 강화하고 이에 강력한 규제를 검토하는 등 중시하고 있다.

기존 성장위주의 발전패러다임이 한계를 보이면서 지속가능한 발전을 위협하는 지구온난화 및 기후변화 현상에 대한 국제적 대응이 강화되고 있는 추세에서 이것은 국제간의 각종 거래에 있어서 새로운 통상의제(new trade agenda)가 되고 있다.

국제간의 교역이나 계약을 위한 협상과정에서도 이것은 주요 쟁점이 될 수 있다. 논의과정에서 이를 문제시함으로써 계약협상에서 유리한 입장을 점유하려는 노력과 계약내용을 주도적으로 조정하려는 시도에 대한 우려를 불식시키기도 어려운 상황이다. 향후 이것이 어떤 주장을 제기하는 데 원인을 제공할 가능성조차 배제하기 어려운 환경이다.

실제로 국제통상관계에서 청정에너지는 미래의 에너지 문제와 녹색성장 문제를 어떻게 다루어야 할까에 대한 광범위한 정치적 논쟁에 있어서 정치경제적인 유행어(buzz-word)가 되고 있다. 이것은 진정 고용창출(job creation)과 무역활성화(dynamic exports)로 유도될 수 있는 결정적으로 중요한 대내외적인 시장기회를 제공해 주고 있다(Kim, A., 2010).

## 2. 지역적인 환경 및 교역관련 협상사례 엿보기

지역 간 혹은 국가 간의 환경과 교역 협상 사례들에서 볼 수 있듯이 국제간의 통상협상은 이제 단순한 재화의 교역관계에 대한 것으로 국한되지 않고 있다. 국제간 교역협상은 자국의 환경과 자국민의 건강을 함께 지킬 수 있는 환경협상을 재화의 교역협상과 대등하거나 그 이상으로 중시해 이것이 점차 주요 의제화(agenda)되는 경제협력 혹은 교역환경으로 전환되어 가고 있다.

최근(2009) 이루어졌던 주로 농산물과 관련된 지역국가들 간의 협상들은 상당수가 있다. 지역간의 합의와 더불어 성사된 환경관련 협상사례들도 많다(Canada-Jordan Agreement on the Environment, Canada-Peru Agreement on the Envoronment, New Zealand-Philippines memorandum of Agreement on Environmental Cooperation, New Zealand-Malaysia Agreement on Environmental Cooperation, Environment in the United States-Oman Free Trade Agreement, Renegotiation of the United States-Peru Trade Promotion Agreement 등).

또한 점차적으로 협상이 완전 타결되고 모든 절차가 완료되지 못한 채 진행 중이지만 성공적인 결과가 기대되는 지역 간 교역협정 및 환경관련 협상들(2009년의 Canada-Panama 간 협상, 첫 협정이 2009년에 마무리되었던 Canada-Caribbean Community와의 교역 및 개발에 대한 협상, New Zealand-Hong Kong, China간의 동반자 관계협상과 환경적 협력관계 협상(Environmental Cooperation Agreement))도 증가추세가 전망된다(OECD, 2009).

## 제2절 저탄소 녹색 신성장 산업개발의 배경

### 1. 지구의 지속가능성을 위협하는 메가트렌드 요인

① 수자원 관리문제 : 한강 수계에도 수질오염 총량관리제 실시를 위해서 한강수계 지방자치 단체의 수질오염 총량관리제 전면 실시를 위한 관계법규로 '한강수계법'을 개정공포(2010. 5. 31)한 바 있다.

② 기후변화(climate change) 문제

③ 에너지 수요(energy demand)에서 야기되는 문제

④ 사회경제적인 불균형 문제(disparity) 및 무분별한 도시화의 진행(random urbanization)으로 야기되는 문제

### 2. 지구온난화를 방치할 수 없는 환경관련 사실들

① 지난 1세기 동안 지구의 평균기온 상승폭은 0.6도

② 작은 온도 변화에도 큰 영향을 미칠 수 있음

③ 지난 수백여년 간 사상미증유의 높은 온난화 비율

④ 지난 1세기 동안 해수면 상승폭은 10~20cm

⑤ 해수면의 작은 변화로도 큰 영향을 미칠 수 있음. 가령 해수면 1미터 상승시 플로리다, 방글라데시 침수

⑥ 대기 중 온실가스는 최소 2천만년 만에 최고치에 다다름

⑦ 약간의 온실가스 농도 증가시 엄청난 기후변화가 예상됨

온실가스가 지구온난화의 주요 원인이란 점에 이의를 제기하는 학자는 거의 없다. 지구온난화는 대부분 다양한 인간 활동에 기인된 것으로 화석연료에 따른 요인 80%, 산림벌채로 의한 요인 20%, 등 21세기 말 현재 섭씨 5℃ 증가했다. 기후온난화 등으로 해수면이 약 1m 상승하면, 플로리다, 방글라데시 침수될 수 있으며, 가뭄과 홍수, 사이클론, 허리케인 등이 더욱 빈번히 발생될 것이며 유럽의 기후도 완전히 바뀔지 모른다고 전문가들은 우려하고 있다. 방글라데시와 몰디브, 그리고 태평양상의 몇몇 작은 도서국들이 해수면 상승으로 국토가 물에 잠길 위험에 처할지 모른다는 최악의 시나리오가 현실화 된다면, 쓰나미 등 전례를 상기할 때 그 참상은 전쟁보다 더 할 것이라고 하고 있다. 다른 국가들의 환경오염 유발 행동은 비단 자국의 영역 내에서 뿐만 아니라 당장 위협을 받고 있는 인근지역 국가를 최악의 위기에 빠뜨릴지도 모른다.

이 문제의 심각성에 대한 국제간의 합의노력과 그 결과 이루어진 협약도 많았다. 그러나 지구온난화의 심각성에도 불구하고 세계 여러 나라가 기후협약 자체에 대해서만 순수하게 임하는지는 확실치 않고 회의적이다.

2009년 덴마크에서 개최되었던 기후협약 당사국간의 회의가 기대 이하의 성과달성에 그쳤던 것도 환경회의의 중점사안에 대한 국가 간의 이해관계가 다르거나 혹은 첨예하게 대립될 경우가 많았기 때문이란 분석이다. 지역 내부적인 갈등, 수출입의 이해관계에서의 상충된 입장, 섬나라 대 대륙국간에 있을 수 있는 위험의 현실적인 긴박성과 인식의 차이, 탄소세 대 탄소배출권 같은 대안의 선택과 적용과 관련된 의견 불일치, 대륙별 혹은 지역별 현안과 시각의 차이 등 합의를 저해하는 요인들은 많다.

더구나 환경문제 특히 오염관련의 인과관계 규명은 현재 시점에서 미래를 예측해야만 하는 고로 미래 환경에 대한 판단이나 미래의 잠재적인 긍정적 혹은 부정적인 효과를 객관적으로 계량화하고 당장 투명하게 보여줄 수가 없기 때문에 환경정책 결정에는 불확실성이 내포된다는 사실도 간과하기 어려운 문제이다. 이런 불확실성으로 인해 환경피해와 관련된 평가나 결정은 필연적이 아니라 상대적인 가치의 불일치나 피해에 대한 판단에 논란여지를 제공함으로써 세계의 정치경제적인 파워게임과 같다는 의구심 여지와 더불어 언론개입 여지마저 크게 제공하고 있다.

여기서도 경제학자 스티글리츠가 말하는 "다국적 기업의 사회적 책임"과 관련된 문제를 간과하기는 어렵다. 또한 "인간 얼굴을 한 세계화" 중에서 그가 말하는 'the best head to the best heart'에 대한 세계적인 합의가 아쉽기만 하다. 세계화와 더불어 형성된 거대 기업들이 기업 활동 결과 초래될 외부효과 중 환경오염 등 부작용 혹은 부정적인 영향에 대한 '사회적 비용과 사회에 대한 이익극대화 방법에 대한 성찰'을 중시하는 사례나 경제학에서 말하는 '합리적인 소비자의 존재'는 현실적으로 회의적이다. 경제학자 Adam Smith가 개인의 이익추구가 어떤 의도된 사회적 이익추구 보다 더 효과적이라고 주장했듯이 기업들은 이익 극대화를 위해서 사회적 비용에 대한 고민보다는 제품 판매만을 위해 거대 광고시장을 이용해 소비자들에게 영향을 미치고 있기 때문이다.

기업이 추구하는 경제활동에서 기업의 욕구가 사회적 비용과 이익과 일치되지 않는 경우는 현실적으로 빈번하게 발생될 수가 있다.

식품회사 중에는 햄버거나 피자, 감자튀김과 같은 패스트푸드의 매출수익 증대를 위한 광고와 지속적인 식품섭취 결과 트랜스 지방으로 인한 소비자들의 비만 등 각종 질병야기 가능성을 생각해 보자. 또 어린이의 치아에 유해한 식품광고를 통한 입맛 길들이기를 생각해 보자. 아기분유에 멜라민을 넣었던 기업에서처럼 유아용 식품 판매를 통한 회사이윤 증대에 치중하다가 이를 이용한 유아건강에 치명적인 결과를 초해했던 사례를 고려할 때 그 결에 대한 책임은 어떻게 져야 할까? 치유에 드는 개인적 비용과 이로 인한 사회적 피해에 대한 사회적 비용은 누가 담당할 것인가? 국제관계에서는 어떨까? 미국에서는 최대의 국철을 자동차 회사의 압력으로 철거하는 대신에 버스로 대치한 사례도 있다.

글로벌 사회에서는 사업영역의 국제적 확대와 타국 기업의 진출사례가 허다하다. 한 기업이 해외에 진출하여 이와 같은 외부효과를 발생시킨다면 궁극적인 책임소재는 자국 혹은 진출해 있는 현지국가에 있을 것인가? 지속가능한 발전을 위해서 이해관계자와 집단 간의 단절되지 않는 관계는 불가결의 요건이 된다. 결국 기업의 수익극대화가 초래할 외부효과(external effect)와 지속가능한 사회복지는 병존되기 어려운 문제일지 모른다. 그 결과 초래되는 지구온난화 등 외부불경제 문제를 개인, 기업, 국가가 자임하거나 원칙을 가지고 능동적으로 해결하길 기대하기란 결코 용이한 일도 여건도 아니다.

**글로벌 사회의 환경 친화적 관리와 외부효과**

* 외부효과(external effect) : 어떤 경제활동과 관련해서 다른 사람에게 의도하지 않은 혜택이나 손해를 가져다주면서도 이에 대한 대가를 받지도 않고 비용을 지불하지도 않는 상태를 말한다.

* 외부효과의 분류 : 생산자나 소비자의 경제활동이 시장거래에 의하지 않고 직접적으로 또한 부수적으로 제3자의 경제활동이나 생활에 영향을 미치는 것을 외부경제 효과라고 한다.
  - 분류의 근거 : 외부효과에 의한 영향이 이익 혹은 손해로 나타나는가의 여부에 의존해서 외부경제와 외부불경제 등 두 가지로 분류된다.
    - 외부경제 : 외부경제효과가 이익으로 나타나는 경우를 말한다.
    - 외부불경제 : 외부경제효과가 손해로 나타나는 경우를 말한다. 외부불경제로는 대기오염, 소음 등 공해가 가장 문제시된다.

* 외부경제효과와 자원의 최적배분상의 문제 : 외부경제효과가 있으면 시장기구가 완전히 작용해도 자원의 최적배분이 실현되지 못한다는 점에 문제발생과 이해관계자 간의 갈등소지가 발생된다.

더구나 환경훼손의 피해는 당장 나타나거나 당장 영향을 미치지 않기 때문에 그리고 피해를 발생시키고 주는 사람이나 기업 혹은 집단들이 다른 집단, 기업, 사람들에게 미치는 피해에 대한 정당한 대가를 지불하지 않고 환경을 소비하는 성질인 외부비경제적 특성을 지니고 있기 때문에 환경 파괴와 이에 대한 책임회피의 유혹을 속성으로 지니고 있다는 점에서 이에 대한 사안의 관리에 수반되는 어려움은 가중되고 있다.

기업들은 기업이나 주주의 이익뿐만 아니라 노동자, 환경, 지역사회에 미치는 영향 요인과 범주들을 함께 고려해야 한다. 문제는 기업이 자발적으로 외부효과를 발생시키는 비용을 책임지게 할 수 있는 유인이 없기 때문에 오히려 더 환경파괴 유인이 되었다고 해도 과언이 아닐 정도였으므로 불가피하게 정부규제나 시민사회의 압력이 필요하다는 데 있다. 원리대로라면 기업은 이 있을 뿐이다.

이처럼 글로벌 사회의 제 관계에 있어서의 불공정 사례, 지구와 지구자원 보존, 탄소배출, 황폐되는 토양, 기후변화와 물 부족, 수륙의 생물종 감소, 자정능력으로 해결되기 어려운 문제의 구조적인 변화 유도등을 요인으로 해서 글로벌 사회의 지속가능한 환경, 개발 및 경영에 대한 강력한 관리(governance)의 필요성은 과거 어느 시기보다도 더 광범위하게 제기되고 있다.

### 3. 지속가능한 지구환경을 위해 도입되어야 할 원칙

지속가능한 환경을 위해서는 다음과 같은 범주에 대한 관리역량(governance)을 제고하고 지속시켜야 할 것이다.

① 환경적 제약 내의 삶의 영위 : 지구환경, 제자원 및 생물다양성의 여러 가지 제약들을 이해함으로써 이를 고려하고 주의하는 삶의 생활화
② 강건하고 공정한 사회의 보장 : 기존 및 미래 사회에 모든 사람들의 다양한 욕구들을 충족시킬 수 있는 건전한 사회를 건설하고 유지하며 지키는 것
③ 지속가능한 경제의 달성 : 누구나에게 공정한 기회가 부여되는 강력하고 안정적인 경제 달성
④ 공정하고 올바른 관리의 촉진 : 사회 전계층의 능동적인 참여에 의한 효과적인 관리(governance)를 촉진할 지역, 국내 혹은 글로벌 사회에서의 참여적 시스템의 형성; 글로벌 참여의 관리책의 사례로는 Basel 협약, POPs 등(화학물품), CBD(생물다양성), Kyoto의정서(기후변화) 등
⑤ 건전한 과학적 책임의 수용 : 관련정책의 개발과 적용이 강력한 과학적 실증력을 바탕으로 하는 있고 이에 대한 책임수용을 확신할 수 있는가에 대한 지속가능성이 건전성과 과학성을 견지하는 것이어야 한다는 원칙

## 제3절 호텔산업의 저탄소 녹색성장 운동

### 1. 전탄소 녹색관광의 신산업 성장모형

관광산업은 초기부터 지금껏 '굴뚝 없는 공장'이란 표현과 함께 친환경적 교역을 통한 외화수입원으로서 각광받아왔지만 이러한 관광의 친환경성은 오늘날 많은 도전을 받아오고 있다. 실제로 기존의 관광산업은 대부분 에너지 집약적인 시설물들을 수요하기 때문에 유해가스나 오염물질을 다량 배출하는 기관으로서 주목받기에 이르렀다. 특히 숙박시설과 교통수단 등을 중심으로 해서 관광산업이 배출하는 탄산가스 배출량은 세계 총량의 약 5%에 달하는 것으로 발표(UNWTO; UNEP; WMO)되고 있고,

매년 높은 비율로 증가될 추세로 전망되고 있다. 녹색성장 산업은 현재 블루오션이 되고 있는데, 이 산업의 성패는 실제로 에너지와 환경적으로 유해한 물질을 억제, 처리, 재사용하는 것과 관련된 과학과 기술력에 의존되고 있고 이런 역량 여하에 따라서 각국 간의 경쟁에서 저탄소 녹색산업이라고 하는 새로운 산업의 세계시장 선점에 대한 전망도 밝아질 수가 있다.

관광이나 녹색운동은 모두가 건강과 지속가능성을 중시하는 삶인 LOHAS(Lifestyle of Health and Sustainable)를 향한 운동(movement)으로 볼 수가 있다. LOHAS를 지향한 저탄소 소비에 대한 기호, 탄소 포인트제, 캐쉬백, 저탄소 표지(labeling) 등은 물론이고 저탄소 호텔, 음식점, 음식, 교통수단 및 마케팅 활동 등에 이르는 광범한 영역에서 기대되는 일상적인 생활에의 도입과 태도의 변화양상은 법적·제도적 장치의 마련과 더불어 차츰 강제적 혹은 자발적인 형태로 촉진되고 확산될 조짐이다.

## 2. 건축자재의 환경기준과 호텔건축에서의 친환경관리

세계적인 대규모 호텔사들은 다국적 기업으로서 개도국에 세계화의 혜택을 전파하는데 일익을 담담했으며 관광과 숙박과 식음료, 및 컨벤션 서비스 등을 통해서 전 세계 인류의 삶의 질(QL : qualily of life)에 대한 표준을 제고하는 데 크게 기여했고 실제로 그럴 수 있는 여건과 위치를 점해 온 것도 사실이다. 그리고 관광산업을 통해서 선진국과 개발도상국 혹은 중진국의 소비문화, 지식격차 등을 해소하는데 어느 정도 기여해 왔다고 하겠다.

그러나 하나의 작은 사회로서 호텔이 단일 건축물로서는 어느 곳보다도 많은 전력과 물과 에너지를 대량 소비하는 소비문화의 중심지가 되어 온 것도 사실이다. 이런 점에서 호텔의 저탄소 녹색운동은 금세기의 지구자원과 환경을 고려할 때 너무나 당연하게 필요한 조치라고도 보아진다. 특히 호텔의 주 고객이 국제관광객이란 점을 고려할 때 호텔에서의 저탄소 녹색성장 운동은 글로벌 사회의 환경운동에 대한 탁월한 파급효과와 성과가 기대되는 기업형 친환경운동이 아닐 수가 없다.

호텔의 친환경 운동은 두 가지로 구분해서 생각해 볼 수가 있다. 우선적으로 일시에 많은 인원수를 수용하는 호텔이 건축계획의 수립과 설계 및 시공에서 부터 친환경관리를 도모함으로써 효과를 기대할 수가 있다는 점이다. 호텔은 건물과 FF & E(가구 및 집기와 설비) 등으로 이루어진 특수목적의 건축물이다. 그러므로 여기서 사용할 건축자재와 가구자재와 실내장식을 보다 친환경적으로 할 수가 있다면 인체에 대한 긍정적인 효과들로 인해서 경제적인 목적 이상의 성과를 기대해 볼 수가 있을 것이다(표 10-2 참조). 위 표에 시사된바 포름알데히드의 방출 허용량과 관련된 건축자재를 참고로 할 때 이 분야에 있어서 우리나라는 비교적 후발국임을 알 수가 있다.

〈표 10-2〉 여러 나라의 SEO 기준 친환경정보 (2009. 9. 23 현재)

건축자재 환경기준(포름알데히드 방출량)

파티칼 보드(PB) 환경기준표(가구 몸통 재료)

| 국내자재 사용현황 | 환경등급 | 포름알데히드 검출기준(mg / l) | 인체에 미치는 영향 | 국별건축자재환경등급기준 |
|---|---|---|---|---|
| ECO HAUS 제품기준 | SEO | 0.3 이하 | 민감한 아이 아토피(Atopy,선천성과민증)성피부염 생김. 심경조직의 자극이 시작됨 | WHO, 일본, 미국 캘리포니아, 캐나다 환경기준, 독일 이상제품 판매금지 |
| | EO | 0.5 이하 | 눈에서의 자극이 시작됨 | 환기 잘되는 곳에서만 사용 |
| 국내 유명가구 메이커 | E1 | 1.5 이하 | 호흡기장애 시작, 목자극 시작, 최저치. 산업위생학회허용농도(공장 등 최고치) 5년간 생활하면 1만 명 중 14명 발생 | |
| 일반인테리어 시공업체 | E2 | 5.0 이하 | 눈에 찌르는 듯한 고통, 밀폐된 공간에서는 호흡장애 | 국내 인테리어자재 대부분(95% 이상) |

각국, 국제기관의 포름알데히드 방출허용기준

| 나라 또는 국제기관 | 환경등급 | 포름알데히드 방출량(mg / l) | 농도(ppm) |
|---|---|---|---|
| 일 본 | SEO | 0.2 | |
| WHO(가이드라인) | SEO | 0.2 | |
| 미국캘리포니아 | SEO | 0.25 | |
| 캐나다(목표치) | SEO | 0.125 | |
| 캐나다(action) | SEO | 0.25 | |
| 독일(권고치) | SEO | 0.25 | |
| 스웨덴(최고치) | SEO | 0.25 | |
| 네덜란드(기준치) | SEO | 0.25 | |
| 덴마크(권고치) | SEO | 0.3 | |
| 핀란드(가이드라인) | SEO | 0.325 | |
| 한 국 | 현재 SEO 기준 없음 | 5.0 | |
| | 2011년 기준적용 예정 | | |

## 3. 호텔업에 대한 영업장 냉방온도 제한조치

저탄소 녹색성장 관련 정책이 가져다 줄 줄 고용과 수출 등 국내외적인 다양한 경제적 기회들을 자본화하기 위한 국제사회적 행보는 분주하고 각국은 현실적인 청정에너지 관련 전략을 실리추구 정치행동의 핵심요소로서 추진하고 있다(Kim, A., Ibid). 이런 정책의 실천적 노력의 일환으로 각국은 우선 국내적인 에너지 대책마련과 시행을 강화하는 추세이다. 우리나라에서도 이것은 예외가 될 수 없으며 정부가 추진하는 강력한 에너지 대책은 그 실례라 하겠다.

지식경제부의 발표에 의하면(2010), 100개 서비스업종 영업장을 대상으로 서비스업종 에너지 절약 대책의 일환으로 권장된 냉방온도 준수실태를 점검한 결과 준수율 90%로 높은 호응도를 보였지만 서비스업의 대고객 편의성이란 점에서 준수에 어려움도 있어서 은행영업장, 호텔 등 미준수 사례들도 발견되었다고 한다.

이 에너지절약 실태조사에서 확인된 실내 평균온도는 26.3℃였으며, 권장온도를 준수한 90개 영업장의 평균온도는 26.4℃, 10개 미준수 영업장의 평균온도는 25℃로 확인된바 대체적으로 상당한 호응도를 보인 것으로 발표되고 있지만 미준수 영업장 중 특히 호텔 실내의 냉방온도는 권장온도와 온도차이가 크게 나타났던 것으로 보고되고 있다. 이러한 에너지 절감에 대한 절대적인 호응이 서비스업의 고객 성향, 고객의 일상생활지 여건이나 국적별 차이에 따른 고객불만도 완전히 배제하기 어렵다는 것은 세계 어느 지역이나 대동소이한 여건일 것이다.

저탄소 녹색성장 전략의 성공적인 수행을 위해서는 사회 전반적인 자발적 참여가 가장 바람직한 형태의 참여로 기대되고 있다. 이런 점에서 자발적으로 에너지절약 운동에 참여하고 이를 실천하는 서비스업종이 많다는 것은 매우 고무적인 결과지만 이와는 달리 많은 사무용 건물 등에서도 아직 저탄소 녹색성장에 대한 인식의 보편화가 이루어지지 못한 가운데 아직도 에너지낭비 사례가 허다할 것이다.

특히 건물 소유주가 영업장을 운영하는 경우와 건물을 임대해서 사용하는 경우에는 에너지 절약에 대한 기대나 효과 면에서 차이를 보일 수도 있다. 가령 대형 백화점이나 마트형 슈퍼마켓에서는 대부분 자체 건물을 보유하면서 영업하고 있는 서비스업장이기 때문에 건물 전체에 대한 냉방온도 설정 권한을 가지고 있기 때문에 관련 의사결정과 시행이 용이할 뿐만 아니라 권장온도를 준수하는 데 따른 비용절감 효과도 고스란히 회사에 돌아오기 때문에 비교적 에너지절약 시책을 잘 준수할 수가 있다.

그러나 건물 전체나 혹은 일부를 임대해서 사용하는 금융기관 영업장 등에서는 여건이 완전히 다르기 때문에 여전히 과도한 냉방 등으로 에너지 절약사항을 준수하지 않는 미준수 사례도 그만큼 커질 소지가 있다. 그들이 에너지 절약을 하는 경우 고객편의에 반하거나 고객불만을 야기할 소지라고 생각할 수가 있고, 또 에너지 절감에 따른 효과가 자사 영업장의 이익으로 돌아오지 않고 그렇다고 건물임대료를 인하해 받을 것도 아니란 점에서 호응이 늦을 수가 있다는 점에서 임대해서 사용하고 있는 사무용 건물 등에서의 에너지절약 미준수의 배경을 추구해 볼 수가 있다.

〈표 10-3〉 서비스업종 영업장 권장 냉방온도 준수실태

| 구 분 | 권장온도 | 준 수 | | 미준수 | | 계 | |
|---|---|---|---|---|---|---|---|
| | | 개 소 | 평균온도(℃) | 개 소 | 평균온도(℃) | 개 소 | 평균온도(℃) |
| 금 융 | 26℃ | 35 | 26.8 | 6 | 25.5 | 41 | 26.6 |
| 백화점 / 마트 | 25℃ | 34 | 26.0 | 1 | 23.7 | 35 | 26.0 |
| 호 텔 | 26℃ | 18 | 26.4 | 3 | 24.4 | 21 | 26.1 |
| 공 원 | 26℃ | 2 | 27.9 | – | – | 2 | 27.9 |
| 공 항 | 25℃ | 1 | 25.5 | – | – | 1 | 25.5 |
| 총합계 | – | 90 | 26.4 | 10 | 25.0 | 100 | 26.3 |

자료원 : 지식경제부, 2010.

에너지 절약대책의 결과 확실히 전력사용률 감소가 예측되고 있지만(주중 예비전력 및 예비율이 가장 낮은 시간 기준으로 해서 7월 1주 예비전력 645만kW 및 전력예비율 9.9%가 2009년 동기간의 통계인 1047kW 소비에 17.4%에 비해 낮은 수준) 정부(지식경제부)는 안정적인 전력수급과 에너지 절약목적을 위해서 지속적인 권장 냉방온도 준수율을 높이기 위해서 서비스업종을 포함한 대형건물에 대한 강력한 에너지 절약 대책으로 냉방온도 제한조치 적용을 추진할 계획을 가지고 있다.

그 내용을 보면 특히 에너지 소비가 최고가 되는 7~8월 5주간 동안 작년에너지 소비량 2,000 TOE 이상인 건물 844개 중 의료시설과 공동주택을 제외한 586개에 대해서 위반 시에는 권고 및 시정조치 등 1차 위반에 대한 조치에 이어 2차로 위반할 경우에는 300만원 이하의 과태료를 부과할 계획이었지만 아파트 등에 대해서도 적용범위를 확대할 것으로 보인다.

## 4. 국내 호텔업계의 친환경인증제도 도입

관광 정책적으로 국내 호텔에서도 적극적으로 환경 친화적인 경영을 할 수 있는 유인 제공 정책으로서 호텔의 환경표지 인증제 마련과 시행을 위한 제도수립 방안이 모색되고 있다. 그러한 정책수립과 시행을 위한 기반으로는 호텔이 달성할 수 있는 에너지 절약 및 탄소 배출량 저감, 물 절약과 친환경 객실관리 등 호텔의 환경 친화적인 경영을 객관적으로 평가할 수 있는 적합한 평가기준이 우선적으로 구축되지 않으면 안 된다.

환경부와 한국 환경산업기술원은 제조업의 제품을 중심으로 해서 이루어져 오던 환경표지 제도 운영을 서비스 분야로 확대 적용하기로 결정하고 2010년 하반기에 우선적으로 에너지 소비량이 큰 만큼 시행에 따른 에너지 저감효과가 크게 기대되는 호텔산업에 대해서 친환경 호텔 인증기준 개발을 추진함으로써 오는 9월 환경부 고시로 고시할 예정(2010. 6. 23 발표) 이다. 그러므로 연내 친환경 인증제도 도입과 실시가 전망되고 있다. 이처럼 서비스 분야에 대한 에너지 절약시책을 확대적용을 도모하게 된 배경은 실생활에서 산업의 고도화에 따른 서비스업의 환경영향을 고려할 때, 서비스 분야에 대한 환경표지 인증은 환경 친화적 생산과 소비 패턴을 유도하는 등 환경개선에 기대되는 큰 효과가 예상되기 때문이다.

호텔, 백화점과 마트, 공항 등 대형 건축물에서의 에너지 소비는 실로 크며 이로 인해 여기서 배출되는 온실가스 또한 대량이므로 이런 건축물에 대한 에너지 관리효과는 다대할 것이기 때문이다. 저탄소 녹색성장을 위해 건축물의 온실가스 및 에너지 저감정책을 적극 추진하고 있는 국토해양부가 대형 건축물에 대한 상징성과 대표성을 감안하여 정부-기업이 참여적으로 추진하는 건축물 온실가스·에너지 목표관리제를 통해 한국무역협회, 코엑스, 인천국제 공항공사, 한국공항공사, (주)롯데 백화점, 롯데월드와 롯데호텔, 서울 아산병원, (주)신세계 이마트, (주)LG텔레콤, (주)LG CNS, (주)LG화학, (주)KT, SK네트웍스(주) 워커힐 등 특히 에너지 소비가 큰 12개 기업의 대형 건축물의 에너지 및 온실가스 감축을 추진하는 과정에서 에너지 4만 6천 TOE 절감과 더불어 온실가스 10만톤 감축을 목표로 관리제 시행을 추진하고 있다(2010. 7. 23).

2010년 4월 14일 체결된 기업-정부간 MOU(양해각서; memorandom of understanding)는 건축물 분야의 온실가스 감축을 선도하겠다는 약속과 같은 것으로 이런 목표 관리제는 저탄소 녹색성장 기본법」(2010. 4. 14. 시행)에 근거를 둔 것으로 정부와 기업이 온실가스 감축 및 에너지 절감 목표를 협의하여 설정하고, 이행계획을 수립함으로써 목표를 달성하려는 MBO(목표에 의한 관리; management by objective) 방식의 관리제도이다. 그 후 2010~2014년까지 온실가스 감축 및 에너지 절감 목표에 대한 7월 9일~7월 12일의 협상을 통하여 절감목표를 확정 · 발표하는 등 후속조치도 있었다.

그 결과 기대되는 온실가스의 누적배출량 저감목표는 '07~'09년의 실적대비 평균 약 15% 감소 수준으로 LED 조명 · 신재생에너지 설비 설치, 시설개선 등에 총 510억원의 투자자금이 투입될 예정이다. 참여기업을 분야별로 구분해 보면 호텔, 백화점 등 복합시설, 공항 등 공공부분, 병원, 판매시설, LG U+(통합 LG텔레콤), LG CNS, KT, LG화학(기술연구소) 등 IT업계 및 통신 · 연구 분야 등이며 각각 투자규모는 다음과 같다(표 10-4 참조).

향후 정부는 「녹색성장기본법」에 따라 에너지 사용량 1만TOE 이상 건축물로 확대 시행하고 2014년까지 약 100여개 기관을 목표관리제 추진대상으로 할 계획이다.

〈표 10-4〉 분야별 투자규모와 에너지 감축목표

<table>
<tr><th rowspan="2">분야별</th><th rowspan="2">기업별</th><th rowspan="2">투자규모<br>(단위 : 원)</th><th>온실가스감축 목표</th><th rowspan="2">온실가스와<br>에너지절감 최종목표</th><th rowspan="2">에너지비용<br>절감목표</th></tr>
<tr><th>누적감축률 목표</th></tr>
<tr><td rowspan="2">공공<br>부분</td><td>인천공항</td><td>100억</td><td>33%</td><td rowspan="7">온실가스는<br>99천$tCO_2$-eq*<br><br>에너지는<br>46,128TOE*</td><td rowspan="7">약 254억원</td></tr>
<tr><td>김포공항</td><td>80억</td><td>16%</td></tr>
<tr><td>복합<br>시설</td><td>코엑스, 롯데월드, 롯데백화점, 롯데호텔본점, 워커힐호텔</td><td>총130억</td><td>10%</td></tr>
<tr><td>병원</td><td>서울아산병원</td><td>120억</td><td>17.5%</td></tr>
<tr><td>판매<br>시설</td><td>이마트(인천 연수구 지점)</td><td>미상</td><td>45%</td></tr>
<tr><td>통신<br>연구</td><td>(주)LG텔레콤, (주)LG CNS, (주)LG화학, (주)KT, SK네트웍스</td><td>미상</td><td>8%</td></tr>
</table>

자료원 : 국토해양부

※ 주 1) $tCO_2$-eq(이산화탄소 상당배출량)

- IPCC(유엔 산하 기후변화에 관한 정부 간 협의체)에서 6가지 온실가스를 이산화탄소로 환산한 배출량을 의미

※ 주 2) TOE(Tonnage of Oil Equivalent, 석유환산톤)

- 석탄, 천연가스 등 각종 에너지원들을 원유 1톤 기준(1,000만kcal)으로 표준화한 단위
- 1toe = 1000 kgoe이고 kgoe는 에너지원별 발열량을 1kg = 10,000kcal로 환산한 값으로 1toe = 10,000,000kcal, 10,000,000kcal / 10,000kcal = 1,000

## 5. 호텔의 친환경 표지 인증기준

호텔의 물품구매에서부터 전체 운영과정을 통한 호텔서비스를 제공의 전 과정에 걸쳐 소모되는 에너지와 물 자원 및 화학물질과 이를 통해 발생되는 각종 폐기물 등 주요 환경부하 요인들에 대한 평가를 통하여 친환경표지를 인증해 주려는 계획을 수립하고 있다. 이 인증제는 인증기준에 따른 평가실시 결과 해당 호텔이 인증 총점의 70% 이상을 만족시키는 평점을 득하는 경우에 환경표지 사용을 인증받도록 한다는 것을 원칙으로 하는 제도이다.

친환경 호텔의 인증기준은 총 7개 부문으로 구성된 영역별 평가를 통하여 얻을 수가 있다. 즉 에너지 절약, 물 절약, 폐기물 발생량 저감, 실내 공기의 질 관리, 유해화학물질 사용 저감, 환경관리를 촉진하기 위한 인센티브제를 통하여 확산시키려는 녹색구매, 환경경영 등 크게 7개 부문으로 나누어 인증기준이 개발될 예정이다. 신라 호텔, 인터컨티넨탈호텔, 서울 프라자호텔, 노보텔 등 국내 호텔업계 관계자가 모여 녹색 경영을 선도할 '친환경 호텔' 인증 도입의 필요성에 대한 인식을 같이하고 기준안을 향한 업계 의견제시 등 국제적인 트렌드에 순응하려는 높은 호응도를 보였다. 호텔 관계자들은 인증제 도입으로 가시적인 호텔의 유지비용 절감과 더불어 호텔이 실시할 다양한 친환경 프로그램들을 호텔시장에 대한 홍보내용 및 계기로 활용할 가능성에 대한 기대를 표명하면서 친환경 호텔 인증제의 성공적인 정착을 바라는 상황이다. 그러나 최고급의 서비스를 요구하는 고급의 숙박시장에서 고객들이 이런 에너지절감을 실제로 달갑게 수용할지는 아직 미지수이다 그러나 점차 글로벌 사회에서 이런 기류가 지속된다면 소비자들도 당연한 것으로 수용할 시기도 머지않아 도래될 것으로 보인다.

친환경 호텔 인증기준 개발을 시작으로 정부는 점차 건물청소에 사용되는 화학물질의 사용을 통한 탄소배출에 유의하면서 이를 제한함으로써 얻을 수 있는 탄소배출 저감효과에도 기대를 표명하고 있다. 건물의 청소용역 서비스 기준을 정비함으로써 청소과정에서 에너지와 $CO_2$ 및 유해물질 사용 억제는 물론 공공시장 및 산업계 등 청소용역 수요자들이 선진국 수준의 친환경 웰빙 청소용역서비스를 수혜할 수 있도록 청소용역 서비스에 대한 기준개발을 추진할 것으로 전망된다(김종선, 한국환경산업기술원, 환경표준 관리팀, 2010).

## 6. 호텔의 환경표지 인증제도와 호텔서비스

환경표지제도 정비는 「환경기술개발 및 지원에 관한 법률」 제17조의 환경표지의 인증에 관한 기준에 의거한 것이며, 일찍이 1992년부터 환경부는 일반제품의 생산과 소비 전 과정에 걸쳐 환경표지(green labelling; 환경마크) 인증제를 운영해 오고 있다. 오염발생이 적고 자원을 절약하는 상품에 대해서만 이런 인증 표지를 허용하는 '환경표지제도'는 2010년 4월 현재 143개의 인증기준을 가지고 있고 이미 7,256개의 인증제품을 보유하고 있다.

그러나 지금까지의 환경표지는 모두 식품, 농산물, 약품 및 서비스를 제외한 공산품에 대해서만 시행되어 왔다. 그러나 산업 고도화에 따른 서비스산업의 산업비중이 크게 증대됨으로써 효과적인 환경 친화적인 생산·소비 촉진 전략을 위해서는 서비스 분야를 환경인증 대상에 포함하는 것이 불가피한 환경이 되었다. 이런 여건에서 주요 선진국에서 운영되고 있는 바와 같이 환경표지 인증의 대상을 서비스 부문에까지 확대 적용하기에 이른 것이다.

서비스 분야 중에서는 '호텔서비스'를 최초의 적용대상으로 선정하여 인증기준을 만족하는 호텔 사업장에 인증을 부여할 예정으로 시안마련을 추진 중에 있다.

더구나 2005년 7월부터는 친환경적인 상품제조에 대한 인센티브 혹은 혜택수혜 차원에서 「친환경상품 구매 촉진에 관한 법률」을 마련하고 이를 근거로 해서 친환경 마크를 인증받은 물품은 공공기관의 의무구매 대상이 되도록 하고 있다.

〈표 10-5〉 주요 선진국별 환경표지(green labelling) 서비스 관련기준 운영사례

| 국 가 | 북유럽 (Nordic Swan) | 유럽연합 (EU Flower) | 미 국 (Green Seal) | 캐나다 (Terra Choice) | 대한민국 (Korea) |
|---|---|---|---|---|---|
| 제품군 | 65개 | 26개 | 34개 | 91개 | 143 |
| 서비스 관련제품군 | · 숙박 서비스<br>· 클리닝 서비스<br>· 레스토랑서비스<br>· 식료품 및 슈퍼마켓 | · 숙박 서비스<br>· 캠프장 | · 클리닝 서비스<br>· 숙박 서비스<br>· 레스토랑 서비스 | · 숙박 시설<br>· 잔디 관리 서비스 | · 공산품<br>· 호텔(기준 마련 중) |
| 로 고 | Nordic Environmental Label | | GREEN SEAL CERTIFIED GOLD | EcoLogo | 환경마크인증 |

## 제4절 호텔의 환경운동과 환경등급 평가

### 1. 환경의 의미

환경은 광의적으로는 인간을 둘러싸고 있는 주위의 실체, 즉 정치, 경제, 사회, 문화, 과학, 제도 등 사회적 환경을 내포하는 것이지만 흔히 말하는 협의의 환경이란 그것보다는 협의적인 영역을 주로 하는 것으로서 자연환경과 인공환경으로 이루어진 물리적 환경을 의미하는 것으로서 정의된다. 이런 환경의 관점을 인간중심적인 환경관이라고 한다. 자연환경이란 자연법칙에 의한 대기, 물, 토양 동식물 등을 포괄적으로 지칭하는 것이고 인공환경이란 건물, 도로, 기계 등 시설물이나 가공물로 이루어진 물리적 환경을 말하는 것이다.

### 2. 호텔 환경등급 평가(Green Rating)의 배경

호텔은 집을 떠난 사람들을 수용하는 사회적 기관으로서 주거지를 떠나 있는 동안 그들에게는 호텔이 곧 집과 같은 곳(home away from home)으로서 그들에게 쉴 곳(shelter)과 식음료와 오락적인 요소로서의 즐거움과 안락함을 제공하는 동시에 그들이 안전하게 체류할 수 있도록 지키고 돌보며 배려하는 기관으로서 역할 한다. 그러나 호텔산업이 발전하면서 외식 혹은 숙박고객에 대한 최고의 서비스를 통한 고객만족을 도모하기 위한 많은 노력들이 경주되는 가운데 가장 크고, 가장 에너지를 많이 소비하면서 고객의 안락과 쾌적함을 지켜주고 혹은 그 이상으로 그것이 비교적 검소하고 바람직한 것은 아니더라도 그들이 기꺼이 대가를 지불하면서까지 추구하려는 최고의 건물, 시설 및 서비스를 제공하는데 주저하지 않는 결과를 초래해 오고 있다. 이런 여건에서 아주 저렴한 기본적인 시설과 서비스의 호텔로부터 무궁화나 별이 5개 이상에 이르는 초호화 호텔에 이르기까지 호텔의 수준과 등급도 다양하게 마련되어 있고 각급 세분시장별 관광객이나 호텔투숙객들은 그들의 여건과 선호도에 따라서 각가지 속성들을 기준으로 적정한 호텔을 선정하여 이용하게 된다. 그러다 보니 호텔은 세계에서 가장 에너지소비가 큰 거대한 건축물 중 한 부류를 이루어 오게 된 것이다.

일반적으로 세계의 호텔 등급은 별이나 혹은 우리나라의 무궁화 등을 이용하여 한 개 혹은 5개까지 그 숫자로 표시되고 있다. 고객들은 투숙할 호텔을 선정함에 있어서 호텔의 시설의 종류와 규모 및 안전도 그리고 서비스 수준 등에 대한 등급심사를 거쳐 결정된 등급을 나타내 주는 별이나 무궁화의 숫자를 보고 의사결정을 하게 된다. 그러나 변화하는 지구환경과 경제적인 여건 등을 고려할 때 이것이 반드시 모든 사항을 가장 잘 고려한 결과에 의하지 못함으로써 잘못된 등급배정이 될 수도 있다는 가능성을 배제하기는 어려워지고 있다. 미국의 리먼 사태를 정점으로 해서 터진 세계경제의 침체와 파장은 과거에 비해 여행이나 호텔 수요를 대폭적으로 하락시키기도 했다.

지구와 지구자원의 지속가능한 미래와 이를 토대로 한 지속가능한 인류의 삶을 고려할 때 많은 염려들이 제기되고 있고 이에 따른 조치로서 국제적인 다양한 협력과 협약들이 지속적으로 나오고 있다.

지구자원의 고갈과 인류의 미래사를 염려하거나 혹은 지구온난화 등 세계적인 이슈들을 고려할 때 호텔도 이런 노력에 적극 참여하지 않을 수 없는 시점이 아닌가 생각된다. 그러자면 각국의 호텔 등급심사 대상요소와 내용에 대한 전면적인 재편과 연구가 필요한 시점이라고 보아진다.

이산화탄소를 비롯한 가스배출량 증가는 온실효과 발생으로 태양 에너지를 대기 중에 가둬둠으로써 지구온도를 상승시킨다. 문제는 지구와 같은 행성 여러 개를 통해 실험할 수 있다면 문제가 발생해도 현실적으로 다른 행성으로 옮길 수 있는 상황도 아니고 이곳 지구에서 살 수 밖에 없다면 국제적으로 공조관리(global governance)체제를 갖추고 협력할 수밖에 없다. 고로 현 인류가 직면한 긴급사안인 지구온난화 문제에 대해 환경적으로 지금껏 부정적인 영향을 미쳐온 요소들을 규명하고 환경보호에 기여할 수 있는 방법 모색에 힘써야만 할 시기이다.

현재 세계 호텔산업이 처한 경영환경에서 매출감소가 초래할 비용압박을 관리하려면 호텔은 수익증대와 원가관리 중 적어도 한 가지 이상의 문제를 해결하지 않으면 안 된다. 이런 여건에서 호텔의 에너지 절감과 탄소배출량 저감노력으로 추진될 적극적인 환경관리 정책은 비용절감과 수익증대를 약속할 수 있는 강력한 대안이 될 수도 있다. 호텔은 전통적으로 추구해 왔던 고급의 시설과 서비스 정책은 자원과 에너지의 대량 소비를 불가피하게 했다. 인류의 미래를 생각하는 환경관리는 이제 호텔이 외면하기 어려운 시대사적 주요 쟁점이 되고 있다. 환경을 고려한 경영관리는 시대가 요구하는 호텔경영의 신성장 전략 혹은 새로운 상으로 모색되어야 할 것이다. 이를 촉진하기 위한 실천전략으로서 종래의 등급심사에서는 몇 개 항목에 불과했던 환경관련 호텔등급평가 항목들을 좀 더 심도 있게 재조명함으로써 호텔등급심사의 구조를 전면적으로 재편하는 작업에 착수하고 호텔의 미래경영에 대비해야 할 시기란 점에서 분명히 문제제기의 필요성은 크다. 물론 정부에서도 환경마크(green labelling) 인증에 필요한 작업을 추진 중에 있지만 호텔경영 전문가들이 대거 참여한 연구가 필요하다. 왜냐하면 호텔 고객들은 주로 관광객들이고 고급호텔일수록 외래객이 많은 여건에서 국제경쟁력을 손상하지 않기 위해서는 이런 조처가 불가피하다고 보아진다. 더구나 한가지의 환경인증 마크를 부여하는 것도 방법이지만 일반 공산품과는 차별화시켜서 무궁화의 개수처럼 환경에도 등급을 차별화하는 방향으로 나가는 것이 바람직하다고 본다. 그러나 이를 시행하는데 수반되는 소요비용이나 얼마간의 투자재원 마련을 전제로 한 것이다.

### 3. 고객만족 지향 호텔 친환경 관리의 한계

호텔수익관리 문제를 논함에 있어서 적정가격은 흔히 고객의 지불의사를 지표로 적정성을 평가하고 있다. 마찬가지로 호텔 투숙객들이 생태나 환경에 대한 의식수준이 여하한가(ecology-conscious visitors)에 의해서 호텔의 친환경경영은 긍정적 혹은 부정적인 반응을 불러일으키게 될 것이다. 지금까지 세계적인 초호화 호텔들이 소극적으로는 참여하되 본격적으로 호텔의 시설과 서비스를 친환경적으로 바꾸지 못하는 것은 최고의 안락하고 고급인 호텔서비스를 수요하는 그들 호텔의 고객들에게는 에너지 절약이나 환경보호를 표방한 어떤 내용의 서비스에 대한 희생도 감행하고 적용하기가 어렵기 때문이다.

지속가능한 환경을 전제로 한 글로벌 환경운동 대열에의 호텔참여는 그들이 서비스하는 세분시장이 수용하는 친환경관리에 대한 능동적인 태도(willingness) 여하에 의존될 성질의 문제이다. 호텔 고객 개인의 이익추구가 사회적인 환경운동보다 우선될 소지가 크기 때문이다. 이것이 호텔 친환경관리의 한계이고 딜레마이다.

환경문제에 대한 호텔의 인증평가는 소극적이거나 본격적인 형태의 두 가지로 구분해서 고려해 볼 수가 있다. 종전과 같이 시설물 심사의 수 개 항목으로 그치던지 아예 별도의 등급심사 영역으로 분리해서 본격적으로 이 문제를 다루거나 기존 등급심사에 부가해서 별도의 단독 환경등급심사과정으로 이행하는 대안을 고려해 보는 것이 좋겠다.

타일랜드 같은 경우에는 숙박업자들의 세밀한 환경관리 실무노력을 판단하고 업계 확산을 촉진하기 위해서 환경등급평가 결과에 따라서 환경표지인 '녹엽(Green Leaf)'을 인증해 주는데 녹엽의 수자가 환경관리의 수준을 표시해 주고 있다. 특별히 생태의식을 갖고 있는(ecology-conscious) 호텔 투숙객이라면 환경관리정도를 검사해서 이를 기초로 호텔을 선정하기도 할 것이다.

기존 여행자들의 서비스 지각으로는 비록 여러 가지 불편사항이 없지 않지만 처음에는 적용이 몇몇 선도적 호텔사업체에 제한되고 확산규모도 미미하고 이런 운동도 널리 알려지지 않겠지만 일단 시행에 성공한다면 호텔은 개선된 수익성과를 약속받게 될 수도 있다.

아시아 대륙에서는 비교적 잘된 가장 강력한 그린인증 프로그램이고 시스템인데 모두 5개의 green leaf를 득하려면 호텔은 에너지와 물 절약, 쓰레기 줄이기와 재활용 증대에 성과를 도출해야 한다. 배점방식을 보면 평균점수 이상일 경우에만 점수를 가득하게 된다. 매출과 이윤 등 재무적으로도 성공적인 저탄소 사업체 경영을 위해서는 환경의식을 갖고 있는 여행자나 호텔 고객늘 혹은 구라파와 같은 대륙의 생태의식을 갖는 여행(eco-aware travel) 등 니슈 마켙(niche market)을 표적시장으로 공략하는 등 새로운 고객층의 유치와 새로운 사업분야를 개척하기 위한 마케팅 활동이 수반됨으로써 경영의 성과에 공헌되도록 해야 할 것이다.

우리나라에서는 물론 자율적인 참여를 원칙으로 대규모 건물을 시범 선도사업으로 하고 있지만 실제로는 소규모 호텔이 수혜할 수 있는 혜택들을 인센티브로 하는 그린운동이 권장된다. 이렇게 할 때 환경인증마크를 획득한 중소규모의 호텔들이 무궁화 2개 정도를 가지고도 무궁화 5개인 고급 호텔들과 차별화된 경쟁력을 갖게 될 것이다. 말하자면 환경운동을 통하여 2~3성의 중소규모 호텔이 여러 개의 green leaf 혹은 새로이 개발될 환경인증표지를 득함으로써 고급호텔에 대해 경쟁력을 강화하는 방안으로 활용되도록 하는 방안도 모색해 볼 수 있겠다. 환경등급평가가 단지 글로벌 사회에 대한 호응이나 에너지원가 절감에서 그칠 것이 아니라 적극적인 사업성과 개선방안으로 개발될 가능성 제기와 필요성에 대한 지적인 것이다.

초호화 호텔의 환경운동은 제한적인데 비해서 저렴한 호텔에서는 비교적 강력한 환경경영을 시도해 볼 여지가 크기 때문이다. 타일랜드의 green leaf에 대한 사례도 이런 것을 시사하는 것으로 판단되고 있다.

## 4. 성공적인 환경인증 프로그램의 시행과 예산

국제적인 환경운동에의 참여는 국제 자본시장에서의 예산지원을 고려할 충분한 여지를 가지고 있는 사업이다. 그러므로 환경인증제도의 계획수립과 시행을 위해 소요되는 예산확보 및 조달을 위해서는 다양한 조달원천을 고려해 볼 수가 있겠다. 그러자면 당연히 여기에 합당한 계획과 내용을 갖추고 있어야 한다. 이 과정에서 과학적으로 입증될 수 있는 자료의 겸비는 필수적인 사항이 될 것이다.

정부에서는 서비스업종에 대한 환경인증을 확대실시하면서 소요예산을 투자하고 있다. 대규모 건물에서의 환경인증 참여가 여타사업체에 대한 모범이 되고 강력한 선도세력으로 작용될 소지도 크지만 또 다른 측면에서 예산을 수혜한다는 것은 혜택이라고도 보여질 수가 있다. 그러므로 영세한 규모의 숙박사업체에 대한 지원을 계획하고 시행할 필요성도 제기된다.

개도국의 경우에는 세계은행(World Bank) 등 기관으로부터 얼마간의 예산을 지원받을 수도 있다. 재정지원에 대한 신청은 프로그램을 수립하고 시행한 1~3년의 실적을 가지고서 하게 되며 실적여하에 대한 평가를 통하여 지원여부가 결정될 수 있게 될 것이다. 실제로 환경인증 관련 프로그램이 제대로 이루어지려면 자원 혹은 급여제의 인력이 확보됨으로써 정기적인 회의 및 검토가 이루어지고 있음을 보여줘야 할지 모른다. 재정지원은 단속적인 경우도 있지만 1~3년에 걸쳐 지속적으로 이루어질 수도 있다.

타일랜드의 경우에는 녹엽(green leaf) 프로그램 시행 이후 2년 이래 세계은행에서 125,000~175,000달러(U.S.$)의 지원을 수혜했다.

## 5. 환경등급인증을 위한 평가의 협력조직과 형태

환경관련 담당 인력은 담당 업무에 비추어 약간 명의 고정인원과 환경, 호텔, 서비스 분야 등 평가기준에 들어가 있는 다양한 평가부문별 전문 고급인력을 인선해 두고 업무를 수행할 수 있도록 준비해야 한다. 인원규모는 등급평가의 신청건수를 적정 시간 내에 처리할 수 있는 분야별 인력을 우선적으로 확보하는 것이 중요하다.

정기적인 회의는 월례회의 혹은 적정한 시기를 정해서 개최하며 주로 업무의 능률적인 진행 및 평가업무의 개선여지 등을 내용에 반영하기 위해서 평가업무 전후에 개최하는 것이 효과적일 것이다. 원활한 환경인증 평가업무의 수행은 환경인증 결과로부터 기업들이 수혜를 기대하게 해 주는 외에도 환경인증평가에 대한 업계의 호응과 이런 운동의 필요성과 의의에 대한 이해 촉진을 통하여 산업계의 적용을 확산시켜 나가는 계기를 마련하게 될 것이다.

이런 평가인력팀(green labelling audit team 혹은 evaluation team)은 인력풀제로 할 수도 있지만 당연히 팀을 이끄는 책임자를 일정한 직책을 부여하는 가운데 두고 있어야 한다.

책임자는 같은 평가의 독립성을 견지하는 차원에서 업계 인사보다는 학계나 연구계로부터 초빙하는 것이 바람직하다. 팀은 상당기간을 두고 지속적으로 일할 수 있을 때 전문성이 제고될 수 있어서 좋을 것이지만 평가의 공정성을 위해서는 또 다른 사람으로 교체할 필요성이 있을 수도 있다. 그러나 이런 평가팀 자체적인 조직관리가 행해짐으로써 지속적으로 평가의 공정성과 질적인 타당성을 기할 수 있도록 해야 한다.

### 1) 환경인증 평가 조직

환경등급을 부여하기 위해서는 우선 부여할 환경의 등급표준을 마련할 조직 혹은 기구가 설립되어야 한다. 또한 산학협력, 산관학 혹은 산관학연 등 형태의 협력이 이루어짐으로써 시행착오를 줄이고 등급평가 및 등급부여의 성과를 높일 수 있도록 할 때 평가와 관련된 시간, 비용, 인력에 경제성을 기할 수가 있겠다.

또한 변화하는 환경과 환경평가 및 환경인증과 관련된 세계의 기술과 경험의 발전 수준에 맞추거나 선도해 갈 수 있는 역량을 육성하기 위한 연구가 이루어져야 한다. 이런 연구는 주로 대학이 담당하지만 전문적인 연구기관을 통하거나 학연의 공동연구를 추진해 보는 것도 방안이 될 수 있다. 업무의 주관부처가 결정되거나 신설될 필요가 있으며 연구도 주관연구소를 지정하는 것이 연구의 연속성을 유지하고 개선책을 모색하는데 효과적일 것이다.

### 2) 민간주도 및 관주도 조직

업무의 효율적인 수행과 그로부터 효과적인 성과를 기대하려면 적정한 조직과 인력 및 예산확보가 전제된다. 단시간 내에 지속가능한 환경관리를 위한 정책수립과 작업은 주로 관주도로 시작될 수가 있다. 그러나 비록 시작은 관주도 형태로 이루어졌다고 해도 지속가능성을 지키기 위한 원칙으로 이해관계집단 전 계층의 자발적인 참여를 원칙으로 하는 시스템 조성을 도모해야 한다는 측면에서 상당 인력은 업계에서 보다도 민간, 학계, 연구계를 배경으로 하는 인력이나 민관산학의 협력체 형태의 조직으로 편성하는 바람직하다.

경우에 따라서는 별도의 재단(foundation)을 만들어 독립된 조직으로 육성하는 것도 한 방안이 될 수가 있다. 또한 평가에 참여하는 인력은 어떤 형식으로도 호텔기업과 관계를 갖지 않은 독립적인 전문가들로 정하는 기준을 마련해서 평가의 독립성과 공정성을 기할 수가 있을 것이다. 또한 다른 평가에서와 같이 호텔로부터 식사, 숙박 등 어떤 접대도 받아서는 안 된다.

### 3) 관련 협력조직

성공적인 환경인증 평가와 그 효과를 위해서는 이에 대해 공동보조를 취하면서 함께 노력을 기울여 줄 조직들의 참여가 절대적으로 필요하다. 이것은 호텔산업이라고 해서 반드시 관광관련기관에서만 전담해야 된다는 것을 의미하지는 않는다. 필요에 따라서는 환경관련 부처와 관관산업 관련부처와 공동으로 참여할 필요성이 제기될 수도 있다. 그리고 글로벌 차원에서의 환경인증체계를 수립하고, 또 여기에 국제적 경향과 수준에 맞추어 가는 환경인증 평가임을 확인하면서 업무를 추진하기 위해서는 UNEP(United Nations Environmental Program) 등 유엔 관련 환경단체들과 관계를 갖고 어떤 형태로던 참여형식을 취할 필요성이 있다. 에너지 자원관련 업무와 관련평가가 상당부분 점유될 것이므로 한전관계자나 기타 전기관련 전문기관과도 보조를 취해야 한다.

수자원관리공사나 기타 물을 관리하는 기관의 참여도 긴요하다. 환경평가원이나 기타 환경적인 품질관리와 개발을 관리하는 주무기관의 참여도 중요하다. 또한 보건복지부 등 국민건강과 복지업무를 주무하는 기관이나 조직의 참여도 당연한 것이다. 관광사업체나 관련인력이 관계되는 한국 관광협회 및 호텔협회 등의 참여도 불가피하다. 등급평가 대상 건축자재나 시설물의 자재 등을 포함하는 방법과 오픈 이후 시설물 관리나 경영실무만을 평가대상으로 포함할 것인가의 문제가 있다.

사실 건축자재의 환경기준을 보면 가구 등을 중심으로 한 포름알데히드 방출량을 보면 미국, 캐나다. 독일, 스웨덴, 네덜란드, 덴마크, 핀란드, 일본이 주로 수치 0.2에서 0.325인데 비해 우리나라의 수치는 매우 높다. 또한 환경과 관련되어 가장 주요하게 떠오르는 문제는 자동차의 매연 등인데 그것도 경우차량과 휘발유차량의 배출량이 다르다. 국내산의 차량에서 배출되는 매연이 비교적 높다면 외국에서 수입되는 차량의 기준을 상향조정하기는 어렵다.

## 6. 호텔경영과 환경관리의 경제 효과

### 1) 환경관리 프로그램 참여 호텔의 인센티브

초기에 사업의 시기를 단축하고 효과를 증대하는 데는 인센티브제도의 활용이 바람직하다. 환경인증 프로그램에 참여하는 호텔들은 기본적으로 많은 혜택을 수혜할 수 있겠지만 적극적인 참여를 유발시키기 위한 인센티브 제도의 활용도 고려해 보는 것이 바람직하다. 단계적으로 실무적인 에너지, 물을 절약하고 쓰레기 투기를 저감하는 방향으로 유도될 수 있는 지도와 조언을 받을 수 있고 점차 환경관리의 제 절차들을 숙지해 갈 수 있게 될 것이다.

### 2) 환경인증제 참여의 경제적 환경

수도세와 전기세, 및 유가 등 에너지 원가는 세계적으로 상승하고 있다. 에너지비는 전년대비 15% 상승하고 유가는 21배까지도 상승하는 여건이 시현되고 있다. 철저한 친환경관리를 실천하려면 전기사용량을 모니터하고 통제하는 데 꼭 필요한 컴퓨터 설비 등 호텔 시설물에 대한 새로운 수요가 수반될 것이다. 그리고 이런 모니터링 시설에 의해 기대되는 효과는 전기 사용량 5~10% 감소 등 사용량과 화폐가치로 계량화한 감소목표를 설정해야 한다.

이런 경우 컴퓨터 설비자금 등은 무상 혹은 한정된 시간을 전제로 한 무이자 대부를 원칙으로 해야 한다. 또한 전 종업원이 근무시간 중 사용하게 될 에너지를 절감하기 위한 새로운 설비나 시설교체도 고려해 봐야 한다. 그러자면 동선과 엘리베이터 사용시간 등도 고려대상이 돼야 한다. 에너지 사용을 절감하기 위해서 다른 목적으로 에너지 사용을 하게 된다면 에너지 절감효과는 떨어지게 될 것이다.

종업원의 승강기 사용, 종업원의 동선 등을 함께 고려함으로써 순 절감효과를 증진할 수 있는 실효성 있는 계획수립이 전제된다. 고객이 개인적으로 점유하는 객실내의 냉난방 온도도 모니터해야겠지만 공용면적인 복도, 로비 등의 냉난방 장치와 온도를 고려하고 이로부터 에너지 사용량을 줄이고 탄소배출량을 줄일 수 있는 방안을 마련하고 실천해야 한다.

### 3) 평가에 소요되는 적정시간의 보장원칙

평가의 실효성과 효과를 위해서는 적정시간을 보장하는 것을 전제로 권장 소요시간 또는 필수적인 시간을 결정해 둘 필요가 있다.

호텔등급 심사에 있어서 아무리 전문가들이 업무를 수행한다고 해도 평가에 소요되는 적정시간에 대한 기준이 없었다. 그러므로 예산상의 한계에 기인된 심사나 평가시간의 임의적인 편성으로 인하여 현실적으로 평가업무가 의례적인 과정으로서 수행될 소지가 매우 높았으므로 평가자나 피 평가자나 평가의 가치나 효과에 대한 기대도 그만큼 저조했다고 할 수가 있다.

평가자들은 평가에 참고할 호텔에 대한 상세한 벤치마킹을 할 필요성도 크다. 환경인증 평가를 받기 위해서는 호텔이 배정된 점수에서 평균이상의 점수를 얻어야만 할 것이다. 평가자들이 호텔형편에 익숙한 가운데 검사를 실시하기 위해서는 적어도 24시간 이하의 관찰을 해야 한다. 물론 분야별 담당자들이 따로 있지만 이들이 평가전에 충분히 필요한 정보를 얻는 것과 관련된 의견교환을 할 수 있는 시간이 필요하다.

그리고 평가결과는 객관적이어서 반드시 다 통과되는 방식이 지양될 때 비로소 성의 있는 계획수립과 실시 및 효과가 기대될 수 있는 것이다. 타일랜드의 경우에는 표지인증을 시작한 1998년 첫 해에 이 프로그램에 의한 평가를 지원한 50개 호텔 중 34개 호텔만이 인증을 얻었고 나머지 호텔들은 탈락했던 사례가 있다.

### 4) 친환경인증에 대한 홍보의 필요성

이런 제도는 주로 시행 호텔사와 주무기관 밖에 잘 모르는 경우도 발생할 수가 있다. 물론 호텔상품을 취급해야 하는 여행사 정도는 알지도 모른다. 급작스러운 계획수립과 업무의 추진 등 긴박한 흐름이 친환경인증 마크와 이런 제도의 중요성과 의미에 대한 대중적인 홍보(publicity)를 결여하게 할 가능성은 매우 크다.

물론 호텔의 친환경등급평가를 지원하는 공식적인 지원기관도 설정되어야만 이 기관들을 통해서 관련업체에 대한 홍보와 관광관련 기관에 대한 홍보가 효과적으로 이루어질 수 있을 것이다. 물론 홍보책자나 브로슈어 등은 자국어는 물론 영어, 일어, 중국어 등 필요한 언어들로 제작되어 비치되고 해당 기관의 직원들은 하시라도 이와 관련된 질문에 안내할 준비가 되어 있어야만 한다. 물론 홈페이지나 웹사이트(websites) 공간에도 이런 정보를 올려 누구나가 접하고 알 수 있는 기회를 활용해야 한다. 호텔협회, 관광협회, 관광공사, 행정기관별 주무과에서는 일반 등급별 및 친환경등급별 호텔정보를 비치하고 있어야 한다. 또한 호텔기업들이 자체적으로 제작하는 브로슈어에도 환경인증에 대해 홍보하는 내용을 싣고 인증마크도 알리도록 강력히 권장 혹은 추진해야 한다.

주무당국은 연차별로 친환경인증을 받도록 할 대상호텔의 수와 등급을 미리 예상하는 가운데 업무를 추진하도록 하는 것이 효과적일 것이다. 후에 이러한 관리의 효과가 수익이나 이윤 등 성과로 나올 경우에는 이러한 효과에 대한 홍보를 겸하는 것도 좋다.

## 7. 친환경인증을 위한 호텔의 실천 내용

### 1) 에너지 절약 관련 사례들

① 에너지 절약용 전구를 사용함으로써 단위 시간당 소비량을 줄이고 탄소배출량을 억제하는 효과를 기대할 수가 있다.

② 호텔 외부(outdoor)의 전기 불을 끄는 데 광전자(photoelectric) 스위치 사용함으로써 필요할 경에만 켜지고 저절로 소등되도록 하면 인력과 전력 낭비를 방지할 수 있다. 당연히 광전자 스위치로 전환하는 데는 소정의 예산수립과 투자가 소요되기는 한다.

③ 계량기나 타이머 사용 강화책 실시를 통한 에너지와 물 사용량 통제를 기한다.

④ 하수처리 시스템을 통하여 폐기물을 극소화시킬 수가 있고 또 재활용 여지를 확대시킬 수가 있어서 물자절약과 동시에 환경보호를 할 수 있게 된다.

⑤ 물의 사용하는데 불필요한 낭비를 줄일 수 있는 시설을 개발하고 이를 설치함으로써 에너지 절약이 이루어질 수 있는 시스템을 조성하는 노력이 필요하다. 예를 들어 물 절약에 효율적인 샤워꼭지를 설치해서 사용하고 변기 사용시 플러시할 때 필요한 최소의 사용을 할 수 있도록 시설과 동시에 종사원들에 대한 교육을 통화여 생활화를 기할 수 있도록 해야 한다.

⑥ 전기 불 보다는 천연 광(light)의 이용을 극대화할 수 있는 방안을 연구하여야 한다.

⑦ 광전자 스위치로의 전환도 중요하지만 기본적으로 기업 내 전종업원들이 기업

의 원가관리 차원에서는 물론 지구환경 보호 운동의 전개와 실천을 위해서 에너지 소비에 대한 의식을 가지고 사용하지 않을 때 전등을 소등하는 습관을 기를 수 있는 지속적인 교육 훈련 혹은 인센티브제의 실시를 도모해야 한다.

⑧ 건물 전체의 난방 온도를 적정하게 낮추는 전략을 전개함으로써 전체의 난방비를 절감 하고 탄소배출량을 저감할 수가 있겠다.

⑨ 온수 보일러의 최고 온도를 낮추는 방안을 강구해 볼 수도 있다. 그러나 경우에 따라서는 낮춘 보일러의 온도 때문에 욕실에서 더 많은 양의 물을 사용될 소지가 없는지를 세밀하게 점검하고 실험하면서 실시해야 할 사안이다.

### 2) 자연을 이용한 환경관리와 쓰레기 분리수거 방안

① 방열에 의한 에너지 소비를 막기 위해서는 동파방지도 되겠지만 배관이나 시설물 외관을 싸주는 것도 쉽게 활용할 수 있는 효과적인 방안이 될 수 있다.

② 지구자원을 보호하는 차원에서 그리고 소비절약을 실천하기 위한 차원에서 이벤트나 각종 장소에 대한 장식에 있어서 오래 사용할 수 없는 꽃을 자르거나 구매해서 사용하기보다는 오래도록 반복적인 사용이 가능한 살아있는 식물이나 화분을 이용해서 장식하는 방안을 사용하는 것도 매우 효과적이다. 실제로 국제적인 컨벤션이나 회의에서 종전보다는 꽃 장식을 줄이고 나무나 화초들을 사용한 장식들이 이미 증가하고 있는 추세이다.

③ 냉방의 온도를 줄이는 에너지 절약 정책과 더불어 에너지 의존적인 건물 냉방을 피하고 자연적인 방법을 최대한 활용하기 위한 대안으로 냉방의 필요성을 줄여줄 시설 또는 신선한 공기를 만들어 주고 그늘막이가 되어줄 나무심기를 자연보호 차원에서 생활화해 볼 가치도 매우 크다.

④ 재활용 가능한 폐지 및 유리 등 다양한 쓰레기 활용과 판매를 위한 철저한 호텔 건물 내의 쓰레기 분리수거가 절대적으로 필요하다. 뿐만 아니라 현재 호텔의 주방에서 사용하고 있는 음식물 쓰레기와 기타 쓰레기의 분리수거가 미비한 상태이므로 이를 실용성 있게 시행할 방안모색이 시급하다.

⑤ 음식물 쓰레기와 깎은 잔디나 전지한 나무 가지들을 혼합해서 퇴비를 만들어(composting) 호텔정원과 호텔내의 나무와 화초의 거름으로 사용할 수 있는 방안 마련도 강구해 봐야 할 것이다. 그러나 퇴비를 만드는 과정에서는 호텔 내에 사용할 장소가 별무하고 악취도 풍길 수가 있기 때문에 산자락이나 기타 다른 장

소를 임대하거나 활용하는 방안을 강구해야 할 것이다.

⑥ 기타 시설노후화나 영선유지 관리의 미비로 인해 물이 샐 수도 있다. 이런 경우 고객의 불만요인이 될 수도 있지만 호텔의 에너지 비용을 증대시킬 수가 있다. 이런 요인들로 유발될 문제를 관리하고 물 자원을 아끼기 위해서는 항상 영선유지관리를 철저히 함은 물론 물이 새는 시설을 수선하거나 교체해야 한다.

⑦ 자연환경을 보호하기 위한 여러 대안들 중 흔히 1회용 식기나 플라스틱 재질의 기물사용을 억제하는 방안들이 널리 활용되어 오고 있다. 1회용 식기는 설거지를 할 수 없는 여건에서의 간편한 식기 사용을 위해서 그리고 식사 후 설거지하는 인건비 지출보다 오히려 1회용 기물사용을 구매해서 사용하는 것이 더 경제적이라고 판단되는 경우에 많이 사용되고 있다. 그러나 이런 행태는 음식물 쓰레기나 기타 잘 썩지 않는 재질을 사용해서 만들어지기 때문에 그 쓰레기가 토양을 나쁘게 만들 수 있는 원인으로 작용되고 있으므로 이런 폐해를 감소하고 제거하기 위해서는 호텔 직장의 전 종업(staff)이 휴대용 식기나 반합 등의 사용을 생활화하고 셀프 서비스 자세를 확립함으로써 이러한 두 가지 원인을 원천적으로 봉쇄하는 것이 호텔직장의 환경운동의 기반으로서 가장 중요할 것이다.

## 제5절 세계 호텔의 친환경운동 참여 추세

세계적으로 호텔의 친환경관련 단체로는 "Green Hotels Association"이 있는데 이 단체의 회원은 호텔기업은 물론 조명관련 기업, 쓰레기 관련기업 등 다양하다. 미국 각 주로부터 많은 호텔, 캐나다의 호텔들, 중남미 국가의 호텔들, 영국, 이탈리아, 스위스 등 유럽의 여러 나라 호텔들, 카리브 해의 호텔들, 아시아에서는 중국, 인도네시아, 캄보디아, 인도, 파푸아 뉴기니, 필리핀, 터키의 호텔 들이 이 운동에 참여하고 있고 점차 확산되는 추세이다.

호텔경영에서의 친환경트렌드는 비단 지구촌 환경보호 차원에서만 전개되고 있는 것은 아니다. 다음의 호텔 성공사례들을 예로 알 수 있듯이 시설교체, 호텔내부의 친환경풍토의 조성과 정책적인 차원의 관심들이 얼마나 원가절감에도 기여하는지 알 수가 있다. 더구나 에너지 원가는 날로 치솟을 정도여서 모든 경영에 있어서 압박요인이 된다는 점에서도 심각성을 수용하는 가운데 대안마련이 절실히 요구되는 환경에 처해 있다.

## 1. 에너지 원가의 상승과 호텔의 자원소비 추이

세계적인 에너지 원가상승 요인은 세계 각국의 호텔경영에 있어서 원가압박 요인으로 작용되는 한편 경기침체로 인한 객실점유율의 하락은 호텔의 경영성과를 양면에서 위협하는 요인이 되고 있다. 그렇다고 원가상승과 동시적인 객실요금의 인상이 이루어지기는 쉽지는 않다. 호텔요금이 신고제 혹은 허가제로 되어 있는 제도적 장치 때문이라기보다는 에너지 원가는 대부분의 기업과 개인 생활비에도 영향을 미쳐 긴축 등으로 여행소비자들의 소비심리가 위축됨으로써 여행 감소가 곧 호텔 투숙객의 감소현상으로 나타나기 때문이다. 그렇다고 반드시 호텔 숙박객들이 가격 탄력적이 될지는 등급별로 동일한 결과를 초래하지 않을 가능성도 크다. 그럴수록 세계적 및 지역적인 에너지 원가의 추이와 더불어 수익을 중심으로 한 재무적 성과를 면밀히 관찰하고 분석함으로써 전략을 수립하고 대응책을 마련해야 할 것이다. 이 과정에서 에너지 상승요인에 의한 객실의 가격상승 요인을 산정해 보는 것은 기본적인 노력이 될 것이지만 이와 함께 녹색경영을 통한 물과 에너지비 절약을 도모하는 것은 시대적 조류에도 부합되는 대승적인 노력이라 하겠다.

### 1) 지역별 에너지비(전기 및 가스) 증가추이

〈표 10-6〉 지역별 전기 및 가스비 증가추이

| | 2001. 1 | 2000. 1 | 증가율(%) |
|---|---|---|---|
| 미 전국 평균 | 7.6 | 6.8 | 11.7 |
| 캘리포니아 | 14.7 | 8.1 | 81.5 |
| 플 로 리 다 | 6.8 | 6.1 | 11.5 |
| 뉴 욕 | 12.8 | 10.3 | 24.3 |

자료원 : Stipanuk, D. M.(2001).

### 2) 에너지원가 상승요인별 추가 실료의 계산

〈표 10-7〉 판매실 당 성과회복에 소요되는 추가요금[1)]

| 에너지비증가율(%) | | 10 | 20 | 30 | 40 | 50 | 60 | 70 | 80 | 90 | 100 |
|---|---|---|---|---|---|---|---|---|---|---|---|
| 실당 연간 에너지비($) | 1,000 | .39 | .78 | 1.17 | 1.57 | 1.96 | 2.35 | 2.74 | 3.13 | 3.52 | 3.91 |
| | 1,500 | .59 | 1.17 | 1.76 | 2.35 | 2.94 | 3.52 | 4.11 | 4.70 | 5.28 | 5.85 |
| | 2,000 | .78 | 1.57 | 2.35 | 3.13 | 3.91 | 4.70 | 5.48 | 6.26 | 7.05 | 7.83 |

1) : 객실점유율 70% 가정.

자료원 : Stipanuk, D. M.(2001).

### 3) 호텔의 에너지 및 물 소비추이

〈표 10-8〉 호텔의 에너지 및 물 소비추이 비교

| 호텔유형별 \ 연도별 | 수익비율(%) | | 객실당 금액($) | |
|---|---|---|---|---|
| | 1994 | 1999 | 1994 | 1999 |
| Full-service | 4.0 | 2.9 | 1.404 | 1,389 |
| Limited-service | 5.5 | 4.8 | 687 | 714 |
| Resort | 3.6 | 2.9 | 2,078 | 2,203 |

자료원 : PFK Trends in the Hotel Industry-USA Edition, 1995 and 2000.

## 2. 성공적인 친환경운동 참여 호텔사례들

Inter-Continental Chicago

### 1) 미국 시카고의 Inter-Continental Chicago 사례

844실을 보유한 시카고의 Inter-Continental Chicago는 건물의 HVAC의 안락성과 효율성을 개선하기 위해서 300만 달러를 투자함으로써 연간 에너지비를 250,000달러 정도 절약하는 수준으로 끌어올렸다. 호텔은 전에 차고에 있던 냉장시설(chiller)을 통합한 바 있다.

### 2) 베를린의 Forum Hotel Berlin의 사례

Berlin에서 가장 큰 건물인 40층짜리 Forum Hotel Berlin은 1970년대 축조된 것으로 에너지관리 효율차원에서

Forum Hotel Berlin

는 최악의 상태를 맞고 있었는데, 경영진은 호텔의 945실을 동시에 관리하는 비효율적인 중앙 기계실을 전면적으로 state-of-the-art 기술로 전환하는 대 시설개선 단행을 결정하게 되었다. 1976년 처음으로 공기처리시설(air-handling units)만 제외하고 전체 기계실에서 주요한 저감활동(reduction)이 개시되고 당시(1976년)의 기술수준에 기초해서 시설을 교체하고 건물에 자동통제 시스템을 설치했다. 두 번째로 주요한 저감활동(reduction)은 1990~1991년에 있었는데, 경영자들은 완전히 중앙기계실(central mechanical plants)을 없애고 1900년형 에너지 효율적인 개념으로 전환했다. 1990년에 이루어진 혁신은 매우 다양한 시설에 이르는 광범위한 것이었다. 얼음저장고와 중앙 냉방시설, 건물 내에서 사용할 물(domestic water)을 퍼올리는 펌프시설은 다양한 속도로 퍼올릴 수 있도록 전환하였다.

그 다음에는 온수(hot water)가 supplier에 돌아오기 전의 온도저감을 최대로 방지할 목적으로 미리 덥힌 물의 온도를 되돌리게(heat recovery) 하는 난방시스템을 호텔시설 영역별로 나누어서(Zoned) 설비했다.

냉난방시스템에서도 다양한 양으로 공기를 처리할 수 있게 하는 각각의 시설(variable-volume air handling units) 및 완전히 자동화된 sub metering 설비를 했다.

그 결과 사용 전기량은 무려 70% 절감되고, 전체 에너지 소비도 60% 저감됨으로써 연간 745,000달러의 비용절감을 이루게 되었다.

### 3) 영국 런던의 Inter-Continental London 호텔 사례

Key Inter-Continental London 호텔

467-실의 Key Inter-Continental London 호텔은 1980년 이래 구식 기술들을 현대적인 것으로 대치시키고 있다. 그 이후 에너지 효율에 대한 사내의 합의로 인해 에너지 소비는 제도적으로 저감되고 있다. 그 결과 22%의 전기소비 및 47%의 가스소비를 절약해 오고 있다. 경영관리 기술과 개

선된 통제 및 모니터링시스템의 적용은 더 이상의 절약의 기반이 되고 있다. 이러한 전략적인 에너지 보전 프로그램에 대한 정책 적용이 없었다면 1996년 당시가격으로도 연간 에너지 원가는 182,000파운드에 달했을 것이다.

#### 4) 일본 요코하마의 Yokohama Grand Inter-Continental Hotel

Yokohama Grand Inter-Continental Hotel

이 호텔은 1993~1994년까지 불과 1년 내에 에너지와 물소비를 20% 절감시킴으로써 1.6백만 달러의 에너지원가 절약을 실현했고, 동년에 객실점유율은 8.5%나 상승했다. 호텔 에너지원가의 절반가량이던 냉방시스템에 대한 투자에 최대 역점을 두고 일정한 공기량으로 고정되었던 시스템을 다양한 공기량으로 조절함으로써 호텔점유율에 따라서 주방을 주로 해서 온도변화 할 수 있도록 시설교체에 240,000달러를 투자했다. 기타 기술적으로 중요한 변화는 호텔 내에 에너지절약 풍토를 조장하는 것이었다.

#### 5) 호텔사의 선도적인 녹색운동 참여

(1) ABVI사의 욕실에서 시작된 녹색운동

Americas Best Value Inns은 친생태환경적인 부지선정 등을 통하여 호텔산업의 green 운동에 참여하고 있다. 비록 본격적이 아니란 점에서 작아 보이긴 하지만 5만여 실을 보유하고 있는 제한된 서비스(limited service)의 호텔체인으로 ABVI 호텔그룹이 호텔용품 공급업자(vendor)와의 계약체결로 2005년 이래 샴푸, 로션(shampoo and lotion dispensers) 및 비누(wall-mounted soap) 등 욕실용품을 중심으로 하는 객실용품(guestroom amenities)에 대해 생물 분해성 패키지(biodegradable packaging)를 사용하는 전국 최초의 녹색선도(green initiative) 호텔브랜드가 되었다(Watkins, Ed., "Americas Best Value Inn Goes Green in the Bathroom, Lodging Hospitality, April, 2010).

(2) 창문을 통한 에너지 효율 및 절감운동

미국녹색빌딩위원회(U.S. Green Building council)의 'LEED Certification' 즉 에너지 및 환경적인 설계의 리더십 인증(The Leadership in Energy and Environmental Design Certification) 절차는 신규 숙박시설의 건축과 숙박시설의 개보수에 있어서 LEED 개념의 적용을 통하여 바람직한 에너지 절약형(energy-saving) 시공을 할 수 있도록 해주는 강력한 도구가 되고 있다. 특히 건물의 기소, 지붕, 벽 그리고 창문 등 건축물과 환경이 직접 부닥치며 각종 요인들로 부터 건물을 보호하는 최일선 구조물인 건물외부(building envelope)의 에너지 효율을 기하기 위해서 선택·결정되는 설계는 조명, 난방 및 냉방시설 등 건물 내부적인 구성요소들 보다도 건축 프로젝트의 최종적인 에너지 효율에 더 큰 영향을 미치는 요소들이 되고 있다. 미국의 건축물에서 사용되는 에너지의 25~35%는 비효율적인 창호와 유리로 인해 낭비되고 있으며 그 자체만도 10%의 탄소배출에 상당하는 수치하고 한다(Lang, 2010).

샌프란시스코 Hyatt Regency 호텔 등 건물에서처럼 건물 벽과 천정의 인슐레이팅 시공에서 사용되는 R-19(R은 인슐레이팅 시공의 척도임)시대에도 역시 유리시공에는 에너지 보호의 취약점이 되고 있다. 그 결과 에너지 보전을 위한 창호 및 유리창 시공기준은 수정을 거듭하고 있다. 우리나라의 호텔건축 및 개보수에 있어서도 이러한 에너지 효율을 증진하기 위한 기술적, 및 이론적 연구를 지속적으로 추진함으로써 그 결과를 활용한 에너지 인증 프로그램을 마련하고 세계적인 에너지 기술수준에 맞추어 기준자체도 필요한 경우 혹은 정기적으로 개정할 수 있는 여지를 열어 놓는 것이 중요하고 또 현실적으로도 그 시행의 필요성은 절실한 문제로 제기되고 있는 상황이다.

## 3. 정전 대비 안전한 호텔서비스를 위한 녹색활동

항상 대량의 에너지를 소비하는 호텔에 정전사태가 발생된다면 호텔자산과 고객 개인의 재산보호에 따른 문제는 물론이고 수많은 고객들의 안전을 보장하기가 어려운 사태발생 가능성이 매우 크다. 엘리베이터, 고층건물 내의 곳곳에서의 크고 작은 사건의 발생 가능성, 주방 등에서는 조리를 통하여 식음료를 준비할 수가 없게 될 것이다. 대부분 호텔이 자가발전시설을 가지고 있긴 하지만 언제라도 발생가능성에 대비하여 항상 전 종업원을 대상으로 이에 대한 준비와 대처방안 마련을 위한 정전 대비 안전(outage safety)에 대한 지속적인 교육훈련이 실시되어야 할 것이다. 또한 최근 세계적으로 제기되고 있는 지구온난화와 더불어 과거와는 달리 지역이나 시기를 불문하고 빈번하게 발생되는 태풍, 지진, 기타 재해들에 대비한 노력들이 필수적으로 부가되어야 할 시대이다. 그런 이유로 인한 정전에 대비하는 것은 비단 호텔사업성과 뿐만 아니라 호텔에 투숙한 고객의 안전과 편암함을 위한 호스피탈리티 본래의 기능을 수행하는 데도 매우 중요하다.

(1) 가능한 한 에너지를 보전하면서 전반적으로 생활 속에서 에너지 소비를 감소시켜야 한다. 에너지 절약에 관한 전문적인 지식을 습득하는 노력을 기울여야 한다. 한국 전력이나 가스공사 같은 기관으로부터 자문을 얻거나 교육을 받는다.
  - 한국전력공사 : hattp://www.kepco.co.kr
  - 한국가스 공사 : hattp://www.kogas.co.kr

(2) 항상 에너지 관련 요금청구서를 가까이에 놓고 참고하면서 에너지 절약에 임한다.
(3) 지방의 최근 정보나 뉴스를 경청하면서 정전되기 전에 모든 걸 실천하도록 한다.
(4) 전등과 건전지, 건전지로 사용하는 라디오, 건전지 사용 혹은 손으로 태엽을 감는 시계, 그리고 물과 부패하지 않는 식품 등 비상시에 필요한 물품을 준비하고 있어야 한다(Keep emergency).
(5) 유료 공중전화 설치장소 혹은 핸드폰 놓아둔 장소를 알고 있어야 하고 회사 내에 이런 전화가 있는가를 점검해 볼 필요성이 있다.
(6) 전문안전도어, 차고 문 혹은 집의 정문 등을 손으로 개폐하는 방법을 배워둬야 한다.
(7) 영업에 절대적으로 중요하다면 컴퓨터와 기타 전자설비 또는 동력설비(uninterruptible power supply : UPS)를 보호하도록 한다.
(8) 정기적으로 컴퓨터 파일을 백업(back-up)해 둔다.
(9) 매 장소에 비상행동규범을 가지고 종업원들이 이를 숙지하도록 해야만 한다. 이것은 특별한 필요성이나 상황 발생시에 종업원 누구라도 이를 사용할 수 있도록 하지 않으면 안 된다.
(10) 화재경보기와 비상등에 대한 건전지 back-up system을 준비하고 점검하여야 한다. 이것은 모든 출구사인을 포함한다. 곧 정전될 것이 예상되면 정전되기 전에 곧바로 다음과 같은 조치를 취해야 한다.
(11) 설비, 특히 컴퓨터, 팩스기계, 복사기 등 민감한 전자기기들을 꺼놓는다.

(12) 엘리베이터에서 나와서 대신에 계단을 사용하도록 한다. 경고사인 후에 사람들이 승강기를 이용하지 않도록 한다.

호텔에서는 발전기를 돌려 비상시에는 전기를 자체생산해서 사용할 수 있으므로 성수기(peak demand)에 이를 활용할 수가 있고, 또 그렇게 함으로써 전체적인 에너지비를 지속적으로 절감할 수도 있을 것이다. 그러나 몇 가지 tradeoffs(바꿔야 할 것)가 요구되기도 한다.

첫째, 기름과 기름저장관리비인데 빈번하게 발전기를 사용해야 한다면 정상보다 커질 것임), 둘째, 진짜 비상에 대비한 정비가 잘된 비상발전기의 유지에는 더 많은 영선유지비가 요구된다. 셋째, 전기 생산을 위해서는 화석연료(fossil fuel)를 연소시켜야 하는 환경적인 문제가 발생된다. 넷째, 소음공해가 관심사가 될 수도 있다.

그러나 절약 여지가 있거나 등을 켜두는 것이 호텔사업에 가치가 정말 있다고 한다면, 이런 경우 원가는 비교적 덜 중요하게 지각될 수도 있다. 성과와 발전설비의 원가개선이 가능하고 대체적인 기술적 개선이 가능해져서 재무관리자가 곧 더 전통적인 각형태의 발전기에 부가해서 photovoltaic systems 혹은 fuel cells를 설비하는 데 대한 contemplating 하게 될 것이라고 본다.

에너지 생산에 대한 투자는 겨우 시도단계에 불과하지만 기업이 에너지 보전과 사용관리에 대해 가능한 합리적인 모든 투자를 하고 나면 이에 대한 합의가 이루어지게 된다. 에너지관리 노력은 흔히 더 원가 효율적이고 on-site generation에 들어가는 노력들보다 위험요인이 적다.

앞으로 나갈 것인지 혹은 뒤에 머물러 있을 것인지의 결정을 떠나서 2000년대 에너지 상황에서도 숙박업에는 부과되는 도전 못지않은 기회가 제공되고 있다. 잘된 경영과 기술사용을 통하여 가능한 고율의 투자수익률(ROI : returen on investment)과 함께 현저한 원가절감을 알지 못하기 때문에 에너지 관련 의사결정이 과감해지기 어려운게 아닌가 싶다(Stipanuk, D. M., 2001).

## 4. 음식물 쓰레기에 대한 대책과 평가에의 반영

### 1) 호텔과 호텔식당의 대량 음식물 쓰레기 문제

호텔에서는 규모에 따라 다르지만 매일 수백~수천 명에 이르는 사람들의 조, 중, 석식을 위한 식음료를 준비하여 서비스하는 곳으로 군대나 대형 병원을 제외하고는 이와 필적할 규모로 1일 3식을 다루는 장소는 흔하지 않다.

여기서 나오는 잔여음식물이나 음식물 쓰레기 량도 그만큼 대량적이다. 이것들을 잘 처리할 수 있는 제도적 장치, 자발적인 노력 및 시설들이 없다면 환경에 미치는 영향이 적지 않다.

### 2) 호텔과 관광 대기업의 자발적인 참여가 성공관건

최근 지구온난화와 관련된 저탄소 녹색성장의 기치 아래 호텔에서도 이 문제에 대한 참여를 결의하고 있고 더러는 기업 단독적으로 환경부와 협약서를 체결하기도 하고 있다. 지금까지 쓰레기 문제에 대한 호텔의 관리태세는 '쓰레기 분리수거' 등 항목의 형태로 호텔등급평가에 지극히 소규모적으로 반영되어 왔지만 향후 이를 대폭적으로 반영할 필요성이 제기되는 시점이다.

최근(2010. 8. 12)에 환경부, 한국관광호텔업협회, 한국음식업중앙회가 "호텔 뷔페 여유음식 줄이기 등을 위한 협약"을 체결하고 범국민 음식물쓰레기 줄이기에 호텔·뷔페도 동참하게 된 것은 매우 바람직한 일이다. 향후(1020. 12까지) 전체의 약 21%에 해당하는 600여개 이상의 호텔뷔페가 참여함으로써 총 음식물 쓰레기발생량 20%의 감량할 목표를 하고 있다. 또한 단체급식 사업장(270개), 호텔·백화점(9개), 리조트(12개) 등을 보유한 한화그룹과의 협약체결로, '대기업 맞춤형 음식문화 개선 대책' 시범사업 추진을 통해서도 음식물쓰레기 줄이기 프로그램 시행을 계획하고 있어 대기업에의 확산을 기대하고 있다.

### 3) 호텔의 저탄소 녹색성장 정책과 실무의 등급평가 반영

호텔의 저탄소 녹색성장 운동과 관련된 모든 정책과 실무들이 추진력을 얻어 활발히 전개되기 위해서는 무엇보다도 호텔, 식당, 컨벤션, 카지노, 항공사 등 호스피탈리티 산업 전반에 걸친 인식확대와 추진으로부터 얻을 수 있는 기업의 성과 및 환경운동의 성과에 대한 지식을 공유하는 것이 중요하다. 그러기 위해서는 자발적인 참여에만 의존하기보다는 자발적인 참여를 유도할 수 있는 인센티브 방안의 강구가 절대적으로 중요하다. 특히 중소기업이나 대기업인 호텔과 식당사업체가 참여하기 위해서는 현재의 여건에서 큰 투자 없이 가능한 인센티브제로 활용 가능한 것이 호텔등급평가제와의 연계방안이다.

호텔의 등급평가제는 현재 개정을 위한 연구가 추진 중에 있다. 변화된 경영환경, 세계적인 동향 등을 반영하기 위한 호텔등급심사제도의 연구지만 여기에 저탄소 녹색성장을 위한 내용을 포함시키고 대폭적으로 평가항목들을 늘리고 평가점수도 제고하는 방안이 권장된다. 이와 같이 호텔기업과 호텔식당의 음식물 쓰레기 등 관련 관리 실무 및 실천사례들을 선도적 참여나 환경영향에 대한 효과 등을 중심으로 해서 전보다는 대폭적으로 평가점수에 반영하여 호텔의 등급을 평가한다면 필요성으로 시작한 실무들이 점차 확산되고 또 자발적인 관리 형태로 발전되어 나갈 수도 있기 때문에 이런 평가 및 관리체계의 개발이 급박한 여건이라 하겠다.

## 제6절 저탄소 녹색성장 사회

### 1. 저탄소 녹색관광 도시의 랜드마크가 된 건물사례

세계적으로 특정 지역, 도시, 국가의 랜드마크가 된 건축물은 많이 있다. 그러나 최근에는 저탄소 녹색성장의 기치 하에 랜드마크가 되는 건물의 평가기준에 이러한 측면이 중요하게 포함되는 경향으로 평가척도가 서서히 변화되고 있다.

#### 1) 녹색 랜드마크가 된 데이비드 로렌스 컨벤션센터

David Lawrence Convention Center

세계 최초로 인증된 녹색건물은 미국의 'David Lawrence Convention Center'이다. 미국빌딩위원회(GBC)에서 인증한 세계 최초의 이 녹색건물은 2009년 9월 G20 정상회의가 개최됨으로써 녹색운동 선도에 대한 건물의 의의와 더불어 도시의 품격을 제고시켜 줌으로써 그야말로 피츠버그의 랜드마크가 되었다. 건축설계로부터 자연적 환기, 일광 감지기, 이산화탄소 감지기, 물의 재활용을 위한 시스템 등을 도입함으로써 친환경적 요소를 고려한 이 건물은 많은 특징들을 구비하고 있다. 즉 강(Alergeny)에서 부는 자연기류를 빌딩 통풍과 냉방에 활용하는 시스템, 75%를 자연채광에 의존하는 전시공간으로 에너지 저감률이 총 35%에 물 소비는 60% 저감시키는 것으로 유명하다. 뿐만 아니라 실내장식용 자재들도 친환경자재를 사용했고 페인트나 카펫에도 최대한 친환경 재료사용을 원칙으로 한 바 있다.

### 2) 대형 복합건물인 모스코니 컨벤션센터

Moscone Convention Center

저탄소 녹색성장 시대에 걸맞는 "녹색수도(Green Capital)"를 캐치프레이즈로 내걸고 있는 샌프란시스코는 비단 미국 내 공공건물 중 최대 규모의 태양광 패널 설비를 갖추고 자가발전된 전기로 건물 에너지 수요를 자급자족할 수 있는 "모스코니(Moscone) 컨벤션 센터"를 자랑하고 있다. 이 건물에는 절반 이상의 재활용 콘크리트가 사용되었고, 건물 단열재로 페청바지가 사용되었으며 에어컨 시설 없이도 하절기에 쾌적한 온도를 유지할 수 있음으로 해서 친환경건축기준 최고등급을 인증받았다. 뿐만 아니라 이 시대의 이 운동에 세계적인 기준제시를 목표로 변신하기 위한 거듭된 노력의 일환으로서 추진되고 있는 계획 중에는 전기로 운행되는 녹색 전기자동차를 통한 도시 이미지와 매력을 구축함으로써 내방 관광객을 획기적으로 증대할 수 있을 거라는 목표도 가지고 있다.

### 3) 일본의 성공적인 녹색건물 아크로스 후쿠오카의 사례

Hukuoka의 Akros Hukuoka

일본 후쿠오카에 있는 녹색건물 "Akros Hukuoka"는 건물 주변의 수목을 통하여 도심 열섬 현상을 저감시켜 하계에도 건물내부의 온도를 떨어뜨리는 효과를 거두고 있다. 13층으로 된 이 건물은 건물표면과 주변에 녹음을 이용한 온도 하락을 실현한 것으로도 유명한 건물이다. 녹색 건물로도 유명하지만 특이한 건물외관과 건물 위층에서 조망할 수 있는 시가지와 항구로 인해 지방명소가 되었고 시민과 관광객에게 개방됨으로써 관광효과도 톡톡히 거두고 있다. 그러나 세계적으로 저탄소 녹색성장을 지향한 관광도시는 점차 많아질 추세이다.

세계 각국이 다양한 정책, 전략, 기술, 모델개발, 자연을 이용하는 다각적인 방안 등을 통하여 지속적으로 저탄소 녹색도시로의 변신을 모색하고 있고 여기서 주로 사용되는 대안들 중에는 상당수 다음과 같은 사례들이 활용되고 있음을 볼 수가 있다(표 10-9 참조).

〈표 10-9〉 저탄소 녹색성장을 지향하는 세계의 정책대안들

<table>
<tr><th>구 분</th><th>정책시행의 내용</th><th>세부사항</th></tr>
<tr><td rowspan="3">에너지</td><td>태양광시설</td><td>태양광 집열판</td></tr>
<tr><td>풍력</td><td></td></tr>
<tr><td>그늘을 활용한 실내온도 유지</td><td></td></tr>
<tr><td rowspan="4">탄소 배출</td><td>에미션 제로의 집</td><td></td></tr>
<tr><td>대안 통근제의 개발</td><td></td></tr>
<tr><td>수소타운</td><td></td></tr>
<tr><td>새로운 녹색교통의 모델개발과 제시</td><td></td></tr>
<tr><td rowspan="4">공해 관련</td><td>수소연료전지 사용</td><td></td></tr>
<tr><td>무인자전거 대여시스템(city bike project)</td><td></td></tr>
<tr><td>친환경 교통정책의 수립과 시행</td><td></td></tr>
<tr><td>쓰레기 집진</td><td></td></tr>
<tr><td rowspan="3">물 절약</td><td>빗물과 오수의 분리처리시설</td><td></td></tr>
<tr><td>분수, 화장실 등 물 재활용과 절수대책</td><td></td></tr>
<tr><td>시원한 물 프로그램</td><td></td></tr>
<tr><td rowspan="2">자연활용</td><td>자연녹지의 유지</td><td rowspan="2">친환경 기반시설</td></tr>
<tr><td>보행자 공간에 대한 새로운 고려</td></tr>
<tr><td>환경교육의 실천</td><td>태양광 발전의 생활화</td><td></td></tr>
<tr><td rowspan="3">생태도시</td><td>녹색인증 건물과 사업체, 지침</td><td></td></tr>
<tr><td>물 프로그램</td><td></td></tr>
<tr><td>환경적 이미지 심기</td><td></td></tr>
<tr><td rowspan="3">녹색운동 모델</td><td>녹색인증 기준</td><td rowspan="2">녹색웹사이트, 녹색휴가제안, 녹색업소, 볼거리, 활동 안내</td></tr>
<tr><td>녹색 정보제공 및 서비스 콘텐츠</td></tr>
<tr><td>저탄소여행안내</td><td>친환경적 관광서비스</td></tr>
</table>

표 : 필자의 연구로 작성됨, 2010. 3.

## 2. 녹색성장 운동의 활성화 대안

### 1) 민간차원의 노력

(1) 녹색혁명과 녹색생활의 혁명

녹색운동은 산업사회화 과정에서 야기되었던 인류의 인식결여와 무절제한 자원사용이나 낭비로부터 초래된 재앙과도 같은 현재의 지구환경에 대한 인식과 시급한 문제의식으로부터 출발되었다고 하겠다. 이것은 몇 명의 뛰어난 천재나 몇 개 일류국가의 노력으로는 치유되거나 건전한 상태회복이 어려운 전 인류에게 주어진 절대 절명의 과제가 아닐 수가 없다. 그러므로 탄소배출 등으로 인한 지구온도 상승의 제 요인들을 완화, 해소 및 제거하려면 전 인류의 소승적인 욕심을 통제할 그 무엇이 필요하고 그보다는 전 인류의 자발적인 노력이 요청되고 있는 시점이다.

이것은 미온적인 노력으로는 절대 해결되기 어려운 파격적인 대책이 요구되는 만큼 필자는 이것을 대혁명이나 파괴적인 혁신이라고 부르고자 한다. 녹색혁명 혹은 녹색생활의 혁명(삼성경제연구소, 2010)이란 용어는 이미 상당수의 연구자들에 의해서 사용되고 있다.

저탄소 녹색운동의 세계적 구호와 노력에도 불구하고 세계의 에너지사용량은 점증추세에 있다. 지구온난화의 심각성은 이제 각국의 집안과 거리에서 실제로 현실화하고 피부로 느껴지는 게 아닐까 생각된다. 개인행동이 다른 사람들의 행동양식에 영향을 받는 것이라면 우리가 타인의 행동양식에 영향을 미칠 혁신적인 방안을 마련하려는 태도를 갖지 않으면 안 된다는 의식의 혁명이 전제되지 않는다면 각인의, 각 지역의, 각국의 이기심은 결국 지구를 파멸로 이끌지도 모른다.

이 시대의 세계인에게 지구자원을 보호하고 그럼으로써 인류의 삶을 지속가능한 생활터전으로 이끌 새로운 행동규범이 만들어지지 않는다면 세계는 어떤 위기를 자초할지 모른다는 위기의식 속에서도 여전히 다소간의 불편을 감당하기가 어렵다.

(2) 다수의 행동 인식과 개인행동의 변화

개인의 행동은 다른 사람들이 어떤 행동양식을 선택하느냐에 영향을 받고 있다. 새로운 규범을 따르는 데는 용기가 필요할지 모른다. 개인이 새로운 규범을 따르게 되려면 다른 많은 사람들이 새로운 행동양식을 선택하는 것을 관찰하고 목격하게 될 경우에 용이해질 것이다.

가령 그린호텔이나 일반 호텔에서 어떤 용어를 사용하느냐 하는 것은 중요한 이슈가 될 수 있다. 지금까지 호텔에서 겪었던 여러 가지 체험들 중에는 좋은 서비스와 편리한 시설과 별로 부족함이 없이 사용할 수 있는 비누, 샴푸, 성냥, 등 룸 어미니티나 욕실의 물과 타월 등 품목들을 떠올릴 수가 있다. 아무도 이런 물건들을 아껴가면서 사용하는 불편을 겪기 보다는 고가의 시설사용에서 오는 풍요로움과 낭만을 체험하고 싶어한다. 그래서 호텔에서의 에너지 절약이나 물 절약은 고객에게 강요하기 어려운 대목이 되고 있다. 호텔이 높은 에너지 사용 건물 중 하나가 되고 있는 요인은 적어도 고객에 대한 서비스차원에서의 것으로 선량하게 해석될 수가 있다. 그러나 어떻게 이러한 호사를 누리던 고객들에게 절약을 할 수 있는 새로운 호텔생활의 규범을 행동 양식화할 수 있을 것인가에 대한 연구가 필요한 시점이다. 이미 이런 연구가 시작되긴 했지만 여전히 많은 어려움에 대한 대처방안은 파악되지 못하고 있다.

이 문제를 다루고 있는 한 연구에서 수건 재활용을 고객에게 권장하려는 시도를 한 미국 호텔에서 “수건을 재활용해 주세요”라는 문구보다 “대부분의 손님들이 수건을 재활용하고 있습니다”라는 문구를 적어 놓았을 때 더 많은 투숙객들이 수건을 재활용하는 결과를 보여주었다고 한다(Goldstein et al., 2008).

진정한 녹색생활 혁명을 위해서라면 소비자들의 새로운 행동규범을 이끌어 내기 위한 광고 라이터, 방송라이터, 신문이나 잡지사 기자 등에 의한 이와 유사한 사회적 선도노력이 일반 경향화 되어야 할 필요성이 강력히 제기되고 있다 하겠다.

### 2) 지역주도 및 중앙정부 차원의 노력

① 녹색경쟁력 확충을 위한 지원방안

② 재정지원 및 지원의 효율성 제고

③ 세제지원 확충방안

④ 녹색자금 조달 활성화

⑤ 공공조달의 확대와 인센티브제 활용(이상 표 10-10 참조)

⑥ 저탄소 녹색운동의 인적자원 양성과 활용

〈표 10-10〉 향후 실행계획(action plan)

| 구 분 | 추진과제 | 주관부처 | 일 정 |
|---|---|---|---|
| 재정투자확대 및 효율성 제고 | 녹색성장예산확대 | 재정부 | 계 속 |
| | 국가융합기술지도 마련 | 교과부 | 2010.7 |
| | 실증시설 및 시범. 보급확대 | 개정부(국토부, 지경부 등) | 계 속 |
| | 투자연계형. 구매조건부 기술개발 확대 | 재정부, 중기청 | 계 속 |
| | 녹색중소기업 고급인력지원확대 | 지경부, 재정부 | 2011 |
| | 사업화전문가 중소기업파견지원 | 지경부 | 2010. 7 |
| | 녹색공동연계프로그램(green bridge program) 추진방안 마련 | 녹색위, 재정부 | 2010. 9 |
| | 사업화 및 실적 추적평가체계 구축 | 각 부처 | 2010. 12 |
| | 예비타당성조사 평가시 녹색성장 기여도 반영 | 재정부 | 2010. 12 |
| 녹색 세제지원 확충 | 녹색산업 핵심원재료 기본관세율 인하 | 재정부 | 2010. 12 |
| | 신재생에너지 생산 및 이용기자재 관세 경감 대상품목 확대 | 재정부 | 2010. 12 |
| | 신성장동력. 원천기술 R & D 세액공제 | 재정부 | 2010. 7 |
| | 녹색기술을 외국인투자 조세 감면대상에 추가 | 재정부 | 2010. 12 |
| 녹색 자금조달 활성화 | 녹색금융 선도기관 육성 및 펀드확충 | 금융위(정책금융공사) | 2010. 8 |
| | 녹색 인센티브 강화방안 마련 | 지경부(관계부처 합동) | 2010. 7 |
| | 중소기업 녹색인증비용부담 경감 | 재정부(지경부, 환경부 등) | 2011 |
| | ESCO자금지원 확대 및 보증보험공채신설 | 재정부, 지경부 | 2011 |
| | 녹색금융 종합포털 구축 | 녹색위(지경부, 환경부, 중기청 등) | 2010. 12 |
| 공공조달 확대 | 정부발주공사참여시 녹색기업 유인요소 부여방안 마련 | 재정부 | 2010. 12 |
| | 공공조달참여시 녹색기업 우대 | 조달청 | 2010. 7 |
| | 우수 조달품목 심사기준마련 | 조달청 | 2010. 12 |
| | 공공기관 ESCO사업추진의무화 | 지식경제부, 총리실 | 2010. 12 |

자료원 : 녹색성장위원회, 제8차 관계부처 합동, 2010.

CHAPTER_11

# 우리나라의 호텔등급평가제도

## 제1절 호텔등급평가의 개요

### 1. 등급평가와 등급의 표시

#### 1) 호텔등급평가의 필요성

글로벌 호스피탈리티 산업에 있어서 사업체의 등급 결정과 외부적 표지판 부착은 세계의 숙박업에서 통용되는 오래된 관행과도 같은 것이다. 등급은 호텔의 시설의 규모, 다양성, 품질 및 선진성과 업계에 대한 기여가능성과 서비스에 대한 품질을 검사해서 이에 대해 점수를 부여하게 되는데 부여된 점수가 어떤 영역에 귀속되는가에 따라서 최고 등급에서 낮은 등급으로까지 호텔의 등급이 결정되게 된다. 세계통용의 등급과 관련해서 볼 때 호텔사업은 아주 오래 전부터 세계화가 진행된 산업영역이었음을 재확인할 수가 있다.

우리나라의 관광호텔은 신규호텔이나 기존호텔 모두가 호텔등급을 부여받아야만 비로소 영업을 할 수가 있다. 호텔의 각종 상품과 서비스도 이 등급에 따라 가격을 결정할 수가 있을 것이다. 호텔의 등급심사는 신규 투자된 호텔이 영업에 앞서서 등급을 결정되어야 하고 또 기존 호텔도 개보수 등을 거쳐 적극적으로 호텔등급 재조정을 희망하는 경우의 수시로 평가를 위한 신청서를 제출함으로써 심사를 받을 수가 있다. 그렇지 않으면 기존 호텔들은 일정기간을 두고 정기적으로 행해지는 정기 등급평가를 필함으로써 부여된 등급을 관광호텔의 정문에 무궁화의 개수와 색깔로 표시해야만 한다. 물론 항상 등급을 부여받을 수 있는 것은 아니며 경우에 따라서는 취소사유가 발생될 수도 있다. 합법적인 등급결정 신청은 거부할 수가 없고(호텔업등급결정기관 등록 및 등급결정에 관한 요령 제6조) 신청을 접수하게 되면 평가단을 구성하여 등급평가를 위한 조사를 실시하여야 한다. 평가결과 기존 등급을 유지하거나 상향 혹은 하향조정을 받게 되지만 신규호텔의 경우는 처음으로 등급을 평가받게 되는 것이다.

### 2) 평가등급을 표시하는 마크

세계적으로 등급을 표시하는 표지로는 별(star)이 널리 사용되고 있지만 우리나라에서는 무궁화 꽃으로 표시하고 있다. 기타 왕관(crown)이나 다이아몬드(diamond) 등이 호텔의 등급표지로 사용되기도 한다. 호텔등급에 대한 글로벌 관광객의 일반적인 이해증진이라는 취지에서 몇 번인가 산발적으로 무궁화 대신에 세계적으로 가장 널리 이용되고 인지도가 높은 별을 등급표지로 사용하는 방안에 대한 논의도 있었다.

세계적인 추세에 순응함으로써 세계 여행 대중에게 호텔등급에 대한 이해촉진과 용이한 호텔선정을 도와줄 수도 있다는 점에서는 긍정적으로 평가될만한 견해이다. 그러나 한국의 숙박산업에서는 이미 세계 유수의 외래 브랜드들이 도입됨으로써 국내외 브랜드를 막론한 호텔사들이 성공적으로 운영되고 있다. 그러므로 등급표지만 놓고 보았을 때 어떤 것이 국제적으로 가장 인지도가 높은가에 관계없이 호텔 브랜드별 시설 및 서비스 수준의 객관적인 비교가 가능해진 현대 호스피탈리티 산업계의 여건에서 표지사용이 그다지 심각한 문제가 되지는 않고 있다. 또한 전국 호텔의 표지판 교체에 수반되는 비용 면에서나 세계 숙박산업에서 한국이 점유하고 있는 포지션을 고려해 보면서 심사숙고해 볼 문제이다.

### 3) 초호화 호텔의 국내 상륙을 계기로 한 등급관련 논의

W호텔이 리츠칼튼 서울 호텔에 이어 초호화 호텔로 한국에서 처음 개관되던 시기에 초호화 호텔을 고급호텔과 차별화 시켜야 한다는 취지에서 등급표지용 무궁화 개수를 기존의 5개보다 많은 6~7개로 늘리는 방안의 타당성에 대한 논의제기도 일부 있었다. 사실 세계적으로 호텔브랜드가 급증하면서 등급 표시용 별의 수를 과거보다 늘리는 추세가 없는 것은 아니란 점에서는 이들 호텔에 대한 차별적인 표지사용의 발의가 이해될 수도 있다. 그러나 다른 한편에서 제기될 또 다른 문제소지를 고려할 때

경솔하게 판단할 일은 아니다.

WTO에서도 기초등급을 5개 등급으로 분류하여 제시하고 있다. 또 국내 브랜드의 초호화 호텔이 하나도 없고 무궁화 5개의 특1급 호텔만 있는 현재 여건에서 내국 브랜드의 고급호텔들을 모조리 외국 브랜드 호화 호텔 아래 등급으로만 공식화하는 것은 한국관광의 면모와 내국 호텔의 수준에 대한 국내외 내방객들의 품질지각에 미칠 영향을 고려할 때 시기상조라 하겠다.

우리나라 여행시장과 한국호텔이 세계적인 시장 선도력을 가졌다면 공격적인 전략 구사를 통한 초호화 호텔 브랜드 개발에도 도전해 볼만 하겠지만 현재 여건에서는 초호화 호텔의 국내외적인 상시적인 수요가 그리 크다고는 볼 수 없다. 더구나 세계 어디에서도 지배적인 초호화 호텔브랜드에 대한 미국의 영향력을 극복할 수 있는 지적, 경제적 및 경험 면에서의 환경과 역량이 조성되었느냐 하는 현실적인 문제에 대한 신중한 고려를 요한다.

그러나 우리나라의 호텔산업도 상당한 발전을 이루고 있으며 자본이나 인적자원 면에서 결코 뒤지지 않고 있다. 사계와 관광정책 당국은 산·관·학의 연계를 통하여 이런 문제를 포함해서 미래지향적이며 장·단기적인 산업의 좌표를 재정립해야 할 때이다.

### 4) 세계의 호텔등급 결정

세계관광기구(WTO : 전신은 International Union of Official Tourism Organizations임)는 1962년부터 세계적으로 인정되는(universally accepted) 호텔 등급평가 체계 구축 노력을 전개하기 시작했다.

이와 같이 세계적으로 널리 인정되는 호텔의 등급결정에 대한 필요성 제안은 또한 국제호텔협회(IHA : International Hotel Association)에서 발의한 바도 있었고, 일찍이 국가호텔 및 식당협회(HOTREC : National Hotel and Restaurant Associations Confederation) 유럽노조연합(European Union)에서는 등급구별 없이 시설을 표시하는 상징(symbols)을 사용함으로써 대안적인 제도를 고안해 사용하고 있었다. 1995년 100개의 분류체계가 운영되고 있었는데 대부분 WTO 모형에 기초한 것이었지만 지방의 여건에 적합한 것이 될 수 있도록 여건에 맞도록 되어 있었다. 이러한 등급분류의 제도들을 크게 구분하면 어떤 주체에 의해서 어떤 목적으로 등급평가가 이루어지는가의 측면에서 두 가지로 분류될 수가 있다.

(1) 공적 기관이나 부처에 의한 평가

흔히 관광관련 부처나 지역 관광국 등 정부기관이 수립한 표준에 의한 분류체계로 대개 사업등록이나 인허가를 위한 의무과정으로서 혹은 자발적인 발의에 따른 등급평가 과정으로서 호텔등급이 평가를 거쳐 분류되고 있다.

(2) 독립된 평가기관에 의한 평가

호텔은 호텔협회나 미국의 AAA(American Automobile Association) 등과 같은 교통관련 협회나 사업목적의 조직(Mobil, Michelin Travel Guides, etc.)들에 의해 시설 및 서비스를 검사 받거나 평가되기도 한다.

## 2. 호텔 등급분류의 목적

대부분의 여타산업에 대해서는 등급을 별도로 구별하고 있지는 않다. 다만 주로 규모 위주로 한 간단한 분류에 의해서 대기업 혹은 중소기업이나 소기업 등으로 나누고는 있다. 그러나 이것이 직접적으로 소비자들을 보호하기 위한 목적에 의한 분류는 아니다. 그러나 호텔은 수익발생 자산 혹은 그 자체가 상품이고 구매 전에 호텔의 시설과 서비스를 다른 회사의 것들과 비교하거나 체험할 기회도 주워지지 않는 가운데 구매의사를 결정해야 되는 특수성을 가진 사업체라서 분류는 소비자 보호지향적인 본래적 목적을 위해서 이루어지는 것이라고 보아야겠다.

반면에 호텔경영자의 입장에서도 자신이 소유하거나 운영하는 호텔의 모든 상품과 서비스 내용들을 일일이 여행대중에게 알릴 수 있는 기회가 비교적 적기 때문에 등급표시를 통하여 규모, 품질 등 상대적인 강약점을 투명하게 만들어 줄 어떤 매체나 방안이 긴요해지고 있다. 그러므로 이런 과정을 통하여 숙박산업 시장에서는 일종의 질서가 유지되고 상거래의 질서가 유지될 수 있도록 하는데도 공헌하는 제도이다.

호텔의 등급구분 관행은 다음과 같은 본래적인 목적에 기여할 수 있도록 개발되고 운영되는 소비자 보호를 위한 제도적 장치로서 개발되고 운영되어 오고 있다.

### 1) 호텔 상품과 서비스의 품질 표준화 목적

호스피탈리티 상품으로서의 호텔 숙박상품과 서비스를 매매하는 국제 관광시장에서 소비자와 사업자 모두를 위해서 제품과 서비스의 통일적인 품질표준화시스템의 수립은 현실적으로 불가하다. 대신에 일정기준에 의해 이러한 상품을 심사하고 평가하는 등급평가시스템을 개발하여 모든 호텔이 품질 표준화를 향하여 나갈 수 있도록 학습, 교육, 훈련시키고 그러한 노력을 합리적으로 평가하려는 목적에서 호텔 등급 분류의 필요성이 제기된다.

### 2) 동일 시장에서의 건전한 경쟁과 마케팅 목적

비교가능성의 가치는 동일 기반 위에서 제고될 수가 있다. 우선 국내적으로 통일적인 평가척도에 의해서 호텔의 등급을 평가하고 결정하게 되는데 등급심사 제도가 기여하게 된다. 또 나아가서는 국제적인 표준을 가지고 국제통일적인 방향으로 등급평가가 이루어져야 할 필요성과 타당성을 어느 정도 구비하고 있다고 할 수 있다.

호텔은 일찍부터 위탁경영이나 프랜차이즈 경영 등 형태에 의한 국제적 거래관계 혹은 글로벌 경영의 기치를 들어온 지가 오래된 긴 역사를 갖고 있다. 재무적 성과지향의 국제적 거래관계에서 성과를 보호하려면 상호간의 긴밀한 협력적 관계에도 불구하고 불가피하게 회계통제 중심의 경영관리통제 지향적인 구조로 운영되게 되어 있다. 이처럼 감시와 유사한 상호간의 견제체제에서 호텔상품과 서비스품질은 특히 계약관계 유지 여부를 결정하는데 활용될 통제요소로 활용될 수밖에 없다. 이런 과정에서 자연히 호텔사들 특히 프랜차이즈 가맹사나 선진 호텔사에 호텔경영을 위탁하고 있는 호텔사들은 시설과 서비스 품질을 국제적인 수준으로 끌어 올리지 않으면 불리한 여건에 처하게 될 수 있는 구조적 입장에 처하게 되어 있다. 이것이 협약을 체결한 호텔사 간의 로열티나 기타 용역수익 결정에 영향을 미칠 수 있는 여러 가지 요인들이 상존하기 때문이다. 또한 여행 소·도매업자들도 특정 시장에 대한 관광지의 판매촉진과 건전한 경쟁촉진에 있어서 품질 좋은 숙박상품을 일정에 넣어야 하는데 이를 입증하는 데는 호텔등급이 가장 중요하게 인용되게 된다. 별 몇 개짜리 호텔이나 무궁화 몇 개짜리 호텔에 투숙하게 되느냐 하는 문제는 여행상품의 내용이 고급인가 아닌가에 대한 결정적인 요소로 작용될 수가 있다. 동일 관광목적지 내에서 이용 가능한 호텔의 유형들과 범주들을 여행자들에게 조언해줄 경우에도 이해를 촉진해 줄 수 있는 객관적인 잣대가 바로 호텔의 등급이 되고 있다. 이런 목적들에 대해서도 호텔분류의 필요성은 제기된다.

### 3) 소비자 보호 목적

호텔을 등급으로 분류하는 제도는 소비자 보호차원에서의 특정 호텔이 어떤 수준의 시설과 서비스를 제공할 수 있는가를 국가적으로 혹은 특정 기관의 이름으로 보증하는 제도라고 볼 수가 있다. 분류된 호텔등급과 호텔유형이라면 반드시 제공되고 충족시킬 최저수준의 숙박시설과 부대시설 및 서비스 제공을 확인하려는 목적에서도 호텔의 등급이나 유형분류에 대한 필요성이 제기된다. 이것은 직접 호텔객실을 예약한 개별관광객이나 여행사를 통해서 예약한 단체관광객이나를 막론하고 관광사업 전체에 대한 품질관리 차원에서도 필요한 제도이다.

### 4) 다양한 잠재적인 수익창출 목적

라이센싱 계약, 호텔 가이드북 및 기타 호텔수익을 창출하기 위한 여러 가지 유사한 목적을 위해서도 호텔을 분류할 필요가 있다.

### 5) 산업 전체적인 지도목적과 수직적인 등급 분류 목적

산업 전반에 걸친 품질 지도 및 통제를 위한 제도정비를 위해서도 호텔은 분류될 필요가 있다. 이러한 필요성을 좀 더 세밀하게 보면 국가, 주 혹은 도, 시, 군 등 각급 행정 단위별로 제기된다. 특정지역 호텔 분류의 기본적인 목적은 실무적으로 지역의 관광시장에서 호텔업자와 여행업자의 사업성과와 이를 통한 지역 관광사업의 진흥에 도움을 줄 수 있는 제도로 정착시키려는데 두어지게 된다.

그러므로 호텔의 분류와 등급결정 영역과 내용은 기본적(본질적)으로 여행자가 정당하게 요구하는 것을 호텔경영자가 합당하게 제공함으로써 고객이 기꺼이 대가를 지불할 수 있도록 하는 양자 간의 수수내용이나 관계에 있어서 상호 균형을 타협점으로 추구해야 한다. 등급은 이런 범주 내에서 결정되어야 한다.

호텔등급평가를 위한 법적 제도적 정비가 필요한 배경은 숙박소비자들이 요구할 수 있는 내용과 사항들이 법규로서 분명히 공시될 수 있을 때 효력을 발휘할 수 있기 때문이다.

호텔사의 신청에 의해 수시적인 평가도 가능하지만 별도의 신청이 없을 경우에도 정기적인 평가과정을 통하여 호텔의 시설 및 서비스 성과를 재평가함으로써 등급에 반영할 수가 있다. 고객수요나 시장변화에 따른 대응책으로서 여러 가지 다양한 시설물과 서비스를 부가하거나 혁신했을 경우 관광산업 전반에 걸친 의무적 차원에서의 전략이나 혁신수행 혹은 그이상의 공격적인 공헌노력 등에 대한 정기적인 심사를 통하여 이를 평가하고 지도감독하려는 의도에서도 등급평가의 필요성은 제기되고 있다.

## 3. 등급분류의 장·단점과 호텔의 분류체계의 신뢰성

### 1) 호텔등급 분류의 이점과 고려를 요하는 요소

숙박시설의 등급을 분류하게 되면 많은 이점을 수혜할 수가 있다. 인정된 등급의 일반 공개나 통계관련 자료의 출판은 사업 활동을 위해서 ① 직접적인 호텔매출 증진의 경로로 활용될 수가 있고, ② 시설에 대한 안내, ③ 기대수준을 담보하는 시설표준의 이행에 대한 공표 등 효과를 초래하게 된다. 이러한 효과를 통하여 사업자들은 호텔시설의 표준수립을 촉진시키고 호텔품질 개선과 호텔입지 지역에서의 신뢰성 이미지 구축을 통한 기여도라는 측면에서도 성과를 기대하게 해주는 것이다.

그러나 기업공개가 이루어진 대규모 호텔사에서는 시스템에 도입될 변화와 시스템의 변경 등에 수반된 어려움이 제기될 수 있다. 또 전통적인 건축과 시설양식이 현저할 경우 이를 보존하기 위한 목적 등으로 여건에 따라서는 기존의 여건에 대한 제도도입이 약간 수정 보완되거나 보상적 차원의 형태로만 가능할 수도 있다.

이런 요소들에 대한 심사와 평가는 일정한 평가체계에 의해서 공정하고 객관적으로 이루어지기 때문에 꽃이나 별 등 일정한 상징물의 숫자로 표시될 등급분류의 결과는 일관성과 신뢰성을 유지할 수 있어야 한다. 그래서 누구나가 호텔의 외부에서 등급표지만을 보고도 해당 호텔의 상품과 서비스 품질수준을 알 수 있고 호텔운영자나 고객 모두가 등급평가에 따른 분류결과를 안심하고 신뢰할 수 있을 때 제도는 성공적이라는 평가를 득하게 된다.

### 2) 신뢰성 있는 호텔의 분류체계

호텔의 어떤 분류체계도 원래 목적을 능률적으로 달성하는데 기여하려면 여러 가지 요소들을 포괄할 수 있어야 한다. 분류는 대부분 제도적 목적에서 이루어지기 때문에 우리나라에서는 법규로 규정. 분류되고 있으며 법규에 나타난 내용들은 최저 수준의 요건으로 해석되어야 한다.

호텔의 분류는 대체로 시설의 규모, 본시설이나 컨벤션 시설 등 부대시설의 종류와 품질수준, 조직 및 종업원, 가격체계(대부분 분류결과로 적용된다고 할 수도 있음), 편리성과 쾌적성 및 호화성, 식음료시설의 종류와 규모 및 식음료의 품질수준, 그리고 다양한 서비스의 품질, 및 관련 영역들에 근거를 두고 이루어진다.

(1) 호텔등급 평가에 고려되는 평가 요소

① 지역의 기반시설 여건 : 특히 개도국 같은 경우에는 물 공급, 위생, 타일의 상태나 등급에 대한 규정이 절실하다.

② 전반적인 품질 여건 : 평가에 있어서 비록 어떤 요소들(amenities)이 결여되어 있어도 어떤 사업체의 역사성, 입지성 등 특성면에서 우월한 특성을 갖고 있다면 이를 평가에 반영하기도 한다.

③ 사실적인 기준 여건 : 평가체계는 면직, 시설, 각종 amenities설비, 제공되는 서비스 면에서 유형적 요소에 대한 고려를 해야 한다. 직무수행이나 개인적인 서비스의 품질 등 질적인 요소들도 주관적인 평가변수가 될 수 있다.

④ 입지 및 시장 여건 : 도심호텔과 리조트 호텔의 수요형태가 다를 수 있다. 이런 경우 사용자 중심으로 된 별도의 평가기준을 적용할 수도 있다.

⑤ 영선 유지의 상태 : 역사적으로 호텔의 품질은 상당부분 청결성에 의존한다. 이 요소는 안전성이나 편리성과는 별개의 평가사항이므로 평가과정에서 어려운 평가요소가 될 소지가 크다(Lawson, 2004).

(2) 일반적인 평가 특성

① 안락한 시설을 확인하기 위한 기본시설과 설비요소들의 측면에서 호텔의 등급을 결정한다. 식사 서비스는 제한되는 경우와 그렇지 않은 경우가 있다. 소규모 개인 호텔들이라도 평가에 참여할 수도 있지만 우리나라에서는 관광호텔만을 제도적인 평가 대상에 포함시키고 있다.

② 고급호텔이거나 버젯 개념의 저렴한 호텔들이던 비교적 높은 품질의 숙박시설과 시설 들을 갖출 수가 있고 이런 호텔은 안락함(comfort)과 설비를 더하게 된다.

③ 대부분 일습의 욕실설비를 갖춘 넓은 공간에 배치된 매우 잘 설비된(ensuite) 안

락한 숙박시설은 각종 amenities설비의 다양성은 물론이고 식사에 필요한 완벽한 설비들을 갖추고 있다.

④ 시설이 잘되고 고급 가구로 안락함을 주도록 설비된 고급 호텔에서는 고객이나 내방객들에게 다양한 서비스와 설비들(amenities)을 제공해준다.

⑤ 호화 호텔은 월등히 우수한 최고급 품질의 숙박시설과 가구 및 설비를 제공하는 호텔로서 완벽한 서비스와 광범위한 온갖 설비들(extensive amenities)을 집중적으로 제공하고 있다.

## 4. 등급심사의 관계 법령

호텔의 등급심사제도의 근거법령은 「관광진흥법」과 「관광진흥법 시행규칙」이다. 즉 「관광진흥법 시행령」 제66조 제2항 및 「관광진흥법 시행규칙」 제25조 제3항의 규정에 의거한 것이다. 또한 문화체육관광부고시 제 2009-16호(2009. 4. 20)로 호텔업 등급결정기관의 등록과 등급결정기준 및 그 절차 등에 관한 세부적인 사항을 요령으로 고시하고 있다. 호텔업의 등급 결정이 합리적이며 효율적으로 이루어지도록 하기 위한 목적에서이다.

우리나라에서 호텔업의 등급심사를 관리하는 호텔업 등급결정기관으로는 한국관광협회와 한국호텔업 협회가 있는데 신청을 통하여 문화체육관광부에 등록함으로써 업무를 관장할 수 있는 등급결정기관이 되고, 또 등록관청의 지도·감독을 받도록 되어 있다(문화체육관광부 고시 제2009-16호 제3조, 제22조, 제23조).

## 5. 등급평가신청서와 부속서류의 제출

신규 호텔 혹은 기존 호텔에 대한 호텔등급심사 사유가 발생한 호텔법인이 신청하여 관계규정에 의거하여 호텔업의 등급결정 업무를 수행하고자 하는 경우에는 사업체는 일정서식으로 된 신청서와 첨부서류를 시장, 군수, 구청장 등 등록관청을 통하여 문화체육관광부장관에게 제출해야 한다.

별지 제4호 서식(표 호텔업 등급결정 신청서 참조)에 의한 일정서식의 '호텔업등급결정신청서'는 ① 호텔시설 현황, ② 호텔업에 의한 자율평가 결과, ③ 증빙자료가 첨부된 호텔시설 개보수 현황 등을 첨부서류로 첨부하여 제출해야 한다.

여기서 자율평가란 등급평가를 신청한 호텔업이 자체적으로 등급평가표와 동일한 양식에 의해서 세부 평가영역별 기준에 의한 모든 평가영역에 대한 평가를 거쳐 자체 평가한 점수를 기입하고 해당등급을 평가하는 것을 말한다(표 11-1 참조).

### 6. 등급평가 업무 수행

등급결정기관이 제5조 제1항의 규정에 의한 등급결정신청서를 접수시키면 등급평가 담당기관(주로 한국관광협회 혹은 한국호텔업협회에서)은 평가단을 구성하여 등급평가를 위한 조사를 실시해야 한다(고시 제8조).

평가단은 일정한 과정을 거쳐 위촉되며 이 과정의 업무는 주로 등급평가관리기관에서 담당하게 된다. 평가업무를 위한 호텔에서의 실사과정에서 평가단은 평가와 관련해서 필요한 자료제출을 사업자에게 요구할 수 있고 사업자는 이에 협력해야 한다. 물론 제출된 일체의 자료와 서류들은 평가목적에 한해서 사용할 수가 있고 이에 대한 기밀유지는 보장되고 있다.

현행 호텔등급심사는 이 조사과정이 얼마나 사실에 충실하게 이루어지는가의 여부가 곧 등급평가의 질적 수준을 결정하도록 되어 있다고 할 정도이다. 등급평가는 이장의 후미에 소개될 등급평가기준에 따라서 이루어지며 평가결과는 점수로 채점되도록 되어 있다. 각 평가영역은 모두 중요하지만 점수의 비중과 평가업무량 면에서 절대적인 비중을 호텔영업에 두고 있음을 알 수가 있다.

## 제2절 WTO의 호텔시설 표준

### 1. 세계 호텔의 시설기준과 상품수준의 통일성을 지향한 노력

세계관광기구(WTO : world tourism organization)에서 세계 관광객들의 권익을 보호하기 위해서 그리고 평화와 여가를 통하여 인류가 지속가능한 재생산력의 유지와 품질 높은 삶을 영위할 수 있는 관광의 본래적인 목적을 능률적으로 달성할 관광산업의 발전 기반 구축을 위해서 여러 가지 활동들을 전개해 오고 있다. 이런 노력의 일환으로 관광객들 혹은 호텔 투숙객들이 세계 어느 지역이나 국가에 소재한 호텔을 이용하더라고 일정 수준의 시설과 서비스를 수혜할 수 있는 관광시설의 국제적 통일성을 위해서 필요한 최저수준의 호텔시설 기준을 발표하고 있다.

〈표 11-1〉 호텔업의 등급평가를 위한 별지 제4호 서식

<table>
<tr><td colspan="5">호텔업등급결정신청서</td></tr>
<tr><td rowspan="2">신청인</td><td>사업자(대표자)명</td><td></td><td>주민등록번호<br>(대표자)</td><td></td></tr>
<tr><td>주 소</td><td colspan="3"></td></tr>
<tr><td rowspan="4">호텔현황</td><td>상호 또는 명칭</td><td></td><td>최초등록일</td><td></td></tr>
<tr><td>영업장 소재지</td><td colspan="3"></td></tr>
<tr><td>현 재 등 급</td><td></td><td>현 등급결정일</td><td></td></tr>
<tr><td>희 망 등 급</td><td colspan="3"></td></tr>
<tr><td colspan="2">신 청 사 유</td><td colspan="3"></td></tr>
<tr><td colspan="5">관광진흥법시행규칙 제25조제1항 및 호텔업등급결정기관등록 및등급결정에관한요령 제5조의 규정에 의하여 위와 같이 호텔업의 등급결정을 신청합니다.<br><br>년 월 일<br>신청인: (서명 또는 인)<br>귀 하</td></tr>
<tr><td colspan="4" rowspan="2">〈구비서류〉<br>1. 호텔업시설의 현황<br>2. 호텔업세부등급평가기준에 의한 자율평가결과<br>3. 호텔업시설에 대한 개·보수 현황(해당자에 한함)</td><td>수수료</td></tr>
<tr><td>30,000원+매실당 500원</td></tr>
</table>

호텔이라고 하는 건물과 시설들이 어떤 조건들을 갖추어야 될지에 대한 지도, 안내 및 통제를 위한 표준을 수립함으로써 이를 통하여 관광편의와 안전 및 소비자들에 대한 공정성 도모를 목표로 하고 있다.

이런 호텔의 최저 시설표준(minimum hotel standards)은 별 1개짜리부터 별 5개에 이르는 총 5등급별로 표시되어 있는데, 호텔영업을 위해서 갖추어야 할 최소한의 시설내용에 대한 정보를 제공해 줌으로써 산업을 선도하려 하고 있다. 이 시설 기준을 제시하는데 사용된 5개의 호텔등급은 또한 세계호텔의 등급수에 대한 표준을 시사해 주는 것이다.

이 기준이 대체로 시설과 설비 및 서비스 측면에서 호텔을 기본적으로 5등급으로 구분하고 있다는 근거를 제시해 주는 것이라고 보아도 가할 것이다. 우리나라 여건에서는 고급호텔이 건립될 때마다 거세게 제기되었던 별이나 무궁화 개수의 상향조정에 대한 논의를 상기할 때 여기서 시사되는 바가 크다고 하겠다.

여기서 제시된 기준은 최소한의 시설요건을 나타내 주는 것이기 때문에 각 등급별로 최고의 더 좋은 시설 및 쾌적한 서비스를 위해서는 이러한 기본 수준의 시설에 더 편리하거나 호화로운 시설요건들을 부가하거나 강화하게 될 것이다.

이 기준이 제시하는 내용들을 분류해 보면 건물과 시설관련 요건, 내부적인 시설 및 서비스 요건, 호텔이 제공해야 할 기본적인 서비스의 내용 규율에 관련된 것, 식음료와 관련된 필요성의 충족을 위한 기본조건, 오락적이고 여가적인 시설요건, 자연식생 관련 요건 등으로 이루어져 있다.

## 2. WTO에서 제시한 시설 내용의 분류

세계관광기구(WTO)에서 제시하는 시설 기준이 보여주는 내용들은 크게 두 가지로 대별되고 있다. 하나는 물리적인 시설요건(physical requirements)이고, 다른 하나는 식음료, 여가 및 오락시설(food and beverage, leisure, and recreational facilities)인데 여기에 속한 상세한 내역을 보면 다음과 같다.

시설의 규모, 건물에 두어야 할 입구, 계단, 건축, 가구의 설치와 시설, 비상전력공급, 냉난방시설, 객실수용력에 부합되는 승강기 시설, 서비스용 승강기 시설, 객실 내 커뮤니케이션 설비, 공중전화기, 침실 설비의 규격과 객실의 형태별 요건, 린넨 및 타월, 객실청소, 저장, 의자나 손걸이 의자 등 좌석설비, 나이트 테이블 등 탁자, 조명시설, 러그나 카펫 등 공간용 양탄자, TV 등 객실 내 오락시설, 기타 객실설비, 방음시설, 욕실 규모, 표준설비 등 시설과 가능한 시설내용 규정, 공용욕실, 공용면적, 공용 화장실, 복도, 리셉션 영역의 시설기준, 주차시설, 정원이나 테라스의 식물 등 녹색면적(green area) 기준, 라운지, 조반 서비스, 룸서비스, 식당, 주장, 회의시설, 체크룸(cloak-room), 음악 등 필요한 영역에서의 entertainment 시설, 사우나나 수영장 및 헬스클럽 등 여가시설, 이·미용시설, 주야간 리셉션 서비스, 의료 서비스, 귀중품 보관 서비스, 세탁서비스, 우편서비스, 지도나 안내 및 콜 택시 등 관광객을 위한 여행 서비스, 소매점포를 통한 서비스, 언어서비스, 건물, 면적, 시설, 가구 및 집기의 청결성, 안전성 및 상태 유지관련 조건 등(Lawson, 2004)으로 이루어져 있다(표 11-2 참조).

〈표 11-2〉 WTO 제시 최저 수준의 시설내역

*Table 1.1* WTO minimum hotel standards

| | *1 star* | *2 star* | *3 star* | *4 star* | *5 star* |
|---|---|---|---|---|---|
| *Physical requirements* | | | | | |
| Size | Minimum of 10 letting bedrooms | | | | |
| Entrance | The hotel must have its own independent entrance | | Hotel restaurants must have their own external as well as internal entrances. Separate service entrance | | |
| Staircases | To comply with legal requirements ➜ | | Separate service staircase | | |
| Construction | Architecture, design, furniture and decoration should reflect the local style with the degree of sophistication increasing with category ➜ | | | | |
| Furniture, fittings and equipment | Moderate cost construction, simple, durable equipment and furniture of standard design | | Medium cost construction materials and fittings. Custom made furniture | High cost construction and fittings. Custom made equipment and furniture | Top cost construction, fittings, equipment and furniture. Individualized decor |
| Emergency power supply | Emergency light sources | | Stand by generator to supply basic lighting and power up to 24 hrs | Stand by generator to supply energy for lighting, lifts, water treatment, cooking and refrigeration, and heating | |
| Heating and cooling | Heating or fan cooling when necessary | + central heating and comfort cooling seasonally available | + individual heat control in bedrooms. Temperature maintained between 18 and 25°C | + individual air conditioning control in all rooms. High quality equipment with very low noise emission | |
| Lift(s) available to match room capacity | Where more than three upper floors | When more than two upper floors | | When more than one upper floor | |
| Service lift | | | | Separate from main guest lift | |
| In room communication | Call bell<br>One externally connected telephone per floor | Internal only telephone. Telephone available on request | Telephone connected through hotel switchboard | Direct dial telephone to other rooms and for national calls | Direct dial telephones for national and international calls. Telephone in bathroom |

*Table 1.1* WTO minimum hotel standards *(continued)*

| | *1 star* | *2 star* | *3 star* | *4 star* | *5 star* |
|---|---|---|---|---|---|
| Public telephones | Telephone available through reception | Telephone booth in the lobby | | Soundproof booth in lobby with national and international connections | |
| | | | Telephone available near all public rooms | | |
| *Bedrooms* | | | | | |
| Size | Adequate for free movement, comfort and safety. Minimum area in square metres (excluding bathroom and lobby): | | | | |
| Single | 8 | 8 | 10 | 12 | 13 |
| Double | 10 | 10 | 12 | 14 | 16 |
| Triple | 12 | 12 | 14 | 16 | 19 |
| Suites | | | | Some suites available or connecting rooms to make temporary suites | Independent suites of various types and connecting rooms |
| Single bed minimum size | 1900 mm x 800mm | | | 2000 mm x 800mm | |
| Linen/towels | Bed linen changed with each new occupant. Towels changed with each new occupant and daily ➜ | | | | |
| | Bed linen changed twice a week | | Bed linen changed daily | | |
| Room cleaning | Daily ➜ | | | Additional room cleaning on request up to 12.00 pm | 24 hour additional room cleaning |
| Storage | Closet or wardrobe with hangers plus shelves or chest of drawers. Increasing in sophistication ➜ | | | | |
| Seating | Minimum of one chair per person | | Minimum of one armchair per person | | |
| Tables | One bedside table per guest ➜ | | | | |
| | | Table in room | Writing/dressing table | Writing/dressing table with drawers | |
| Lighting | Natural light through windows during the day. Artificial light at night adequate for reading. Ceiling light with switches at entrance and bedside. One bedside lamp per person ➜ | | | | |
| | | | Reading lamp at armchair/writing table | | |
| Floor covering | Suitably tiled or covered floors with bedside rugs or carpets where appropriate | | | Wall to wall carpets or high quality flooring and floor coverings | |
| In-room entertainment | | | Radio central music system controlled by the guest | | |
| | | | TV available | Colour TV | Colour TV with video channel |
| Other room facilities | Window coverings to provide privacy and exclude light ➜ | | | High quality furnishings | |
| | Waste basket. Ashtray (if not non-smoking room). At least one waterglass per person. | | | | |
| | Written information on hotel services and procedures provided in one other language. | | Written information on hotel services and procedures provided in two other languages. | | |
| | Do-not-disturb sign | Fire safety instructions | Local regulations may require display of tariff ➜ | | |
| | | Luggage rack | | | |
| | | Mirror other than in bathroom or at washbasin. | | | Plus full length mirror |
| | | | Stationery | | |
| | | | | Mini fridge/mini bar | |
| Soundproofing | Tolerable for day and night stay | | Good to tolerable | High standard soundproofing | |
| Door | Lockable with individual keys or other means. Easily identifiable from outside. Internal security fastening ➜ | | | | |
| *Bathrooms* | | | | | |
| Availability | Wash-basin with mirror, light, shelf, towels, soap and electric socket marked with voltage | + at least 25% of rooms with private bathrooms | All rooms have private bathrooms | | Spacious bathrooms Separate toilet |
| Size | Adequate for free, comfortable and safe movement ➜ | | | | |
| Standard facilities | Natural or induced ventilation providing at least 3 air changes/hr ➜ | | | | |
| | Hot and cold running water. Colour coded. Thermostatically controlled ➜ | | | | Chilled drinking water |
| | Wash-basin with mirror, light, shelf, towels, soap and electric socket marked with voltage ➜ | | | | |
| | Water closet with toilet paper. Waste bin ➜ | | | | |
| | Shower cabinet or bath with showerhead and curtain or screen | | | Bath with shower-head minimum 1600mm long | Bath with showerhead minimum 1600mm long. Separate shower cubicle |
| | Minimum of one hand and one bath towel per guest ➜ | | | | |
| | | | Bath mats | | |
| | | | Shampoo provided | | Shampoo and other toiletries provided |
| | | | | Cabinet for personal effects | |
| | | | | | Hairdryer, telephone |

*Table 1.1* WTO minimum hotel standards *(continued)*

| | *1 star* | *2 star* | *3 star* | *4 star* | *5 star* |
|---|---|---|---|---|---|
| Shared bathrooms (minimum) | One bathroom per five bedrooms sharing<br>Two on each floor (one for each sex)<br>Equipped with shower cubicle or bath tub, washbasin, mirror, wc (unless separate) and standard facilities | | | | |
| Shared water closets (minimum) | One wc per five bedrooms sharing<br>Two on each floor (one for each sex)<br>with washbasins and standard facilities | | | | |
| *Public areas* | | | | | |
| Public toilets | Separate for each sex. Normally each should have a minimum of two water closets with toilet paper, washbasins with hot and cold running water, mirror, soap, towels or hand drier and waste bin. Separate cubicle for the disabled equipped with appropriate fittings. Suitably sited near public areas with interiors screened from view. Ventilation with at least 3 air changes/hr | | | | |
| Corridors | Well lit 24 hours a day by natural and/or artificial light. Adequately ventilated. Free from obstacles or hazards. Suitably signposted with emergency exits clearly indicated | | Carpets, wall to wall carpeting or special floor finishes | | |
| Reception area | Seating and appropriate furniture commensurate to hotel capacity. Well lit. | | Coffee and/or writing tables. Carpets, wall to wall carpeting or special floor finishes. Plants. Music/PA system. | | |
| Parking | Free access by car. Some reserved parking space | | Parking space reserved for average number of car-using guests | Exclusive parking or garage to accommodate all hotel guests and casual visitors. 24 hr security | As four star plus basic care servicing available |
| Green area | | | | Some garden area or terrace with plants | Green area for guest use such as terrace with plants, roof garden, patio or adjoining gardens |
| Food and beverage, leisure and recreation facilities | | | | | |
| Lounge | Area with lounge seating, music and/or television services. May also be used for breakfast and reception of guests | Lounge area or sitting room with music and television services, newspapers and/or magazines | Lounge area or sitting room as before seating at least one-third of hotel bed capacity in combination with reception area | Choice of lounge(s) or sitting room(s) as before, plus service of drinks and refreshments | Choice of lounge(s) or sitting room(s) as before with 24 hour lounge service |
| Breakfast | As above or by service to rooms | Provided in hotel or facilities in immediate proximity | Restaurant(s) provided within hotel with adequate seating capacity for breakfast and other meals<br>Breakfast served 7.00 am to 10.00 am | | 7.00 am to 11.00 am |
| Room service | The option of self-catering facilities may be provided →<br>Breakfast served in rooms where no breakfast area available | | Limited room service may be offered | Breakfast service including newspaper. 24 hour beverage and light meal service | 24 hour full meal and beverage services |
| Restaurant | | Restaurant or cafeteria where meals are served at lunchtime and evening or in immediate proximity to appropriate independent facilities | Restaurant or coffee shop where meals are served at lunchtime and evening. Seating not less than half of hotel bed capacity | Main restaurant or choice of restaurants serving a variety of meals<br>Private dining or function rooms available.<br>Total seating not less than hotel bed capacity<br>High quality food and beverage services | Highest standards of cuisine and services |
| Bar | | | Separate bar | Separate bar(s) and cocktail lounge | |
| Conference facilities | | | | Meeting and conference rooms with appropriate conference facilities | |
| Cloakroom | | | Cloakroom and toilets near public rooms | | |
| Entertainment | | | | Music and public address system<br>Night club, dancing area or discotheque available in hotel or near proximity | |
| Recreation | | | | Sauna or swimming pool or health club or a combination | Sauna, gymnasium/health club, swimming pool/jetpool |

*Table 1.1* WTO minimum hotel standards *(continued)*

| | *1 star* | *2 star* | *3 star* | *4 star* | *5 star* |
|---|---|---|---|---|---|
| Hairdresser | | | | Hairdresser/beauty studio | |
| *Services* | | | | | |
| Reception services | Reception desk manned throughout the day. Night bell | | Permanent reception service. 24 hour check-in | | |
| | Guest luggage handling on request. | | | Hall porters, luggage handling and doorman | |
| | | | Paging service/public address system | | |
| Medical services | Emergency medical/first aid service ➜ | | | | |
| | | | | First aid room | |
| Cashiers services | Safety deposit ➜ | | | | Individual safety deposit boxes |
| | | Credit cards accepted | | | |
| | | | Currency exchange service | 24 hour currency exchange service | |
| Laundry services | Laundry only | Laundry and dry cleaning | | Express laundry including washing, ironing and dry cleaning | |
| Postal services | Service to include mail delivery and dispatch and sale of postage stamps and stationery ➜ | | | | |
| | | | Dispatch of telex or telefax | Dispatch and receipt of, telex and telefax | |
| Tourist and travel services | Local maps available on request | Tourist information available at reception. | Tourist information service at reception | Travel agency/tourism service (tourist information, excursions, guiding, insurance, etc.) | |
| | | Booking tickets for local entertainment and cultural events | | Ticketing and booking service for transport, hotels, entertainment and cultural events | |
| Tourist and travel services | Taxi on call | | | Taxi service | Taxi and rent-a-car service |
| | | | | Hotel minibus available if isolated location | Free hotel vehicle if isolated location |
| Retail services | | | Sale of newspapers, books, postcards, tobacco and photographic supplies | | |
| | | | | Sale of cosmetics and souvenirs | Sale of cosmetics, souvenirs and flowers |
| Language services | Adequate knowledge by reception staff of one key international language | | Working knowledge of two key international languages by customer contact staff | Good knowledge of two key international languages by customer contact staff | Good knowledge of two key international languages by management positions and very good knowledge of three such languages by customer contact staff |
| *Conditions* | Buildings, grounds, equipment, fittings and furniture maintained in clean, safe and sound condition, in good working order and free from defects which could impair use ➜ | | | | |
| | Public and guest areas cleaned at least daily, maintained in good decorative order and provided with clean furnishings in good sound condition. Attention given to defects with minimum of delay | | | Exceptionally clean and in excellent decorative order and condition. Rapid response to any matter requiring attention | |
| | Full compliance with legal and licensing standards in respect of fire, means of escape and other safety precautions, hygiene, conditions for places of work and habitation, hotel insurance and other stipulated requirements ➜ | | | | |

*Notes*

➜ General requirements which apply to all hotels
Column requirements apply to hotels of the grade indicated and above

# 제3절 우리나라 등급평가제도의 교육적 측면

## 1. 자율성의 존중과 학습효과에 대한 기대

### 1) 자율성을 평가기조로 존중하는 심사제도

여기서 주목할 사항은 호텔등급결정 신청서의 첨부자료로 제출하도록 되어 있는 '호텔자율 평가' 조항인데, 이것은 평가에 대해 호텔법인에게 상당부분의 자율권을 보장해 주는 조항이다. 실제로 등급평가 위원에 의한 등급평가는 사업자가 제출한 자율평가 결과와 증빙자료를 참고하여 현지조사를 실시한 결과라고 할 수가 있다. 이 때 사업체가 성실하게 준비된 시설과 서비스를 기초로 해서 정직하게 평가를 수행한 경우라면 등급평가 결과는 그들이 실시한 자체평가와 대동소이하게 나타날 것이다. 기업이 예측하면서 기대하고 준비한 수준의 점수를 부여받아 그들의 계획대로 등급결정이 이루어질 소지가 크다. 그만큼 자체적인 등급평가 능력을 신장함으로써 호텔경영의 노하우를 증진시키는데 기여할 가능성을 열어둔 평가제도라 하겠다.

### 2) 역량강화의 학습효과를 목표로 하는 심사제도

호텔사업자는 등급평가를 위한 준비과정과 평가수행 과정을 통해서 자체적으로 호텔의 시설과 서비스를 어떻게 준비하고 관리해야 하는가에 대한 방법을 터득하고 미래의 방향을 시사받을 수가 있게 된다.

이상과 같은 점에서 우리나라의 호텔등급 평가제도는 교육적 및 학습적인 측면에 강력한 의지를 두고 있는 평가체계라 할 수 있다. 그러나 아쉬운 점이 있다면 자체평가와 실제평가의 차이발생에 대한 아무런 관리조치가 개발되어 있지 않기 때문에 호텔사업자들이 자체평점을 확대함으로써 평가자들이 편견을 갖도록 만들 소지도 적지 않다는 점에서는 이 제도가 안고 있는 취약점이 될 수도 있다. 촉박한 시간 속에서 이루어지는 평가실무에서 경우에 따라서는 평가요원들이 호텔자체 평점에 대한 의존도를 완전히 배제하기 어려울 수도 있기 때문이다.

### 2. 교육적 목적의 등급평가제도에 요구되는 질적 측면

#### 1) 등급평가제도의 교육적 효과기대

교육적 효과란 등급평가제도와 평가항목이 그만큼 글로벌 사회의 트렌드와 경영의 노하우를 잘 반영하는 내용으로 이루어져 있다는 것을 전제로 달성될 수 있는 성과이다. 이런 전제가 준행되지 못하는 환경에서의 등급평가 기준이라면 오히려 이를 기준으로 해서 관리하게 될 호텔의 시설과 서비스를 후퇴시키는 결과를 초래할 수도 있다.

#### 2) 등급평가제도의 기본적인 질적 요건

이론적으로나 실제적으로 부족함이 없는 등급평가제도가 확립되기 위해서는 기본적으로 질적 요건을 갖춘 제도로서 확립될 수 있어야 한다. 이러한 질적 요구를 다시 세분해 보면 제도나 평가척도 자체의 질적 측면과 이를 담당하는 평가자의 자질 측면으로 나누어서 고려해 볼 수가 있다.

평가척도에 대한 적합성에 대해서는 비교적 관심을 갖고 연구해 온 만큼 비교적 논의와 여구개발에 대한 사회적 및 숙박업 커뮤니티에서 합의된 사항이라고 볼 수 있다. 그러나 평가를 담당하는 인적자원의 측면에 대한 연구나 논의는 별무해 왔다. 아무리 훌륭한 평가체계를 갖추고 있다고 해도 이를 실제로 운용하는 것은 평가자들이기 때문에 이를 다루는 인적자원의 자세와 지식과 경험 여하에 따라서 평가의 성과는 크게 달라질 수 있다는 측면을 크게 간과해 오고 있는 실정이다. 이것은 기초적인 인적자원 관리의 필요성이나 중요성 논의와도 같은 지극히 초보적 단계의 문제이다.

평가는 이해집단에 대한 공정성과 이론적 타당성을 갖는 전문적인 과정으로서 수행될 수 있도록 하여야 하기 때문에 평가방법과 이론에 대한 전문적인 지식과 경험을 가진 평가자들에 의해서 수행될 수 있도록 관리되어야 한다. 평가자의 평가역량 평가와 관련해서 지금껏 고려해왔던 바, 현재 수행하는 직무배경의 검토에서 진일보해서 그들의 학문적 배경을 기초로 고려하는 방안 적용도 권장될 만하다.

## 제4절 호텔등급평가 및 제도의 선진화 방향

국경을 초월한 무한경쟁의 글로벌시대 경영환경에서 성공한 기업이 공통적으로 갖고 있는 특징은 무엇일까? 초경쟁 시대에 조직의 경쟁력을 좌우하는 핵심요인은 속도, 유연성, 통합, 혁신성이다(정재훈, 2007).

선진화를 향한 등급평가제도 개선의 요지는 이 제도가 요구하는 시대적 속성들을 흡수함으로써 어떤 변화에 대해서도 유연성 있게 대처할 수 있는 능력을 획기적으로 제고하려는데 목표를 두는 것이라고 하겠다. 이것은 또한 현행 호텔등급평가제도의 개선에 대한 방향을 제시해 줄 것이다.

## 1. 등급평가제도에서 고려할 요인들

### 1) 평가영역의 적정성

평가영역은 필요하고 충분한 내용으로 이루어져 있는가? 너무 적거나 너무 많지 않은가? 세계적 조류나 현재의 경제적 여건을 감안한 평가영역들로 구성되어 있는가? 혹시 신설, 강화, 독립시켜야 할 평가영역은 없는가?

### 2) 평가항목의 적정성

평가항목이 그 영역의 평가에 필요한 내용들을 충분히 반영하고 있는가? 평가항목별 내용들이 균형 있는 비중으로 편성되어 있는가? 혹 그중 교체, 파기, 추가해야 할 항목이나 혹은 부분적으로 수정할 필요성이 제기된 내용은 없는가? 향후 더욱 진흥과 발전을 촉진하기 위한 대상사업영역인 경우 이를 위해서 어떻게 등급평가에 이를 반영할 것인가?

### 3) 영역별 및 평가비중 결정

호텔등급 평가기준이 아무리 좋은 내용으로 구성되어 있다고 해도 각 영역별 및 항목별로 적정한 비중으로 이루어진 배점이 잘되어 있지 않다면 오히려 바람직하지 않은 결과를 초래할지도 모른다. 그렇기 때문에 이 문제는 평가체계의 선진화를 지향한 개정노력에는 물론이고 시행과정을 거쳐 시행착오적인 발전여지가 있는지에 대한 지속적인 사후점검이 요구되는 측면이다.

### 4) 평가제도의 국제적 인증

우리나라의 숙박업이 세계 산업 속에 어떤 위치를 점하는지를 알고 글로벌 시각에서 신뢰성 있는 등급결정이 되도록 해야 한다. 인바운드 관광객이 특정 등급의 호텔에 투숙한 결과 등급에 부합되는 서비스에 만족하는지를 조사해 볼 필요가 있다.

호텔은 수많은 고객들을 상대하는 소매업이므로 좋던 나쁘던 소문이 세계적으로 급속히 확산되는 불리한 특성을 가지고 영업하는 곳이다. 서비스에 대한 불만은 해당 고객의 재방문 기대를 접는 것으로 끝나지 않고 지속적으로 호텔이미지에 영향을 미치게 될 것이다. 장기적인 사업발전과 성과를 위해서는 이를 알고 신뢰할 만한 공정한 평가의 결과로서 시설과 서비스에 부합하는 등급 고지가 될 수 있도록 주무관청은 물론이고 등급결정기관이나 호텔이 함께 등급평가의 국제적인 신인도 유지에 노력하지 않으면 안 될 것이다.

### 5) 혁신적 요소의 가미 여부에 대한 결정

미래를 내다보는 국가적 역량과 관광정책 당국의 혁신적 안목은 미래의 경쟁력과 지속가능한 성과를 위해서 매우 중요한 것이다.

그러므로 세계적인 경제여건과 업계 조류 및 여행산업의 발전전망 등을 통하여 호텔이 어떤 부문을 강화시켜야 할지를 알면서 향후 어떤 영역에서 내국 호텔들이 경쟁력을 갖도록 하는 것이 가장 효과적일지의 관점에서 전체적인 호텔등급평가의 방향을 정립해야 한다.

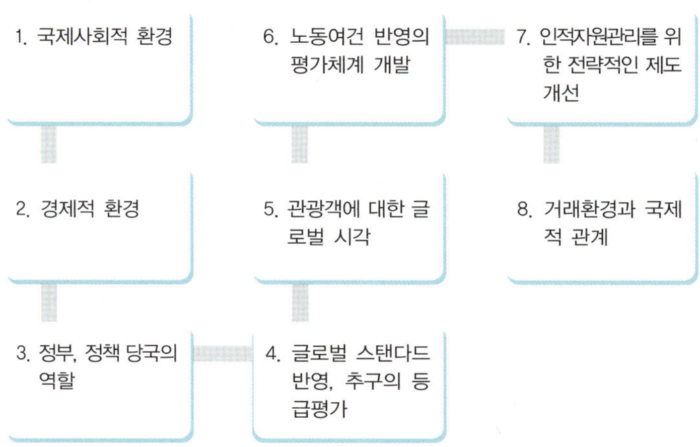


[그림 11-1] 호스피탈리티 환경이해와 혁신수요

일찍이 Schumpeter(1947)는 혁신이란 새로운 업무수행 방식으로서 더 좋고 독특한 생산요소의 조합이라고 했으며, 또 McGuire(1996)는 기업가의 핵심직무가 혁신이라고 한 바 있다. 또 혁신이란 새로운 시스템의 생산과 배급으로 유도될 수 있는 복합적인 활동이라고 했지만(Burgelmann & Maidique), Kanter(1983)는 혁신의 현실적인 실효성을 중시해 이를 혁신의 전제시했던 바와 유사한 지적으로는 기업의 재무적 성과에 착안하여 재무적 목적을 혁신개발의 배경으로 보았던 Griffin & Page(1993)의 주장을 들 수가 있겠다.

〈표 11-3〉 혁신성과의 제 측면

| 성과 측면별 | 세부성과 내용별 |
|---|---|
| 시장성과 | 새로운 고객유치(attracted new customers) |
| | 새로운 시장개척(opened up new markets) |
| | 시장점유율 제고(market share) |
| 재무성과 | 수익성 제고(profitability) |
| | 수익성(profitability) 증진 및 여타 호텔서비스 매출증대(enhanced sales) |
| | 원가효율 제고(cost efficiencies) |
| | 총매출 증진(total sales) |
| | 긍정적인 종업원 피드백(positive employee feedback) |
| 종업원-고객 관계증진<br>(relationship enhancemen) | 종업원 역량개발(competencies of employees) |
| | 고객만족(customer satisfaction) |
| | 개선된 종업원 충성도(improved customer loyalty) |

그러나 호스피탈리티 산업에 있어서 신제품이나 다른 제품 그리고 서비스를 창출하는 기회로 혁신을 보았던 Drucker(1985)의 주장이야말로 고객만족과 고객감동을 지향하는 호스피탈리티 산업에 있어서 생존 외에도 장기적인 안정성과 수익성에 결정적으로 중요한(Cooper & Edgett, 1999) 생존지향의 긴요성 측면에서 가장 강력한 혁신 도입의 배경이 되고 있다 하겠다.

〈표 11-4〉 혁신의 제이론

| 연구자(년도) | 내용 1 | 내용 2 |
|---|---|---|
| Schumpeter(1947)<br>McGuire(1996) | 신 방식의 업무수행 혹은 기업가의 핵심직무 | 좋고 독특한 생산요소의 조합, 기업가의 핵심직 무시 |
| Drucker(1985) | 신제품이나 다른 제품이나 서비스 창출성과 기회 | 혁신 이행 주장 |
| Rogers(1983) | 문제해결의 신아이디어, 실무, 과정 혹은 제품 | |
| Burgelmann & Maidique | 혁신과정의 산물: 시장성 있는 신제품과 서비스로 유도될 복합적인 활동 | 생산과 배급의 신 시스템으로 유도될 복합적인 활동 |
| Ottenbacheer & Gnoth(2005) | 소폭적인 서비스 혁신사례로 카드키 전환 등 | 신 서비스 제공 아파트를 진실한 혁신사례로 듦 |
| Kanter(1983) | 문제해결 위한 신 아이디어의 실제적용(전환) 역할 하는 것 | 현실적 실효성 중시해 이를 혁신의 전제로 봄 |
| Cooper & Edgett(1999) | 생존 외에 장기적 안정성과 수익성에 결정적으로 중요한 것 | 생존에 대한 혁신의 긴요성 지적 |
| Griffin & Page(1993) | 수익과 이익 증대 등 재무적 목적 중시 | 재무적 목적을 혁신 개발의 배경으로 봄 |

자료원: 이정자, "우리나라 호텔등급평가제도-혁신적 방안의 모색", 호텔경영학회, 2010.

## 2. 장기적인 글로벌 시각의 개발 필요성

### 1) 호텔평가체계의 개선과 관계법령의 정비를 요하는 국제적 환경

비록 평가실무를 담당하는 사람들이 피 평가자로서 단기적으로는 비교적 편안하게 긴장하지 않고 평가를 받을 수 있는 기회는 갖게 될지 몰라도 장기적으로는 우리나라 숙박업계의 글로벌 진출이나 선도적 입지에는 부정적으로 작용하게 될 우려성도 크다.

글로벌 호스피탈리티 산업에서 경쟁력을 확보한다는 것은 여러 가지 의미로 해석되어야 한다. 점차 증대되는 각종 교역의 국제적 관계에서 관광산업 혹은 호스피탈리티 산업도 그 영향의 가운데 위치하고 있다. 국제적 교역에서 요구되는 내용 중에는 새로운 글로벌 관심사에 대한 제도적 및 실질적인 참여도를 평가척도로 하고 있다(Mazur, E., 2010). 그 중 중요한 하나가 환경과 지속가능성을 키워드로 해서 새로이 부상하는 저탄소 녹색성장 등 글로벌 트렌드에 부합되는 산업 활동 및 사회적 합의가 현실화 하고 있는가 하는 것이다. 그러므로 호텔등급평가 제도의 개혁과 이를 뒷받침하기 위한 관련법의 개정이나 제도적 정비는 불가피한 현실로 직면해 있다. 만약 등급평가제도의 개혁안이 이러한 국제적 요구들을 수용하지 못한다면 점차 증대되는 호텔산업의 다양한 국제관계에 있어서나 국제적 협상에서 불리한 입장에 처할 가능성이 높아지는 현실은 글로벌시대가 부가한 시대 환경적 소산이다.

그러므로 호텔평가제도의 개혁이 호텔산업 발전에 기여될 수 있는 하나의 발전과정으로서 추진되려면 시대에 부합되도록 하는 제도적 개혁을 동반한 혁신노력으로서 수행되지 않으면 안 된다.

### 2) 적합한 평가항목의 신설 영역에 대한 개발

(1) 평가체계 개선에 고려할 요인

① 평가영역의 적정성 여부

② 평가항목의 적정성 여부

③ 평가영역별, 항목별 배점의 적정성 여부

④ 평가의 국제인증과 여행업과의 공조수준

⑤ 혁신요소의 가미 여부 및 그 수준 결정

(2) 적합한 평가항목에 고려할 논쟁점

개정과 개선을 위한 작업은 구체적으로 글로벌 트렌드에 맞는 평가항목을 신설하고 거기에 합당한 세부내용을 개발하는 것과 관계된 업무의 수행이어야 한다.

① 환경에 대한 고려를 평가척도에 반영

우선 관광행정기관의 정책연구나 연구기관에서의 연구에도 그러하지만 호텔등급평가에서 가장 중시해야 할 평가기준의 트렌드로는 신규 투자의 호텔개발에서의 건축과 시설 및 설비에서는 물론이고 기존시설을 에너지절감 및 저탄소 형으로 개조하는 작업과 관련한 시설 개보수에 수반된 평가항목의 역점적인 신설과 항목별 점수부여에 두어야 할 것이다.

이런 내용에 대해서는 본 저서의 저탄소 녹색성장을 다룬 다른 장에서 상세히 취급하고 제언한 바와 같이 지구온난화를 방지할 수 있는 방안과 방향을 같이 해야 한다.

말하자면 차양막이나 그늘막이용 식수 등 방법의 활용과 물 사용을 줄일 수 있는 방안, 자연채광을 최대한으로 활용하고 특별히 연구된 창문시설을 통하여 난방용 에너지를 격감시킬 수 있는 시설, 자연을 이용한 환기시설 등을 주요 내용으로 하는 시설의 개보수를 위한 투자를 아끼지 않아야 할지도 모른다. 이미 정부에서는 이런 예산을 확보하고 실행 중에 있지만 향후 예산증가를 통하여 일반화로 확산될 수 있어야 할 것이다.

② 컨벤션 중심 융·복합형 MICE 산업지향의 평가강화

회의 관련 컨벤션 시설도 국제적인 회의 뿐 아니라 다목적적인 시설로 개발되어야 한다. MICE산업은 비단 외국 이용자들을 위한 것이 아니라 내국의 수요도 급증되는 여건에서 사업발전 촉진차원에서도 이 영역에 대한 평가항목을 늘리고 강화할 필요성이 제기된다. 지금껏은 컨벤션 관련시설에 대한 평가는 부대시설 영역의 부분으로 다루어졌지만 독립시키거나 사업개발에 역점을 둬야 할지도 모른다.

주도적인 환경국 위상에 부합되는 상징적인 녹색건물 축조. 주로 규모에만 초점을 두고 개발되었던 종래의 흐름이 변화되는 지금의 추세는 국제적 관심사와 이해관계의 트렌드에 적합한 회의시설을 통하여 지방, 국가 및 세계적인 녹색건물로서 랜드마크(landmark)를 탄생시키고자 하는 여망의 추종이라 할 수 있다.

살아있는 녹색운동 교육의 장이요 모든 운동의 모범사례로서 지역민의 일상적인 환경의식의 고취와 생활화된 실천을 일깨우는 녹색혁명의 산실과도 같은 역할을 수행할 수도 있고 그만큼 많은 사람들의 내방을 촉진하게도 될 것이다.

이러한 호텔건물이나 컨벤션시설은 그 자체만으로도 한 나라의 환경운동의 참여수준 및 질적 역량을 대변해 줄 홀 마크(Hall mark)로서 국제적인 MICE 산업 발전은 물론 국제관계 증진에 크게 공헌하게 될 것이다.

## 3. 과도적인 평가체계의 필요성과 점진적 확산

그러나 등급별로 이러한 평가를 동일한 점수로 했을 때의 부작용 여지와 효과에 대한 사전평가를 통하여 차별적으로 도입할 수 있는 방안의 점진적인 도입과 시행에 대한 방안까지도 신중히 검토되어야 할 것이다.

가점이나 감점 영역에서는 전반적인 시행이 어렵거나 제한적이지만 미래발전을 위

해서 장기적으로 추진해야 할 사업내용인 경우 이것을 이 평가영역의 신규항목으로 적합성을 검토한 후 신설하고 점수를 배정하는 것도 한 방안이 될 수 있다. 더구나 기존 평가항목에 해당되지 않는 호텔경영의 창의적인 아이디어 개발과 시행의 경우 이것을 귀속시킬 신규항목들을 미리 정할 수 있는 열린 제도적 장치가 호텔등급평가의 내용으로 새로이 확립되어야 한다. 그렇지 않으면 기존평가 척도에 의해서만 평가가 진행됨으로써 아무런 평가수혜도 받을 수 없게 됨으로써 새로운 개발에 소요되는 비용과 노력에 대한 유인을 얻지 못한다면 기업이 적극적으로 이런 혁신적인 업무에 대한 노력을 게을리 하게 될 것이다.

## 4. 평가인력의 관리에 대한 연구 필요성

그러므로 새로이 마련될 호텔등급심사 관련 규정에는 이상과 같은 요소들이 충분히 반영되고 고려되어야 할 것이다. 그럼으로써 기존의 관리역량에 혁신적인 경쟁역량을 가미한 지식기반의 호텔산업이 될 수 있도록 새로운 평가항목들의 부가 및 기존 항목의 강화나 삭제 등 필요한 조치가 이루어져야 할 것이다. 그러자면 지금까지 비교적 관행적이었던 평가자들의 위촉문제를 비교적 심도 있게 다루어 볼 필요성이 제기된다. 또한 그들에 대한 평가노비의 제도적 계상과 현실화 문제도 새로운 시각에서 조명해 볼 필요성도 제기된다.

이 문제와 관련해서는 다른 장에서 다루게 될 인적자원관리를 참고하면서 생각해 보기로 하자.

## 5. 새로운 연구영역의 개발과 R & D 추진

다양한 형태로 제기되는 지속적인 변화 환경에서의 도전들로부터 호텔이 글로벌 경쟁에서 생존하면서 국제경쟁력을 지향하려면 호텔의 시설과 서비스 등과 대한 제도적인 호텔의 등급평가뿐만 아니라 기업 자체적으로 이에 대응, 적응할 전략수립과 실행이 수반되지 않으면 안 된다. 여기서 명확한 목적수립, 대안 강구 및 위험요인에 대한 검토는 필연적인 것이다.

### 1) 평가업무 수행조직의 인적자원의 연구

평가자들의 전문성과 자질요건이 세밀히 검토돼야 할 부분이라면 평가인력에 대한 연구는 한국 호텔의 등급평가와 관련하여 새로운 연구개발의 한 영역으로 확립되어야 할 필요성은 더욱 고조되는 환경이다. 대부분의 평가실무에서 시간 및 노비절약을 위해 숙련된 평가자 기용이 이루어지지만 호텔등급평가에 있어서도 이런 관행에 의한 직책위주의 요원위촉 보다는 전문성을 위주로 한 평가요원의 확보에 주력해야 될 필요성이 제기되고 있다(평가요원의 위촉과 임기 참고 요망).

평가 참여자와 이해관계 집단은 시기를 고려하면서 결정되고 그 배경이나 사유는 무엇인지가 명확하게 제시될 수 있어야 한다. 또한 혁신전략의 내용과 시기별 연계(mapping)하에 이런 고려가 이루어져야만 할 것이다.

### 2) 혁신을 위한 지속가능한 연구의 추진

혁신연구는 쉽게 구식화 될 소지가 큰 연구 분야이다. 혁신이란 사람들이 새것이라고 지각하는 아이디어, 과정 혹은 제품이 될 수도 있고(Roger, 1983) 문제해결을 위한 새로운 아이디어를 실행으로 전환하는 것(transforms)일 수도 있다는(Kanter, R.(1983), *The change masters*. New York : Simon & Schuster) 정의를 고려할 때 이미 일반화나 대중화가 되었다면 더 이상 혁신으로서의 의미를 상실할 수 있기 때문이다. 그러므로 혁신을 지향한 연구는 지속가능하게 추진되어야 한다. 혁신을 혁신과정의 산물(Burgelman & Maidique, 1996)로 볼 때에도 혁신연구를 상시 체제화하고 역점적으로 추진함으로써 지속적으로 그러나 급속하게 변화하는 호스피탈리티 경영환경에 적응하고 생존하며 성과라는 혁신연구의 산물을 기대할 수 있게 될 것이다. 서비스에 대한 혁신, 시설 및 설비에서의 혁신, 맛의 혁신과 제도적 혁신 등 혁신의 영역은 무궁무진하다고 하겠다.

### 3) 평가체계의 이론적 및 실무적 합리성

호텔등급평가에 대한 연구는 주로 내용중심적인 것이었다. 그러나 이것이 평가척도로서 능률적이며 또 과학적인가 하는 문제에 대한 의식을 가지고 어떤 경우에도 평가오차나 하자가 발생되지 않도록 관리의 체계화가 이루어져야 할 것이다. 현행 평가제도에서는 재조사에 대한 규정이 있고 또 재조사를 실사하려면 이에 앞서 문화체육관광부장관에게 이 사실을 통보하도록 되어 있다. 즉 “동일한 사안에 대하여 등급평가요원 2인 이상이 평가한 결과 평가점수 차이가 20% 이상 발생한 경우 또는 당해 등급

평가가 현저하게 잘못되었다는 객관적인 사실이 증명되었거나 서비스의 현격한 불량 등으로 인하여 기존 등급의 유지가 부적합하다고 판단되는 경우에는 당해 등급평가 요원 외의 자에게 위촉하여 당해 호텔업 등급평가를 다시 실시할 수 있다"라고 되어 있다(호텔업 등급결정기관 등록 및 등급결정에 관한 요령, 문화체육관광부고시 제2009-16호(2009. 4. 20) 제21조). 이것은 주로 사후적인 처방에만 중점을 두고 있다는 점에서 사전적 관리방안이 아쉽다. 등급결정기관과 평가요원을 포함해서 모든 평가참여자들이 전문성에만 의존하지 않고도 잘못된 평가를 사전에 방지할 수 있도록 기준으로 삼을 만한 과학적인 평가시스템의 개발이 바람직하다.

자료원 : 이정자, KASHA, 2010.

[그림 11-2] 평가제도의 개선영역

## 6. 평가의 품질제고를 향한 제언

### 1) 평가예산 확보의 중요성과 관련법 개정 필요성

어떤 종류의 정책수행에 있어서도 성공적인 성과를 위해서는 적정 인력과 예산확보가 전제된다. 현행 호텔등급평가 요원의 수당 등 지급관련 규정을 보면 "등급결정기관은 평가단에 참여한 등급평가요원에게 예산의 범위 안에서 수당과 여비를 지급할 수 있다"고 되어 있다. 여기서 지급기관이 등급결정기관으로 되어 있는 점과 "예산 범위 안에서 지급할 수 있다"라는 것은 예산을 확보하여 지급하는 것과는 임의성 면에서 차이가 있는 규정이다.

평가를 받는 피평가자와 직접 대면해서 업무를 관장하는 등급결정기관이 직접 평가요원들에 대한 평가수당을 지급하도록 된 규정은 구조적으로 평가의 객관성 유지에 문제 여지를 내포하는 규정이다.

그리고 일반적으로 인정되는 기준에 의한 일정 수준의 연구수당이나 평가수당 지급에 대한 규정 미비로도 해석될 수 있다. 이러한 조항 내용이 안고 있는 문제제기의 여지는 곧바로 평가의 성과에 부정적인 영향을 미칠 수가 있기 때문에 시급히 개선돼야 할 측면이다.

물론 평가자나 호텔업자들이 가지고 있는 관광계의 발전에 대한 여망이 문제를 수면위로 부상시키지는 않았지만 성과는 필연적인 결과로서 기대되는 것이라야만 된다는 논지에서 변화를 요하는 측면임을 인식해야 할 것이다.

제한된 예산 내에서의 업무수행이라는 한계점으로 인한 단 시간 혹은 당일 내 수개 호텔의 평가를 수행하는 데서 초래될 수 있는 과다한 업무량이 질적인 평가를 저해할 수 있는 현실이다. 호텔등급평가가 범국가적인 관광서비스 품질 제고와 유지를 위한 것이라면 등급결정기관인 협회보다는 관광진흥자금이나 관광개발기금에 의한 적극적인 예산편성을 통하여 평가의 실효성 제고를 위한 기반을 마련해야 할 것이다.

호텔업자들의 권익보호를 중심으로 하는 조직이 당해 기업의 평가를 담당하는 것은 논리적인 타당성이 결여된다. 다만 이런 제도가 지닌 장점이라면 산업이라는 사적 측면 자체적인 평가형식을 거쳐서 자발적인 개선여지 도모라는 교육적 측면에서 추구될 수 있지만 이를 관리하는 기관이 공적측면이란 점에서는 설명력이 약하다. 그러므로 이런 제도가 바람직하다면 이를 지지해 줄 제도적인 방안 마련이 돼야 할 것이고, 아니라면 개선책이 강구돼야 할 측면이다.

물론 국제사회에서 등급심사를 지속시킬 것인가에 대한 회의론도 대두되지만 제도 존립을 전제로 하는 한 이런 당연한 문제 제기나 논의조차 없었다는 점에서는 공적. 사적 측면을 포괄하는 관광계 전반적인 책임을 회피하기도 어렵다는 점에서 평가에 대한 적극적인 논의와 참여의 자세가 기대되는 측면이다.

## 7. 지속가능한 평가과정의 혁신 필요성

발전지향의 조직에서 성공을 위해서는 흔히 구조적인 개혁을 전략으로 활용하기도 한다. 법규개정이나 세부내용의 개혁이 환경적응과 발전을 위한 구조적 장치라면 내용과 과정에 대한 혁신을 동시에 고려해 보는 게 좋겠다.

우리나라의 등급평가 제도를 발전사적으로 고찰할 때 시사 받을 수 있는 점들 중에는 미래경향 예측을 통한 제도정비 태세보다는 비교적 사후 처리식제도 및 규제방안 마련에 의존해 왔다는 점에서 상설적인 R & D나 연구기구를 통한 R & D 투자가 바람직하다고 보아진다. 가령 저탄소 녹색성장 관련 예산이라고 할지라도 관광에 관한 한 관련부처에서 선도력을 가지고 여타 부처에 대해 대응, 협력하는 자세를 보일 수 있는 경쟁력 확보가 가능하게 될 수 있을 것으로 기대되기 때문이다. 또한 글로벌 이슈에 대한 선도적인 발제시도나 제안을 향한 창의적 발의가 가능해질 수도 있다.

제도적 장치란 문제에 대한 사후 해결책의 강구보다는 문제발생 전에 업계와 학계의 연구 및 의견 수렴을 통하여 사전적 대비책으로서 마련되는 게 바람직하다. 더구나 시간과 인력 및 재원을 투입함으로써 발생될 손실이나 후진 문제를 해소하기 보다는 글로벌 사회의 관광여건이나 기타 산업 환경에 대한 적극적인 대응책 마련이 더 효과적이다.

일단 수립된 호텔등급평가 시안에 대한 검토가 혁신적 사고의 도입 없이 의례적인 과정을 통하여 수행된다면 새로이 개발된 우수한 개혁안이라 할지라도 이를 적용할 평가현장과 산업현장에서 구태의 잣대로만 해석되고 활용될 여지가 크다.

그러므로 비교적 충분한 시간을 갖고 본격적으로 혁신된 형태의 공청과정 및 의견수렴 과정을 거쳐 시안이 충분히 재고·수정됨으로써 확정될 수 있도록 이끌어 줄 과정의 혁신이 부가적으로 필요하다.

호텔등급평가의 선진화를 위한 심사내용의 개정은 변화된 환경과 더불어 제기되는 여러 가지 도전들을 포괄하고 발전적으로 해결하기 위해서 취해지는 일련의 조치 중 하나라고 할 수 있다. 그러므로 내용의 혁신과 함께 개정내용에 대한 결론에 이르기까지의 과정에 대한 혁신을 통하여 등급평가는 진정한 변화를 기할 수 있을 것이다. 혁신은 혁신과정의 산물이라고 한 Burgelman과 Maidique(1996)의 말을 빌리지 않아도 과정이 새로울 때 새로운 성과도출도 가능해질 것임에 틀림없다.

다기한 목적을 지닌 공적 및 사적 측면의 제이해관계자 집단의 바람직한 욕구를 대부분 수렴하고 소비자와 기업자체의 성과개선을 위해서 학습효과를 제고할 수만 있다면 호텔등급평가의 교육적인 성과는 기대할 만하다.

그간 대부분의 호텔등급평가체계 개선에 대한 연구는 관광연구원에서 수행해왔다. 비록 전문적인 연구인력에 의해서 수행된 전문가 의견수렴을 거친 연구라 할지라도 공적측면 중심의 시각적인 한계를 통제할 연구과정의 혁신이 요구된다고 하겠다. 그렇게 하려면 공청과정에서의 여론의 수렴이나 여과에만 의존된 연구를 시작단계부터 연구에 대한 다양한 이해관계 집단의 참여기회를 확대하는 '과정 파괴적인(disruptive) 방안의 혁신(innovation)'을 고려해 보는 것이 더 바람직할 것으로 보아진다.

## 8. 경쟁역량 강화를 위한 호텔등급평가 관리체계

### 1) 지속가능한 호텔경영

지속가능한 호텔경영을 위해서는 지속가능한 경쟁역량 제고, 변화도입을 통한 신축성 강화를 통한 호텔의 시설 및 서비스의 가능성 증진, 품질증진, 및 원가효율 제고에 주력하지 않을 수가 없다.

### 2) 등급평가제도의 관리

호텔등급평가의 효과를 기대하려면 호텔기업, 호텔평가요원 및 호텔등급결정기관의 자질과 올바른 자세확립이 전제된다. 현행제도에서는 문화체육관광부 장관이 필요하다고 인정하는 경우에 등급결정기관에 대한 지도점검을 실시할 수가 있도록 되어 있다.

그러나 일원적인 지도 및 통제로는 가능한 모든 실수, 부당함이나 부정을 관리하기가 쉽지 않기 때문에 지도 점검에 앞서서 관리를 위한 합리적인 제도 구축이 선행되어야 할 것이다. 그러므로 호텔등급평가제도 자체가 자검 능력을 가지고 이를 자체적으로도 어느 정도 이원적으로 관리할 수 있는 포괄적인 평가제도의 개발이 되어야 한다.

평가체계와 평가기준 개발이 단지 평가 자체에만 역할되는 것이 아니라 전반적인 평가의 객관성을 보증할 수 있는 방식으로 이루어진 개발이야말로 진정한 호텔시설과 서비스의 질적 수준과 경영성과 제고에 기여하게 될 것이기 때문이다.

뿐만 아니라 2인 이상의 평가결과 점수 차이가 일정 수준을 초과하는 경우에 대해 재조사 할 수 있고 등급결정기관이 일정의 사유에 해당될 경우 등록취소도 할 수 있도록 되어 있지만 이 보다는 평가체계 자체의 이론적 및 실무적 연구를 통한 제도 확립을 통하여 문제를 해결하려는 의식을 강화해 나가야 할 것 같다.

## 제5절 등급평가 항목과 항목별 배점 비중

### 1. 등급평가의 직무관리

#### 1) 호텔등급평가 요원의 자격과 임기

호텔등급평가는 총 6명 이상의 분야별 평가담당자에 의해서 수행된다. 평가담당자들을 총칭평가단이라고 부르는데, 우선 서비스 상태 및 소비자 만족도 평가관계자 3인 이상, 건축, 설비, 주차시설 평가 관계자 1인 이상, 전기·통신시설 평가 관계자 1인 이상 및 소방, 안전상태 평가 관계자 1인 이상으로 구성된다.

평가단의 자격요건은 시행령 제66조 및 시행규칙 제72조의 규정에 의하여 규정되고 있으며 평가요소별로 10인 이상을 위촉하도록 되어 있다. 등급평가요원의 임기는 5년으로 하지만 연임할 수 있고 결원보충을 위해서 위촉된 경우에는 전임자의 잔여기간을 임기로 하고 있다. 단 해촉 사유가 제16조에 의했을 경우에는 위촉일로부터 5년이 경과되지 않은 경우에는 재위촉이 안 된다.

대체로 평가요원으로는 건축가, 교수, 안전관리 담당자, 호텔경영자, 소비자 단체의 대표 등이 참여하고 있다. 어떤 분야이든 간에 직함이나 직급보다는 전문성이 존중되어야 할 것으로 보인다. 가령 소비자 만족도 부문평가에서는 단순한 회원보다는 호텔경영을 학문적 배경으로 하는 전문가 중에서 소비자 단체 참여 회원이면 더욱 바람직할 것으로 보인다. 점차 모든 단체와 기관들이 전문가들을 회원으로 영입하는 여건에서 이런 조건 충족은 용이하고 또 소비자 단체의 전문화에도 기여될 수 있을 것이다.

어느 분야의 평가에서나 가능하다면 분야별 전문성을 존중하면서 호텔경영에 대한 지식과 경험이 경력으로서 존중될 수 있는 평가자의 고려가 바람직할 것으로 사료된다.

#### 2) 평가의 직무관리

① 평가영역, 분야별 평가인력 배치, 배점 비중 변화

② 평가방안의 혁신: 독립된 분야별 평가와 통합 과정을 통한 조정

#### 3) 분야별 평가의 전문성

① 서비스 분야 평가의 세분화 및 통합화

② 시설분야와 서비스 분야 평가의 전문성 및 독립성 강화
③ 평가영역별 분리 대안과 평가체계의 구조적 혁신책 모색
④ 기존평가체계의 조정보다는 전 분야에 대한 혁신적 변화도입 여지 고려

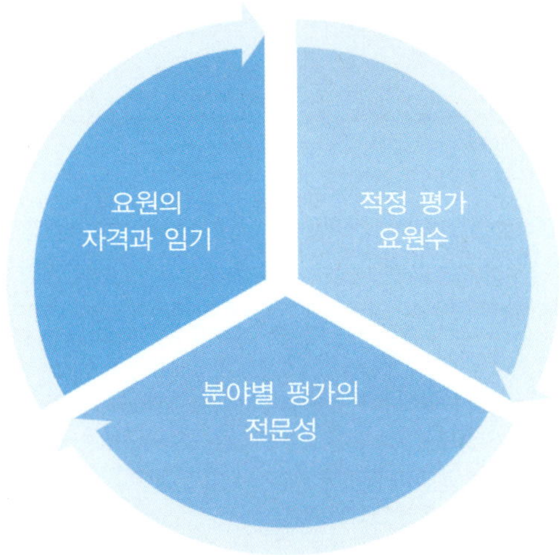


자료원: 이정자, KASHA, 2010. 4.
[그림 11-3] 등급평가 조직의 관리

## 2. 호텔등급평가 영역별 구분과 세부 항목

호텔등급 평가의 평가영역은 ① 서비스 상태 및 소비자 만족도 분야, ② 건축, 설비, 주차시설 평가 분야, ③ 전기·통신시설 평가분야 등으로 구성되어 있다. 특1급 호텔, 특2급 호텔, 1등급 호텔, 3등급 호텔 등의 등급구분은 등급평가 결과 획득한 점수에 의해서 결정되게 된다. 여기서 각 평가영역과 영역별 점수배점을 소개하기로 한다(표 11-7 호텔업 등급평가 기준 참조). 그러나 전술한 바 있지만 모든 평가영역에 추가해야 할 요소들에 대한 연구가 절실히 요청되는 호텔경영의 환경에 대한 적극적인 고려를 해야 할 시기이다.

물론 서비스상태에 가장 많은 배점을 하고 있지만 점수 비중이 작다고 중요성이 덜하다는 의미는 절대로 아니며, 다만 호텔운영에 대한 중요성 측면에서 배정된 점수라고 이해하면 될 것이다. 동태적인 경제 및 기술 환경에 의해 제기되는 문제들에 대한 문제의식을 가지고 이를 고찰함으로써 현재 보강해야 할 영역이나 문제들이 있는지를 고려하고 또 강점은 어디에 있는지를 파악함으로써 호텔평가에 대한 전문적인 지

식과 경험을 갖도록 해보자.

### 1) 서비스 상태 및 소비자 만족도 분야의 평가

이 평가영역은 호텔사업 본래적인 영역에 대한 평가분야로 전체적인 호텔등급 평가에서 가장 중추적인 부문을 이루고 있고 배점도 가장 크게 이루어진 평가분야이다.

서비스상태 분야의 평가영역은 또다시 세분되어 ① 현관, 로비, 복도(95점 만점), ② 객실부문(170점 만점), ③ 식당 및 주방부문(130점 만점), ④ 부대시설의 관리 · 운영부문(85점 만점), ⑤ 종사원 복지 및 관광산업에의 기여부문(110점 만점) 등 외에 가점항목(90점; 11-1)과 감점항목(-30점; 11-2)으로 이루어져 있다. 소비자 만족도 부문은 하나의 평가분야(100점 만점)로 되어 있지만 대부분 호텔 전관에 대한 서비스 상태 평가와 동일한 시설이나 영역에 대하여 이루어지기 때문에 대부분의 실사과정에 있어서 이 분야의 평가자들과 평가 행동을 같이 하는 경우가 많다.

점수배점 비중을 보면 현관과 로비 및 복도, 객실, 식당 및 주방, 부대시설 관리 및 운영, 종사원 복지 및 관광산업에의 기여도 등에 총 590점을 배점하는 외에 이들과 관련된 가점 90점과 감점 -30점을 점수에 반영하도록 되어 있다.

서비스 상태 및 소비자 만족도 분야는 실제의 호텔영업과 직접 관련되어 있는 분야로서 평가를 위해서는 호텔경영에 대한 이론 및 실제의 지식과 경험을 요하는 분야이다. 이 분야의 평가를 위해서는 흔히 대학교수 혹은 전문 호텔경영자 등 호텔전문가의 참여가 반드시 필요하며 소비자 만족 부분은 주로 소비자 단체 간부들이 참여하고 있다.

### 2) 건축, 설비, 주차시설 분야의 평가

이 분야의 평가는 총 배점비중이 130점 만점으로 되어 있으며 각각 ⑥ 주차시설 부문(40점 만점) 평가와 건축 및 ⑦ 설비 부문(90점 만점) 평가영역으로 구성되어 있다. 주차시설은 차량의 수용능력과 장애인들이 주차장으로부터 객실에까지 안전하게 도달할 수 있는지의 서비스 시설에 대한 평가를 하게 된다. 또한 건축 및 설비부문의 안전성과 관리에 대해서도 점검하게 되므로 대부분 평가요원은 건설사 사장이나 건설 전문가로 위촉되게 된다.

### 3) 전기·통시시설 분야의 평가

많은 사람을 일거에 수용하는 대형건물로서 에너지 소비도 대형인 호텔에서 전기 및 소방안전은 매우 중요한 점검 포인트가 되고 있다. 그만큼 전기·통신에 대한 시설 평가와 소방 및 안전에 대한 평가는 건물과 사람들의 안전에 매우 중요하다. 이 분야의 평가는 ⑧ 전기·통시시설 부문(80점 만점)평가 및 ⑨ 소방 및 안전부문 평가(100점 만점)로 구성되어 있다.

향후 또한 에너지 절감을 통한 호텔경영성과의 개선과 저탄소 녹색시설 설비와 운용을 통한 지구 온도 상승 억제를 위해서도 집중적으로 관리해야 할 영역으로서 그 중요성이 제고되고 있는 추세이다.

### 3. 제안제도의 제도화에 대한 제언

평가를 통하여 발견되는 문제들을 등급결정기관과 기타 인력이 정기적으로 혹은 부정기적으로 서면으로 제출하도록 한다면 실무를 통하여 확인된 문제점의 개선을 수시로 시행해 볼 수도 있겠다. 물론 규정의 정비를 요하는 문제들도 있겠지만 이에 대한 대안을 마련해 두는 것도 장기적인 법규 개정을 위한 효과적인 작업이 될 수 있을 것이다. 그럼으로써 문제발생 전에 이에 대한 대비책을 강구하는 전기를 마련하게도 될 것이다.

### 4. 변화인식에 따른 공적 측면의 역할변화 요구

그간 한국관광산업의 발전에는 공적 측면의 본격적인 참여와 개입을 통하여 이루어져 왔다는 점에서 그 공과는 매우 크다. 그러나 이제 한국의 호텔산업도 규모면에서나 질적인 면에서 장족의 발전을 이루어 왔고 이제 다른 나라에 경영자문을 해줄 정도로 역량을 크게 개발시켜왔다. 뿐만 아니라 올림픽과 같은 메가 이벤트나 여타 대규모 국제적인 행사를 치르기에 부적함이 없는 시설과 경영노하우는 물론 서비스 역량을 지니고 있다.

정부나 공적측면의 제도적인 뒷받침만 이루어질 수 있다면 기업이라고 하는 사적측면 자체 역량으로도 충분히 사업을 영위해 갈 수가 있다. 조직경쟁력의 핵심요소들로 속도, 유연성, 통합, 혁신성을 꼽고 있는데(정재훈, 2003), 이제 속도를 조절할 시점이면서 변화에 대한 유연한 대응도 요구되는 동시에 새로운 업무처리의 과정이면서 새로운 제품과 서비스 창출의 제도적 혁신을 도입할 시기이기도 하다.

그러므로 이제 한국의 호텔등급평가 체계나 법적·제도적인 구조는 기업이 자체적인 경쟁역량을 신장하고 발휘해 갈 수 있도록 하는 행정서비스 방향으로 선회해 그런 산업 환경을 조성해줘야 할 시점에 있다고 보아진다. 기업 스스로 취약점을 보강하고 위기요인들을 회피하거나 극복하면서 강점을 경쟁력으로 전환하고 기회를 성장의 전환점으로 활용할 수 있도록 하는데 관광의 산관 학연이 역량을 통합해 가야 할 시기이다.

〈표 11-5〉 조직경쟁력의 핵심요인

| | |
|---|---|
| **핵심 조직경쟁력 요소** | 속 도 |
| | 유 연 성 |
| | 통 합 |
| | 혁 신 성 |

자료원: 정재훈, 2003.

그러므로 호텔산업의 붕아기에 있었던 공적 측면의 깊숙한 산업에의 개입이나 역할은 제한되어야 할 시기이다. 스포츠 이벤트로 인한 숙박수요를 감당하기 위해 공적측면 주도로 월드컵 경기기간 동안 급조된 World Inn 등은 수용태세 확립에 상당히 효과를 발휘한 조치였다. 그러나 지금은 그런 경험을 기반으로 해서 호텔등급에 중저가 호텔을 포괄하고 그 개발을 촉진해 줄 법적·제도적 장치를 마련해야 할 때이다.

관광공사의 중저가 브랜드 베니키아도 유사한 효과가 확실히 기대되는 좋은 아이디어이고 사업이다. 그러나 시장의 요구에 대한 반응을 통한 시장에서의 매력, 가격경쟁력, 경쟁적인 제품과 서비스의 제공 등을 특징으로 해서 중저가 호텔은 숙박업의 세계적인 트렌드가 되고 있다. 중저가 숙박에 대한 거대한 잠재 수요추세를 고려할 때 한국 호텔산업의 글로벌 경쟁력 강화와 내외국인 관광객에 대한 숙박 서비스 개선은 물론 불경기에 대비한 호텔경기 활성화를 위해서는 중저가 호텔개발과 경영이 민간주도로 착실히 추진될 수 있도록 촉진하고 지원하는 방향으로의 공적측면의 정책 선회가 바람직한 시기이다.

## 5. 국내외 환경과 교역 관련의 규제여건을 고려한 등급평가 항목의 개선

지구온난화를 위시한 글로벌 위기의식은 국제교역에 있어서 이 문제를 하나의 평가요소 시 하고 있다고 해도 과언은 아니다. 종래에는 국내 경제적 측면이나 기업의 원가관리 측면에서 중시되던 에너지 절약과 에너지 원가통제는 이제 중요한 국제적인 협력 사안이 되었다. 국제교역의 장에서 글로벌 위기에 대한 공조의식과 체제를 실제로 마련하고 실천하고 있는가의 회의를 잠식시킬 조건의 충족과 국제적인 인증을 얻는 문제는 증진된 국제관계에서 협력과 공생관계 수립에 절대적인 요건이 되고 있다. 그러므로 호텔에서도 어떤 형태로던 이 문제를 평가과정에 포함해야 할 여건에 처해 있다. 그러나 고객들은 에너지 절약보다는 편리하고 안락한 쉼터로서의 호텔을 원하고 있다. 그러므로 상반되어 보이는 이 문제를 호텔등급평가항목에서 여하히 다룰 것인가가 제도개선에 있어서 제기되는 또 하나의 도전요소가 되고 있다.

## 제6절 현행 호텔등급평가 기준의 개관

우리나라의 호텔등급평가제도는 수차례의 평가체계 개선을 거쳐서 발전되어 왔지만 여전히 변화에 대한 도전은 지속되고 있다(표 11-6 참조).

〈표 11-6〉 호텔등급평가제도 개선 연구

| 연구자 | 연구 제목 | 정부 출연기관 | 학계 | 연구범위 | 향후 연구방향 |
|---|---|---|---|---|---|
| 이정자 (2010) | 우리나라 호텔등급평가제도 : 혁신방안 모색 | - | Y | 평가제도 (혁신의 틀) | 평가제도의 혁신방안 연구 |
| 김현주 (2010) | 관광호텔 등급제도 개선방안 | Y | - | 평가업무 (항 목) | 미래예측 및 혁신 지향적 연구 |
| 강종천 (2002) | 관광호텔 등급제도 개선방안에 관한연구 | - | Y | 평가업무 (항 목) | 한국관광산업경쟁력차원의 연구 |
| 이성태 | 관광호텔 등급제도 개선방안 | Y | - | 평가업무 (항 목) | 학계관심과 방향선도 역할기대 |
| 김향자 | 관광호텔 등급평가지침서 연구 | Y | - | 평가업무 (항 목) | 글로벌 트렌드의 조기도입(선도력) |

표작성 : 저자, 2010.

변화된 국제관광 여건, 경제적 환경변화, 사회제도적인 측면의 고려, 글로벌 사회의 공동관심사의 반영 등을 위한 등급평가제도에 대한 지속적인 제도전은 평가영역별 기준이나 항목에 대한 추가적인 신설이나 진부화된 항목의 삭제를 요하고 있다. 이것은 결국 시설자체의 정비나 개선에 대한 수요가 되고 있다. 개선을 요하는 사항들에 대해서는 전술한 바 있지만 다음 표를 통하여 실제로 어떤 항목들이 호텔경영의 질적 평가를 위해서 필요한가를 이해함으로써 호텔시설과 서비스 전반에 대한 이해와 평가의 안목을 발전시키게 될 것이다.

〈표 11-7〉 현행 호텔업 등급평가기준(제7조 관련)

### 1. 현관·로비·복도(95점)

(2010년 9월 현재)

| 평가내용 | 평가기준 | 평가결과 | | 비 고 |
|---|---|---|---|---|
| | | 자율평가 | 심사평가 | |
| 가. 현관로비<br>1) 로비의 안락감 및 품위유지 상태<br>※ 바닥(또는 카펫)의 색상, 색조화, 재질 및 관리(청결)상태와 호텔의 테마를 나타낼 수 있는 인테리어 등 고객에게 주는 인상을 중심으로 평가 | <br>우수(15.0)<br>양호(12.0)<br>보통(9.0)<br>미흡(6.0) | | | |
| 2) 현관 및 로비 종사원의 서비스 상태<br>가) 종사원의 복장 및 용모<br>※ 호텔의 테마와 어울리는 종사원의 복장 및 두발 등 용모 상태, 유니폼 상태(유니폼의 재질, 디자인, 계절별 유니폼 제공 여부) | <br>우수(8.0)<br>양호(5.0)<br>보통(3.0)<br>미흡(2.0) | | | |
| 나) 고객 수화물 서비스<br>※ 고객의 수화물을 신속하고 친절하게 처리하는 과정, 고객의 귀중품에 대한 보관상태, 고객에게 수화물 및 귀중품 보관에 대한 자세한 설명 등 | 우수(5.0)<br>양호(4.0)<br>보통(3.0)<br>미흡(2.0) | | | |
| 3) 화장실의 유지관리 상태<br>※ 내부시설 및 편의용품의 청결 및 유지관리상태 등<br>- 내부시설 : 세면대, 거울, 변기, 옷걸이, 화장실 출입문 등<br>- 편의용품 : 비누, 타월 또는 종이타월, 방향제 등 | 우수(7.0)<br>양호(5.0)<br>보통(4.0)<br>미흡(3.0) | | | |
| 4) ATM(현금자동인출기) 설치 유무 | 유(5.0)<br>무(0.0) | | | |
| 나. 프론트 데스크<br>1) 프론트의 기능<br>가) Cashier Information Reception 기능의 적정 여부<br>① 적정인력 확보<br>-3교대 근무 이상<br>-2교대 근무 | <br><br><br><br><br>(5.0)<br>(3.0) | | | |

<table>
<tr><th rowspan="2">평가내용</th><th>평가기준</th><th colspan="2">평가결과</th><th rowspan="2">비 고</th></tr>
<tr><th></th><th>자율평가</th><th>심사평가</th></tr>
<tr><td>② 환전서비스 여부<br>- 서비스 제공 및 자동환율시스템 설치<br>- 서비스 제공 및 환율게시판 설치<br>- 서비스 미제공</td><td><br>(5.0)<br>(3.0)<br>(0.0)</td><td></td><td></td><td></td></tr>
<tr><td>나) 프론트 근무자의 능력 및 근무자세<br>① 업무숙지능력, 어학실력(영어 · 일어 외의 특수외국어 구사여부)</td><td><br>우수(10.0)<br>양호(8.0)<br>보통(6.0)<br>미흡(4.0)</td><td></td><td></td><td></td></tr>
<tr><td>② 안전금고 설치 및 운영, 객실 Key의 관리상태 등</td><td>우수(5.0)<br>양호(4.0)<br>보통(3.0)<br>미흡(2.0)</td><td></td><td></td><td></td></tr>
<tr><td>다) 교통 및 문화행사 티켓 예약 서비스<br>※ 철도, 버스, 항공 등 교통수단 및 타 지역 숙박 예약 가능<br>※ 셔틀버스 보유, 택시와 렌터카서비스 가능<br>※ 현지 이벤트, 연예공연 등의 예약 가능</td><td>우수(5.0)<br>양호(4.0)<br>보통(3.0)<br>미흡(2.0)</td><td></td><td></td><td></td></tr>
<tr><td>2) 프론트 데스크 업무의 전산화 상태<br>※ Check in · out의 전산화 상태(내 · 외국인 구분, 이용인원 및 수입금 관리 등), 고객영수증의 전산발급(세부내역 기재) 상태 등 전산화 처리가 안 될 경우에는 “0점” 처리</td><td>우수(10.0)<br>양호(8.0)<br>보통(6.0)<br>미흡(4.0)<br>미설치(0.0)</td><td></td><td></td><td></td></tr>
<tr><td>다. 복도 및 계단관리<br>1) 계단의 관리 및 청결상태</td><td><br>우수(5.0)<br>양호(4.0)<br>보통(3.0)<br>미흡(2.0)</td><td></td><td></td><td></td></tr>
<tr><td>2) 복도의 관리상태<br>※ 복도 내 조명시설, 편의시설 등의 유지관리상태 등</td><td>우수(5.0)<br>양호(4.0)<br>보통(3.0)<br>미흡(2.0)</td><td></td><td></td><td></td></tr>
<tr><td>3) 복도의 청결상태<br>※ 복도 바닥 및 벽면, 천정의 청결상태 등</td><td>우수(5.0)<br>양호(4.0)<br>보통(3.0)<br>미흡(2.0)</td><td></td><td></td><td></td></tr>
</table>

## 2. 객실부문(170점)

| 평가내용 | 평가기준 | 평가결과 | | 비 고 |
|---|---|---|---|---|
| | | 자율평가 | 심사평가 | |
| 가. 객실수<br>○300실 이상<br>○300실미만 : 10점 +(10점 × $\frac{객실수}{200}$) = 취득점수<br>※ 수상관광호텔의 경우, 선박의 전장으로 계산<br>○100m 이상<br>○90m 이상<br>○80m 이상<br>○70m 이상<br>○70m 미만 | <br>(40.0)<br>(취득점수)<br><br>(30.0)<br>(25.0)<br>(20.0)<br>(15.0)<br>(10.0) | | | |
| 나. 객실의 종류<br>※ 표준 객실 이외의 객실의 다양성 여부<br>○5종류 이상<br>○4종류 이상<br>○3종류 이상<br>○2종류 이하 | <br><br>(10.0)<br>(8.0)<br>(6.0)<br>(4.0) | | | |
| 다. 객실의 면적<br>※ 기준면적은 표준객실(더블 · 트윈)로서 19㎡를 기준으로 평가<br>○기준면적의 130% 이상<br>○기준면적의 120% 이상<br>○기준면적의 110% 이상<br>○기준면적의 100% 이상<br>○기준면적 미만 | <br><br>(15.0)<br>(13.0)<br>(11.0)<br>(8.0)<br>(5.0) | | | |
| 라. 욕실의 면적<br>※ 기준면적은 3.3㎡를 기준으로 평가<br>○기준면적의 130% 이상<br>○기준면적의 120% 이상<br>○기준면적의 110% 이상<br>○기준면적의 100% 이상<br>○기준면적 미만 | <br><br>(10.0)<br>(8.5)<br>(7.0)<br>(5.0)<br>(3.0) | | | |
| 마. 객실의 보안관리 상태<br>※ Key handling system(Door Chain lock, Door view, Double lock 등)의 설치 유무 및 관리상태 | (5.0)<br>(4.0)<br>(3.0)<br>(2.0) | | | |

| 평가내용 | 평가기준 | 평가결과 | | 비 고 |
|---|---|---|---|---|
| | | 자율평가 | 심사평가 | |
| 바. 객실의 안락도<br>1) 객실의 바닥, 벽·천장 벽지의 관리 및 환기상태 | 우수(10.0)<br>양호(8.0)<br>보통(6.0)<br>미흡(4.0) | | | |
| 2) 객실 내 가구의 품위 유지상태<br>※ 가구의 디자인과 색상 및 객실 분위기와의 조화, 가구의 품질, 훼손정도 | 우수(10.0)<br>양호(8.0)<br>보통(6.0)<br>미흡(4.0) | | | |
| 3) 객실의 방음상태<br>※ 객실과 객실, 객실과 복도, 객실과 외부간의 방음상태<br>※ 벽의 차음상태, 객실유리, 문 등의 차음상태, 기기소음 또는 외부의 소음으로부터의 완벽한 방음 등 | 우수(10.0)<br>양호(8.0)<br>보통(6.0)<br>미흡(4.0) | | | |
| 사. 객실과 욕실의 편의용품 관리상태<br>1) 객실의 편의용품 관리상태<br>※ 메모지와 볼펜, 화장품, 물통, 유리컵(2개), 전신용 거울 등 편의용품 구비 및 적정위치 비치<br>※ 특급호텔 추가비품 : 업무가 가능한 책상과 의자, 실내복, 커피포트, 미니바 등 객실과 욕실의 편의용품 관리상태 | 우수(10.0)<br>양호(8.0)<br>보통(6.0)<br>미흡(4.0) | | | |
| 2) 욕실의 편의용품 관리상태<br>※ 헤어드라이기, 타월(4종 이상), 티슈, 비누, 샤워캡, toilet paper 등 비치 | 우수(10.0)<br>양호(8.0)<br>보통(6.0)<br>미흡(4.0) | | | |
| 3) 침대 및 침구류 관리 상태<br>※ 침대의 크기 및 재질, 매트리스와 스프링 상태, 침구류 일체의 유지관리상태 | 우수(5.0)<br>양호(4.0)<br>보통(3.0)<br>미흡(2.0) | | | |
| 아. 객실과 욕실의 청결상태<br>1) 객실의 청결상태<br>※ 객실의 바닥, 벽면, 천장의 청결상태<br>※ 침대의 린넨류, 가구류, TV, 창문틀, 조명시설 등의 청결상태 | 우수(10.0)<br>양호(8.0)<br>보통(6.0)<br>미흡(4.0) | | | |

<table>
<tr><td>2) 욕실의 청결상태<br>※ 욕실바닥, 벽면, 천장의 청결상태<br>※ 조명등, 욕조, 러버매트, 욕조손잡이, 세면대, 비누받침대, 샤워기, 변기 등의 청결상태</td><td>우수(10.0)<br>양호(8.0)<br>보통(6.0)<br>미흡(4.0)</td><td></td><td></td><td></td></tr>
<tr><td>자. 객실 내 호텔시설물 및 관광안내 상태<br>1) 객실 내 TV 또는 안내물을 통해 호텔의 주요시설 및 주변 관광지에 대한 안내를 받을 수 있는지 여부</td><td>우수(5.0)<br>양호(4.0)<br>보통(3.0)<br>미흡(2.0)<br>미제공(0.0)</td><td></td><td></td><td></td></tr>
<tr><td>2) 한국어를 포함한 3개 이상의 외국어로 안내 가능 여부(TV, 안내홍보물 등)</td><td>우수(5.0)<br>보통(3.0)<br>미제공(0.0)</td><td></td><td></td><td></td></tr>
<tr><td>차. 룸서비스 상태<br>※ 룸서비스 가능 시간<br>○24시간<br>○20시간 이상<br>○16시간 이상<br>○16시간 미만</td><td><br><br>(5.0)<br>(4.0)<br>(3.0)<br>(2.0)</td><td></td><td></td><td></td></tr>
</table>

## 3. 식당 및 주방부문(130점)

<table>
<tr><th rowspan="2">평가내용</th><th rowspan="2">평가기준</th><th colspan="2">평가결과</th><th rowspan="2">비 고</th></tr>
<tr><th>자율평가</th><th>심사평가</th></tr>
<tr><td>가. 식당시설 및 관리<br>1) 식당・커피숍 설치 유무<br>가) 식품위생법에 의한 ‘일반음식점’ 설치유무</td><td><br>유(5.0)<br>무(0.0)</td><td></td><td></td><td></td></tr>
<tr><td>나) 한식당의 유무<br>※ 수상관광호텔은 한식당 또는 해양관련식당의 유무</td><td>유(5.0)<br>무(0.0)</td><td></td><td></td><td></td></tr>
<tr><td>다) 커피숍의 유무</td><td>유(5.0)<br>무(0.0)</td><td></td><td></td><td></td></tr>
<tr><td>2) 식당의 구조 및 품위<br>가) 출입동선의 구조, 집기와 장식(꽃, 그림 등)의 분위기, 공간의 활용상태, 식당의 종류에 따른 분위기 등</td><td><br>우수(5.0)<br>양호(3.0)<br>보통(2.0)<br>미흡(1.0)</td><td></td><td></td><td></td></tr>
</table>

| 평가내용 | 평가기준 | 평가결과 | | 비 고 |
|---|---|---|---|---|
| | | 자율평가 | 심사평가 | |
| 나) 식당시설의 품질(테이블, 의자 등) 및 인테리어 상태 | 우수(5.0)<br>양호(3.0)<br>보통(2.0)<br>미흡(1.0) | | | |
| 3) 식당 종사원의 서비스 상태<br>가) 종사원의 용모 및 복장<br>※ 종사원의 두발, 면도, 손톱 등의 청결상태와 유니폼의 재질, 디자인 상태 등 | 우수(10.0)<br>양호(7.0)<br>보통(4.0)<br>미흡(3.0) | | | |
| 나) 근무자세(접객태도), 식사메뉴에 대한 지식 등 | 우수(10.0)<br>양호(8.0)<br>보통(6.0)<br>미흡(4.0) | | | |
| 다) 외국어의 구사능력<br>※ 등급심사자가 외국어로 질문하여 평가 | 우수(10.0)<br>양호(8.0)<br>보통(6.0)<br>미흡(4.0) | | | |
| 4) 식당 내부의 관리 및 청결상태<br>※ 식당관리체제 및 청결상태 등(식당 바닥의 먼지 등) | 우수(10.0)<br>양호(8.0)<br>보통(6.0)<br>미흡(4.0) | | | |
| 5) 메뉴의 종류 및 메뉴판 상태<br>※ 식당 종류에 따른 메뉴판 디자인, 메뉴판에 기록되어 있는 음식의 외국어 표기 상태 등 | 우수(5.0)<br>양호(4.0)<br>보통(3.0)<br>미흡(2.0) | | | |
| 나. 주방시설 및 관리<br>1) 주방의 업장에 대한 면적점유율<br>※ 주방면적 / 총식당면적 × 100을 기준으로 비교평가<br>○총업장면적의 30%이상 점유<br>○총업장면적의 20%이상 점유<br>○총업장면적의 10%이상 점유<br>○총업장면적의 10%미만 점유 | <br><br><br>(10.0)<br>(8.0)<br>(6.0)<br>(4.0) | | | |
| 2) 주방의 설비 및 환경상태<br>가) 식자재의 관리(보관)상태 및 유효기간 준수 상태<br>※ 식자재 보관시 냉장창고, 냉동창고, 건조한 창고 관리(보관)상태 확인 | 우수(10.0)<br>양호(8.0)<br>보통(6.0)<br>미흡(4.0) | | | |

| | | | | |
|---|---|---|---|---|
| 나) 주방설비 및 환경상태<br>※ 조리대 주변의 정리상태, 주방의 청결상태, 바닥의 배수상태, 환기상태, 취기 확산방지 상태, 외부인 접근통제 상태 등 | 우수(10.0)<br>양호(8.0)<br>보통(6.0)<br>미흡(4.0) | | | |
| 3) 주방근무자의 복장 및 근무태도<br>가) 주방근무자의 용모 및 복장 상태<br>※ 주방근무자의 두발 등 용모상태와 위생복, 위생모, 작업화의 착용 등의 복장상태 등 | 우수(10.0)<br>양호(8.0)<br>보통(6.0)<br>미흡(4.0) | | | |
| 나) 주방근무자의 근무태도<br>※ 안전, 위생의 숙지도, 주방근무인력의 교대 또는 적정인력 확보여부 등 | 우수(5.0)<br>양호(4.0)<br>보통(3.0)<br>미흡(2.0) | | | |
| 4) 주방에서 조리한 음식이 고객에게 전달되는 체계<br>※ 신속하고 위생적으로 고객에게 전달될 수 있는 동선 확보 여부 | 우수(5.0)<br>양호(4.0)<br>보통(3.0)<br>미흡(2.0) | | | |
| 5) 주방쓰레기의 분리수거 상태 | 우수(5.0)<br>양호(4.0)<br>보통(3.0)<br>미흡(2.0) | | | |
| 6) 조리법의 비치상태 | 우수(5.0)<br>양호(4.0)<br>보통(3.0)<br>미흡(2.0) | | | |

## 4. 부대시설의 관리·운영부문(85점)

| 평가내용 | 평가기준 | 평가결과 | | 비 고 |
|---|---|---|---|---|
| | | 자율평가 | 심사평가 | |
| 가. 부대시설의 품위 및 서비스상태<br>1) 부대시설의 분위기, 내부 색상, 이용시설의 수준 등<br>※ 부대시설 : 헬스클럽, 사우나, 수영장, 공연장, 오락실 등 | 우수(10.0)<br>양호(8.0)<br>보통(6.0)<br>미흡(4.0) | | | |
| 2) 종사원의 외국어 구사능력 | 우수(5.0)<br>양호(4.0)<br>보통(3.0)<br>미흡(2.0) | | | |

| 평가내용 | 평가기준 | 평가결과 | | 비 고 |
|---|---|---|---|---|
| | | 자율평가 | 심사평가 | |
| 나. 국제회의시설<br>1) 국제회의(연회장) 가능 시설의 유무<br>○200명 이상 수용<br>○100명 이상 수용<br>○100명 미만 수용<br>※ 미설치시 '0'점 처리<br>※ 1인당 1.2㎡를 기준으로 산정 평가 | <br><br>(10.0)<br>(5.0)<br>(3.0) | | | |
| 2) 동시통역시설 및 시청각시설<br>가) 동시통역시설<br>※ 3개국어 이상 가능 여부 | <br>유(5.0)<br>무(0.0) | | | |
| 나) 시청각 시설<br>※ OHP, 프로젝터, 레이저 빔 등 구비 여부 | 우수(5.0)<br>양호(4.0)<br>보통(3.0)<br>미흡(2.0) | | | |
| 3) Function room의 능력<br>※ 회의실 확보 여부 | 우수(5.0)<br>양호(4.0)<br>보통(3.0)<br>미흡(2.0) | | | |
| 다. 예약시스템<br>1) 예약시스템의 전산화 여부 | <br>유(5.0)<br>무(0.0) | | | |
| 2) 예약실의 운영 및 서비스 상태<br>※ 자체 운영 사이트, 포털사이트 활용 등 웹을 이용한 예약 가능여부 | <br>우수(5.0)<br>양호(4.0)<br>보통(3.0)<br>미흡(2.0) | | | |
| 라. 비즈니스센터 설치·운영상태<br>1) 비즈니스센터 운영상태 | <br>우수(5.0)<br>양호(4.0)<br>보통(3.0)<br>미흡(2.0)<br>미제공(0.0) | | | |
| 2) 비즈니스센터 내 지원시설의 비치 및 운영·관리상태<br>가) 지원시설 비치 및 이용 상태<br>※ PC, FAX, 복사기, 인터넷 통신망 등 | <br>우수(5.0)<br>양호(4.0)<br>보통(3.0)<br>미흡(2.0)<br>미제공(0.0) | | | |

| | | | | |
|---|---|---|---|---|
| 나) 지원시설 지원 및 대여 상태<br>※ 핸드폰, 노트북, PDA 등 전산 및 통신기기 지원(대여) 가능 여부 | 우수(5.0)<br>양호(4.0)<br>보통(3.0)<br>미흡(2.0)<br>미제공(0.0) | | | |
| 3) 비즈니스센터 서비스 가능시간<br>ㅇ24시간<br>ㅇ12시간 이상<br>ㅇ8시간 이상<br>ㅇ미제공 | <br>(5.0)<br>(3.0)<br>(2.0)<br>(0.0) | | | |
| 마. 장애인 이용시설<br>1) 호텔 내 장애인 이용시설 가능 여부<br>ㅇ5종류 이상<br>ㅇ4종류 이상<br>ㅇ3종류 이상<br>ㅇ2종류 이하<br>ㅇ없음 | <br><br>(10.0)<br>(8.5)<br>(7.0)<br>(5.0)<br>(0.0) | | | |
| 2) 시각장애 등 각종 신체장애인이 혼자서 현관에서 객실(장애인 객실이 별도 설치되어 있을 경우에는 장애인 객실)까지 이동의 가능 여부 | 가능(5.0)<br>불가능(0.0) | | | |

## 5. 종사원 복지 및 관광산업에의 기여 부문(110점)

| 평가내용 | 평가기준 | 평가결과 | | 비 고 |
|---|---|---|---|---|
| | | 자율평가 | 심사평가 | |
| 가. 종사원 후생복지<br>1) 종사원 후생복지시설<br>가) 종사원식당의 운영상태<br>※ 식당의 규모, 시설내용 및 식당의 운영, 종사원의 반응 등 | <br><br>우수(10.0)<br>양호(8.0)<br>보통(5.0)<br>미흡(2.0)<br>없음(0.0) | | | |
| 나) 기타 후생복지시설 운영상태<br>※ 숙소, 휴게실, 샤워시설, 탈의실(사물보관함) 등 설치 및 관리·운영상태 | 우수(10.0)<br>양호(8.0)<br>보통(6.0)<br>미흡(4.0)<br>없음(0.0) | | | |

| 평가내용 | 평가기준 | 평가결과 | | 비 고 |
|---|---|---|---|---|
| | | 자율평가 | 심사평가 | |
| 2) 종사원 후생복지제도 운영(최근 2년간)<br>※ 장학제도, 포상제도, 휴가제도, 건강관리제도(야유회, 체육대회 등), 종사원 친목단체(등산, 합창 등) 지원제도를 평가<br>○5가지 제도 이상 실시<br>○4가지 제도 실시<br>○3가지 제도 실시<br>○2가지 제도 이하 실시<br>○없음 | <br><br><br><br>(10.0)<br>(8.0)<br>(6.0)<br>(4.0)<br>(0.0) | | | |
| 나. 관광산업에의 기여도<br>1) 주요 이벤트의 개최실적(최근 2년간)<br>※ 국제회의, 학회, 공연, 콘서트, 축제 등 개최횟수 평가<br>○10회 이상<br>○10회 미만 : $(10점 \times \frac{개최횟수}{20})/2$ = 산정점수 | <br><br><br><br>(5.0)<br>(산정점수) | | | |
| 2) 지역사회의 기여도(최근 2년간)<br>※ 지역주민을 위한 대외봉사활동의 전개, 지역주민과의 화합의 장 마련 등 평가<br>○10회 이상<br>○10회 미만 : $5점 \times \frac{개최횟수}{10}$ = 산정점수 | <br><br><br>(5.0)<br>(산정점수) | | | |
| 3) 최근 2년간(결산서 기준) 경영상태<br>○자본금의 10% 이상 이익 발생<br>○자본금의 10% 미만 이익 발생<br>○이익발생이 없음<br>※ 개장한 지 3년 이내 호텔의 경우 10점 만점 | <br>(10.0)<br>(5.0)<br>(2.0) | | | |
| 다. 종사원에 대한 교육 상태(최근 2년간)<br>1) 교육방법<br>○교육기관의 설치<br>○전문교육기관(관련협회 포함)위탁 및 외부 강사 초청<br>○자체강사 활용<br>○ 미교육 | <br><br>(10.0)<br>(8.0)<br><br>(3.0)<br>(0.0) | | | |
| 2) 교육 시스템<br>※ 직무교육, 계층교육, 교양교육, 서비스교육, 외국어교육 등 실시 여부 | | | | |

| | | | | |
|---|---|---|---|---|
| ○5종류 이상<br>○4종류 이상<br>○3종류 이상<br>○2종류 이상<br>○1종류 이상<br>○미교육 | (15.0)<br>(12.0)<br>(9.0)<br>(6.0)<br>(3.0)<br>(0.0) | | | |
| 라. 종사원의 근무상태<br>1) 객실 당 종사원 비율<br>※ 전체 종사원 수/전체 객실 수<br>○90% 이상<br>○80% 이상<br>○70% 이상<br>○60% 이상 | <br><br><br>(10.0)<br>(8.0)<br>(5.0)<br>(2.0) | | | |
| 2) 최근 2년간 종사원의 이직률<br>※ 이직한 종사원 수/전체 종사원 수<br>○10% 이하<br>○11%~20%<br>○21%~30%<br>○31%~40%<br>○41% 이상 | <br><br>(5.0)<br>(4.0)<br>(3.0)<br>(2.0)<br>(1.0) | | | |
| 3) 최근 2년간 유자격 호텔경영사 등의 고용상태<br>○정상고용<br>○비정상고용: 20점 × 최근 2년간 호텔경영사 및 관리사별 고용월수의 합계/(채용해야 할 적정 호텔경영사 및 관리사수 × 24월) = 취득점수 | <br><br>(20.0)<br>(취득점수) | | | |

## 6. 주차시설부문(40점)

| 평가내용 | 평가기준 | 평가결과 | | 비 고 |
|---|---|---|---|---|
| | | 자율평가 | 심사평가 | |
| 가. 현관 앞 주차공간<br>○3차선 이상 확보시<br>○2차선 이상 확보시<br>○1차선 확보시<br>○미설치 | <br>(5.0)<br>(3.0)<br>(1.0)<br>(0.0) | | | |

| 평가내용 | 평가기준 | 평가결과 | | 비 고 |
|---|---|---|---|---|
| | | 자율평가 | 심사평가 | |
| 나. 보안시설 설치 및 관리<br>※ 차량 및 고객의 안전관리를 위한 주차장내 보안 시설(폐쇄회로 등) 설치 및 운영상태 등 | 우수(10.0)<br>양호(8.0)<br>보통(6.0)<br>미흡(4.0)<br>미설치(0.0) | | | |
| 다. 방송수신상태<br>※ 비상시에 대비한 공중파 방송의 수신상태 및 차량호출시스템의 운영 관리상태 | 우수(5.0)<br>양호(4.0)<br>보통(3.0)<br>미흡(2.0) | | | |
| 라. 주차시설의 편리성<br>1) 주차장 진·출입의 편리성 | 우수(10.0)<br>양호(8.0)<br>보통(6.0)<br>미흡(4.0) | | | |
| 2) 주차의 편리성 | 우수(5.0)<br>양호(4.0)<br>보통(3.0)<br>미흡(2.0) | | | |
| 마. 주차장 유지관리상태<br>※ 주차면수의 도색상태, 주변의 환경정리상태, 조명상태, 소음상태 및 주차장의 용도를 타용도로 불법전용여부 등 | 우수(5.0)<br>양호(4.0)<br>보통(3.0)<br>미흡(0.0) | | | |

## 7. 건축 및 설비부문(90점)

| 평가내용 | 평가기준 | 평가결과 | | 비 고 |
|---|---|---|---|---|
| | | 자율평가 | 심사평가 | |
| 가. 건축물의 외관<br>1) 아름답고 특성 있는 호텔 외관, 주변 경관과의 조화, 외벽의 유지보수상태 | 우수(5.0)<br>양호(4.0)<br>보통(3.0)<br>미흡(2.0) | | | |
| 2) 호텔의 안내판 및 고객의 이용 편의성 등 | 우수(5.0)<br>양호(4.0)<br>보통(3.0)<br>미흡(2.0) | | | |

| | | | | |
|---|---|---|---|---|
| 나. 건축물 구조의 적합성<br>1) 건물의 구조가 호텔기능 수행을 위하여 적합한가 여부 | 우수(5.0)<br>양호(4.0)<br>보통(3.0)<br>미흡(2.0) | | | |
| 2) 본래 건축물 용도, 사용자재 여부 | 우수(5.0)<br>양호(4.0)<br>보통(3.0)<br>미흡(2.0) | | | |
| 다. 비영업장의 기능<br>※ 종사원 복지시설 · 기계실 · 창고 등 호텔 내 비영업장의 기능이 호텔의 기능수행에 기여할 수 있는 정도 등 | 우수(5.0)<br>양호(4.0)<br>보통(3.0)<br>미흡(2.0) | | | |
| 라. 냉·난방 및 환기시설<br>1) 객 실<br>○온도 · 습도 · 청정도 유지가 가능한 냉 · 난방시설을 갖추되, 일부 객실에 냉 · 난방 동시가동이 가능한 경우<br>○온도 · 습도 · 청정도 유지가 가능한 냉 · 난방 시설을 갖춘 경우<br>○온도 · 청정도 유지가 가능한 냉 · 난방시설을 갖춘 경우<br>○기타 냉 · 난방시설을 갖춘 경우 | (10.0)<br>(8.0)<br>(6.0)<br>(4.0) | | | |
| 2) 식당 및 연회실<br>○온도 · 습도 · 청정도 유지가 가능한 냉 · 난방시설을 갖추되, 다른 용도와 분리된 독립 냉 · 난방시설을 갖춘 경우<br>○온도 · 습도 · 청정도 유지가 가능한 냉 · 난방시설을 갖춘 경우<br>○온도 · 습도 유지가 가능한 냉 · 난방시설을 갖춘 경우<br>○기타 냉 · 난방시설을 갖춘 경우 | (10.0)<br>(8.0)<br>(6.0)<br>(4.0) | | | |
| 3) 주 방<br>○냉 · 난방시설을 갖추되, 취기확산방지를 위한 환기시설 및 주방 배기의 취기가 타 지역으로 확산되지 않도록 타용도(식당포함)와 독립된 냉 · 난방시설 및 주방배기계통에 기름성분을 제거할 수 있는 장치를 한 경우 | (10.0) | | | |

| 평가내용 | 평가기준 | 평가결과 | | 비 고 |
|---|---|---|---|---|
| | | 자율평가 | 심사평가 | |
| ㅇ냉 · 난방시설을 갖추되 취기확산방지를 위한 환기시설을 하고, 타용도(식당 포함)와 독립된 냉 · 난방시설을 갖춘 경우<br>ㅇ냉 · 난방시설을 갖추되 취기확산방지를 위한 환기시설을 한 경우<br>ㅇ난방시설을 갖추고 환기시설을 한 경우 | (8.0)<br><br><br>(6.0)<br><br>(4.0) | | | |
| 마. 위생시설<br>1) 내식성 배관제 및 수조시설 사용시 시설수준 및 관리상태 | 우수(5.0)<br>양호(4.0)<br>보통(3.0)<br>미흡(2.0) | | | |
| 2) 절수기구 사용시 시설수준 및 관리상태<br>※ 소변기의 자동급수 세척시설 등 | 우수(5.0)<br>양호(4.0)<br>보통(3.0)<br>미흡(2.0) | | | |
| 바. 시설유지관리<br>1) 공조환기 설비 상태<br>※ 공조조화기의 Filter 상태, 주방의 Duct 내 Oil 침적물 제거 및 Damper조절 기능, F.C.U.Filter 청결상태 등 | <br>우수(5.0)<br>양호(4.0)<br>보통(3.0)<br>미흡(2.0) | | | |
| 2) 급배수 위생시설<br>※ 수로의 맨홀이나 연관통의 이물질 침입방지를 위한 관리상태, 고가수조, 저탕조의 도장상태 및 침적물 제거상태, 위생배관 접속부의 누수 및 Scale 방지상태, 위생금구류의 도장상태 등 | <br>우수(5.0)<br>양호(4.0)<br>보통(3.0)<br>미흡(2.0) | | | |
| 사. 객실의 온도조절시설<br>ㅇ객실별 임의조절 가능시<br>ㅇ중앙에서 원격제어 및 설정점 조절 가능시<br>ㅇ기 타 | <br>(5.0)<br>(4.0)<br>(3.0) | | | |
| 아. 로비의 면적<br>※ 100실 미만은 33㎡, 200실 미만은 66㎡, 300실 미만은 100㎡, 300실 이상은 150㎡을 기준면적으로 적용<br>ㅇ기준면적의 120% 이상 확보<br>ㅇ기준면적의 110% 이상 확보<br>ㅇ기준면적의 100% 이상 확보<br>ㅇ기준면적의 미만 확보 | <br><br><br><br>(10.0)<br>(7.0)<br>(5.0)<br>(3.0) | | | |

## 8. 전기 및 통신부문(80점)

| 평가내용 | 평가기준 | 평가결과 | | 비 고 |
|---|---|---|---|---|
| | | 자율평가 | 심사평가 | |
| 가. 서비스통신 설비<br>○Maid Call System 통신망 운용상태 | 우수(5.0)<br>양호(4.0)<br>보통(3.0)<br>미흡(2.0)<br>없음(0.0) | | | |
| 나. 비상전력설비<br>1) 전체 계약 용량의 가동률 확보<br>○100% 이상<br>○80% 이상<br>○60% 이상<br>○40% 이상 | (5.0)<br>(4.0)<br>(3.0)<br>(2.0) | | | |
| 2) 비상발전기 연속가동 여부<br>○24시간 이상 가동 가능<br>○8시간 이상 가동 가능<br>○4시간 이상 가동 가능<br>○4시간 미만 가동 가능 | (5.0)<br>(4.0)<br>(3.0)<br>(2.0) | | | |
| 3) 기타 예비전원 확보 상태<br>※ 밧데리에 의한 조명설비 구비 및 건전지 등 기타 비상조명 확보상태 등 | 우수(5.0)<br>양호(4.0)<br>보통(3.0)<br>미흡(2.0)<br>미확보(0.0) | | | |
| 다. 객실 내 비상호출설비<br>※ 비상호출설비 구비 및 비상시 조치체계 등<br>○객실과 욕실에 모두 구비<br>○객실 또는 욕실에만 구비<br>○구비되지 않음 | (5.0)<br>(3.0)<br>(0.0) | | | |
| 라. 승강기 설비<br>1) 안전도 및 환경상태<br>※ 내부의 실내장치 비상벨 작동시 연락방법, 정기적 안전점검 실시 여부, 승강기 보수책임관리자 지정, 내부조명 및 안락감 등을 평가하되, 지상 3층 이하 건물로써 승강기가 없는 경우에는 "양호(8.0)"으로 평가<br>※ 승강기의 정기적 안전점검이 실시되고 있는지의 여부를 파악하도록 함(안전점검에 문제가 있는 경우는 1점) | 우수(10.0)<br>양호(8.0)<br>보통(6.0)<br>미흡(4.0) | | | |

<table>
<tr><th rowspan="2">평가내용</th><th rowspan="2">평가기준</th><th colspan="2">평가결과</th><th rowspan="2">비 고</th></tr>
<tr><th>자율평가</th><th>심사평가</th></tr>
<tr><td>2) 정전시 비상전원으로 운전되는 승강기의 대수<br>○고객용 승강기의 40% 이상<br>○고객용 승강기의 30% 이상<br>○고객용 승강기의 20% 이상<br>○고객용 승강기의 20% 미만</td><td><br>(5.0)<br>(4.0)<br>(3.0)<br>(2.0)</td><td></td><td></td><td></td></tr>
<tr><td>마. 객실의 조명시설 상태<br>※ 객실 내 부분별 조명밝기, 조명밝기의 조정 가능 여부 등<br>○ 3곳 우수<br>○ 2곳 우수<br>○ 1곳 우수<br>○ 모두 미흡<br>※ 한국기술표준원에서 제시하는 KS 규정<br>- 객실 전반 : 60~150(표준조도 100)<br>- 화장대 주변 : 300~600(표준조도 400)<br>- 책상 주변 : 300~600(표준조도 400)</td><td><br><br><br>(5.0)<br>(3.0)<br>(1.0)<br>(0.0)</td><td></td><td></td><td></td></tr>
<tr><td>바. 객실 내 TV 및 통신상태<br>1) TV방송 수신상태</td><td><br>우수(5.0)<br>양호(4.0)<br>보통(3.0)<br>미흡(2.0)<br>미설치(0)</td><td></td><td></td><td></td></tr>
<tr><td>2) 국제전화 사용상태</td><td>우수(5.0)<br>양호(4.0)<br>보통(3.0)<br>미흡(2.0)<br>불가능(0.0)</td><td></td><td></td><td></td></tr>
<tr><td>사. 객실 내 인터넷 연결 상태<br>1) 객실 내에서 인터넷 연결을 위한 시설 가능 여부<br>○(인터넷 가능 객실 수 / 전체 객실 수) × 10점<br>※ 미설치는 0점 처리</td><td><br>(10.0)<br>(취득점수)</td><td></td><td></td><td></td></tr>
<tr><td>2) 객실 내에 컴퓨터 설치 여부<br>○객실의 40% 이상<br>○객실의 25% 이상<br>○객실의 10% 이상</td><td><br>우수(7.0)<br>양호(5.0)<br>보통(3.0)<br>미설치(0.0)</td><td></td><td></td><td></td></tr>
</table>

| | | | | |
|---|---|---|---|---|
| 아. 객실내 Wake-up Calls 등의 기능<br>1) Wake-up Calls의 유무 | 유(3.0)<br>무(0.0) | | | |
| 2) Night Table의 기능<br>※ 조명, 공조, 방송, TV, 시계 상태 등<br>○5개 이상 가능<br>○4개 가능<br>○3개 가능<br>○2개 가능<br>○1개 가능<br>○미설치 | <br><br>(5.0)<br>(4.0)<br>(3.0)<br>(2.0)<br>(1.0)<br>(0.0) | | | |

## 9. 소방 및 안전부문(100점)

| 평가내용 | 평가기준 | 평가결과 | | 비 고 |
|---|---|---|---|---|
| | | 자율평가 | 심사평가 | |
| 가. 비상시 안내지침서 구비 여부<br>※ 객실의 위급사항, 화재시 객실이용지침 등의 내용이 수록되어 있는 지침서가 객실 내에 구비되어 있는지 여부<br>※ 지침서 내에 119 등 비상시 필요한 전화번호안내 포함 | <br>우수(10.0)<br>양호(8.0)<br>보통(6.0)<br>미흡(4.0) | | | |
| 나. 고객접점 안내시설물 관리상태<br>1) 객실 내 소방안전시설물<br>※ 객실 내 감지기, 인명 구조함, 완강기, 구조대 등의 작동 여부 및 관리상태 | <br>우수(5.0)<br>양호(4.0)<br>보통(3.0)<br>미흡(2.0) | | | |
| 2) 공공지역 내 소방안전시설물 관리상태<br>※ 현관로비, 복도, 식당, 부대시설 등의 통로유도등, 유도등, 소화전박스, 소화기, 경보설비(비상벨 등)등의 유지관리(청결) 상태 | 우수(5.0)<br>양호(4.0)<br>보통(3.0)<br>미흡(2.0)<br>미구비(0.0) | | | |
| 다. 종사원의 소방안전 훈련 여부<br>1) 종사원의 소방·안전 훈련(최근 1년간)<br>○4회 이상<br>○3회 이상<br>○2회 이상<br>○1회 이상<br>※ 기초훈련, 부분훈련을 모두 실시하지 않을 경우 1회로 처리, 미실시는 '0'점 처리 | <br><br>(5.0)<br>(4.0)<br>(3.0)<br>(2.0) | | | |

<table>
<tr><th rowspan="2">평가내용</th><th rowspan="2">평가기준</th><th colspan="2">평가결과</th><th rowspan="2">비 고</th></tr>
<tr><th>자율평가</th><th>심사평가</th></tr>
<tr><td>2) 소방계획서 작성 및 실행 여부<br>※ 소방계획서 작성여부, 내용 등</td><td>우수(5.0)<br>양호(4.0)<br>보통(3.0)<br>미흡(2.0)</td><td></td><td></td><td></td></tr>
<tr><td>3) 종사원의 소방시설 사용숙지 및 고객 대피요령<br>가) 화재의 예방요령, 화재 신고요령, 소방시설의 사용법, 소방시설 사용·관리 유지 요령, 화재진압요령, 인명대피 및 유도요령 등</td><td>우수(5.0)<br>양호(4.0)<br>보통(3.0)<br>미흡(2.0)</td><td></td><td></td><td></td></tr>
<tr><td>나) 종사원의 소화기 및 소화시설의 사용 가능 여부</td><td>우수(5.0)<br>양호(4.0)<br>보통(3.0)<br>미흡(2.0)</td><td></td><td></td><td></td></tr>
<tr><td>라. 종사원의 응급조치 요령<br>※ 고객의 응급상황에 대한 종사원의 응급조치 요령에 대한 숙지 여부</td><td>우수(5.0)<br>양호(4.0)<br>보통(3.0)<br>미흡(2.0)</td><td></td><td></td><td></td></tr>
<tr><td>마. 호텔출입자 보안관리를 위한 호텔 고객이용시설에 대한 폐쇄회로 설치 및 유지관리상태<br>1) 폐쇄회로 설치 여부<br>○5개소 이상<br>○4개소<br>○3개소<br>○2개소 이하<br>※ 각층 복도, 엘리베이터, 로비, 프런트 데스크, 주차장, 식당, 부대시설 등<br>※ 층별 복도, 엘리베이터 등과 같이 성격이 같은 곳은 1개소로 평가</td><td>우수(5.0)<br>양호(4.0)<br>보통(3.0)<br>미흡(2.0)<br>미설치(0.0)</td><td></td><td></td><td></td></tr>
<tr><td>2) 폐쇄회로 시설의 효율성<br>※ 설치된 폐쇄회로를 통해 호텔 시설물을 확인할 수 있는지 여부<br>○호텔 전체의 80% 이상<br>○호텔 전체의 70% 이상<br>○호텔 전체의 60% 이상<br>○호텔 전체의 50% 이상<br>○호텔 전체의 50% 미만</td><td>(5.0)<br>(4.0)<br>(3.0)<br>(2.0)<br>(1.0)</td><td></td><td></td><td></td></tr>
<tr><td>바. 고객을 위한 보험 혜택 여부<br>※ 고객을 위한 상해 보험 등 각종 보험 혜택</td><td>유(5.0)<br>무(0.0)</td><td></td><td></td><td></td></tr>
</table>

| | | | | |
|---|---|---|---|---|
| 사. 소방정기점검의 지적사항에 대한 개선 상태<br>※ 정기적인 소방점검에서 지적된 사항에 대한 개선자료 제출(사진 자료 포함) | 우수(10.0)<br>양호(8.0)<br>보통(6.0)<br>미흡(4.0) | | | |
| 아. 동선의 안전성 및 편의성<br>※ 출입구(현관)에서부터 프런트 데스크, 엘리베이터(에스컬레이터, 계단), 각종 편의·부대시설까지의 동선의 안전성 및 편의성, 출입구에서 객실까지의 이동 안전성 및 용이성 등 | 우수(10.0)<br>양호(8.0)<br>보통(6.0)<br>미흡(4.0) | | | |
| 자. 대테러대비 안전 매뉴얼 및 장비보유 여부<br>※ 테러협박 접수 시 대응요령, 폭발물 등 의심물질 발견 시 대응요령, 테러상황별 대응요령 등<br>※ 안전요원용 가스총, 무전기(TRS), 방독면, 차량돌진대비 바리게이트 등 | 우수(10.0)<br>양호(8.0)<br>보통(6.0)<br>미흡(4.0) | | | |
| 카. 테러대비 안전조직 구성 및 운영여부<br>※ 테러대비 경비전담 조직 편성·운영, 안전상황실 설치·운영, 안전교육 실시 여부 등 | 우수(10.0)<br>양호(8.0)<br>보통(6.0)<br>미흡(4.0) | | | |

## 10. 소비자 만족도부문(100점)

| 평가내용 | 평가기준 | 평가결과 | | 비 고 |
|---|---|---|---|---|
| | | 자율평가 | 심사평가 | |
| 가. 프런트 데스크 서비스<br>※ 체크인, 체크아웃, 미니바 확인 간소화, 표준화, 대기장소 등의 만족도 | 우수(10.0)<br>양호(8.0)<br>보통(6.0)<br>미흡(4.0) | | | |
| 나. 접객 예절<br>※ 인사, 태도, 용모, 복장, 말씨, 억양, 어조, 용어 선택 등의 만족도 | 우수(10.0)<br>양호(8.0)<br>보통(6.0)<br>미흡(4.0) | | | |
| 다. 예약시스템<br>※ 호텔홈페이지, 여행사이트, 전화 등 다양한 예약가능에 대한 만족도 | 우수(10.0)<br>양호(8.0)<br>보통(6.0)<br>미흡(4.0) | | | |
| 라. 세탁물서비스<br>※ 이용시간, 신속성 등에 대한 만족도 | 우수(10.0)<br>양호(8.0)<br>보통(6.0)<br>미흡(4.0) | | | |

| 평가내용 | 평가기준 | 평가결과 | | 비 고 |
|---|---|---|---|---|
| | | 자율평가 | 심사평가 | |
| 마. 고객모니터링시스템<br>※ 객실 내 불편신고엽서비치, 처리상황의 체계화 등 만족도 | 우수(10.0)<br>양호(8.0)<br>보통(6.0)<br>미흡(4.0) | | | |
| 바. 소비자 안내시스템<br>※ 객실 내 호텔이용만족카드비치여부, 관광정보 안내시스템, 고객이 원하는 정보안내체계, 다양한 자료 등 만족도 | 우수(10.0)<br>양호(8.0)<br>보통(6.0)<br>미흡(4.0) | | | |
| 사. 전화예절<br>※ 신속, 간결, 정중한 태도 등의 만족도 | 우수(10.0)<br>양호(8.0)<br>보통(6.0)<br>미흡(4.0) | | | |
| 아. 컴플레인 응대<br>※ 신속한 접수, 사죄의 표현, 경청, 문제점 파악 등의 만족도 | 우수(10.0)<br>양호(8.0)<br>보통(6.0)<br>미흡(4.0) | | | |
| 자. 차량안내 서비스<br>※ 발렛파킹, 열쇠의 안전한 보관, 장애인, 노약자 승차 시 서비스, 등 영접 서비스의 만족도 | 우수(10.0)<br>양호(8.0)<br>보통(6.0)<br>미흡(4.0) | | | |
| 차. 환송서비스<br>※ 차량 대기일 경우 호출서비스, 차량이 없는 경우 택시 호출서비스, 짐 확인 및 차에 싣는 서비스 등의 만족도 | 우수(10.0)<br>양호(8.0)<br>보통(6.0)<br>미흡(4.0) | | | |

## 11. 부가점수

### 11-1. 가점 항목(90점)

| 평가내용 | 평가기준 | 평가결과 | | 비 고 |
|---|---|---|---|---|
| | | 자율평가 | 심사평가 | |
| 가. 국제회의시설<br>1) 국제회의시설(연회장)의 규모<br>※ 1인당 1.2㎡를 기준으로 산정하여 평가<br>○500명 이상 수용 가능<br>○400명 이상 수용 가능<br>○300명 이상 수용 가능 | <br><br><br>(10.0)<br>(6.0)<br>(4.0) | | | |

| | | | | |
|---|---|---|---|---|
| 2) Receiver 보유상태<br>○국제회의장 수용능력에 적합한 수량 보유<br>○미보유 | <br>(5.0)<br>(0.0) | | | |
| 3) 국제회의 관련 전문직원의 보유상태<br>○3명 이상<br>○2명 이상<br>○1명 이상 | <br>(5.0)<br>(3.0)<br>(2.0) | | | |
| 4) 최근 2년 간 국제회의 유치실적<br>○10회 이상<br>○5~9회<br>○1~4회 | <br>(5.0)<br>(3.0)<br>(2.0) | | | |
| 나. 운동오락시설<br>1) 수영장, 헬스클럽, 스쿼시장, 테니스장, 볼링장, 탁구장, 당구장, 오락실, 미니골프장, 파워보트, 제트스키, 스킨스쿠버, 수상스키, 윈드서핑 등<br>○5개 이상<br>○4개 이상<br>○3개 이상<br>○2개 이상 | <br><br>(10.0)<br>(8.5)<br>(7.0)<br>(5.0) | | | |
| 2) 헬스클럽, 수영장 등의 전문강사 채용 여부<br>※ 체육지도자(생활체육, 경기) 자격증 소지 전문강사(종목에 관계없음)<br>○자격증 소지자 1명당 1점(5명까지 인정)<br>○소지자가 없는 경우 0점 | <br><br><br>(5.0)<br>(0.0) | | | |
| 다. 편의시설<br>※ 제과점, 관광기념품점, 면세점, 이용실, 사우나, 어린이 놀이방, 노래방 등<br>○5개 이상<br>○4개 이상<br>○3개 이상<br>○2개 이상 | <br><br>(10.0)<br>(8.5)<br>(7.0)<br>(5.0) | | | |
| 라. 한식당 운영상태<br>※ 한식당의 구조 및 품위, 메뉴 구성, 관리 및 청결상태, 주방의 위생관리 상태 등 | <br>우수(20.0)<br>양호(15.0)<br>보통(10.0)<br>미운영(0.0) | | | |

| 평가내용 | 평가기준 | 평가결과 | | 비 고 |
|---|---|---|---|---|
| | | 자율평가 | 심사평가 | |
| 마. 옥외조경시설<br>※ 외부공간확보, 외부정원, 외부 인테리어, 아름답고 독특한 외부, 다양한 수목과 아름다운 경관, 아름답고 독특한 건축물 | 우수(10.0)<br>우수(8.0)<br>양호(6.0)<br>보통(4.0) | | | |
| 바. 종사원<br>1) 다양한 외국어 제공 여부<br>○6개 외국어 이상<br>○5개 외국어 이상<br>○4개 외국어 이상<br>○3개 외국어 이상<br>※ 관련 외국어능력 보유자(공인된 언어능력시험에서 일정 수준 이상-관광공사 채용기준 참조) 혹은 해당 언어학과 졸업자 및 관련기관 인증서 보유자 | <br><br>(5.0)<br>(3.0)<br>(2.0)<br>(1.0) | | | |
| 2) 종사원의 자격증 소지자 비율<br>○60% 이상<br>○50~59%<br>○40~49%<br>○40% 미만<br>※ 관광종사원(호텔경영사 등), 조리사 등의 자격증 소지자 비율 | <br>(5.0)<br>(4.0)<br>(3.5)<br>(2.5) | | | |
| 가. 화재 및 범죄 발생 여부(최근 3년간)<br>1) 호텔 내 화재 발생 여부 | 유(-5.0)<br>무(0.0) | | | |
| 2) 호텔 내 도난 등 범죄 발생 여부<br>※ 종사원이 개입되지 않은 범죄행위만 평가 | 유(-5.0)<br>무(0.0) | | | |
| 나. 호텔경영주 및 종사원의 불법행위<br>※ 호텔경영과 관련된 불법(범죄)행위(최근 3년간) | 유(-5.0)<br>무(0.0) | | | |
| 다. 영업상 행정조치 여부(최근 3년간)<br>○없음<br>○1~2회<br>○3~5회<br>○6회 이상<br>※ 위생점검, 소방점검, 노사분규 등 영업상의 행정조치(행정처분, 과태료, 과징금 등)를 받았을 경우 | <br>(0.0)<br>(-3.0)<br>(-4.0)<br>(-5.0) | | | |

## 11-2. 감점 항목(-30점)

| 평가내용 | 평가기준 | 평가결과 | | 비 고 |
|---|---|---|---|---|
| | | 자율평가 | 심사평가 | |
| 가. 화재 및 범죄 발생 여부(최근 3년 간)<br>1) 호텔 내 화재 발생 여부 | 유(-5.0)<br>무(0.0) | | | |
| 2) 호텔 내 도난 등 범죄 발생 여부<br>※ 종사원이 개입되지 않은 범죄행위만 평가 | 유(-5.0)<br>무(0.0) | | | |
| 나. 호텔경영주 및 종사원의 불법행위<br>※ 호텔경영과 관련된 불법(범죄)행위(최근 3년간) | 유(-5.0)<br>무(0.0) | | | |
| 다. 영업상 행정조치 여부(최근 3년간)<br>○ 없음<br>○ 1~2회<br>○ 3~5회<br>○ 6회 이상<br>※ 위생점검, 소방점검, 노사분규 등 영업상의 행정조치(행정처분, 과태료, 과징금 등)를 받았을 경우 | (0.0)<br>(-3.0)<br>(-4.0)<br>(-5.0) | | | |
| 라. 고객불편신고 처리상태<br>1) 시설 및 위생관리 | 문제없음(0.0)<br>불량(-1.0)<br>매우 불량(-2.0) | | | |
| 2) 서비스 | 문제없음(0.0)<br>불량(-1.0)<br>매우 불량(-2.0) | | | |
| 3) 부당요금징수 | 문제없음(0.0)<br>불량(-1.0)<br>매우 불량(-2.0) | | | |
| 4) 예약조건 불이행 | 문제없음(0.0)<br>불량(-1.0)<br>매우 불량(-2.0) | | | |
| 5) 기타 부문 | 문제없음(0.0)<br>불량(-1.0)<br>매우 불량(-2.0) | | | |

제5편

# 글로벌 호텔경영 전략

CHAPTER_12

# 호텔사의 글로벌 포트폴리오 전략

## 제1절 글로벌 성장전략에 수반된 주요 논의점

국내외의 호텔경영에서 직면되는 문제들은 상당부분 유사하다. 그러나 국제적인 경쟁에서는 이와는 달리 고유하게 제기되는 전략적인 문제들도 적지 않다. 그러므로 호텔사의 글로벌 경영을 위해서는 국내의 기업경영에서 견제했던 전략적 주안점들을 전환하지 않으면 안 될 것이다. 우선 사업상 경쟁자와 경쟁 영역을 달리하게 될 것이므로 이런 요소들에 대한 주의를 요한다. 기업의 환경적 위협과 기회 요인들의 분석·파악을 통해 기업의 경쟁역량을 확인하고 취약점을 개선하는 혁신노력으로 조직이 넓은 시야를 확보하는 것이 중요하다.

이상과 같은 주요 업무들은 주로 호텔사의 사업 본부에서 주도해야 할 일들이므로 본부의 최고 경영자들은 다음과 같은 요소들에 대한 고려를 통하여 구체적인 시행내용과 행동지침을 강구해야만 할 것이다.

### 1. 기업의 지적 역량과 정보수집

시장 및 경쟁자 관련 정보의 수집과 이에 대한 해석이 중요하며 이를 위한 기업의 지적 역량 확보와 개발이 중요하다.

### 2. 기업역량의 자체평가 실시

기업의 자체 역량 평가를 거쳐 영업에 있어서 이런 역량을 여하히 활용할 것인가에 대한 고려와 실행 대책 마련이 중요하다. 여기서 기업역량이란 주로 기업 제자원으로서 기업의 기술적 경영관리적인 강점과 자본력, 노동력 및 원재료 등과 관련된 개념이다.

### 3. 전략적 선택과 집중

외부적인 압박요인들에 대한 경영진의 반응으로서 어떤 전략을 선택하고 집중적인 노력을 기울일 것인지를 결정하는 것은 전략적인 관점에서 매우 중요하다. 품질, 가격, 고객충성도 등과 관련된 결정이 특히 중요한데 주로 글로벌 표준적인 고객의 요구를 고려하게 될 것이다.

### 4. 글로벌 경제 규모 및 범주

글로벌 고객에 대한 서비스 제공의 기업역량과 경험을 영업에 활용할 수 있는 역량을 글로벌 차원에서 고려하여야 한다.

### 5. 비용과 인건비의 산출

실현 가능한 이익은 물론이고 글로벌 확장정책에 소요될 비용을 예측하고 이를 관리해 나갈 수 있는 목표수익의 달성 역량에 대한 고려를 해야 한다.

### 6. 기업 통제력 유지의 중요성

직접 투자된 호텔사는 물론이고 프랜차이징, 경영계약, 전략적 제휴 등 국제적으로 체결된 제종의 관계에 대한 경영통제력을 유지하는 것은 축적된 경영 노하우는 물론 관계회사의 성과나 본사의 수익성과 제고를 위해서 매우 긴요한 사안이 된다.

### 7. 조직구조

기업이 선택한 전략은 기업이 경쟁하는 경쟁환경 여하에 의해서 결정되는 것이다. 기업 조직 또한 선택 가능한 여러 대안들 중 이러한 전략 실행에 가장 적합한 형태로 선택·결정되는데 이 때 중요한 고려의 배경으로 작용되는 것이 환경과 전략이다.

## 제2절 호텔사의 성장전략과 소유 구조

### 1. 글로벌 전략의 배경

기업이 집중적인 성장전략을 추구하려면 기업이 지속적으로 제품을 개선하고 매출을 신장할 활동에 주력하고 여러 가지 배급경로들을 확대해 가지 않으면 안 된다. 특히 치열해 지는 글로벌 경쟁여건에서 생존하고 또 성장발전하려면 전략적 이점을 기대할 수 있는 전문성을 지향한 전략개발이 불가피해지게 된다.

호텔사들이 체인화에 의한 글로벌 시장진출을 도모하려는 배경에는 여러 가지 동기요인들이 작용되는 것으로 알려져 있다(제2장 7절 참조). 특히 적극적으로는 성장을 촉진하고 기업의 재무성과를 증진하려는 목적이 동기로 작용될 것이다. 이것은 모두 국제적으로 증대하는 관광량을 배경으로 한 것이기도 하다. 상용여행과 순수관광 여행의 증가추세는 비록 경기침체로 인한 하락세를 보이고는 있지만 여전히 수요는 커지고 있다. 또한 국제적인 사업과 상품 및 서비스 개선을 통한 호텔 브랜드에 대한 충성도를 높이려는 동기가 크게 작용되고 있다. 그러나 최근의 빈번한 경기침체와 경기변동은 기업들로 하여금 재무위험을 회피하거나 완화할 수 있는 전략개발을 촉진시켜 왔다. 지역적으로 제기될 수 있는 문제들에 대해서는 지역적인 호텔사업체의 분산이 어느 정도 이런 목적에 기여해 줄 것으로 기대되기 때문이다.

① 성장 및 재무성과 증진의 동기
② 국제적인 사업상 여행과 관광량 증대에 따른 동기
③ 브랜드에 대한 충성도 개발 동기
④ 급속한 경기변동에 대한 위험완화 동기

### 2. 글로벌 호텔사들의 다양한 소유 구조

앞에서 기술한 바 호텔의 글로벌 성장전략의 배경이 되는 동기요인들 중 일부 혹은 전부에 속하는 어떤 것에 의한 전략을 추진하던 간에 이때 호텔사들이 활용할 수 있는 소유 구조는 다양하다(제7장 3절 참조). 직접 투자가 아니면 프랜차이징이나 경영계약 등 방법에 의해서 직접 투자를 제한함으로써 투자위험을 관리할 수 있는 형태에 의한 글로벌 기업으로의 확장을 가능하게 해 줄 소유 구조를 선택할 수 있고 전략적 제휴 등 방안을 활용할 수도 있다. 그렇지 않으면 최단 기간에 기업을 확장하기 위해서 신규 호텔사업체나 기존 호텔사를 한 번에 인수하는 방안도 고려해 볼 수 있다.

다음은 호텔산업에서 실무적으로 널리 활용되고 있는 소유 구조들에 대해서 간략히 고찰해 보기로 한다. 그러나 이미 상당부분이 제7장의 기업형태에서 다루어졌으므로 여기서는 주로 소유 구조의 선택적 관점에서 접근해 주길 바란다.

### 1) 전략적 제휴(strategic alliances)

고객충성도를 기하기 위한 시도로서 국제적인 품질과 가격결정에서의 국제통일적인 기준으로 유도되고 있는 표준에 대한 고객 욕구수준 등의 외부적인 압력들로 인해서 경영자들이 어떤 대안을 어떻게 찾을 것인가 하는 결정 여하에 따라서 전략적 제휴에 대한 선택이 이루어질 수 있다.

글로벌지향적 기업구조를 지향해서 전략적 구조를 변화시키는 데는 현행 국제 시장기회와 경쟁적 위협으로 인해서 제자원에 대한 수요가 대폭적으로 증가되게 된다. 이와 같은 문제와 경영상의 압박은 국제적인 합작투자, 국제적인 자산 인수나, 합병, 공동협력 방안 등 광범위하게 형성되는 국제적 관계로도 그 경향이 입증되고 있는 사실이다.

전략적인 협력의 형태는 각기 다른 호텔기업들이 공통예약 및 마케팅시스템에 의해서 협력하게 되는(tied together) 가장 단순한 형태의 전략적 제휴로부터 비단 호텔 뿐만 아니라 여행사와 같은 다른 업종의 기업들까지 가세된 수직적 통합의 방향으로 이루어지는 전략적 제휴 등 복잡한 형태에 이르기까지 다양하다.

### 2) 프랜차이징(franchising)

특정브랜드의 서비스와 사업에 대한 판매특권(franchise)을 가진 프랜차이즈 본사(혹은 본부나 본점, franchisor)가 프랜차이즈 회원사(가맹사 혹은 가맹점, franchisee)와 일정한 계약을 체결함으로써 동일한 브랜드명의 사용과 더불어 제반 경영서비스를 받게 되는 것을 프랜차이징(franchising)이라고 한다. 프랜차이즈에는 판매형(sales type)과 사업형(business format type)의 두 가지 형태가 있는데, 호텔에서 이용하는 프랜차이즈의 유형은 주로 사업형이다.

전술한 바와 같이 프랜차이즈는 프랜차이즈 본사가 특정 브랜드의 상품이나 경영 서비스를 가지고 특정지역에서의 독점판매 혹은 사업권을 통해 국제적인 시장 확대 및 사업 확장 등에 탁월한 효과를 발휘하기 때문에 글로벌 경영을 도모하려는 기업에서는 전략적으로 이런 형태의 호텔경영을 도모하게 된다. 이러한 전략개발 및 지배구조에 의한 호텔기업의 형태는 거액 최초 투자 자본을 수요하는 호텔기업이 당면하게 될 자본 조달의 어려움이나 직접 투자에 수반된 위험 감수 없이 단시간 내 기업 확장을 가능하게 해줄 효과적인 수단으로서 글로벌 호텔산업계에서 널리 활용되는 기업형태가 되고 있다.

이런 프랜차이즈는 전문성이나 경험이 결여된 자본주나 사업주가 호텔의 투자 타당성 조사나 시장조사에서 개업준비 및 경영관리에 이르는 사업 전반에 걸친 경영노하우와 경험을 가지고 경영자문과 협력을 아끼지 않는 형태의 협력으로 이루어지는 관계이므로 사업형 프랜차이즈라고 부른다. 그러나 코카콜라 등처럼 일정한 지역(stake) 내에서의 상품 독점판매권을 주로 하는 프랜차이징은 판매형의 프랜차이즈라고 한다.

그러나 계약관계에서 본사는 자국법에 저촉되지 않는 것도 중요하지만 현지법인이 소재한 지역의 현지법과 관행에 의해서 계약내용은 규제를 받게 되므로 본사와 소유주의 자국법에 저촉되지 않는 규정에 대한 합의에 이르기는 쉽지 않은 협상과정을 필해야만 하므로 상당한 협상기간이 소요되는 경우가 허다하다.

### 3) 위탁경영(management contracts)

가장 단기간에 걸친 기업 확장의 전략으로 널리 활용되는 기업형태가 위탁경영(management contracts)이다. 그러나 빠른 반면에 현지에 진출하는 호텔사들의 현지적응은 그다지 쉽지가 않다. 호텔을 개발, 가장 유리한 조건의 경영계약을 통한 기업 확장이 가능하게 되려면 문화적인 생소함이나 현지국가의 정책 등에 익숙해지지 않으면 안되기 때문이다.

위탁경영을 맡은 글로벌 호텔사들은 회비(fee)를 받고 주로 기술적인 자문, 개업 전 협력, 마케팅 지원, 경영관리 자문에 응하게 된다. 이 때 위탁경영사의 상호와 브랜드명 및 마크를 사용하게 된다. 계약 여하에 따라서는 위탁경영사가 때로는 사업상 자본비용(주로 equity interest)을 부담하기도 하지만 대부분의 위탁경영사들이 모두 회피하는 내용이기는 하다. 또 경우에 따라서는 호텔사업체의 개발사가 되어 개발에 참여하고 그들의 소유지분을 매각한 후 위탁경영을 맡기도 한다. 그러나 위탁경영은 대부분 장기간의 경영계약으로서 운영에 대한 협상을 거쳐야만 결정될 수 있는 내용들이다.

### 4) 시장세분화(market segmentation)

호텔개발을 고려하는 경우 유형적인 시설 및 운영의 설계에 있어서 제자원을 가장 수익성 있는 형태로 분할하기 위해서는 각 세분시장별 수요추이를 알지 않으면 안 된다. 가령 유럽의 숙박객들이 미국 시장에 비해 부가적인 서비스 어메니티(amenities)을 기대할지도 모른다. 가령 Comfort Inn의 예를 들자면 자국 내 호텔에서는 식당을 갖고 있지 않지만 유럽에서는 가지고 있는 것이 바로 지역별 세분시장 추이를 반영한 사례라고 할 수가 있다. 유럽에서는 호텔식당의 수입이 총수익에 기여하는 바가 크다.

### 5) 합작투자(joint venture)

상당한 자본을 가진 호텔사들이 성장을 위해서 취할 수 있는 한 전략으로서 합작투자가 이용되고 있다. 이런 전략은 주로 대규모 부동산 개발사 및 소유회사와 호스피탈리티 및 영행 관련 기업에서 이용되는 유형이기도 하다. 이것은 프랜차이징이나 경영계약, 및 전략적 제휴들에서는 주로 소규모 개별 호텔사들이 부담하던 자본투자에 따른 위험 없이 소자본의 투자만으로 시장 확대를 도모하던 전략 사례들에서는 볼 수 없는 거액자본 수요와 이런 투자에 수반된 위험까지 부담하게 되는 전혀 다른 형태의 전략인 것이다.

### 6) 인수(acquisition)

다른 사람이나 기업으로부터 자산을 인수함으로써 단기간에 성장을 이룰 수 있는 전략이 되고 있다. 그러나 인수를 위해서는 거액의 자본이 소요되므로 확장전략 중 가장 적게 이용될 가능성이 큰 성장전략의 기법이라 하겠다.

〈표 12-1〉 소유 구조별 전략 활용 사례

| 호텔사의 발전전략 유형별 | 호스피탈리티 산업의 실제 사례 |
|---|---|
| 전략적 제휴(strategic allliance) | Best Western과 Corsort organizations Radisson Hotel사와 SAS(Swiss Movenpick)와의 관계회사 관계 |
| 프랜차이징(franchising) | Choice International사, Holiday Inn Worldwide, McDonald's, Kentucky Fried Chicken, 등의 해외 프랜차이징 |
| 시장세분화(market segmentation) | Clarion, Quality, Comfort, 및 Sleep Inn 등 개념에 의한 Choice International 사의 시장세분화 |
| 경영계약(management contract) | Hilton International, Hyatt International, 및 Marriott 등의 경영계약 |
| 합작 투자(joint venture) | 국내 및 글로벌 사회에서의 파트너와의 합작투자와 그 이후의 자산 매수 전략 등 |
| 인수 전략(acquisition) | 홍콩의 Regent, Norfolk Capital등의 다른 호텔사들을 인수한 사례들 외에도 흔함 |

## 제3절 글로벌 호텔의 경쟁전략과 포트폴리오

### 1. 호텔 포트폴리오의 개념 이해(제2편 2장 8절 참조)

호텔이 각종의 형태별 및 등급별 호텔에 대해서 어느 정도의 다양성과 비중으로 투자하고 또 사업체를 소유하거나 프랜차이징(franchising)이나 경영계약(management contract) 등 형태로 운영하는 것이 가장 수익 친화적인 구조일까 하는 조사연구를 거쳐 기업이 확정한 호텔의 사업 형태별 구조를 호텔 포트폴리오라고 한다.

호텔 포트폴리오 전략은 주로 브랜드 포트폴리오 전략으로 추진되는데 초호화 호텔로부터 버젯 모텔에 이르기까지 각 등급별 호텔 브랜드들을 어느 정도 다양하게 그리고 어떤 비중(주로 전체 사업체에 대한 점유율로 표시됨)으로 분포되도록 구성비를 조정하거나 결정할 것인지에 관련된 의사결정을 요한다. 호텔 포트폴리오는 사실 호텔이 대규모화 되면서 본격적으로 개발되기 시작한 호텔그룹 전사적인 전략 차원의 기업형태별 조직구도이다.

그러나 국내 여행 수요로 볼 때에는 세계의 대부분 지역에서 교외지역이나 여행으로 통과하는 도로변에 입지한 중소규모의 호텔들이 보유한 객실 선호추세가 현저하다(표 12-2 참조).

〈표 12-2〉 2009 호텔 입지별 호텔과 객실 분포

| 입지별(Location) | 사업체수(Property) | 객실수(Rooms+) |
|---|---|---|
| Urban | 4,804 | 741,942 |
| Suburban | 17,312 | 1,726,349 |
| Airport | 2,189 | 302,740 |
| Interstate | 7,303 | 493,831 |
| Resort | 3,790 | 595,263 |
| Small Metro / Town | 15,402 | 901,970 |

자료 : Smith Travel Research, 2010.

상용 여행자와 여가 여행자의 평균실료 소비를 비교해 보면 상용 여행자의 경우 123달러(U.S. $ per room night)로 여가객의 소비규모인 105달러(U.S. $ per room night)를 근소하게 상회하는 수준이다. 그러나 관광량에서는 여가객이 전체의 60%로 상용 여행자의 여행소비율 40%를 상당폭으로 상회하고 있어서(D.K. Shifflet & Associates, Ltd., 2010) 향후 순수 여가와 관광목적의 여가객 증가추이를 고려할 때 중저가 호텔 선호 추이는 지속될 전망이다.

또한 호화(Luxury) 및 최고급(Upper upscale) 호텔, 고급(Upscale) 및 중상층(Mid with F & B) 호텔 및 중하층(Mid without F & B) 및 이코노미(Economy) 호텔 등 복합된 등급의 호텔들은 두 호텔들 중 아래 등급의 가격에 초점을 맞추려는 소비추세에 맞추어 이제 단일 등급으로 분리되는 추세이다. 결과적으로는 등급의 수가 종전의 분류에서보다는, ① Luxury, ② Upper Upscale, ③ Upscale, ④ Midscale with F & B, ⑤ Midscale without F & B, ⑥ Economy 등으로 증가될 전망이다. 여기서 식음료(Food & Beverage)라고 하는 서비스의 개념은 제한적인 서비스(limited service)나 만능적 서비스를 분류하는 기준으로 이해하면 된다.

## 2. 브랜드 포트폴리오에 고려할 숙박시장별 분류

호텔의 등급분류 목적은 결국 숙박시장에서 어떤 여건에 있는 여행자가 각각 어떤 등급의 호텔을 각각 수요해 올 것인지를 예측함으로써 매출수익을 증진하고 수익성과를 극대할 포트폴리오 전략을 여하히 수립할 것인지를 아는 데 기여하기 위한 것이라고 할 수 있다.

신규호텔을 개발할 경우나 혹은 기존 호텔에 대한 마케팅 활동을 포함한 사업 활동을 어떤 방향으로 전개해야 할 것인지 그래서 수요시장은 어떤 세분시장의 어떤 사람들을 표적으로 해서 전략을 수립하고 시행할 것인지 등 경영활동 수행의 내용을 결정하지 않으면 안 된다.

[그림 12-1] 시간 및 예산 요인에 의한 숙박시장 분류

위의 [그림 12-1]에서 시사되듯이 다음의 4가지 유형으로 분류될 수 있다. 여행시장 중 당해 호텔사는 각 호텔브랜드별로 어떤 계층의 시장을 표적으로 할 것인지가 결정됨으로써 각각이 시장에 적합한 제품, 서비스 및 가격이 결정되지 않으면 안 된다.

① 시장계층 A : 시간도 경제적인 여건도 제한적인 여행시장
② 시장계층 B : 시간여유는 있으나 경제적인 여건이 제한적인 시장
③ 시장계층 C : 시간여유와 경제적인 여건이 갖추어져 있는 시장
④ 시장계층 D : 조성된 경제적 여건에도 불구하고 시간적 여유가 없는 시장 등

여행자의 경제적인 여건과 사용가능한 시간을 주된 요인으로 해서 조사된 시장조사를 통하여 여행시장을 크게 혹은 더욱 세분하여 분류해 봄으로써 특정 호텔사업체에 대한 시장을 파악하고 호텔의 전체 브랜드별 구성비를 결정하게 된다.

호텔 포트폴리오의 구성비 전략수립을 가장 간단하게 접근했을 경우 이런 방식으

로 결정되는 것이지만 이것이 최종안으로 확정되기까지는 상당한 검토를 요한다. 최초로 산출된 이러한 포트폴리오 안이 글로벌 호텔사의 최적해로 확정 되려면 호텔의 재무적 여건이나 인적자원 여건 및 소요 비용 등 다양한 측면에서 더욱 면밀한 검토를 거쳐야만 하는 것이다.

## 제4절 호텔 포트폴리오

### 1. 호텔 포트폴리오의 변화 배경

호텔 포트폴리오(portfolio)는 브랜드 포트폴리오로서 숙박의 수요시장 여건, 자본시장 여건, 노동시장 여건 등 다양한 경영환경 변화에 따른 영향을 받고 있다. 그러므로 이러한 요소들이 변화함에 따라서 최적 호텔 포트폴리오는 항상 변화의 필요성을 제기하고 있고 이데 대한 수정이나 조정을 가하게 되기도 한다. 포트폴리오의 변화는 일반적으로 호텔 사업체의 종류와 구체적으로는 업체의 수로 표시되는 호텔사업의 규모 조정이나 변화를 동반하게 된다.

이것은 적극적인 정책의 추진 결과로 초래되기도 하고 불가피한 여건에 대한 적응책으로 계획되기도 한다. 결국 의도적으로 계획된 것이던 또는 불가피한 결과로 인한 것이던 간에 포트폴리오의 변화는 현실적으로 신규 투자나 매수에 의한 사업 확장이나 사업축소를 위한 매각을 수반하게 된다고 할 수 있다. 그러므로 포트폴리오 전략의 수립이나 수정과 관련해서 이런 거래들을 살펴볼 필요가 있다. 결정된 호텔 포트폴리오의 내용에 따른 호텔투자에 있어서 결정적으로 고려해야 될 요소들로는 원가 및 수익성 요소들이 있다(표 13-1 참조).

### 2. 원가를 고려한 호텔투자 의사결정

호텔투자에 있어 중요하게 고려해야 할 요소들로는 ① 자본비용(capital costs), ② 호텔 사업체의 이용에 수반된 변화, ③ 높은 영업비 등이 있다. 자본비용은 연간 매출의 2~4배에 달할 정도로 거액 특성을 갖고 있다. 호텔영업에서 신축성을 제한하는 높은 고정원가 부담과 투자자본의 기회원가에 대한 감수성을 특징적 문제로 안고 있는 호텔투자에서 투자지향적인 투자의사결정보다는 오히려 입지여건이나 설계 등을 중심으로 하는 거래지향적인 투자 의사결정으로 불경기에도 다른 사업으로의 전환이 매우 어렵다. 호텔의 고비용 구조는 시설 및 서비스 표준과 가격 변동 없이는 감소될 수 없는 성질의 것이라는 점에 기인해서 쉽게 총수익의 65~75%에 도달될 수가 있다.

## 3. 수익성을 고려한 호텔투자 의사결정

수익성 면에서 고려할 요소들로는, ① 경영환경 변화에 대한 가격의 감수성에 대한 고려, ② 단기적 및 계절적인 성질의 관광수요 변동이 호텔시설 이용에 대한 수요변동으로 이어져 큰 폭의 매출증감 변화를 초래할 것이므로 수요변동 요인의 고려, ③ 재고의 특성으로 인한 호텔 주요 상품인 객실제품의 소멸성 등이 있다.

호텔의 가격은 경쟁여건에 의해서 그리고 경쟁업체의 가격을 고려하여 책정된다. 관광시장은 항상 변동가능한 시장이고 저렴한 호텔상품을 찾는 시장(budget market)은 매우 가격탄력적이다. 이런 여건에서 호텔의 사용은 단기적인 영향을 받고 있으며 주기적인 수요변동을 특징으로 한다. 경제 · 정치적인 영향도 받지만 지역시장 변화에도 민감하다. 이런 여건에서 호텔은 성업기는 물론 한업기 대책을 위해서 거액의 마케팅 예산을 수립하고 있으며 예약시스템에 소요되는 비용도 적지 않지만 한업기에 대한 정규적인 할인가격의 적용이나 단체객 등 여러 요인에 따른 정가할인 관행으로 인한 수익의 감소는 관행적인 것이 되어 오고 있다.

호텔사업의 수익성 분석에 가장 중요한 수익지표로 사용되는 '객실점유율(room occupancy rate)'은 호텔 수익성관리를 위해서 일정 수준의 비율 유지를 기본목표로 하고 있다. 이것은 호텔사업의 원가구조 및 계절적인 수요변동 요인 등을 고려할 때 수익성 관리의 절대적인 요건 혹은 지표로 이에 대한 집중적인 노력이 경주된다.

그런데 자본비용이 수익의 상당비율을 점하는 호텔사업에서 이에 영향을 미치는 또 다른 요소들을 고려하는 것은 당연하다. 즉 투자자본 및 부채에 대한 이자율과 관련된 경제적 여건(economic conditions)의 추이, 타 산업들과 비교한 객실가격의 상승요인, 자산가치 요인, 총 관광량의 증가 및 관광사업 투자 활성화로 인한 수요증가 추세(demand expansion) 및 신규호텔 투자, 숙박업으로의 사업전환 및 시설 개보수에 수반된 정부정책 차원의 인센티브(government-regulated incentives) 등을 고려해야 한다. 이런 요소들에 대한 예측 및 평가 결과에 따라서 호텔투자 목적의 자본 사용에 대한 의사결정이 이루어지게 된다.

## 4. 포트폴리오의 변경 사례

포트폴리오(portfolio)의 변경은 적극적인 사업성 개선책으로 추진될 수도 있지만 그보다는 경기침체와 같은 경기변동 여건에서 초래될 수 있는 부정적인 영향과 문제들을 완화, 해소하기 위해서 불가피하게 추진되는 사례들이 비교적 많다.

호텔 포트폴리오의 변화 추세를 호텔사적으로 고찰할 때 대부분 경기하락 시기나 경제 불황기에 수익의 격감 및 자금압박으로 야기되는 거액의 영업 순손실과 영업외의 투자손실과 무관하지 않음을 알 수가 있다(제2장 호텔 발전사 참조).

제1차, 제2차에 이어 제3의 호텔 붐 시기를 조성했던 1980년대에 급등한 호텔 가격과 상승된 호텔의 가치는 뒤이어 1987~1993년에 초래된 경기침체는 호텔의 그룹별 분류를 달리하게 하는 결과를 발생시킨 배경으로 작용했다. 많은 개별 호텔사업체들도 그렇지만 대규모 호텔의 portfolio만으로도 약 45만 실 이상의 2,150여개에 달하는 호텔이 매각되고 소유 및 경영권이 넘어가게 되었다. 이 시기에 InterContinental Hotels은 Grand Metropolitan에서 Seivu Saison Group(일본)으로, 110개의 Ramada Inns은 홍콩의 New World Development Corporation으로 가각 매각 되었다. Westin Hotels & Resorts도 일본의 Aoki Corporation으로 인수되었고 약 1,589개의 Holiday Inns도 영국의 Bass plc에 매각됐다가 Forte PLC로 인수되었고 140개의 Hilton International Hotels가 영국의 Ladbroke Group에 넘어갔다. 물론 그 이후에 이들 사업체들은 또다시 다른 회사들로 매각되기도 했지만(InterContinental사로 재매각 되는 등) 당시의 호텔부동산 매매 상황은 그러했다. 불경기의 영향으로 어떤 호텔사(영국의 Allied Lyons group)는 전체 호텔사업체를 매각한 후 숙박사업에서 손을 떼는 사례도 있었다.

## 5. Accor Group 사례를 통한 호텔 포트폴리오의 이해

### 1) Accor Group의 사례

이해를 촉진하기 위해서 Accor Group의 브랜드 포트폴리오를 통하여 호텔등급을 보기로 하자. 다음 그림에서 보면 브랜드별로 누구나가 일목요연하게 가격수준이나 그 차이를 짐작할 수 있게 해준다(그림 12-2와 그림 12-3 참조).

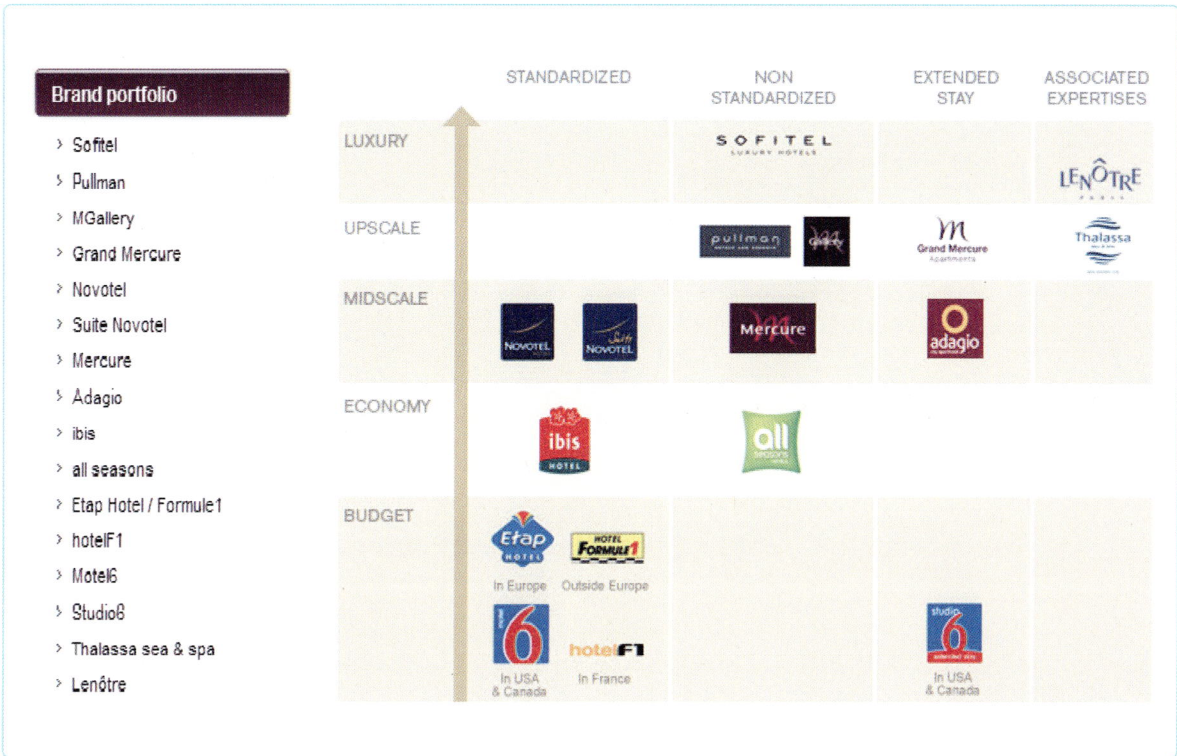


자료원 : Accor Group, 2010.

[그림 12-2] Accor Group의 브랜드별 포트폴리오

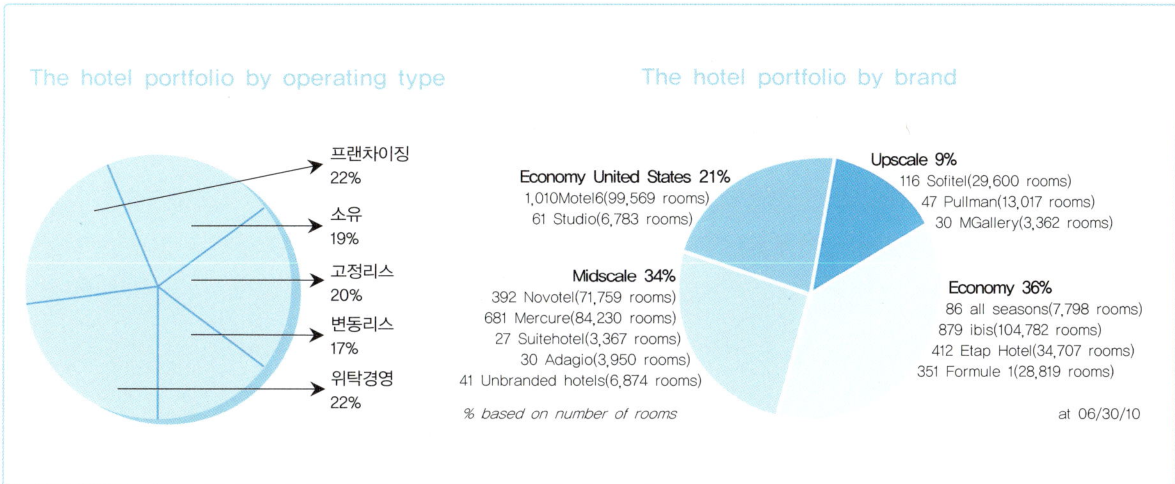


자료원 : Accor Group, 2010.

[그림 12-3] Accor Group의 경영형태별 및 브랜드별 포트폴리오

CHAPTER_13

# 글로벌 지향의 호텔부동산 투자

## 제1절 숙박산업의 부동산 투자 환경과 호텔 발전

숙박산업에 대한 투자는 전형적으로 두 가지 방식에 의한다.

하나는 기존의 호텔시설을 구입하는 경우이고 다른 하나는 호텔을 완전히 새롭게 개발하는 신규투자의 경우이다.

호텔투자를 위해서는 산업 전반에 대한 연구와 개발 투자안에 대한 연구 등이 함께 수행됨으로써 상당량의 조사연구와 관련 자료를 요한다. 신뢰성 있는 호텔투자를 위해서 취해야 할 일정한 단계별로 필요한 정보와 분석에 이용할 방법도 결정되어야 한다.

호텔투자 의사결정에 앞서서 호텔산업 전반에 걸친 지식과 그것이 어떻게 작용되는가에 대한 경험과 지식이 겸비되어야 할 것이다. 산업전반에 걸친 이해증진을 위해서는 우선 숙박산업의 역사를 고찰함으로써 산업의 발전 추이와 산업에서의 변화와 조류를 이해함으로써 호텔산업의 현황을 파악해야 한다.

### 1. 호텔 투자 환경과 사업모형의 개발

#### 1) 여행수요의 변화와 호텔사업

어느 나라나 막론하고 호텔의 발전은 일국의 경제여건과 밀접히 관련되어 있다. 물론 호텔산업의 현황이나 경영성과의 흐름도 전체적인 경제여건을 가지고 진단해 볼 수가 있다. 국가경제가 진흥되는 시기에는 전형적으로 객실점유율 등 경영성과 지표들이 상승하고 숙박시설에 대한 더 많은 투자계획이 수립되고 그 결과 신규호텔들이 건설되게 된다.

그러나 경제가 주춤거리는 불경기에는 사업목적의 여행자가 감소된다. 여가 여행자들은 대부분 정주지나 가정에 머물면서 여행의 필요성이 발생되더라도 여행소비 및 숙박시설 소비는 위축된다.

이런 추이는 숙박업의 불경기를 초래하곤 했다. 최근 미국에서 발발한 서브 프라임 모기지 등으로 인한 리먼 사태가 발발된 이후 현실화된 경제위기는 또 한 차례의 숙박업 불경기를 동반하게 되었다. 현재 각국의 경기가 회생된다고는 하나 2011년 현재까지 경기는 완전히 호전되지 못한 상태이다.

미국 등 선진국에서는 소비심리 위축으로 디플레이션 현상이 초래되는가 하면 신흥 경제발전 국가에서는 반대로 물가상승과 환율문제 등 요인들로 인플레이션 조짐이 강해지고 있다.

이런 여건에서 여행수요 증가는 둔화되고 있는 추세이다.

### 2) 호텔사업에 대한 숙박산업 내부적인 사이클의 영향

숙박산업 내부적으로 일어나는 사이클이 숙박사업의 경기에 미치는 영향은 크다.

산업 내부적인 사이클에 의한 영향중에는 지속적인 호텔의 객실점유율 하락세로 불가피해지는 매출감소 현상을 들 수가 있다. 불경기에 야기되는 객실 수요와 공급 관계의 사이클에서 찾아볼 수 있는 지속적인 영향은 수요 감소가 숙박산업의 유휴시설을 증가시키고 또 다시 이것은 호경기 때 촉진된 투자결과로 야기되는 호텔의 과잉 건설과 그로 인한 객실의 과잉공급과 동일한 효과를 발생시킨다는 것이다.

이렇게 과잉공급과 같은 현상으로 말미암은 객실 점유율의 하락이 더욱 심화됨으로써 호텔산업 전반에 걸친 수익감소 현상으로 이어져 업계의 불황은 가중되게 된다.

### 3) 호텔투자 활성화로 초래될 과잉공급 현상의 초래

호텔투자와 건설은 단순히 수요뿐만 아니라 여러 가지 요인들에 의해서 촉진되기도 한다. 신규호텔 투자는 무엇보다도 소요자본의 조달 가능성이 결정적인 요인으로 작용된다. 세계 호텔업 발전사 고찰을 통해서 알 수 있는 사실이지만, 급증된 신규호텔 건설은 경제적인 요인이나 수요감소와 더불어 호텔과 객실의 과잉공급 현상을 일으키곤 했다. 여타의 경제적 여건이 양호한 시기에도 호텔과잉 건축은 숙박제품의 과잉공급 현상을 일으켜 숙박 및 여행관련 산업 전반적인 경기에 부정적인 영향을 미칠 수 있음을 입증해 왔다.

이와 같이 글로벌 호텔산업의 불경기 역사를 돌아보면 상당 부분 과잉공급에 의해서 야기되었음을 알 수가 있다. 예를 들어 1980년대 후반 미국을 중심으로 야기되었던 호텔 과잉공급 현상이나 동경 올림픽 개최 이후 초래되었던 일본 호텔의 과잉공급 현상은 바로 호텔건축 붐으로 촉진된 신규투자 결과 초래된 과잉공급이 부른 대표적인 불경기 사례들로 기억되고 있다.

그러나 호텔투자 촉진으로 시장에서 발생된 숙박상품의 과잉공급 현상으로 불가피했던 숙박산업의 경쟁은 호텔의 생존발전을 향한 경쟁전략의 개발을 촉진하고 산업 내 경쟁역량을 강화하는 계기 등 긍정적인 효과를 초래하기도 한다.

세계의 호텔산업계는 어려운 경제여건과 치열한 경쟁에서 살아남기 위해서 고급호텔 일변도의 호텔개발을 지양하고 투자에 앞서 시장 세분화와 다중 브랜드 전략을 개발・시행하기에 이르렀다. 호텔 투자자나 경영자들은 표적으로 하는 세분시장 영역의 고객들을 겨냥한 호텔 상품과 서비스 개발을 신중히 고려하지 않을 수가 없기 때문이었다.

이와 같이 개발된 호텔 다중 브랜드의 등장은 대규모 호텔사들의 브랜드 포트폴리오 전략 수립을 촉진하면서 글로벌 호텔의 성립과 발전을 이루게 되었다.

### 4) 기업형태의 변화

호텔투자안의 평가와 추진 과정에서 호텔경영자들이 개발・도입했던 다양한 계층과 서비스의 숙박업, 소유 및 경영에 따른 다양한 호텔의 기업형태를 중심으로 하는 호텔의 경영전략은 호텔산업과 호텔경영학의 발전을 가일층 촉진시키는 계기를 마련하게 되었다. 원래는 소유・경영이 분리되지 않은 개별 사업체(independent hotel)로 운영되던 호텔이 지금은 체인(chain hotel), 경영계약(management contract hotel) 등 다양한 형태의 기업형태를 갖추고 국내는 물론 국제적으로 관계를 갖고 있는 대형 글로벌 체인 호텔 혹은 다국적 기업으로 성장・발전되기에 이르렀다.

한 때 체인 호텔사는 자사가 전 지분(equity capital)에 직접 투자한 신규호텔 건축과 소유를 통한 기업경영 위주로 운영되었다. 그러나 현재 글로벌 호텔산업의 투자와 경영은 많은 변화를 경험하게 되었다. 주요 대규모 체인사들은 이제 직접 방식에 의한 기업확장 보다는 간접적인 방식으로 투자에 임함으로써 직접투자에 의한 위험감수 보다는 축적된 노우하우의 활용에 주력해 오고 있는 경향이다. 오랜 사업경험으로 축적된 전문적인 지식과 노우하우를 자산으로 해서 일부분은 직접 투자에 의하기도 하지만 그 보다는 외부나 외국의 다른 호텔 투자자나 호텔사들을 대신해서 호텔을 개발한 다음 경영을 위탁받는 경영계약 방식(management contracts)에 의한 기업형태 전략과 경영을 추구해 가는 방식의 투자가 주류를 이루고 있다고 할 수 있다.

근대화기~1980년대에 이르는 기간까지 전세계 호텔산업의 투자에 있어서 현저했던 변화 조류는 호텔 투자안에 대한 개인과 기업의 참여가 증대되어 왔다는 점이었다.

세계의 호텔산업 발전사를 고찰할 때 알 수 있는 사실은 호텔업계의 시대적 변화와 흐름 속에서 지금까지 이루어진 세계 호텔산업의 발전과 변화들이 우연한 결과가 아니라 생존발전을 향한 업계의 부단한 노력과 혁신의 결과로 이루어진 산물이라는 점이다.

## 2. 호텔 투자환경 변화와 전략개발

### 1) 호텔부동산 투자환경 변화

기존 호텔의 자산매각(매도)이나 인수(매입) 관련 거래는 여러 가지 요인들에 의한 영향으로 초래되고 촉진될 수 있다(표 13-1 참조).

그러나 호텔의 매매는 다양한 경제여건에서 기업의 가장 효과적인 전략의 일환으로 추구되기도 한다. 호텔부동산의 매매거래는 결국 기업이 역점적으로 추진하려는 경영전략의 선택 여하에 따른 다양한 요소들의 영향으로 시작될 수 있고 또 이런 요인들에 의해서 서로 다른 결정에 도달될 수도 있게 될 것이다.

그러므로 경영환경의 변화가 초래할 변화의 형태나 규모에 따라서 변화될 수 있는 부동산 매입이나 매도 및 신규호텔 개발과 관련된 경영전략도 변화를 요하는 각기 다른 상황초래가 가능해 질 수 있다는 점에 유의해 볼 필요가 있다.

불황기라고 해서 모든 면에서 불리한 여건만이 조성되는 것도 아니고 반대로 호경기나 호텔투자가 활성화 되는 시기에도 불리한 환경은 조성될 수 있다. 그러므로 불경기에도 호기를 추구하고 호경기에도 위험요인을 경계하게 된다.

가령 불황기의 호텔부동산 매입에서 기대할 수 있는 이점이나 호경기로 인한 과잉 호텔부동산 투자 활성화가 초래할 수 있는 과잉공급에 따른 호텔의 불경기 초래가능성 등 사례를 통하여 이해를 증진할 수 있을 것이다.

### 2) 호텔부동산 경기의 하락과 기업 확장의 기회

불경기에는 대부분의 신규투자 프로젝트들이 보류되거나 취소된다. 이런 시기에는 대체로 부동산 경기가 하락함으로써 여유자금이 없어진다. 호텔부동산의 자산가치은 하락하고 매물에 대한 원매자들이 감소해 거래가격은 상대적으로 상당히 하락하는 추세가 될 경우가 허다하다. 그렇기 때문에 잠재 투자자나 자금 사정이 좋은 기업에서는 호텔 매매를 위한 상품(물건)에 대한 수요가 급격히 하락하는 이 시기가 좋은 조건에 사업체를 인수할 수 있는 호기가 될 수 있다(제4장 3절 참조). 더러는 호텔사들이 종종 이런 시기에 적극적인 시설 개보수와 신규호텔 개업을 계획하는 것도 그런 효과에 대한 기대감 때문이라고 보아야 할 것이다.

호텔산업에 있어서 불경기 동안에도 사업체를 매도하는가 하면 다른 일편에서는 기업 확장을 구상하고 있다. 대부분의 호텔 개업이나 브랜드 포트폴리오의 변화를 위해서는 신규호텔개발과 함께 기존 호텔부동산의 매입을 동반하는 경우가 많다. 신규호텔 수보다도 더 많은 수의 기존 호텔부동산에 대한 저가인수 등 방법에 의존한 기업확장 전략은 산업사 고찰로 얻은 오랜 경험과 성공사례들에 대한 학습을 통하여 관행화 된 것은 아닐까 싶다. 1989~1993년의 경기 침체기(1990~1993)에도 150개 다국적체인 호텔사들이 980여 개의 신규호텔을 개관했던 사실을 보더라도 이런 업계의 관행이 사실로 드러나고 있다(Lawson).

호텔의 매매거래는 소유권부 부동산의 매각에만 국한되지 않고 프랜차이즈 기업이나 위탁경영 계약이 체결된 호텔까지도 거래 대상에 포함되고 있다. 이런 사업확장 계획은 시장 확대나 변경, 수립된 포지셔닝 전략 등을 반영하지만 이런 변화를 위해서는 시간을 요하는 오랜 작업을 거쳐야 한다. 그러나 호텔부동산을 매각하는 경우에도 그룹사 모두를 매각하는 사례는 전례가 별로 없고 특정 시장 계층을 겨냥한 특정 거래목적을 달성하기 위한 호텔 계열사(브랜드 중심)를 인수하거나 매각하는 방식으로 거래가 이루어지고 있다(표 13-1 참조).

### 3) 불황기 호텔부동산 거래와 혁신적 사업모형의 개발

예기치 못하거나 상상을 초월한 급속한 변화에 대비한 전략 및 사업모형에 대한 파괴적인 혁신(disruptive innovation)을 통한 파괴적인 효과(disruptive impact)가 필요하거나 기대될 수도 있다.

〈표 13-1〉 불경기 호텔의 매각이나 인수의 전략적 고려 요인[1)]

| 구 분 | 전략 목표 | 거래목적별 요인 |
|---|---|---|
| 매입거래 | 경영관리측면 | ① 균형적인 구조의 포트폴리오 획득 위함 |
| | | ② 동질성의 시너지 효과와 그룹 확장에 따른 이점 수혜 |
| | | ③ 인수거래를 통해 균형적인 포트폴리오 획득 |
| | | ④ 즉각적인 현금흐름 증대 |
| | | ⑤ 시장에 대한 새로운 구조market reresentation |
| | | ⑥ 예약 및 referral systems의 연장 |
| | | ⑦ 신축적인 전문종사원의 인사이동 |
| | 해외 확장 | ⑧ 해외시장 진입으로 포화상태에 이른 자국시장 여건 극복 |
| | 가격경쟁력 | ⑨ 신규개발과 비교되는 객실당 원가의 이점 |
| 매도거래 | 자금難 해소나 부채감소 | ⑩ 부채에 대한 이자율이 높은 시기에 부채 절감 |
| | | ⑪ 매출수익 감소시기에 발생되는 자금난 해소 |
| | 수익성 실현 | ⑫ 호텔자산에 대한 투자수익율의 하락에 따른 매각 |
| | 전략영역 개발과 영역화 | ⑬ 시장 포지셔닝의 재구축(re-positioning) |
| | | ⑭ 특정 호텔이나 리조트 집중 위한 영역재편(re-sectorization) : 흔히 방만한 경영 축소로 이어짐 |

주 1) 여기서는 특별한 목적의 숙박사업체인 카지노호텔이나 하위그룹에 속하는 숙박영역들은 고려되지 않고 있다.

특히 기업의 자금조달과 인수 의사결정자에 초점을 두고 연구된 "제3의 물결을 잡기 위한 파괴적인 기술"(1995)로부터 혁신자의 딜렘마(Christensen, 1997)를 거쳐 혁신자의 해법(2003)에 이르는 일련의 연구와 저술을 통하여 기업의 전략과 사업모형의 파괴적인 혁신을 주장했던 Harvard 대의 Christensen式 해법도 동원될 만하다. 호텔산업에 초래되는 불경기 자체의 발생주기나 배경이 변화되고 있는 현대 호텔의 경기변동 여건(제2장 3절 참조)에서 호텔의 지속적인 발전을 위해서는 환경에 대한 대응전략 차원에서도 파격적인 혁신은 부단히 요구되고 있다고 하겠다.

## 제2절 호텔 투자계획의 수립과 관련된 의사결정

호텔투자에 있어서, 어떤 시장에서 그리고 매입이나 개발 중 어떤 방식으로 투자대상(investment products)을 선택하여 투자할 것인지의 의사결정에는 많은 관련 정보들을 요한다. 이런 정보들로는 우선 숙박산업의 기본 요소들, 산업 전체에 영향을 미칠 경제적 동향, 및 기타 숙박상품의 수요. 공급에 대한 전국적 및 국제적 숙박산업 내 동향 등을 들 수가 있다. 이와 같이 특정의 숙박수요가 갖고 있는 특성들을 이해할 수 있을 때 특정 시장을 표적으로 하는 정확한 제품의 선택과 개발에 관련된 투자관련 의사결정이 이루어질 수 있다. 이상과 같은 정보들은 정확한 투자의사 결정에 필수적인 요소일 뿐만 아니라 의사결정에 영향을 미치는 요소이기도 하다.

수요・공급의 문제는 특히 각종 시설 특성에 부합되는 경영성과의 예측과 전국적인 숙박수요 창출에 필요한 각종 시설의 형태, 등급 및 입지를 이해하고 결정하는데 매우 중요한 정보이다. 계획수립중인 투자안에 대한 미래수요를 결정하는데 필요한 자료 확보와 자료원의 확충에는 현재 수요를 기초로 이를 계량화하는 수요관련 연구들이 활용될 수 있을 것이다.

### 1. 호텔 투자계획의 수립

호텔투자가 신규호텔 개발에 의한 것이던 혹은 기존호텔의 매입에 의한 것인지를 막론하고 어느 경우에나 성과 창출을 위해서는 철저한 계획수립이 요구된다.

그 다음으로는 호텔투자에서 이행될 각 과정들을 단계별로 구분해야 한다.

그 중에는 물론 호텔 매입거래나 호텔개발의 구분 없이 공통적으로 적용될 수 있는 내용들도 있다. 그러나 어떤 것들은 양자 중 어느 하나가 결정됨으로써 그것에 대해서만 고유하게 적용돼야 하는 적용상의 한계를 지닌 요소들도 있다. 적용 단계별로 구분해 볼 때에도, 어떤 과정들은 독립적으로 적용되기 보다는 다른 것들과 함께 수행되는 것이 더 효과적인 성질을 갖는 내용들도 있다.

#### 1) 기존호텔 매입에 대한 투자계획 수립 단계

① 개괄적인 투자 지역 - 전국 혹은 글로벌 - 의 선정

② 도시나 시장 영역으로 선택지역 대상을 좁혀감
③ 적합한 시장 물색 혹은 시장 계층의 발견
④ 가능한 사업체 매입처 등 호텔 구입물건 물색
⑤ 예비 시장에 대한 선행 경제 연구 및 평가 수행
⑥ 재산권 행사 방지를 위한 상대상 묶기 - 의사표시, 의견교환, 계약서에 의한
⑦ 매입을 위한 거래조건의 협상
⑧ 재산 매매에 대한 본 계약 돌입
⑨ 투자 운영을 맡을 재산관리인 등의 기용
⑩ 프랜차이징이나 경영계약을 위한 준비
⑪ 공식적인 시장의 경제적 연구와 평가 의뢰
⑫ 담보부 대출 등 자본조달 방안 강구 및 준비
⑬ 자기자본에 의한 자본조달 준비

### 2) 신규호텔 개발에 의한 투자계획의 수립단계

① 국내외적인(전국, 글로벌) 투자 지역의 결정
② 선택 대상 투자영역(도시, 시장)의 축소
③ 시장계층의 탐색과 표적시장의 결정
④ 호텔단지 혹은 호텔부지와 호텔제품(등급 등)의 탐색
⑤ 시장의 경제적 여건 평가를 위한 선행연구 수행

## 2. 호텔 투자계획 이행의 준비 및 업무활동 내용

① 협상대상을 묶어두기 위한 의사표명, 의견교환 혹은 계약서
② 건축법규에 의한 구획정리 및 인허가 획득
③ 투자와 건설 프로제트를 맡을 팀의 구성
④ 필요한 경우, 호텔운영자와 프랜차이징 사업체의 물색
⑤ 설계를 포함한 건축계획 및 프로젝트의 총비용의 계산과 평가
⑥ 공식적인 시장연구 및 평가 의뢰
⑦ 담보부 대출 등 자본조달의 준비
⑧ 자기자본 조달 등 자본예산 확정

## 제3절 투자안의 호텔입지 및 부지선정의 타당성

입지 결정의 중요한 영향요인들로는 여러 가지가 있다. 투자자들은 호텔의 미래수익성을 평가하기 위해서 우선적으로 입지가 최적한지를 확인하고 싶어 한다.

그러므로 투자자들에게 입지결정의 영향요인들을 근거로 한 입지선정의 타당성을 이해할 수 있도록 성과들과 관련시켜 설명할 수 있어야 한다.

### 1. 입지선정의 영향요인에 근거한 투자의 타당성

#### 1) 입지선정의 타당성에 대한 근거 제시

입지선정의 타당성에 대한 설명력을 제고하기 위해서는 특히 다음과 같은 요소들에 대한 상세한 근거를 제시하는 것이 바람직하다.

① 시장, 부지선정 및 제품의 평가 등 호텔 투자계획 수립에서의 필수적인 제 과정들을 설명할 수 있어야 하다.
② 배후시장을 설명할 수 있는 입지와 기회들에 의한 강점을 활용할 수 있는 호텔의 유형과 등급의 시설을 인식시킨다.
③ 계획 중인 시설에서 기대되는 재무적 성과들을 설명할 수 있어야 한다.

#### 2) 설명력을 제고할 관련자료의 제시

이상과 같은 설명력을 제고하고 투자에 대한 잠재 투자자들의 신뢰성을 확보하는데는 다음 요소들에 대한 심층연구 결과에 따른 관련자료들을 제시할 수 있어야 한다. 특히 신규투자 프로젝트인 경우에는 과거의 실적자료가 없는 만큼 시장연구 및 평가를 거쳐 현실에 근접한 계수적 정보들을 가정하여 구상한 호텔의 예상자료를 준비하는 것이 효과적일 것이다.

① 시장
② 제품 및 부지선정
③ 단지분석

④ 시장과 인접 지역의 분석
⑤ 숙박수요 및 공급 여건의 분석
⑥ 시장 점유율
⑦ 객실 점유율과 평균 객실료의 분석
⑧ 수익 · 비용의 예측
⑨ 자산가치 평가 문제 등

## 2. 세분 숙박시장의 선택

호텔의 매입이나 개발, 어떤 투자의 경우에도 투자 계획수립의 첫 단계는 구입할 적정 호텔이나 개발 부지를 찾을 지역 물색과 결정에 있다. 시장, 제품 및 부지선정 문제는 바로 투자자들이 제정보와 분석기법들을 동원해서 투자안을 고려 또는 기각해야 할 것인지를 결정하는 데 필요한 중요 사안이다. 전국 여러 지역들을 평가할 방법을 찾기 위한 과정에서 투자자들이 고려할 요소들로는 다음과 같은 것들이 있다.

### 1) 본사와의 접근성

호텔사업은 지속적인 감독과 지시를 요하는 노동집약적인 사업이다. 수박사업에 대한 투자의 관리에도 다양한 전문성을 수요하게 된다. 기존 숙박시설을 매입해 들이거나 신규호텔을 개발할 때에도 투자자들은 호텔이 모든 면에서 그들의 집중적인 관심과 주목하에 운영될 수 있도록 본사와 근거리를 유지함으로써 자문도 잘 받을 수 있어야 한다고 생각한다. 광범위한 지역에 분산된 숙박업체의 관리통제에는 불편과 비능률이 생기기 쉽다. 투자하려는 사업지역이 본사와 많이 분산되어 있으면 그 운영상태를 점검하고 지도 · 감독하는 데 더 높은 수준의 업계경력과 경험이 필요할 것으로 본다. 그러므로 본사나 관리본부가 투자지역과 멀리 떨어져 있는 경우라면 습득한 전문성과 경영의 노하우 등에 대한 수요를 고려할 때 수반될 어려움이 더욱 커질 것이라는 우려의 소지가 있다.

### 2) 경제 성장의 징후 확인

호텔투자자들은 강력한 경제 성장세를 시현하는 지역에서의 투자를 선호한다. 일반적으로 성장세에 있는 시장지역에 대한 호텔투자 선호는 경기침체 지역에서 보다 더

성과가 기대되는 적합한 투자지역으로 알려져 있기 때문이다.

### 3) 투자안에 대한 경쟁환경 평가

호텔 투자자는 지역의 경제 성장세와 더불어 지역 내 경쟁 숙박시설의 공급 여건을 면밀히 분석·평가해야 한다.

비록 경제 동향이 호조를 보이는 경우에도 혹 호텔의 객실 과잉공급 현상으로 인해서 야기될지 모르는 위험성에 대비하기 위해서이다. 과잉공급 여건에서는 지역내 호텔간의 경쟁이 심화될 수 있으므로 이런 경쟁적인 입지여건을 가진 지역의 숙박시설 매입이나 신규 호텔 개발은 바람직하지 않다.

(1) 일단 투자자가 특정 지역을 대상으로 정했다면, 특정 여건에 초점을 맞춘 시장 조사연구를 위해서 대상지역의 선정에도 유사한 척도를 활용해야 한다.
일시 체류객을 중심으로 하는 숙박시설 수요와 경쟁적인 공급 여건은 잠재시장 지역의 분석에 고려돼야 할 중요 요소이다.

(2) 세분시장 영역이 결정된 후 다음 단계는 제품에 부합되는 시장 포지셔닝 혹은 특정의 시장 계층(market niche)을 찾아내는 일이다. 지역의 시장평가에서 투자자가 가장 먼저 추구하는 정보는 호텔 제품에 대한 수요상황이다. 동시에 시장 진입의 장애요소로 알려진 소비지역의 저항 특성이 있는지에 대해서도 고려한다. 이 때 구체적인 장애요인의 유무 혹은 내용들로 고려될 요소들로는 ① 구역 제한, ② 인허가 승인 과정, ③ 적정 토지구입이나 구입 기회의 제한, ④ 급등하는 건축비, ⑤ 적정 체인 호텔사나 전문 경영회사 등이 포함될 수 있다.
시장진입에 대한 장애가 없거나 기타 경쟁 호텔사(제품)들이 시장진입에 별 어려움을 주지 않는 조건에서는 해당지역에서의 호텔 과잉건설 가능성으로 인한 급속한 변화의 초래 가능성도 배제할 수 없는 만큼 이 문제를 고려해 봐야 한다.

최적 시장인지를 확인하는 것은 계획 중인 호텔개발에 중요한 고려요소일 뿐만 아니라 기존 사업체의 포지셔닝을 재편할 필요성 여부에 대해서도 결정적인 요인이 될 수 있다. 새로운 호텔 포지셔닝은 ① 호텔의 개축, ② 고급화(upgrading), ③ 프랜차이즈 계약사의 교체, 혹은 ④ 새로운 경영관리 기법의 도입 등을 통해서도 가능하므로 이런 문제들을 고려해 봐야 할 필요가 있다.

## 3. 매입호텔물건이나 호텔 부지 및 단지 선정

### 1) 사업체나 입지에 대한 물색 작업

일단 시장계층에 기초한 호텔 유형이 결정되면 투자자는 다음 단계로 기존 호텔사업체를 매입하는 호텔투자를 고려하는 경우에 매입 가능한 호텔물건 물색에 착수해야 한다. 그렇지 않고 신규호텔 개발을 기획하는 경우라면 적정한 부지나 단지의 선정 작업에 착수해야 한다.

### 2) 거래 중개업자 물색

부동산 중개인들은 매물로 내어 놓은 사업체 물건에 대한 가장 좋은 정보 원천이 된다. 투자자들이 기존 호텔을 물색하는 데는 흔히 호텔업체 전문 부동산 중개인의 서비스를 이용하기도 한다. 명성이 있는 호텔 중개인들은 투자자들이 찾는 특정 범주(criteria)들을 충족시킬 만한 사업체들만을 보여주기 때문에 상당한 시간과 노력을 절감할 수 있게 해준다. 잠재 호텔부지의 물색에 있어서도 특히 ① 지역 구획정리 관련 법규(zoning regulation), ② 건축법규(building codes) 및 ③ 기타 관련법규 등 그 지역에 정통한 토지 중개인을 활용하는 것이 좋다.

호텔개발에 가장 어려운 측면은 구획변경이 불가피한 경우 이를 득하는데 수반된 변수 무제들을 관리하고 해결하는 일이다. 유능한 토지 중개인은 이런 문제를 숙지하고 있어서 최소의 구획변경 만을 요하는 최적 부지를 호텔 개발사에 안내하고 인허가를 득할 수 있게 해준다.

### 3) 중개업자에 대한 보수결정

토지 중개에 따른 보상 수수료는 흔히 법규로 결정되어 있지만, 주로 거래가격의 일정률 기준으로 결정되는데 기존 호텔의 매매거래에 대해서는 1~4%, 나대지인 경우에는 4~10% 선에서 흔히 결정되고 있다.

부동산 중개인들은 매도인의 대리인으로서 소유주에게 충성하므로 활동에 대한 수수료를 지급하게 된다. 때로는 기존 호텔이나 개발 가능한 부지의 원매자들이 잠재적인 투자기회에 대한 조사를 담당할 중개인을 고용하거나 사업체를 물색해 줄 회사를 활용하는 것이 더 유리할 경우도 있다. 흔히 회사들은 실제로 시장에 매물이 나오기 전에 호텔 매물에 대한 정보 입수를 통하여 거래를 이끌어낼 수도 있기 때문에 회사를 이용하는 대안이 때로는 더 효과적일 경우도 있다.

호텔매물을 찾는 회사를 중개인으로 하는 경우에도 필요한 호텔지식과 경험 또한 동일한 것이다. 이와 관련된 보수의 결정은 대체로 지역 의존적이지만 기본적으로는 시간당 혹은 면적당 비율이나 가격에 기초하거나 실제 고객이 매입할 호텔사업체의 수와 관련된 다른 공식에 의해서 결정되기도 한다.

### 4) 중개인 없는 직접 거래방법의 모색

또한 지역사정에 밝고 모든 사업체 소유주 정보를 확보하고 있거나 숙박시설의 주요 매입자로 평판을 갖고 있어서 쉽게 호텔부동산의 잠재 매도자들로부터 직접 거래제의를 받을 수 있는 상황이라면, 매입사(자)가 자체적인 시장조사와 투자를 고려해서 호텔의 성공적인 입지결정을 할 수도 있다. 그러나 이런 사례는 원매자의 여건이 충분히 갖추어져 있는 경우에 국한되고 있다. 이런 거래의 경우, 사업체 매입자(사)는 중개인이나 계약회사에 보수(fee)를 지불할 필요가 없어서 그 금액만큼 사업체 매입자금으로 전용될 수 있으므로 결과적으로 상당한 거래비용 절감 효과까지 기대할 수 있게 된다.

## 4. 예비 시장연구와 투자안의 평가

용의주도한 투자자들은 사업체와의 협상이나 매입대금 지급 전에 호텔시장의 경제적 상황에 대한 철저한 예비연구 및 평가를 거친다.

분석결과 도출된 정보를 가지고 지역에 가장 잘 부합되는 호텔과 시설 유형을 결정하고 가장 효과적인 기업형태를 결정하게 되므로 필요한 경우 프랜차이즈 관계회사 결정에도 이를 활용한다.

시장 조사연구에서 기대되는 또 다른 효과는 사업체가 실현할 기대 수익과 비용의 예측에 있다. 매입자가 부동산 거래 협상을 진행하는 기간에 이런 정보들이 매매가 결정을 위한 호텔(시설)의 가치평가에도 이용될 수 있기 때문에 중요하다.

### 1) 입지예정지의 분석과 기존사업체(매물)에 대한 분석

투자안 평가의 첫 단계는 예정입지 혹은 기존 사업체의 분석으로부터 시작된다.

호텔부지의 영업에 대한 적합성 여부는 투자의 성패를 가늠할 가장 중요한 요소가 되고 있다. 입지 분석에는 ① 물리적인 토지 여건의 적합성, ② 접근성과 ③ 겉으로 나타나는 시각적인 여건, ④ 공공 서비스나 기타 서비스들에의 연계 가능성, 그리고 ⑤ 적용 가능한 토지구획관련 법규들이 주된 분석대상이 되고 있다.

좀 더 자세히 연구하자면 예상입지 분석에서 각각의 요소들에 대한 비중을 어떻게 두어야 할지를 선결하는 문제가 고려대상이 될 수 있다.

### 2) 입지여건에 대한 면밀한 분석 평가

일단 부지를 위한 특정 지역 선정이 되면 입지여건에 대한 면밀한 평가가 이루어져야 한다. 일반적으로 평가는 부지의 인접지역 여건과 전체시장 지역을 대상으로 해서 두 가지 측면에서 이루어지게 된다. 근접지역의 적정 범주로는 주변 지역의 도로 사정과 토지이용 형태(pattern) 등이 있는데 간소한 내용에 대한 관찰조사를 거쳐 결정될 수 있다.

세분시장 계층의 결정에는 흔히 광범위한 지역을 포괄하는데다가 시장은 경쟁이나 여행 행태 등 비교적 추상적인 요소들에 의존해서 평가가 이루어지므로 시장을 어떤 것이라고 단정하기가 쉽지 않다.

### 3) 계획된 입지의 지역호텔 공급상황 분석

시장조사와 평가는 예상 지역의 숙박시설에 대한 공급 상황을 조사하는 것은 어떤 호텔 투자안에 있어서도 중시되는 활동이다. 시장조사와 평가자가 호텔 투자안의 성패여부에 대한 평가보다도 먼저 수행해야 할 일은 동일 시장지역 내 경쟁 호텔사들과의 경쟁정도를 알아내야 하는 것이다. 경쟁 호텔사의 경영정보의 입수나 수집방법을 계획하고 수집된 정보를 운용한 분석에는 편의(bias)를 배제할 수 있어야만 한다. 정보운용에 수반될 편의(bias) 가능성을 감소시킬 수 있는 방안모색은 철저한 검증을 거쳐 달성될 수 있는 문제이며 시장조사 및 평가 결과에 대한 신뢰성을 결정하는데 중요한 사안이 될 것이다.

### 4) 입지예상 지역의 수요에 대한 계량화 작업

지역 내 호텔의 공급상황 분석이 완료되면 다음 단계로 신규 호텔이나 혹은 매입할 기존 숙박업체에 대한 기존 수요의 계량화 작업에 착수해야 한다. 이것은 호텔 투자계획이나 매입거래에 대한 담당자의 역량을 결정하게 해 줄 것이다. 일반적으로 현재의 시장 점유율, 평균 객실요금, 및 기존 경쟁사업체의 객실 점유율 등에 대한 계량적 정보의 제시가 이 단계에서 이루어져야 할 업무대상에 포함된다.

수요분석 업무는 대체로 수요창출 방안의 수립과 활동계획 수립을 지향한 방안 중 하나의 접근방법에 의해서 수행된다.

지역의 수요 및 공급 여건 분석과 관련해서 평가자가 결정해야 할 주요 사안은 ① 지역 내 전 산업체의 경쟁적 지위를 결정하는 것과 ② 고려되는 투자계획상의 호텔사업체가 이런 여건에 적응할 방안을 모색하는 것이다. 일반적으로 이런 과업에 수반되는 세부 예측 변수들로는 현재 경쟁여건에서의 시장 점유율, 평균실료 및 객실 점유율 등이 있다. 이런 변수 예측의 조건은 정보의 수집과 확보에 있다.

### 5) 투자안에 대한 예상 수익·비용의 예측

예비 평가의 마지막 단계에는 투자안에 대한 수익과 비용의 예측이 포함된다. 예상수익의 계획은 객실부문 수익과 식음료 수익 등을 위주로 해서 기타 특정 호텔이 가지고 있는 주요 영업부문들에 초점을 맞추어 수립된다. 예상비용의 계획도 객실, 식음료, 전화, 관리비, 경영 및 마케팅비 등 주된 항목들에 대한 검토를 거쳐 이루어지게 된다.

### 6) 투자될 호텔의 자산가치의 평가

자산가치 평가 결과 평가자는 수익 · 비용 예측치를 가지고 호텔 투자 프로젝트의 타당성에 대한 조언(권장)을 할 수 있게 된다.

자산평가는 대상 자산의 전반적인 가치를 결정하는 과정이다. 이것은 기존 호텔의 가치평가 혹은 대상 자산의 가치에 대한 예측 단계이다.

여기서 산출된 원가가 매입원가이던 혹은 건설원가 이던 간에 여기서 결정된 가치는 사업체의 영업원가와 대조되게 된다. 여기서 호텔자산의 가치평가에 기본적으로 이용되는 평가방법들로는 ① 원가적 접근방법, ② 매출액 비교법 및 ③ 수익 자본화 기법 등 3가지 접근방법들이 있다.

## 5. 호텔의 개발이나 매입에 대한 자본조달

일단 호텔 프로젝트에 필수적인 계획들이 수립되면 본격적인 개발이나 매입 협상 업무를 추진할 수 있게 된다.

호텔 투자안의 제시에 있어서 포함될 주요 내용들로는 호텔투자의 배경 제시, 투자자들에게 제시할 미래전망 및 최종적으로 상세한 투자 단계별 주요 전략과 절차의 제시 등 문제에 대한 논의를 거쳐 이것이 확정되어야 한다.

### 1) 자본조달과 호텔의 기업형태 전략

호텔사업체의 소유 구조와 관련된 주요 논의점들로는 다음과 같은 요소들이 있다.

호텔을 소유 형태 문제는 세금, 법규, 또는 사업적 고려에 기초해서 결정될 기업형태 전략으로서 매우 중요한 사안이다.

가령 소유주는 과도한 부채를 통제할 목적에서 개별적인 소유의 형식 보다는 주식회사 형태를 선호할 수도 있다. 다음은 고려해 볼 수 있는 기업의 형태들과 자본조달에 있어서 이용가능한 방법들을 열거해 본 것이다.

### 2) 고려 가능한 투자호텔의 소유 형태

추자에 있어서 고려해 볼 수 있는 가능한 호텔기업의 소유 형태로는 다음과 같은 것들이 있다.

① 개인소유
② 소유
③ 합자회사(무한, 유한)
④ 주식회사
⑤ 유한회사
⑥ 신탁회사
⑦ 부동산 신탁회사(REIT)

### 3) 자본조달 방법과 원천에 대한 계획

호텔 개발자가 자본조달에 이용할 수 있는 자본조달 기법들과 자본원천들은 제한적이라고 할 수가 있다. 자본조달 기법과 자본 원천의 검토 중 특히 담보부 타인자본의 조달에 있어서는 그 절차와 담보부 대출자본을 획득하는 시기 결정 문제가 중요하게 고려된다.

자기자본과 타인자본에 의한 자본조달의 원천은 크게 두 영역으로 대별될 수가 있다.

(1) 기관으로부터 대출 받기

대출과 대출조건, 및 담보물건을 포트폴리오로 유지하는 기관으로부터의 자본조달 방법으로 ① 상업은행, ② 생명보험사, ③ 개별 신용회사 혹은 ④ 연금기관등과 같은 기관으로부터 자본을 조달할 경우에만 가능한 자본조달에 활용될 수 있는 방안이다.

(2) 실체에 대한 투자로 자본을 조달하는 방안

호텔부동산 담보에 투자하고 투자소득과 이득을 투자자에게 넘겨주는 원래 실체에 대한 투자하는 방안에 의한 자본조달로 주로 유한 부동산 투자회사(REITs)나 거래 가능한(상업적) 담보부 증권(CMBS)에 의한 부동산 투자신탁회사 등으로부터 자본조달 받을 경우에 활용될 수 있는 방법이다.

(3) 담보부 대부에 의한 자본조달 방안

대부분 호텔사의 자본조달 방법으로 활용되는 것이 담보부 자본조달이다. 이런 형태의 자본조달에서 호텔이 가장 관심을 갖는 문제는 주로 담부대출의 형태나 호텔이 담보대출을 받을 수 있는가의 여부에 집중된다.

## 제4절 호텔 매매거래의 일반적인 논의점

### 1. 주요 쟁점

호텔의 매입이나 매도에 있어서 주요 쟁점은 두 가지로 요약될 수가 있다.

첫째, 호텔 사업체 매도시 전문적인 중개인(의 고용으로)이 작업에 참여했는지의 문제이다.

둘째, 적정한 교환거래(like-kind exchange)가 이루어졌는지 여부 확인의 중요성이다.

호텔의 매매거래 혹은 원하는 사업체의 호텔부동산 매입거래가 적정하게 이루어짐으로써 새로운 사업체 취득의 창조적 수단으로 활용될 수 있어야 한다.

반면에 다른 시장 입지에서 영업활동을 원하는 호텔 사업주에게는 독특한 사업계획 수립의 기회를 제공하는 방안이 될 수도 있다.

거래를 위해서 평가된 자산이 평가이익에 대한 조세의무를 발생시키지 않는 자산 평가액으로 거래될 수 있다면 새로운 소유주에게도 상당한 세제 감면의 기회를 제공하게 될 수도 있다.

## 2. 프랜차이즈 회사나 계약회사 선정 시기

호텔투자 과정에서 가장 중요한 두 단계는 프랜차이즈 관계회사를 얻거나 위탁경영 회사를 선정하는 일이다.

투자에 있어서 사업본부가 가지고 있는 전사적인 표준의 적용 면에서 초기 설계나 투자안 평가에 있어서 분석지표를 제시해 줄 수 있기 때문에 가능하면 프랜차이즈 관계회사의 계약은 기존호텔의 구매나 신규개발 과정 초기에 이루어지는 것이 중요하다.

프랜차이즈 본사는 각각의 동일 브랜드를 사용하는 사업체들이 충족해야만 할 전사적인 표준들을 위탁경영 회사의 경우보다 훨씬 더 많이 가지고 있기 때문에 호텔의 시설 설계나 특정의 명세사항들과 관련된 의사결정 참여 기회를 더 많이 요구하게 될 것이므로 이와 관련된 많은 자문을 받을 수 있는 기회를 갖게 될 것이기 때문이다. 또한 초기의 프랜차이징 참여 결정은 사업체 소유주의 투자안에 대한 경제성 분석과 평가에 대해서도 프랜차이즈 관계에 소요되는 비용 정보 이용으로 정확한 비용 예측을 가능하게 해 줄 것이다.

프랜차이즈 본사의 선정에 있어서 고려할 주요 관심사 중에는 프랜차이징을 통한 사업상 이점과 불리점, 및 본사가 제공할 서비스의 종류 및 그 대가로 요구할 용역 서비스에 대한 프랜차이즈 비(franchise fee) 등이 있다. 그러나 프랜차이징에서의 본사 선정과 협약 문제 등은 논외로 한다.

### (1) 자산관리

매입이냐 혹은 개발이냐의 투자 대안에 대한 검토를 위해서는 가능한 한 조속한 관리회사 결정이 중요하다. 신규투자의 경우 관리회사가 시설배치와 전반적인 설계에 관한 조언과 권고 등 기회를 가지려면 건축설계 훨씬 전에 회사가 결정되어야 하기 때문이다. 투자단계 초기의 관리회사 결정이나 확보의 중요성은 기존호텔의 매입 경우 예상사업체의 매입협상 기간에 영업성과에 대한 값진 정보를 알아낼 수도 있다는 효과로 인해서 매입자에게는 더욱 절실한 요소가 될 수 있다. 더욱이 관리회사는 회사의 영업기준 충족을 위해서 대상 호텔물건에 대해 요구되는 개보수의 내용과 이에 수반된 비용 등을 지적하거나 자문을 해줄 수가 있어서 결과적으로 호텔 매도자와의 협상에서 매입자의 협상지위에 긍정적인 영향을 미칠 수도 있기 때문이다.

기본적으로 관리회사는 일등급 호텔 운영(first-tier operators)과 저등급 호텔 운영(second-tier operator)으로 분류될 수 있는데 관리회사가 속해 있는 계층적 시각에서 호텔 매물을 평가할 수도 있게 된다. 여기서 개별 관리자의 고용이나 관리회사와의 고용계약을 비교적인 시각에서 검토해 보기로 하자.

(2) 경영계약

적정한 경영계약의 체결은 성공적인 호텔투자안의 개발에 중요한 과정이 되고 있다.

이런 계약체결의 내용은 기본적으로는 소유주와 운영자의 관계를 정립하고 통제하게 된다. 거래 당사자인 양방은 특정 계약조항에 내포되었거나 허용되지 않는 내용들에 대해 완선히 이해하년서 계약의 협상에 임할 수 있어야 한다. 계약 당사사들이 사업상 심각한 손해를 초래하지 않고 관계의 손상없이 계약을 체결하려면 거래의 어느 쪽도 거래상 불편부당한 지위를 전제로 할 수 없도록 만들 수 있는 계약상의 특전을 조항에 포함시키지 않아야만 한다.

호텔 소유주와 관리회사 간에 체결될 운영상의 협약내용은 면밀한 분석과 검토를 요한다. 이런 협상내용의 심층 분석을 위해서는 기본적인 경영계약 조항들에 대한 기술 내용들이 검토되고 있다. 검토 내용으로는 ① 비용구조와 범위, ② 재무보고서, 및 ③ 기초적인 예산수립, ④ 종업원 배치 및 ⑤ 계약불이행에 대한 배상 내용 등이 있다.

계약을 준비하기 위해서는 소유주, 운영자 및 중개인이 실제 경영계약 사례들을 연구함으로써 실제 이용되고 있는 다양한 계약조항들에 의한 협상 지식과 능력을 기르는 것이 중요하다. 그러나 계약이 잘 입안되었다고 해도 시시각각 변화하는 투자환경의 변화 가능성이 상존하기 때문에 이에 맞추어 수립된 투자안의 조정과 이행에 수반된 경험론적인 지식도 습득해야만 한다.

실제 건축과정은 차치하고라도 좋은 호텔 개발안의 수립을 위해서는 이를 이행하기 전에 검토해야만 할 전형적인 호텔개발에 관련된 기타 문제들도 있다.

호텔개발의 시기별 및 단계별로 호텔 개발자들이 관심을 갖는 기타 문제들로는 글로벌 숙박시장 여건이나 선진국 혹은 개도국으로 대분되는 시장에서 달성 가능한 투자수익 검토 등 사안들이 있다.

이런 문제들의 검토에 있어서는 유럽, 중동, 북미주나 아시아 등 권역 대 권역 및 국가 대 국가라는 다양하고 상세한 호텔시장의 내용들이 포함되고 있다. 중요하게 다루는 내용으로는 현재 각국 혹은 지역별 호텔 시장에 대한 현황과 성장 잠재력의 평가가 있다.

(3) 기능별 호텔에 대한 고려

또한 카지노 등 특수 호텔이나 카지노 오락산업 부문을 포함하는 호텔의 경우에는 호텔산업 내 카지노나 게임산업이라고 하는 특정 시장에 대해 초점을 맞춘 검토가 요구되기도 한다.

카지노 유형의 오락은 아시아, 유럽, 북미주 등 몇 개 대륙에서 허용되고 있는데 현재 카지노 및 게임산업이 합법화된 지역 이외의 지역에서도 이에 대한 허용정책을 놓고 검토 중인 사례들이 허다하다. 게임산업에 대한 레저객들의 향후 여가행태와 산업의 수익증대 차원에서도 게임산업은 인허가를 놓고 규제완화에 대한 요구가 거세지고 있다. 그러나 게임산업이 초래할 게임 중독 등 부정적인 사회적 영향으로 인한 정책적 고민도 크지만 향후 증대 가능성에 대한 전망이 유력시되고 있다. 22개주 이상 지역에서 합법화된 미국에서 볼 수 있는 다양한 형태의 게임을 보더라도 향후 카지노 산업과 관련된 입지나 호텔개발 여지 및 다양한 형태의 게임내용 개발의 소지는 부정하기 어렵다. 지금도 리버보트, 강변의 도크, 술집, 인디안 보호구역, 공유지와 공해지역, 혹은 사유지 등 다양한 입지에서의 다양한 게임의 형태를 찾아볼 수가 있기 때문이다.

CHAPTER_14

# 글로벌 호텔의 경쟁전략 사례

## 제1절 Holiday Inn Worldwide의 사례

Holiday Inn HOTELS · RESORTS

1952년 Kemmons Wilson과 Wallace Johnson에 의해 설립, 본부는 Tennessee의 Memphis, 처음 120개실로 출발해서 욕실, 냉방 및 전화 외에 12세 이하 부모를 동반한 어린이의 무료숙박을 혁신적으로 운영하기 시작함으로써 가족 단위 여행시장에서 폭발적인 인기를 누렸다.

1954년 처음으로 프랜차이징(franchising)을 시작했고 1964년 Holiday Inns of America Inc.는 총 500개의 호텔을 운영했다. 그 후 1969년에 호텔사의 국제적 확장을 반영하여 사명을 Holiday Inn Inc.로 바꾸었다.

### 1. 컴퓨터 예약시스템의 개발 및 확장

1965년 처음 선보였던 세계 최대의 호텔 컴퓨터 커뮤니케이션 시스템은 Sabre, Galileo, 및 Amadeus를 포함하는 주된 시스템들과 관계(affiliated)를 맺고 있는 24개의 Holiday Inn 국제예약 사무실, 60개 이상의 홀리덱스 터미널 및 240,000개의 항공 터미널을 가지고 Holiday Inn hotels worldwide와 연결되어 있다.

## 2. 전문 인적자원 교육을 위한 Hliday Inn University의 설립

이러한 Holidex reservation system은 Holiday Inn의 세계적 발전을 이루게 한 상표명 확장 계기 등 전략적 전기를 마련함으로써 1970년에는 종업원들의 전문화된 경영관리를 위한 교육훈련을 위해서 'Holiday Inn University'까지 설립・개교했다.

## 3. 글로벌 호텔사를 지향한 전략수립과 시행

그러다가 1988년 5월 Holiday Inn 상표(trademark)를 매입한 Bass PLC는 미국, 캐나다, 멕시코 등지에 사업을 확장하여 80여개 국가에서 90,000여 명 이상의 종업원을 거느린 국제 호텔산업계의 선두주자로 영국에 본부를 둔 다국적 기업이 되었다.

원래 Bass가 소유했던 영국의 Crest Hotels Group 경영의 경험은 기업의 국제적 진출과 성장 및 호텔자산 매입 전략수립 방향에 대한 적정하고 고유한 전략적 의사결정과정에 지대한 영향을 미쳤다. 국제적인 지명도가 있는 호텔 상표를 기반으로 한 글로벌 호텔경영 방안의 모색과 개발, 그리고 기 축적된 Bass의 전문성(know-how)은 잘 모르는 새로운 지역에 투자에 수반될 투자위험들을 상당히 감소시킬 수 있게 해주었다는 점 등을 포함하는 성과를 달성하도록 해주었다. 매입해 들인 Holiday Inn 사업체와 1989년에 매입한 약 35개의 카나다 소재 호텔들로 이루어진 프랜차이즈 사업체, Commonwealth Hospitality를 매입해 들인 Bass사는 이어 1990년 2월에 북아메리카에 있는 세계 최대의 호텔 시스템인 Holiday Inn까지 30억불 이상을 지급하고 매입함으로써 Holiday Inn Worldwide(HIW)란 회사를 설립하기에 이르렀던 것이다.

매입 후 Bass는 Holiday Inn 상표의 세계화를 목적으로 Holiday Inn 브랜드를 혁신하려는 개발목표를 수립하고 혁신 경영, 새로운 주도권, 마케팅 활동 증진, 집중적인 원가관리, 프랜차이즈 관계의 개선, Holidex 2000 예약시스템의 현대화, 상표명 및 상표확장 잠재력을 지향한 지속적인 노력을 경주해 나갔다. 동시에 총 13,000실에 달하는 60개 이상의 신규사업체의 개관과 함께 많은 호텔건설계획을 가지고 1990년대에 총 10억불의 Holiday Inn Worldwide에의 투자계획을 수립했는데 이는 기존호텔유형의 포트폴리오와 신제품 개념의 개발을 통해 지속적으로 세계시장을 향한 홀리데이인 상표개발을 목표로 한 것이었다.

### 4. 중가 표적시장을 지향한 가격전략

Holiday Inn은 중가시장 계층(mid-priced lodging market segment)을 겨냥한 호텔로 각기 다른 네 개 상표(core brand)의 호텔과 1991년 발표된 전략에 의한 두 개의 리조트, 즉 Crowne Plaza(중상층시장을 위한 다양한 시설을 갖춘 홀리데이인의 신형 고급호텔), Holiday Inn, Garden Court(1990년 100실 전형의 가격의식이 강한 사업 및 여가 여행자들 중심의 유럽시장을 겨냥한), Holiday Inn Express(급성장하고 있는 북미 중산층의 중저가시장을 목표로 새로이 홀리데이인 상표로 포트폴리오에 추가된 호텔) 및 SunSpree Resorts(홀리데이인의 리조트전략개발의 일환으로 추가 확장된 상표명으로 공개된 미국의 preferred leisure destination에 만능호텔(full-activity hotel)로 포지션됨)와 Crowne Plaza Resorts(prime resort destinations에 full-service리조트 경험을 제공할 식당, 가게, 운동 및 레저시설들 및 기타 각종의 다양한 가족지향 서비스를 제공할)를 가지고 운영되고 있다.

## 제2절 Choice Hotels International의 사례

미국 워싱턴 시티에 본부를 두고 있으며 세계 26개국에 2,800개 이상의 호텔들을 운영하는 세계 최대의 프랜차이즈 호텔사이다. 모 회사인 Manor Care는 뉴욕 증권시장에 상장된 회사로 미국 전역에 많은 너싱 홈(nursing homes)을 소유, 운영하고 있다.

CHOICE HOTELS INTERNATIONAL

OFFICIAL TRAVEL PARTNER

## 1. 다중 브랜드 전략

Choice Hotels International사는 1981년 숙박산업에서는 처음으로 상품의 계층적 차별성을 소개한 기업이기도 하다. Regency, Meridien 등이 핵심 브랜드(core brand)에 초점을 두었던 것과는 차별화되는 다중 브랜드 전략을 가지고 Comfort Hotel, Quality Hotel, Clarion Hotel, Sleep Hotel, Rodeway Hotel, Econo Lodge 및 Friendship 등 7개의 호텔 브랜드들을 개발하여 호텔시장 전 계층에 고루 포진된 세계 최대의 프랜차이즈 호텔들을 운영하게 됨으로써 이 분야의 호텔경영과 발전을 선도했다.

## 2. 경쟁적 우위를 점한 예약시스템과 예약처리 기술

다양한 브랜드로 이루어진 세계 각 지역에 분산된 호텔들이 모두 한 개의 예약 시스템으로 연결되어 있어서 26개국에 분포되어 있는 호텔사에 대한 다중 브랜드 전략을 뒷받침할 예약센터가 10여개가 있었다.

특정지역에 가능한 최대의 초이스 호텔 고객을 유치하기 위한 이 전략에서 당해 지역에 원하는 브랜드의 초이스 호텔이 없을 때에는 인근에 있는 다른 상표의 초이스 호텔로 안내할 수 있도록 됨으로써 시장 내 모든 동일사의 호텔사업체들이 유익해 질 수 있도록 지원하는 기술이라는 신념을 갖고 있다. 그러나 이것이 상도덕에는 부합되지 못한다는(cannivalization of business) 비난도 비등한데 이런 다중 브랜드 전략은 미국 내는 물론 타지역에서의 성공전망도 밝은 것이었다.

프랜차이즈를 포함한 세계적인 호텔발전에 영향을 미치는 요소들로는 시장, 기술, 노동력, 자본 등을 들 수가 있다. 그 중에서도 경기침체로 인한 사업목적 및 순수한 여가목적의 관광객 감소는 전 산업에 타격을 주지만 사치와 과소비 경향을 지양해 가는 호텔시장의 구조적인 변화를 고려할 때 Choice Hotel International에는 오히려 기회가 될 수도 있다. 전 세계 어느 곳에서나 쉽게 찾을 수 있는 가치와 신뢰성이 인정되는 호텔을 추구하는 다양한 시장 계층에 대해 포지션 된 경제적으로 차별화된 7개 상표의 계열사 호텔들을 고루 갖추고 있기 때문이다.

Choice호텔의 경영전략에서 중요한 또 다른 특성적 요소는 호텔의 매출경쟁에 필요한 커뮤니케이션, 마케팅 및 관리지원 시스템 개발에 소요되는 기술이란 점에 착안해서 예약 처리에 있어서 경쟁업체의 추종이 어려울 정도의 기술 보유를 추구함으로써 얻은 세계적인 경쟁 우위라는 자부심에서 추구될 수가 있다.

## 3. 가격경쟁력을 지닌 현대적인 객실과 시설 제공 전략

현대의 사업상 여행자들이 추구하는 정보관련 시설과 관련된 Choice사의 전략은 경제적 가격에 고기술의 편의시설 미래형 호텔객실을 제공하는 것을 목표로 지향하고 있다. 서비스업의 또 다른 도전은 점차 다양해지고 있는 인력집단의 문제이다. 이 문제는 훈련이나 전문 교육의 결핍으로 인해서 더 심화될 수가 있고 해소될 수도 있다.

### 1) 국제적인 전략적 제휴사의 추구

Choice사는 기업위상 제고차원에서 세계 여러 지역에 사업상 전략적으로 제휴할 기업들을 찾고 있지만 사실 이것은 세계 어느 지역에서도 거액 최초투자를 수요하는 사업특성 상 신규호텔 개발에 소요되는 자본조달이 어려운 문제해결책의 추구와도 무관하지는 않다고 보아야 할 것이다.

Choice 호텔의 경쟁기법들로는 합병, 마스터 프랜차이즈 개념의 도입 등이 있어서 제품 및 품질관리 능률을 기대할 수는 있지만, 반면에 원거리에 분포되어 있는 세계의 호텔사들을 관리함에 있어서 호텔본부에 집중하는 중앙집중식 구조로부터 분산적 구조로 변화되어야 한다는 요구의 관점에서는 한계점으로 작용될 수가 있다.

Choice 등 브랜드 인지도가 높은 호텔사와의 호텔 프랜차이징은 글로벌 선도기업과의 관계로 인해서 지역 호텔들이 세계무대에 관련성을 갖고 진출할 기회를 제공해 군다. 또 호텔이 지역에서 직면할 경쟁적 및 문화적인 제반 도전들에 대해 대처할 역량부여 및 제고가 될 수 있도록 지원해 준다. 그 밖에도 동일한 브랜드를 사용함으로써 일관성 있는 호텔사의 상품 유지 및 관리와 품질보증 등을 통하여 글로벌 마케팅 역량을 증진하는 것이 매우 중요하다.

### 2) 질적인 고객서비스에 대한 역량결집책의 추진

1990년대에 이룬 3,000개의 프랜차이즈라는 성장 실적달성 이후 신세기에 들어와서는 전사적 인 목표요 주제였던 종전의 성장(growth)전략 대신에 전 시스템의 강화를 통하여 Choice와 계약관계에 있는 기존의 프랜차이즈 협력사들이 추구하는 가치기준에서 품질 높은 상품과 서비스를 제공함으로써 고객만족을 기하려는 데 역량을 결집

해왔다. 그러기 위해서 협력사들의 일관성 있는 노력과 목표시장에 더 부합되는 명확한 브랜드의 부각, 문제해결을 위한 협력, 품질 등을 중심으로 하는 시스템 전반적인 강화에 주력했다.

1988년 Charles Ledsinger 회장이 약속했던 바, 관계호텔 소유자들의 자부심과 integrity를 위한 컴퓨니케이션 개선 등의 이행에도 노력했다(Robert A. Nozar, H. & MM, January, 10, 2000). 동시에 2000년대에 진입하면서는 Reservation Delivery Services의 전략적인 개선책을 기획하기도 했다.

## 제3절 Marriott International사의 경영전략 사례

드라이브인(drive-ins)과 루트비어 매점 동업자인 Roy Allen과 Frank Wright의 프랜차이즈인 A & W의 가맹점으로 1927년 Washington D.C.에 점포를 개점했던 동업자 Willard Marriott와 Hugh Colton의 성공은 오늘날과 같은 대규모 글로벌 호텔사인 Marriott사로 발전하게 되었다.

### 1. 고급시장에 어필되는 Marriott 호텔

Marriott사는 본부를 Washington, D.C.에 본부를 두고 있는 고급 호텔 시장계층을 지향한 호텔사로 잘 알려져 있다. 전체 호텔시스템 내에서 브랜드별 및 계층별로 균등한 성장분포를 기대하는 것과는 달리 실제로는 글로벌 호텔개발에 있어서 총 14개의 브랜드들 중 주로 Ritz-Carlton, Courtyard, Ramada International 및 Renaissance Flags와 같은 비교적 규모가 큰 매리어트 호텔브랜드, 리조트, 라마다 인터내셔널 및 특히 Renaissance 등을 중심으로 해서 크게 성장되어 왔다. 특히 Renaissance 같은 경우는 아시아 중심으로 20개국 36개 시장을 새로이 추가하는 등 급속히 발전되기도 했다.

Fortune지가 선정한 글로벌 호텔사들 중 매출액 최상위 호텔로 매리어트사의 Marriott International사가 선정되기도 했는데, Marriott사는 호텔 브랜드 창조 및 개발 면에서도 선도적인 역할을 수행해 왔다. 호텔은 특히 아이들과 함께 여행하는 레저지향의 젊은 여성층 시장을 겨냥해서 Courtyard를 개발했고 이어서 그보다 저렴한 중간 가격대의

All-Suite 호텔인 Townplace Suites의 개발은 동일 가격대 시장의 실체성과 성장 잠재력을 고려하고 파악한 결과로 창출된 브랜드였다.

### 2. 본격적인 해외시장 확대에 대한 경영의사 결정

2000년대 초 Marriott사 소유 호텔의 순이익은 75% 이상이 프랜차이징(franchising)과 호텔 위탁경영(management contracts)에 의한 것이었지만 본사 밖 해외에서의 시장 점유율은 1% 미만에 불과할 정도로 미미한 것이었다. 그래서 Marriott사는 2010년까지 해외 호텔로부터 경영성과를 3배 정도 증대한다는 목표를 가지고 해외에 총 175,000실의 신규 호텔에 대한 건립계획을 수립하게 되었다. 그 중 26% 정도의 호텔은 관광시장이 급성장되던 아시아, 남미, 소련 등지에 건립하기로 결정했다(Michael J. Flynn and Linda Kephart Flynn, "Marriott accelerates global growth plans", H. & MM, 2000).

## 제4절 Hilton Hotels사의 포트폴리오 개편

1919년에 Conrad Hilton과 동업자에 의해 출범한 이래 8개 호텔을 운영하는 등 성공일로에 있던 Hilton사도 경제대공황기(Great Deppression)에는 재무적 어려움으로 인한 채무 불이행으로 몇 개 호텔을 잃었다가 후에 상당수 되찾기도 한 경험을 가지고 있다. Hilton사는 Plaza, 시카고 소재 Palmer House, 후에 Conrad Hilton으로 개명된 바 있는 the Stevens 호텔, 뉴욕시의 Waldrf-Astoria 등 대규모 초호화 호텔들을 매입해 들여 호텔 사상 최대의 거래를 성립시킨 기록도 갖고 있다.

### 1. Hilton호텔사의 국제화 촉진 배경과 기업 상장

그 후 제2차 세계대전의 종식 후 미국 달러화 강세, 여행수요의 급증, 항공여행의 발전 및 Marshall Plan 등 사회경제적 여건은 미국인들의 국내외 여행을 촉진하는 요인들로 작용됨으로써 이들이 여행하는 지역에 미국식 호텔건립을 촉진하게 되는 요인으로도 작용하게 되었다. 이러한 시대적 여건들은 Hilton사가 국제적으로 사세확장을 추진하도록 뒷받침한 견인차가 됨으로써 마침내 1947년 Hilton사는 최초로 뉴욕 증권시장에 상장된 호텔기업이 되기도 했다.

### 1) 최초의 위탁경영권 획득과 새로운 호텔경영 기법의 개발

1948년에는 미국정부의 중남미 경제개발 및 원조의 일환으로서 Puerto Rico 최초의 대규모 호텔로 Commonwealth사가 건립한 Carib Hilton 호텔의 위탁경영권을 따낸 것을 시작으로 해서 Hilton사의 위탁경영 계약(management contracts)에서의 선도적 입지를 확립시켜 주게 되었다. 1949년 드디어 Hilton사는 총자본을 모회사 출자로 해서 해외에서의 호텔사업을 전담할 자회사로 Hilton International사를 설립하기에 이르러 1964년까지 마드리드, 이스탄불, 멕시코시티 등 총 22개국에서 29개의 호텔을 위탁경영하는 기업이 되었다.

그러나 Hilton사는 해외 호텔 소유에는 관심이 없었고 다만 외국 정부나 투자자에게 설계, 호텔 상호, 호텔경영의 전문성만을 제공하는 소위 호텔 위탁경영 방식만을 고수해 오늘날과 같은 경영계약(management contract)을 시작했지만 현재에는 물론 다른 형태의 호텔투자나 글로벌 경영에도 깊이 관여하고는 있다. 그러나 위탁경영만은 여전히 세계 최대의 본산으로 여겨지고 있다.

계약 당사자인 기업의 사업적 관계는 오직 공동 운영되는 Hilton Reservation Service 뿐이고 1979년엔 다시 미국 내 호텔 위탁경영을 위한 자회사 Vista International사를 창립했다. 그 이후 1983년에는 이어서 해외 호텔개발사로 Conrad International사를 자회사로 설립했다. 오늘날 Hilton International 사는 47개국에서 160개 이상의 호텔 사업체를 운영하고 있지만 소유권은 여러 차례 이전됨으로써 1967년엔 TWA로, 1987년엔 다시 Allegis Corporation으로 매각되었다가 또 다시 Ladbroke Group PLC로 매각되었다.

한편 Tennessee의 Memphis에 본부를 둔 Hilton Hotel Corp.는 Hilton Hotels, Hilton Garden Inns, Hilton Residence, Conrad International 등의 호텔(상표)들로 이루어졌었지만 합병을 통해 총 1,747개 사업체에 300,000실을 보유한 거대 숙박그룹이 되었다(H & MM, 2000).

1999년 11월 30일 Hilton사는 Promus Hotel Corp.와 합병함으로써 Hampton Inn, Homewood Suites, Doubletree, Red Lion, Embassy Suites 등 브랜드 호텔 및 브랜드가 없는 호텔 등을 추가함으로써 비로소 Hilton사는 All-Suite 호텔시장에 진입했고 이와 동시에 포트폴리오의 개편은 불가피해지게 되었다.

## 제5절 Inter-Continental Hotel Corporation(IHC)

### 1. 호텔의 발전

세계 제2차 세계대전 직후에 Pan American World Airways는 국제적인 사업과 레저항공여행의 미래비전을 가지고 미대륙, 유럽, 아프리카, 아시아 및 중동지역에 진출할 계획을 가지고 1964년 Pan Am의 전액출자 자회사로 세계 최초의 호텔 브랜드인 Inter Continental Hotels & Resorts를 출범시키게 되었다.

관광 및 교역 활성화와 남미와의 외교적 관계 구축이라는 당시 Roosevelt 대통령의 정책노선 및 촉구와 밀접히 관련되어 1964년 설립된 흔히 Inter-Continental hotels Corporation(1947년 명칭)이라고도 하는 이 호텔사는 1970년대까지 급속한 성장을 일구었다. 1981년 영국의 대규모 그룹사인 Grand Metropolitan PLC에 5억 달러에 매각되었다가 1988년에는 일본의 Saison Group 계열사인 Saison Overseas Holdings B.V.에 60%의 지분을 매각했는데, 마침내 1991년 SAS가 소유했던 지분 40%까지 Saison Group이 사들여 소유하게 되었다.

Inter-Continental사는 1949년 처음으로 Belém, Brazil에 호텔영업을 시작한 이래 이어 라틴 아메리카와 카리브해 연안에 이르는 지역에서 급속하게 호텔개발 사업을 추진해 나갔다. 일찍이 1960년대에 유럽, 아시아, 아프리카 및 태평양 지역에 증대되는 사업 및 순수 관광 목적의 항공 여객들을 위한 호텔을 개관했다. 더구나 아시아 지역에서는 아무도 투자하지 않던 시기에 인도네시아 발리 섬에 호텔을 개관하기도 했다. 1960년대 초 중동 최초의 인터컨 호텔을 레바논에 건립해 이 지역에서 시장을 선점하기도 했다. 1964년엔 서유럽의 시장에 진입해서 1980년대 IHC는 이 지역의 선도적 글로벌 호텔사가 되었다.

호텔은 고전적이거나 신규 사업체에는 Inter Continental 이름으로 그리고 기존 건물을 개축하거나 새로이 설계 변경한 호텔들에 대해서는 Forum Hotels란 이름으로 나누어 운영되고 있다.

이 호텔은 특히 그 지역, 문화 환경을 잘 반영한 독특한 설계의 호텔 건축으로도 유명하고 궁전, 정부청사 및 Coach Houses 등을 복원한 건물들로도 유명한데 시드니의 재무성 건물을 복원·변형한 호텔은 매우 유명한 사례가 되고 있다.

현재 이 Inter Continental Hotels & Resorts사는 반세기가 넘는 기간동안 세계 65개국에 150개사 이상의 세계적인 portfolio를 가지고 여행자들을 위해서 서비스하고 있다.

### 2. 주요 연혁

| 연 대 | 주요 발전 연혁 |
|---|---|
| 1940년대 | Inter Continental Hotels & Resorts 1946년 4월 창업되었음. 1949년에 최초의 Inter Continental hotel이 Belém, Brazil에서 영업개시 |
| 1950년대 | Pan American World Airway가 초기에 남미에서 이루어 놓은 호텔브랜드 개발 및 확장 위에 Inter Continental's 최초 칼리브 연안의 사업체를 1950년대에 개발함 |
| 1960년대 | 국제호텔 브랜드로 중동, 아태지역 및 아프리카에 개관함과 아울러 1963년 유럽에 최초로 4개 호텔을 개관하기에 이르렀다. |
| 1970년대 | 샌프란시스코에 인터콘 호텔개관으로 미국시장 진출하고 Barclay 뉴욕을 New York (now Inter Continental The Barclay New York) was also portfolio에 넣었음 |
| 1980년대 | Pan American Airlines 지분을 Inter Continental 매도해 Pan American Life insurance와 함께 500실 규모의 InterContinental New Orleans개관에 이어 마이아미와 워싱턴 D.C에 호텔 개관함 |
| 1990년대 | Inter Continental 합작투자 형태로 남미에 호텔 건립함 |
| 2000년대 | 리조트 형태에 주력한 세계 호텔투자 및 미국 내에서의 성장전략 이어감 |
| 2006년대 | InterContinental Concierge Programme을 런칭하고 스포츠 스폰서십 담당 |
| 2007년대 | I1959년 National Geographic과의 합자로 Inter Continental announces 'Insider Experiences. |

## 제6절 Hyatt Hotels Corporation의 사례

시카고의 Pritzker 家에 의해 설립된 Hyatt Hotels Corporation은 1957년 Los Angeles에 여행 중이던 Jay Pritzker가 소규모 호텔을 매입하게 되면서 호텔업을 시작하게 되었다.

### 1. 도심권 최고급 호텔 모형 수립

1967년 Atlanta 시에 상류층 여행자를 위한 "총체적 경험"이란 테마로 호텔 Hyatt

Regency를 건립·개관하면서 상당기간 고급 호텔 로비 디자인의 모범적 사례로 다른 호텔들에 의해서 모방되기도 했지만 고 품격의 호텔 로비(lobby), 독특한 식당 설비들과 객실마다 가능한 콘시어즈(concierge) 서비스, 생화 장식과 객실 내 목욕가운의 비치 등 고급 편의시설들(amenities)을 갖춘 호화 호텔 모델로서 각광을 받았다. 그러므로 대규모 고급 호텔 개념을 탄생시킨 Hyatt hotel은 최고급 도심권 호텔(metropolitan hotel)의 개척자라는 기업의 명성을 얻기도 했다.

또한 Hyatt는 Hyatt Grand와 국제적인 교역 도시에 건립한 유럽식 호텔인 Park Hyatt 호텔도 운영하지만 규모와 설계만 다를 뿐 최고급의 안락성과 서비스를 제공하는 호텔이란 점에서는 차이가 없기 때문에 시장계층을 달리한 여건에 맞춘 차별화된 호텔 브랜드의 개발과는 좀 다른 브랜드의 개발·도입이라고 볼 수가 있다.

## 2. 호텔조직을 투자와 운영 전담의 두 기능으로 분리

그렇지만 1992년 이래로 항공요금 결정에 관련된 규제완화와 국제투자의 장벽 해소 트렌드 등으로 인한 사업상 여행(business travel)의 급증 전망은 Hyatt사로 하여금 글로벌 지역에 대한 호텔망 구축을 위한 신규호텔 개발 사업에 대한 계획수립을 촉진하도록 하는 결과를 초래했다.

Hyatt가 다른 투자선과의 합작투자로 신규 호텔을 개발한 후 해당 부동산을 매각하는 과정에서 경영계약체결을 통한 위탁경영(management contracts)을 조건으로 하고 있고 이를 통하여 얻은 사업소득은 또 다시 신규호텔 개발 프로젝트에 재투자함으로써 세계적인 글로벌 호텔 운영을 목표로 하고 있음은 다른 호텔그룹 사례들과 별로 다를 바가 없는 이 시대의 일반화된 트렌드의 추종에 불과한 기업정책으로 분석될 수 있다.

초기의 호텔사업자들은 호텔을 직접 소유하고 경영함으로써 호텔영업에 의한 수익성과 측면보다는 오히려 호텔을 부동산 사업으로 보고 호텔을 개발한 후 매각을 통하여 수익을 실현하려는 부동산사업 지향적인 시각을 갖고 사업에 임했다.

Hyatt사는 초기에 이런 시각을 과감히 탈피하여 호텔투자에 혁신을 기함으로써 성공을 거둔 사례가 되었다. 호텔사업의 내용을 소유와 경영의 두 기능으로 분류하고 부동산 투자 기능과 호텔의 영업기능 측면을 각각 수행할 수 있도록 두 개의 회사를 설립한 최초의 호텔로 기억되고 있다.

회사가 축적한 고도의 호텔경영에 대한 전문성을 가지고 호텔을 자본 집약적인 부동산으로 개발해서 매각함으로써 투자수익을 얻는 동시에 매각조건으로 호텔경영권을 유지하는 전략을 수립하고 이를 수행한 것이다. 위탁경영 등 형태에 의해 매각호텔의 운영을 맡아 가득되는 더 많은 전문 용역수익에의 기대는 물론이고 대부분의 현대 국제 호텔 체인사들에게 하나의 사업모델을 제시해 주기도 했다.

이런 부동산 전매와 고수익이 기대되는 호텔의 매입 등은 대규모 글로벌 호텔사들이 비약적인 성장발전을 이루는데 일반적인 경로요 원동력으로 작용된 것도 사실이다.

Hyatt Hotels Corporation은 글로벌 사회에서 Hyatt International을 포함해 총 37여개 이상의 국가에 169개 이상의 호텔사업체를 운영하는 글로벌 호텔경영 그룹사로 성장하게 되었다.

## 제7절 Sheraton 호텔그룹

경제 대공항기 당시에 도산으로 문을 닫게 된 호텔부동산들은 많았고 뉴잉글랜드 지방(미 동북부 수개의 주를 일컬음)의 호텔들도 예외는 아니었다. 많은 호텔들이 호텔건립과정이나 경영을 통하여 발생된 채무에 대해 이행불능 상태가 되고 있었다.

### 1. 기존 호텔의 저가 인수를 통한 호텔사의 창립

이 시기에 보스턴의 기업가였던 Ernest Henderson과 Robert Lowell Moore은 합작투자로 이러한 뉴잉글랜드 지방의 채무이행 불능 상태의 호텔들을 여러 개 저가에 인수할 수가 있었다. 그들은 호텔들을 현금으로 인수해 설립하게 되었는데 매번 신규호텔을 매입할 때마다 고가의 지붕 위 전기간판 철거비용 때문에 동일한 상호의 간판 사용을 생각하게 됐던 것이다. 그런데 제2차 세계대전 후에도 여전히 재정난에 허덕이는 호텔들을 저가에 인수한 후 개보수를 거쳐 자산가치를 증식하는 방식을 활용해왔다.

그러다가 1949년엔 두 개의 캐나다 호텔 체인을 매수하게 됨으로써 이들은 국제적인 거래를 하는 호텔사가 되었다. 그로써 Sheraton 호텔사는 국제적 체인사가 되었고

1961년에 텔아비브 쉐라톤의 개관으로 회사 역사상 초유로 다른 대륙에도 호텔을 소유하는 전기를 마련함으로써 글로벌 경영에 진일보하게 되었다.

### 2. 혁신과 확장을 통한 Sheraton사의 성공비결

이상에서 살펴본 바 처럼 Sheraton호텔의 성공 비결은 혁신과 확장에 있었다. 1958년 업계 최초의 자동화된 전자 예약시스템인 "Reservatron"의 개발로 Sheraton은 예약기능을 컴퓨터화 하고 집중화한 최초의 호텔이 되었다. 이러한 혁신을 통하여 Sheraton은 또한 고객들이 직접 이용할 수 있도록 무료요금 전화(toll-free 800-number)시스템을 처음으로 개발·도입한 호텔사가 되기도 했다.

Sheraton 호텔사의 획기적인 발전 전기는 1968년 ITT의 전 지분을 소유한 자회사가 된 이래 글로벌 관점의 호텔개발로 개발의 근본이념을 전환하면서 마련되게 된 것이었다. 중국, 아프리카, 동구권 등 기회가 있는 곳이라면 어디라도 직접 소유, 리스, 위탁경영, 프랜차이즈 혹은 인, 리조트, All-Suite 사업체 등 다양한 형태의 호텔 제품 믹스를 통하여 쉐라톤 호텔망을 확장해 나갔다.

1985년에는 중국 북경에 The Great Wall Sheraton Hotel Beijing을 개관함으로써 중국에 진출한 최초의 글로벌 호텔사가 되기도 했다. 모스코바에서도 소련과 합작투자 계약을 체결한 최초의 서방 호텔사가 된 기록도 갖고 있다. 이러한 혁신적이고 공격적인 전략구사를 통하여 현재 세계 60개국 이상 지역으로 확장된 Sheraton Hotel Network(쉐라톤 호텔망)를 2000년대까지는 75개국 이상으로 증대하겠다는 사업목표는 성공적으로 성취해 오고 있다.

## 제8절 영국의 Forte PLC 호텔 사례

영국에 이민한 Lord Charles Forte가 창설한 Forte 체인사는 1,000개에 육박하는 호텔업체를 운영하는 호텔왕국으로 발전했는데 이는 대부분 대량급식 산업, 면세점, 자동차로 연변의 서비스 시설 구역의 관리 및 1958년에 시작해서 영국 및 다른 나라로 진출한 호텔사업 등 업종을 가지고 세계대전 직후 이룬 성장을 통하여 이루어진 것이었다.

### 1. 국제적인 성장전략

일찍이 41개 호텔을 소유했던 Forte PLC는 1970년에 Trust House Group과의 합병으로 이루어진 Trust House Forte(THF)의 설립은 수년간 국내외에 호텔을 소유한 전국적인 규모의 호텔로 도약하게 되었다.

Trust House Group은 1903년 옛날에 Coaching Inns들을 수준급 호텔로 복원할 계획으로 설립되었다가 철로개설로 인해 교통수단이 역마차에서 대부분 철도교통으로 변화함으로써 사양길을 걷게 된 회사였다. 1990년경에는 최고급, 중규모 및 수익성이 높은 소규모 Inn 등 다양한 호텔상품을 가지고 제품 포트폴리오를 형성함으로써 이를 통하여 전 세계에 810개의 호텔을 소유한 대규모 호텔사로 성장했다.

그러나 PLC는 나가서 합작투자, 새로운 숙박개념의 도입, 및 호텔매수 등 다양하고 새로운 대안 도입과 성장에 대한 강한 신념을 가지고 마침내 미국에 근거지를 둔 저가 숙박브랜드인 Travelodge 체인을 소유하게 되었다.

### 2. 성장을 향한 호텔 포트폴리오의 개발

국제화의 과정에서 이 기업은 글로벌경영에 대한 여망으로 글로벌 마케팅과 강력한 고유 브랜드에 대한 전사적인 목표를 수립하고 회사명을 Forte PLC로 바꾸는 결단을 강행했다. 다계층의 세분시장에 대한 급속한 침투와 고객에 대한 일관된 서비스와 신규 호텔사에 전념할 경영관리 인력의 확보를 위해서는 기존 체인망의 획득이 시급하다는 인식과 더불어 주로 대중적(economy)인 호텔에서 최고급에 이르는 광범위한 영역에 이르는 호텔 포트폴리오에 관심을 갖고 있었던 것이다. 또 각 계층의 명성 있는 식당을 통하여 영국에서 대중적인 인기가 있는 케이터링(catering) 시장으로까지 사업영역을 확대하고 국제적인 식료사업 계약과 위탁경영, 항공 승무원들의 급식 및 여타 서비스 제공을 하도록 된 대규모 공항 서비스업 등에도 관심을 가졌었다.

호텔그룹이 소유한 호텔체인들에 대한 브랜드명을 세 개의 계열로 구분해, 각각 고급의 상용호텔 체인을 Forte Crest Hotels, 경쟁적인 가격을 통하여 개실, 식당 및 회의시설을 제공하는 준 현대적인 호텔브랜드로는 Forte Posthouse Hotels, 그리고 단순화한 검소한 객실제공 위주의 고속도로 연변의 저가 현대식 숙박시설인 Forte Travelodge 등으로 했다. 이런 브랜드의 호텔과는 다른 또 다른 그룹의 Forte PLC로는 세분화된 고객시장의 욕구에 부응하기 위한 차별화된 호텔특성별 세팅인 컬렉션들(collections)이 있어서 각기 고유한 이름, 모양 및 특성들을 가지고 개별 호텔들을 특성별로 분류하기도 했다.

그 중 Forte Exclusive Hotels는 최고급 수준의 건물, 서비스, 편의성 제공으로 국제적인 명성을 지닌 호텔들을 위한 세팅이며, Forte Grand Hotels은 전통 유럽식의 건물, 서비스 및 편의 제공의 일등급 호텔 세팅이고 Forte Heritage Hotels은 비교적 개별적인 서비스 성향의 전통 영국식 Inn을 위한 컬렉션의 이름으로 이상 3가지의 "collections" 들을 운영하고 있다. 이 그룹이 새로운 브랜드와 컬렉션들을 두는 배경은 전략적으로 그룹산하의 모든 형태와 수준의 사업 활동에 대해 가능한 한 분명한 운영지침을 규정하려는 원칙에 의한다.

전략의 첫째 목표는, 선택여지 부여, 다양성 및 총체적인 힘으로 독특한 경쟁적 지위를 활용하려는 것이다.

둘째, 시장을 글로벌 무대로 확대함에 있어서 명확한 그룹 포지션 구축의 필요성에 의한 것이다.

셋째, 그룹과 각 단위 사업들 간의 유기적인 관련성 증진을 통하여 그룹 공통의 목적을 개발하려는 것이다.

넷째, 교차적 판매를 통한 능률적인 마케팅활동 시도에 목표를 두고 있다.

다섯째, 조직 전 계층의 종업원들이 회사에 공헌할 수 있는 것이 무엇인지를 알고 실천할 수 있도록 도모함으로써 궁극적으로는 지속적인 성공적인 수익성과 실현에 목표를 둔 것이다.

## 3. 직접소유를 중시하는 PLC의 소유경영 전략

어떤 면에서 이런 목표들이 영국의 회계실무 기준에 기인된 결과와도 무관한 것은 아니지만 그 보다는 Forte PLC는 대부분의 대규모 체인사들과는 달리 대부분의 사업체들(런던은 100%, 지방은 98% 정도)을 직접 소유하고 있기 때문에 세계 최대의 호텔부동산 투자회사라고 할 만하다. 또한 영국의 다른 국내 체인호텔사들 보다는 비율이 높기는 해도 해외호텔사업체의 소유 비율은 이에 비해 매우 낮은 수준이었다.

주요 투자 및 거래대상 지역이 영국 내, 유럽 대륙, 북미에 국한되는 이 호텔사의 호텔개발 전략은 지속적으로 직접 지분을 소유하는 자사소유 호텔 사업체의 개발을 주로 하고, 위탁경영 계약에서도 지분 참여와 합작투자를 모색해왔다. 그러나 Travelodge와 Thriftlodge 계열사에 대해서는 프랜차이즈 가맹사를 물색하는 등 전략을 통하여 그나마 점차 사업영역을 확장함으로써 전 세계 33개국 이상에 걸쳐 관계호텔이 분포되어 있다.

## 제9절 프랑스 Origin의 호텔사 사례

### 1. Club Mediterranee

Club Med는 1950년 벨기에 올림픽위원 출신의 Gerald Blitz과 친구들에 의해 창립되었다. 처음 2,500명의 회원에게 개방할 목적으로 스페인의 Majorca에 텐트촌 형태의 Vacation Village에 투자했다. 어떤 장벽, 규칙, 제한이 없어 일상생활과는 전혀 다른 환경과 사회에 대한 도심권 인구의 욕구를 근거로 한 이 클럽은 접근된 것이었다.

변화하는 사회적 조류와 여행 경향을 파악하고 제품을 이에 적중시킨 성공사례가 됨으로써 텐트는 차츰 방갈로(bungalow) 형태의 숙박시설로 발전되면서 1977년엔 지중해 연안국, 중동, 아프리카, 멕시코 및 남태평양지역 등 24개국에 54,000개의 침상을 가진 77개의 Village 운영으로 급성장되기에 이르렀다. 그 결과 이 휴가관련 조직은 주로 프랑스와 서유럽 지역 및 중북미의 정규 회비납부 회원과 체류회비 납부 회원을 합쳐 총 회원수가 백만에 달하는 세계 최대의 휴가관련 조직으로 발전되었다.

그러나 1980년대에 와서 독신자들의 피난처라는 평판을 받던 이 클럽의 상당부분 시장이이 애들이 있는 기혼자의 점유율이 고조됨으로써 변화되게 되자 종전의 클럽 여행경험으로는 더 이상 욕구만족이 되지 않자 시장포화 현상에 의한 문제를 경험하게 되고 기존 고객의 진부화(demographic obsolescence) 문제에 직면했다. 대응책으로 가족 중심적인 서비스와 시설로의 확장과 아기나 어린이들이 딸린 회원을 위한 베이비 클럽과 미니 클럽의 제공과 더불어 광고와 선전물에 어린이들을 등장시켰다. 이로써 클럽 전형의 Village 모형은 좀 더 전형적인 리조트 호텔과 흡사하게 변모되었다. 거기다가 고조되는 사원 회합과 인센티브 여행에 대한 기업의 관심제고에 착안해서 기업에 Village 전체를 임대해 주는 "Rent-a-Village" 전략도 수립함으로써 시장을 넓혔다.

주말 및 미니 휴가 경향에 주목한 클럽은 또 다시 1988년 1주일 간 패키지 제공의 사업정책으로 전환했다. 1990년대까지 클럽 Med는 젊은이를 위한 Club Jr., 나이든 이들을 위한 Club Renaissance, 인근의 관광명소 방문객들을 위해 설계된 소규모 고급호텔 체인인 "Les Villas"을 사업에 부가하기에 이르렀다.

현재 클럽 Med는 이 분야의 선도자적 입지를 견지하면서 30여개 국가에서 사업을 운영하며 1993년에는 전면적인 성장전략의 전환으로 사업체의 개발에 직접 참여하는 것보다는 기존 호텔의 매수 및 위탁경영 계약의 체결 등을 선호하는 방향으로 선회했다.

## 2. Meridien

1972년 Air France가 창설한 이 호텔사는 처음엔 Hotel France International로 출발되었는데, 당시 파리의 호텔 부족사태를 보완하고 여객 수용으로 고조되는 항공사의 수요를 충족시키기 위해 항공사 소유 호텔과 다른 호텔들의 인수합병을 통해서 이루어졌다.

원래 프랑스 항공사의 Meridien 호텔 개발은 프랑스 문화의 선양에 관심을 둔 문화적 이념을 지닌 사업이었다. 그러므로 프랑스의 전통문화와 요리에 역점을 두는 호텔의 광고는 그만큼 안락하고 우아한 중규모 호텔을 모델로 한 것이었다. 모든 것들이 프랑스풍이고, 종업원 복장은 프랑스 의상 디자이너들이 디자인한 유니폼이요 요리는 정통 프랑스 요리로 프랑스 이외지역의 Meridien 호텔의 식음료 품질과 정통성은 식음료사업 자문을 맡고 있는 세계적인 프랑스 요리 권위자들로 보증되고 있었다.

Meridien 호텔은 곧 이어 이루어진 Les Relais Aeriens와의 합병으로 Societe des Hotels Meridien가 설립되면서 처음엔 프랑스에서만 운영되던 호텔은 중동으로까지 급속한 사업 확장이 이루어졌다. 회사창설 20년 이내에 Meridien은 전 세계 50개 도시에 54개 체인호텔을 가지고 100개 도시에서의 호텔운영 목표를 향하여 나갔다. 사업확장은 주로 프랑스 항공기의 기착지를 따라 이루어졌고, 1976년에는 북미지역에의 확장을 시도해 뉴욕, 샌프란시스코 및 여타 도시에서도 호텔을 운영했다.

1993년 현재 35개구에 60개 호텔을 운영하다가 Lufthansa Airline의 자회사인 Kempinski Hotels와 제휴 하에 북미에 15개, 유럽에 18개, 아태 지역에 14개, 아프리카와 인도양에 14개, 중동 12, 카리브 연안에 5개 그리고 남미에 4개의 호텔들과 관계를 가질 정도로 발전을 이루어 갔다.

## 3. Accor Group

ACCOR Hospitality

Accor는 1967년에 Paul Dubrale과 Gerard Pelissson이 프랑스 최초로 도로변에 건립했던 미국식 모텔을 모태로 빠른 신장을 거듭해 유럽대륙 최대의 호텔사는 물론 세계 굴지의 글로벌 호텔사로 발전되었다.

Accor그룹은 여전히 유럽을 거점지역으로 하면서 아시아와 북미권 진출에도 관심을 갖고 세계시장 진출에 박차를 가해 유럽의 중산층 시장과 세계의 버젯호텔 시장에도 영향력을 갖게 되었다. 숙박산업 왕국을 건설하겠다는 그룹 목표를 가지고 현재 66여개 국가 이상의 지역에서 호텔을 운영하고 있다. 1975년엔 Mercure 체인 호텔사를 그리고 1980년엔 고급호텔인 Sofitel 체인사를 매입해 들임으로써 Accor그룹은 북미시장 진입에 성공했고, 이어 1983년엔 Jacques Borel International과의 합병으로 원래 알려졌던 Novotel 이란 상호 대신에 비로소 Accor라는 새로운 사명을 얻게 되었다.

1985년에는 청결하고 안락한 객실위주 숙박시장을 겨냥한 혁신적인 저가시장정책 실현을 위한 Formule 1이 창립되었고, 1990년엔 다시 미국 본거지의 버젯호텔 체인(budget chain)인 Motel 6를 브랜드 가치를 보고 23억 달러라는 당대엔 고가의 가격에 이를 매수해 들임으로써 Formule 1과 동일한 수준과 원칙으로 운영했고, 1992년에는 Pullman과의 합병 완료로 어떤 호텔 체인사보다도 많은 나라에서 호텔운영을 할 수가 있게 되었다.

Accor의 국제적 사업확장 전략을 통하여 Fofitel 호텔만으로 처음 미국시장 진입 당시에 지역고객 유치책 겸 상표의 인식부족을 보상하려는 차원에서 식음료사업에 역점을 둔 결과 이 부문의 영업실적이 총매출의 50%에 달하는 성공사례도 경험하게 되었다.

일찍이 시장 세분화의 필요성을 인식했던 선도적 호텔그룹으로서 Accor의 저력은 실로 시장 계층별로 명료하게 구별되는 제품과 표적시장에 적중하는 상품과 서비스를 통하여 적중한데 기인된 성공에서 비롯된 것이었다. 즉 4성급 최고급 호텔인 소피텔(Sofitel)과 Pullman, 3성 호텔인 Novotel과 Mercure, 경제적인 가격정책을 지향하는 2성급 호텔인 Ibis 및 Urbis와 별 하나의 Formule 1과 Motel 6, 그리고 고령 호텔고객을 겨냥한 Hotelia에 이르기까지 다양한 상표와 숙박 제품을 가지고 위탁경영계약(management contract)이나 프랜차이즈 경영 형태로 다각화된 운영을 통하여 범위의 경제를 사업에 적용하고 있다. 유럽 전역에 분포되어 있는 Formule 1은 프랑스 내의 시설 기준으로 보아 97‘2의 객실면적에 더블침대, 벙크침대, 세면대, 창고, 작업대, 옷장(wardrobe) 및 TV가 설비되었고, 매 객실 4개당 자동세척 시스템이 된 샤워장 한 개가 설비되었었지만 점차 더 현대화된 시설로 교체되고 있다.

저렴한 실료결정을 위한 원가절감 책으로 주간근무 지배인 한 명 외에 고객들은 자동설비에 신용카 등을 집어넣고 열쇠를 받는데 이와 유사한 기술이 Motel 6에도 적용되고 있다.

# 참고문헌

## 제1편

이정자(2011). 호텔경영학. 백산출판사.

______(2010). 성경에 나타난 호스피탈리티의 개념. 『MBA 저널』 연세대학교.

______(1996). Hospitality Industry Managerial Accounting. 영출판사.

______(1995). Hospitality Industry Management. 영출판사.

______(1984). ホテル産業發展のためのFRANCHISE 會計の 研究, 日本觀光學會.

______(1985). 호텔 프랜차이즈 가입비 수익인식에 관한 연구. 『경영과학연구』 제9집.

______(1981). 호텔건립계획상의 투자에 관한 연구. 『강원대학교 논문집』 제15집 : 123-153

______(1982). 호텔 관리회계, 강원대학교 강의안.

______(1978). 호텔산업 세미나의 주요 주제. 한국관광협회.

오정환(1992). 호텔경영사. 기문사.

차길수 · 윤세목(2006). 호텔경영학원론. 현학사.

21C 호텔관광연구회(2005). 호텔경영학. 현학사.

Bateson, J.(1995). Managing Services Marketing : Text and Readings, Third Edition. Orlando: The Dryden Press.

Beardworth, A. & Keil, T.(1997). Sociology on the Menu. London: Routledge.

Berry, L.(1980). Services Marketing Is Different. *Business*, May-June : 24-28.

Borer, M. C.(1972). The British Hotel Through the Ages. London: Lutterworth Press.

Brillat-Savarin, J.(1970). La Physiologie du Gout(trans. Anne Drayton as 'he Philosopher in the Kitchen'). *In Search of Hospitality*(Lashley, C. & Morrison, A., 2000 eds.). Oxford: Butterworth-Heinemann.

Brotherton, B. & Wood, R.(2000). Hospitality and hospitality management. *In Research of Hospitality-Theoretical Perspectives and Debates*(Lashely, C. & Morrison, A. eds.). Boston: Butterworth-Heineman, 135.

Burgess, J.(1982). Perspectives on Gift and Exchange in Hospitable Behavior. International Journal of Hospitality Management, 1(1) : 49-59.

Burkart, A. & Medlik, S.(1981). Tourism : Past, Present and Future. Second Edition. London: Heinemann Professional Publishing Ltd.

Cassee, E. H.(1982). The Management of Hospitality(Cassee, E. H, & Reuland, R. eds). Oxford: Pergamon, 12-22.

Chandler, P., Gibbs, R., & McColl, R.(1998). Marketing in Australia. Fourth Edition. New York: Prentice-Hall.

Cowell, D.(1991). Marketing Services. *The Marketing Book*(Baker, M. J. eds.). Oxford: Butterworth-Heinemann, .456-466.

Cromptom, J. & MacKay, K.(1989). User' Perceptions of the Relative Importance of Service Quality Dimensions in Selected Public Recreation Programs. Leisure Sciences, 11(4) : 367-375.

Czepiel, J., Solomon, M., & Surprenant, C.(1985). The Service Encounter : Managing Employee / Customer Interaction in Service Business. Lexington, MA: Lexington Books.

Dittmer, P. & Griffin, G.(1993). Dimensions of the Hospitality Industry. New York: Van Nostrand Reinforcement, 209.

Edgell, D.(1990). International Tourism Policy. NewYork: Van Nostrand Reinhold.

Eihlier, P. & Langeard, E.(1975). Une Approache Nouvelle pour le Marketing de Servicese. *Revue Francaise de Gestion*, 2(Spring) : 97-114.

Fick, G. & Ritchie, J.(1991). Measuring Service Quality in the Travel and Tourism Industry. *Journal of Travel Research*, 30(2) : 2-9.

Foxall, G.(1985). Marketing in the Service Industries. London: Frank Cass. Foot P.(1978). Virtues and Vices. Oxford: Basil Blackwell.

Griffin, A. & Page, A. L.(1993). An Interim Report on Measuring Product Development Success and Failure. *Journal of Product Innovation Management*, 10(3) : 291-308.

Hepple, J., Kipps, M., & Thomson, J.(1990). The Concept of Hospitality and an Evaluation of the Applicability to Hospital Patients. International Journal of Hospitality Management, 9(4) : 305-318.

Kotler, P.(1997). Marketing Management. Englewood cliffs, NJ: Prentice-Hall.

Kandampully, J., Mok, C., & Sparks, B.(2001). Service Quality Management in Hospitality, Tourism and Leisure. New York: The Haworth Hospitlaity Press.

Langley, J. & Moore, D.(1993). The Pleasure of Your Company. London: Gerald Howe.

Lattin, G. W.(1960). Modern Hotel Administration. San Franciso; London: W. H. Freeman and Company.

Levitt, T.(1972). Production-Line Approach to Service. *Harvard Business Review*, Sept.-Oct. : 41-52.

Lewis, R. & Booms, B.(1983). The Marketing Aspects of Service Quality. Emerging Perspectives in Services Marketing(Berry L., Shostack L., & Upah, G. eds.). Chicago: American Marketing Association, 99-107.

Lewis, R. & Chambers, R.(1989). Marketing Leadership in Hospitality : Foundation Practices. New York: Van Nostrand Reinhold.

Lovelock, C.(1991). Service Marketing. Second Edition. Englwood Cliffs, NJ: Prentice Hall.

MacKay, K. & Cronpton, J.(1988). Conceptual Model of Consumer Evaluation of Recreation Service Quality. *Leisure Sciences*, 7 : 41-49.

McIntosh, R., Gorldner, C., & Ritchie, J.(1995). Tourism : Principles, Practices, Philosophies, Seventh Edition. NewYork: John Wiley and Sons.

Mieczkowski, Z.(1990). World Trends in Tourism and Recreation, volume 3. New York: Peter Lang Publishing.

Mills, P.(1986). Managing Service Industries : Organizational Practices in a Post-Industrial Economy. NewYork: Ballinger.

Murray, H.(1990). Do Not Neglect Hospitality-The Catholic Worker and Homeless. Philadelphia: Temple University Press.

Normann, R.(1991). Service Management Strategy and leadership in Service business. Second Edition. Chichester: John Wiley and Sons.

Ostrowski, P., O'rien, T., & Gordon, G.(1993). Service Quality and Customer Loyalty in the Commercial Airline Industry. *Journal of Travel Research*, 32(2) : 16-24. Oxford Quick reference Dictionary. 1996. p. 424.

Parasuraman, A., Zeithaml, V., & Berry, L.(1988). SERVQUAL : A Multiple-Item Scale for Measuring Consumer Perceptions of Service Quality. *Journal of Retailing*, 64(1) : 12-40.

Pearce, P.(1982). The Social Psychology of Tourist Behavior. International Series in Experimental Social Psychology, volume 3. Oxford; New York: Pergamon Press.

Reuland, R., Choudry, J., & Fagel, A.(1985). Research in the Field of Hospitality Management. International Journal of Hospitality Management, 4(4) : 141-146.

Saleh, F. & Ryan, C.(1991). Analyzing Service Quality in the Hospitality Industry Using the SERVQUAL Model. *Service Industries Journal*, 11(3) : 324-345.

Shaw, G. & Williams, A.(1994). Critical Issues in Tourism : A Geographical Perspective. Oxford: Blackwell.

Shostack, G.(1977). Breaking Free From Product Marketing. *Journal of Marketing*, 41(2) : 73-80.

Shostack, G.(1985). Planning the Service Encounter. The Service Encounter(Czepiel, J., Solomon, M., & Surprenant, C. eds.). Massachusetts: Lexington Books.

Solomon, M., Surprenant, C., Czepiel, J., & Gutman, E.(1985). A role Theory Perspective on Dyadic Interactions : The Service Encounter. *Journal of Marketing*, 49(1) : 99-111.

Surprenant, C. & Solomon, M.(1987). Predictability and Personalization in the Service Encounter. *Journal of Marketing*, 51(2) : 73-80.

Sutton, W.(1967). Travel and Understanding : Notes on the Social Structure of Touring. *International Journal of Comparative Sociology*, 8(2) : 218-223.

Telfer, E.(1971). Friendship. *Proceedings of the Aristotelian Society*. 223-241.

________(1996). The Philosophy of Hospitableness. *In Search of Hospitality*(Lashley, C. & Morrison, A.,2000). Oxford: Butterworth-Heinemann. 138-155.

________(1996). Food for Thought : Philosophy and Food. London: Routledge.

Tideman, M. C.(1983). External Influences on the Hospitality Industry. *The Management of Hospitality(Cassee, E. H. & Reuland, R. eds)*. Oxford: Pergamon. 1-24.

Visse, M.(1991). The Rituals of Dinner. London: Penguin Books.

Westbrook, R.(1981). Sources of Consumer Satisfaction with Retail Outlets. *Journal of Retailing*, 57(3) : 68-85.

White, A.(1968). Palaces of the People : A Social History of Commercial Hospitality. New York: Taplinger.

Wood, R. C.(1994). Hotel Culture and Social Control. *Annals of Tourism Research*, 21(1) : 65-80.

Zeithaml, V.(1981). How Consumer Evaluation Processes Differ Between Goods and Services. Marketing of Services(Donnelly, J. & George, W. eds.). Chicago: American Marketing Association. 186-190.

Zeithaml, V. & Bitner, M.(1996). Services Marketing. Singapore: McGraw-Hill.

## 제2편


오정환(1992). 호텔경영사. 기문사.

윤단석(1975). 한국식품사. 신광출판사.

이재룡 · 유구열(1974). 한국사대계 : 조선전기. 삼진사.

이정자 · 이창국(2009). 레스토랑 고객불평해소를 위한 대응전략에 관한 연구 – 서울시내 P 호텔 중심으로 –. 관광연구 23(3) : 275-290.

이창국 · 이정자(2010).공기업 호텔 레스토랑의 서비스품질이 고객만족도에 미치는 영향. 「관광연구저널」 24(4) : 189-205.

허진숙 · 이정자(2010). 경기침체기의 객실수익 영향요인에 관한 연구. 『호텔경영학연구』 19(6) : 153-170.

Lee, Jung J.(1977). Cost-Volume-Profit for Modern Hotel Business-Its Application to the Industry. *Journal of Social Science*. Kangwon National University.

Beth, M.(2000). An Up and Down Year for the Lodging Industry : Despite Strong Revenues. Publicly Traded Companies Continue their Struggle on Wall Street. *Lodging Strategies*, December : 108-111.

Elgonemy, A. R.(2000). The Price of Lodging Stocks : A Reality Check. *Cornell Hospitality Quarterly*, 41(6) : 18.

Gallagher, M. & Mansour, A.(2000). An Analysis of Lodging Real Estate Market Dynamics. *Journal of Real Estate Research*, 19(Jan-Apr) : 133-164.

Gee, C. Y.(1994). International Hotels. AH & MA, 433.

Ismail, J., Dalbor, M., & Mills, J.(2002). Lodging-Segment Variability : Using RevPAR to Analyze. *Cornell Hospitality Quarterly*, 43 : 73-80.

Jacobs, C.(1997). The Truth about RevPAR. *Lodging Hospitality*, 53(4) : 11.

Lattin, G. W.(1978). Modern Hotel and Motel Management(3rd ed.). W. H. Freeman & Co. Ltd.

Mattson-Teig, B.(2000).An Up and Down Year for the Lodging Industry : Despite Strong Revenues. Traded Companies Continue their Struggle on Wall Street. *Lodging Strategie*. December 2000 : pp. 108-111.

Rushmore, S., Craldo, D. M., & Tarras, J.(1999). Hotel Investments Handbook, 2-3.

Smith, R.(2009). Pricing Power Evaporates : The U.S. Lodging Industry Demonstrated Signs of Resisting Discounting During the Early Part of the Recession, but the Past Six Months Have Been a Different Story. *Cornell Hospitality Quarterly*, 50 : 286-288.

Strebel, P.(2009). Rough Waters Make Good Sailors. *Lodging Hospitality*, January : 22-23.

________(2009). It Best : for Success in Tough Times. *Lodging Hospitality*, January : 18-19.

Woods, D. E.(1994). Using Rooms-Revenue-Per-Available-Room Analysis to Forecast Rooms Revenue. *Real Estate Finance Journal*, Spring : 20-29.

**제3편**

김종규(2008). 호텔조직 내의 커뮤니케이션이 직무만족 및 경영성과에 미치는 영향. 강원대학교 대학원 박사학위 논문.

오정환(1992). 호텔경영사. 기문사. 4-13.

윤단석(1975). 한국식품사. 신광출판사. 75

이재룡 · 유구열(1974). 조선전기. 한국사 대계. 삼진사. 87.

이정자(1984). 프랜차이즈 회계에 관한 연구. 일본관광학회.

______(2006). 프랜차이즈의 경영통제에 관한 연구. 『경영과학연구』 강원대학교 경영연구소.

정규엽(2001). 호텔 호스피탈리디 미게팅. 언정문화사.

최철호(2006). 관광호텔 내부서비스 품질이 내부고객만족과 조직성과에 미치는 영향－중국 백두산 지역 관광호텔을 중심으로. 강원대학교 일반대학원 박사학위논문. 11-21.

서울특별시(1980). 서울 100년사 : 441.

Barnes, J. G.(1997). Closeness, Strength and Satisfaction : Examining the Nature of Relationships Between Providers of Financial Services and Their Retail Customers. *Psychology & Marketing*, 14(8) : 765-790.

Barsky, J. D. & Labagh, R.(1992). A Strategy for Customer Satisfaction. *Cornell Hospitality Quarterly*, 33 : 32-40.

Belmont, C. A., Wadsworth, D. S., & Young, L.(1996). Measuring Commitment in Business Service Relationships. Proceedings of the International Conference on Relationship Marketing : Development, Management and Governance of Relationships(Parvatiyar, A. & Sheth, J. eds.). Atlanta; GA: Emory University. 169-174.

Bendapudi, N. & Berry, L. L.(1997). Customer Motivations for Maintaining Relationships. *Journal of Retailing*, 73(1) : 15-23.

Berry, L. L.(1983). Relationship Marketing. Emerging Perspectives on Services Marketing (Berry, G. L., Shoestack, & Upah, G. eds.). Chicago: American Marketing Association. 25-28.

Berry, L. L.(1995). Relationship Marketing of Services – Rowing Interest, Emerging Perspectives. *Journal of the Academy of Marketing Science*, 23(4) : 236-245.

Bettencourt, L. A. & Gwinner, K.(1996). Customisation of the Service Experience : The Role of the Frontline Employee. *International Journal of Service Industry Management*, 7(2) : 3-20.

Bitner, M. J.(1990). Evaluating Service Encounters : The Effects of Physical Surroundings and Employee Responses. *Journal of Marketing*, 54 : 69-82.

__________(1995). Building Service Relationships : It'all About Promises. *Journal of Academy of Marketing Science*, 23(4) : 246-251.

Bitner, M. J., Booms, B. H., & Mohr, L. A.(1994). Critical service Encounters : The Employee' Viewpoint. *Journal of Marketing*, 58 : 95-106.

Bitner, M. J., Booms, B. H., & Tetreault, M. S.(1990). The Service Encounter : Diagnosing Favorable and Unfavorable Incidents. *Journal of Marketing*, 54 : 71-84.

Bloemer, J. & de Ruyter, K.(1999). Customer Loyalty in High and Low Involvement Service Settings : The Moderating Impact of Positive Emotions. *Journal of Marketing Management*, 15 : 315-330.

Bojanic, D. C.(1996). Consumer Perceptions of Price, Value and Satisfaction in the Hotel Industry : An Exploratory Study. *Journal of Hospitality and Leisure Marketing*, 4(1) : 5-22.

Bolton, R. N.(1998). A Dynamic Model of the Duration of the Customer Relationship with a Continuous Service Provider : The Role of Satisfaction. *Journal of Marketing Science*, 17(1) : 45-65.

Bolton, R. N. & Drew, J. H.(1992). Mitigating the Effect of Service Encounters. *Marketing Letters*, 3 : 57-70.

Bower, L. J. & Christensen, C. M.(1995). Disruptive Technologies : Catching the Wave3. *Harvard Business Review*, 73(1) : 43-53.

Bowers, M. R. & Martin, C. L.(2007). Trading Places Redux : Employees as Customers, Customers as Employees. *Journal of Service Marketing*, 21(2) : 88-98.

Christensen, C. M.(1997). *The Innovator's Dilemma : When New Technologies Cause Great Firms to Fail*. Boston, Mass.: Harvard Business School Press.

______________(2003) *"Beyond The Innovator's Dilemma." Strategy and Innovation* 1, no. 1(March / April). 저자는 1995년에 사용했던 '파괴적인 기술' 대신에 '파괴적인 혁신'이란 용어로 수정했는데 파괴적인 혁신을 파괴적 영향력 창출의 기술, 즉 전략 또는 사업모형으로 설명하고 있음.

Churchill, G. A.(1979). A Paradigm for Developing Better Measures of Marketing Constructs.

*Journal of Marketing Research*, 16 : 64-73.

Cronin, J. & Taylor, S. A.(1992). Measuring Service Quality : A Reexamination and Extension. *Journal of Marketing*, 56(7) : 55-68.

Crosby, L. A., Evans, K. R., & Cowles, D.(1990). Relationship Quality in Services Selling : An Interpersonal Influence Perspective. *Journal of Marketing*, 54 : 68-81.

Crosby, L. A. & Stephens, N.(1987). The Effects of Relationship Marketing on Satisfaction, Retention and Prices in the Life Assurance Industry. *Journal of Marketing Research*, 24 : 404-411.

Czepiel, J. A.(1990). Service Encounters and Service Relationships : Implications for Research. *Journal of Business Research*, 20 : 13-21.

Dougherty, D., & Murthy, A.(2009). What Service Customers Wants. *Harvard Business Review*, 87(9) : 22.

Dwyer, R. F., Schurr, P. H., & Oh, S.(1987). Developing Buyer-Seller Relationships. *Journal of Marketing*, 58 : 11-27.

Edwardson, M.(1998). Measuring Consumer Emotions in Service Encounters : An Exploratory Analysis. *Australian Journal of Marketing Research*, 6(2) : 34-48.

Ekinci, Y. & Riley, M.(1998). A Critique of the Issues and Theoretical Assumptions in Service Quality Measurement in the Lodging Industry : Time to Move the Goal-Posts? *International Journal of Hospitality Management*, 17 : 349-362.

Fornell, C. & Wernerfelt, B.(1987). Defensive Marketing Strategy by Customer Complaint Management : A Theoretical Analysis. *Journal of Marketing Research*, 24 : 337-346.

Frost, F. A. & Kumar, M.(2001). Service Quality Between Internal Customer and Internal Suppliers in an International Airline. *International Journal of Quality and Reliability Management*, 18(4) : 373.

Garbarino, E. & Johnson, M. S.(1999). The Different Roles of Satisfaction, Trust and Commitment in Customer Relationships. *Journal of Marketing*, 63 : 70-87.

Gronroos, C.(1983). Strategic Management and Marketing in the Service Sector, Report no.1 : 83-104

___________(1990). Relationship Approach to Marketing in Service Contexts : The Marketing and Organizational Behavior Interface. *Journal of Business Research*, 20 : 3-11.

Gummesson, E.(1996). Toward a Theoretical Framework of Relationship Marketing. Proceedings of the International Conference on Relationship Marketing : Development, Management and Governance of Relationships(Parvatiyar, A. & Sheth, J. eds.). Atlanta, GA: Emory University. 5-18.

Gundersen, M. G., Heide, M., & Olson, U. H.(1996)). Hotel Guest Satisfaction Among Business Travelers. *Cornell Hospitality Quarterly*, 37 : 73-81.

Gwinner, K. P., Gremler, D. D., & Bitner M. J.(1998). Relational Benefits in Service Industries : The Consumer' Perspective. *Journal of the Academy of Marketing Science*, 26(2) : 101-114.

Kandampully et al.(2001). Service Qauality Management in Hospitality, Tourism and Leisure, Horwath Hospitality Press : 106.

Keaveney, S. M.(1995). Customer Switching Behavior in Service Industries : An Exploratory Study. *Journal of Marketing*, 59 : 71-82.

Kelly, S. W. & Davis, M. A.(1994). Antecedents to Customer Expectations for Service Recovery. *Journal of the Academy of Marketing Science*, 22 : 52-61.

Kelly, S. W., Hoffman, K. D., & Davis, M. A.(1994). Antecedents to Customer Expectations for Service Recoveries. *Journal of Retailing*, 69(4) : 429-452.

Lee, Y. K., Nam, J. H., Park, D. H., & Lee, K. A.(2006). What Factors Influence Customer-Oriented Prosocial Behavior?. *Journal of Service Marketing*, 20(4) : 251-264.

Mittal, B. & Lassar, W. M.(1996). The Role of Personalization in Service Encounters. *Journal of Retailing*, 72(1) : 95-115.

Morgan, R. M. & Hunt, S. D.(1994). The Commitment-Trust Theory of Relationship Marketing. *Journal of Marketing*, 58 : 20-38.

Parasuraman, A., Berry, L. L., & Zeithaml, V. A.(1991). Understanding Customer Expectations of Service. *Sloan Management Review*, April : 39-48.

____________(1988). SERVQUAL : A Multiple-Item Scale for Measuring Consumer Perceptions of Service Quality. *Journal of Retailing*, 64(1) : 2-40.

____________(1985). A Conceptual Model of Service Quality and its Implications for Future Research. *Journal of Marketing*, 49 : 41-50.

Price, L. L., Arnould, E. J., & Deibler, S. L.(1995). Consumers Emotional Responses to Service Encounters : The Influence of the Service Provider. International *Journal of Service Industry Management*, 6(3) : 34-63.

Reichheld, F. F.(1996). Learning from Customer Defections. *Harvard Business Review*, 74 : 57-69.

Reichheld, F. F. & Sasser, W. E.(1990). Zero Defections : Quality Comes to Service. *Harvard*

*Business Review*, 68 : 105-111.

Robock, S. & Simmonds, K.(1989). International Management and Multinational Enterprises. Homewood; Illinois: Irwin.

Rosen, D. E. & Surprenant, C.(1996). Measuring Relationship Outcomes : What is Missing from Satisfaction and Quality. Proceedings of the Contemporary Knowledge of Relationship Marketing Conference(Parvatiyar, A. & Sheth, J. eds.). Atlanta; GA: Emory University. 175-177.

Rushmore, S., Dana, M. C., & Terrasm, J. M.(1999). Hotel Investments Handbook. 2-3.

Rust, R. T., Zahorik, A. J., & Keiningham, T. L.(1994). Return on Quality : Measuring the Financial Impact of Your Company' Quest for Quality. Cambridge; UK: Probus.

Scanlan, L. & McPhail, J.(2000). Forming Service Relationships with Hotel Business Travelers : The Critical Attributes to Improve Retention, *Journal of Hospitality & Tourism Research*, 24(4) : 491-513.

Schneider, B., Schoenberger, S., & Paul, M. C.(1996). Relationship Marketing : An Organizational Perspective. Proceedings of the Contemporary Knowledge of Relationship Marketing Conference(Parvatiyar A. & Sheth J. eds.). Atlanta; GA: Emory University. 97-99.

Shani, D.,& Chalasani, S.(1992). Exploiting Niches Using Relationship Marketing. *Journal of Consumer Marketing*, 9 : 33-42.

Smith, A. K., Bolton, R. N., & Wagner, J.(1999). A Model of Customer Satisfaction with Service Encounters Involving Failure and Recovery. *Journal of Marketing Research*, 36 : 56-372.

Zeithaml, V. A. & Bitner, M. J.(1996). Services Marketing. Singapore: McGraw-Hill.

Zeithaml, V. A., Berry, L. L., & Parasuraman, A.(1993). The Nature and Determinants of Customer Expectations of Service. *Journal of the Academy of Marketing Science*, 21 : 1-12.

__________(1985). Problems and Strategies in Services Marketing. *Journal of Marketing*, 49(2) : 33-46.

Zikmund, W. G.(1991). Exploring Marketing Research(4th ed.). New York: Dryden.

**제4편**

강종천(2002). 관광호텔 등급제도 개선방안에 관한 연구 – 종합관광호텔을 중심으로. 『호텔관광연구』 10 : 9-32.

금기용(2010). 관광산업의 신성장 모델 : 저탄소 녹색관광. SDI, 63.

김현주(2010). 관광호텔등급평가체계 개선 및 관련법 개정방안. 한국문화관광연구.

노화준(2007). 정책학원론. 박영사.

민경호(2010). 친환경경영의 실제. 무역경영사.

박현정(2009). 한국의 저탄소 녹색성장 전개. Asian Development Bank.

유영옥(2003). 국제환경정책론. 학문사.

윤태환 · 이정자(2005). 주방경영론. 백산출판사.

윤태환(2007). 외식기업의 서비스마케팅 믹스 성과와 지각된 가치 및 충성도와의 관계. 강원대학교 대학원 박사학위논문.

이성태(2006). 관광호텔등급제도 개선방안. 한국문화관광연구원.

이정자(2011). 호텔 · 식당 관리회계. 백산출판사.

______(2010). 우리나라 호텔등급평가제도－혁신방안의 모색. 한국호텔외식경영학회 발표논집.

______(2010). 국격 제고 지향적인 글로벌 선도 녹색성장 전략. 연세 경영동인. 85.

______(2010). 생태관광의 기조. 『남북의 창』.

______(2010). 저탄소 녹색성장의 관광개발. 한국호텔외식경영학회 발표논집.

______(2008). 지속가능한 관광개발. 관광연구학회 기조연설.

______(2007). 외식사업관리론. 학현사.

______(2005). 메뉴관리. 기문사.

______(1998). 이코 투어리즘의 탐구. 『지역개발연구』 강원대학교.

______(1996). 일드매니지먼트에 관한 연구. 『산업과 경제』 강원대학교. 제6집.

______(1995). 새로운 메뉴 가격결정 방법에 관한 연구. 『관광학연구』 한국관광학회.

______(1995). 호텔관리회계. 영출판사.

______(1982). 호텔건립계획상의 투자에 관한 연구. 『강원대 논문집』.

______(1981). 식음료 원가관리(13쇄). 형설출판사.

______(1980). 호텔식음료 사업의 전망. 『경영과학연구』 강원대학교.

______(1978). 호텔식음료원가관리에 관한 연구. 산학협동재단 연구.

______(1977). 표준 식료원가관리. 『사회과학연구』 강원대학교.

______(1976). 호텔 식료 구매관리 효율화 방안에 관한 연구－원가관리를 중심으로－. 사회과학연구,강원대학교.

______(1975). 호텔기업의 표준식료 원가관리－그 원리와 절차에 대하여－. 사회과학연구. 강원대학교.

정재훈(2007). 인적자원관리 2판. 북넷.

죠셉 스티글리츠(2008). 인간얼굴을 한 세계화(홍민경 역). 21세기 북스.

나라경제(2010). 11월호.

삼성경제연구소(2010). 색생활혁명 : 기후변화 대응의 新해법. SERI 경제포커스. 768호.

______________(2010). 환경규제강화와 녹색보호주의, SERI경제포커스.

AAA(2008). Approval Requirements & Diamond Rating Guidelines Lodging.

Bate, B.(2004). Freedom is Good for the Environment. AEI; American Enterprise Institute. November 4.

Belobaba, P.(1992). Optimal vs. Heuristic Methods for Nested Seat Allocation. ORSA / TIMS National Meeting Presentation. San Francisco. November.

Brotherton, B. & Mooney, D.(1992). Yield Management-Progress and Prospects. *International Journal of Hospitality Management*, 11(1) : 23-32.

Burgelman, R. & Maidique, M.(1996). Strategic Management of Technology and Innovation. Chicago: Irwin.

Cooper, R. G. & Edgett, S. J.(1999). Product Development for the Service Sector. Cambridge; MA: Perseus.

Curry, R. E.(1992). Parallel Nesting and Over Allocation. Aeronomics, Inc., ORSA / TIMS National Meeting Presentation. San Francisco. November.

Dirk, P.(2009). Towards Sustainable Manufacturing and Green Growth. OECD.

Dunn, K. D. & Brooks, D. E.(1990). Profit Analysis : Beyond Yield Management. *Cornell Hospitality Quarterly*, 31(3) : 89-90.

Dittermer, P.(2001). Dimensions of the Hospitality Industry : An Introduction(3rd ed.). NewYork: Wiley.

Enz, C. A. & Siguaw, J. A.(2003). Revisiting the Best of the Best : Innovations Hotel Practice. Cornell Hospitality Quarterly, 44(5-6) : 131-138.

Goldstein, N. J., Cialdini, R. B., & Griskevicius, V.(2008). A Room with a View Point : Using Social Norms to Motivate Environmental Conservation in Hotels. *Journal of Consumer Research*, 35(2) : 472-482.

Griffin, A. & Page, A. L.(1993). An Interim Report on Measuring Product Development Success and Failure. *Journal of Product Innovation Management*, 10(3) : 291-308.

Hanks, R. D., Cross R. G., & Noland, R. P.(1992) "Discounting in the Hotel Industry : A New Approach", *Cornell Hospitality Quarterly*, 33(1) : 15-23.

Hegarty, J. A. & O'ahony, G. B.(2001). Gastronomy : A Phenomenon of Cultural Expressionism and an Aesthetic for Living. *International Journal of Hospitality Management*, 20(1) : 3-13.

Heskett, J. L., Sasser, W. E., & Schlesinger, L. A.(2005). 서비스수익모델(심상민). 삼성경제연구소.

Hjalager, A. M. & Richards, G.(2002). Tourism and Gastronomy. London: Routledge.

Humphrey, T. C. & Humphrey, L. T.(1991). Gather Together : Food and Festival in American Life. Logan; Utah: Utah State University Press.

International Labor Office(2010). Skills for Green Jobs. European Synthesis Report. Luxembourg: Publications Office of the European Union.

Jones, P. & Hamilton, D.(1992). YM: Putting People in the Big Picture, *Cornell Hospitality Quarterly*, 33(1) : 89-95.

Higgins, B. A.(2005). The Storms of Summer-Lessons Learned in the Aftermath of the Hurricanes of "04", *Cornell Hospitality Quarterly*, 46(1). 40-46.

Kahneman, D., Kentsch, J. L., & Thaler, R.(1986). Fairness as a Constraint on Profit Seeking : Entitlements in the Market. *American Economic Review*, 76(4) : 728-741.

Kanter, R.(1983). The Change Masters. New York: Simon & Schuster.

Kim, A.(2010). Time to Build a Clean Energy Future Through the KORUS FTA. The Heritage Foundation. June 28.

Kimble, M. et al.(2008). What Kind of World Will Science and Technology Face-and Help Create in the 21st Century?. UN Foundation.

Kims, S. E.(1989). The Basics of Yield Management. *Cornell Hospitality Quarterly*, November : 14-19.

__________(1994). Perceived Fairness of Yield Management. *Cornell Hospitality Quarterly*, February : 22-29.

Ladany, S. P.(1976). Dynamic Operating Rules for Motel Reservations. *Decision Sciences*, 4(4) : 929-840.

Lang, B.(2010). Widnows of Opportunity into Energy Efficiency. *Lodging Hospitality*. March.

Lawson, F.(2004). Hotels and Resorts Planning Design and Refurbishment. Architectural Press.

Lee, J. J.(1998). Management by Menu. *Journal of Management Science*. Kangwon National University.

Lee, T. H. & Crompton, J.(1992). Measuring Novelty Seeking in Tourism. *Annals of Tourism*

*Research*, 19(4) : 732-751.

Lieberman, V. & Yechialli, U.(1978). On the Hotel Overbooking Problem : An Inventory Problem with Stochastic Cancellations. *Management Science*, 24(11) : 1117-1126.

Lieberman, W. H.(1993). Debunking the Myths of Yield Management. *Cornell Hospitality Quarterly*, 34(1) : 34-41.

MacCannell, D.(1973). Staged Authenticity : Arrangements of Social Space in Tourist Settings. *American Journal of Sociology*, 79(3) : 589-603.

MacCannell, D.(1976). The Tourist : A New Theory of the Leisure Class. New York: Schocken.

Mazur, E.(2010). Outcome Performance Measures of Environmental Compliance Assurance : Current Practices, Constraints and Ways Forward. OECD Environment Working Papers. No.18. OECD Publishing.

Mertens, B.(2000).Asian Business;Sep 2000; 36, 9; ABI / INFORM Trade & Industry, 55.

McIntosh, A. J. & Prentice, R. C.(1999). Affirming Authenticity : Consuming Cultural Heritage. *Annals of Tourism Research*, 26(3) : 589 - 612.

Miller, A.,dietz, S. & Heal, G.(2010). “Ambibuity and Climate Policy”, NBER working paper series 16050 : httep://www.nber.org/papers/w16050.

Noland, P.(1992). It’s Not As Easy As It Looks. Marriott International ORSA / TIMS National Meeting Presentation. San Francisco. November.

OECD(2009). Developments in Regional Trade Agreements and the Environmental Issues.

Orkins, E. B.(1988). Boosting Your Bottom Line with Yield Management. *Cornell Hospitality Quarterly*, 28(4) : 52-56.

Ottenbacher, M. C.(2007). Innovation Management in the Hospitality Industry : Different Strategies for Achieving Success. *Journal of Hospitality and Tourism Research*, 31(4) : 431-454.

Ottenbacher, M. C. & Gnoth, J.(2005). How to Develop Successful Hospitality Innovation. *Cornell Hospitality Quarterly*, 46(2) : 205-222.

Peter, J.(1996). Managing Hospitality Innovation. Cornell Hospitality Quarterly, 37(5) : 86-95.

Pilat, D.(2009). Towards Sustainable Manufacturing and Green Growth. OECD.

Pine, B. J. & Gilmore, J. H.(1998). Welcome to the Experience Economy. *Harvard Business Review*, July-August : 97-105.

Pine, B. J. & Gilmore, J. H.(1999). The experience economy. Boston; MA: Harvard Business School Press.

Quan, S. & Wang, N.(2004). Toward a Structural Model of the Tourist Experience : An Illustration from Food Experiences in Tourism. *Tourism Management*, 25(3) : 297-305.

Relihan, Ⅲ W. J.(1989). The Yield-Management Approach to Hotel-Room Pricing, *Cornell Hospitality Quarterly*, 30(1) : 40-45.

Rothstein, M.(1974). Hotel Overbooking as a Markovian Sequential Decision process. *Decision Sciences*, 5 : 389-394.

Ryan, C.(1997). The Tourist Experience : A New Introduction. Tourism and Gastronomy(Richards G. eds.). London: Routledge.

Schwarber, P. D.(2005). Leaders and the Decision-Making Process. *Management Decision*, 43(7-8) : 1086-1092.

Smith, V.(1989). Hosts and Guests : The Anthropology of Tourism(2nd ed.). Philadelphia: University of Pennsylvania Press.

Stipanuk, D. M.(2001). Reparing for a Power Outage at Work. *Cornell Hospitality Quarterly*, June 25 : 66-68.

____________(2001). Energy Management in 2001 and Beyond : Operational Options that Reduce Use and Cost. *Cornell Hospitality Quarterly*, 42(3) : 57-70.

Swarbrooke, J. & Horner, S.(1999). Consumer Behaviour in Tourism. Oxford: Butterworth-Heinemann. London: Routledge.

Toh, R. S(1985). An Inventory Depletion Overbooking Model for the Hotel Industry. *Journal of Travel Research*, Spring: 24-30.

________(1986). Coping with No-Shows, Late-Cancellations and Oversales. *International Journal of Hospitality Management*, 5(3) : 121-125.

Urry, J.(2002). The Tourist Gaze : Leisure and Travel in Contemporary Societies(2nd ed.). London: Sage.

Wang, N.(1999). Rethinking Authenticity in Tourism Experience. *Annals of Tourism Research*, 26(2) : 349-370.

Williams, F. E.(1977). Decision Theory and the Innkeeper : An Approach for Setting Hotel Reservation Policy. *Interfaces*, 7(4) : 18-30.

UNWTO(2008). Climate Change and Tourism-Responding to Global Challenges.

영국관광청(2009). Hotel Accomodation Quality Standard.

관광사업법 시행령.

관광진흥법.

Green Hotel Association.

HOTREC; Hotels, Restaurants & Cafes in Europe.

http://blog.paran.com/sciencestory/259796

www.walmartstores.com/sustainability/

www.hotelsterne.de.

www.aaa.biz/approval.

www.enjoyengland.com.

www.theaa.com.

www.atout-france.fr.

www.aaatourism.com.au.

www.hotrec.org.

www.greenpeace. org.

## 제5편

李貞子(1984). ホテル 産業發展のためのFRANCHISE 會計の 研究, 日本觀光學會.

이정자(1986). 한국에서의 외식산업 프랜차이즈에 관한 연구. 『관광학연구』.

______(1986). 호텔프랜차이즈 경영통제 잠재력과 실제에 관한 연구. 『관광학연구』.

______(1985). 프랜차이즈 가입비의 수익인식에 관한 연구. 『경영과학』 강원대 경영연구소.

______(1987). 프랜차이즈 회계에 관한 연구 - 가입비 수익인식을 중심으로. 단국대학교대학원. 박사학위논문.

Bell, D.(1989). US Chains Leave Home. *Lodging Hospitality*, 45(5). 46.

Blalock, C.(1991). Global Tourism. *Hotel & Motel Management*, 206(8) : 1-40.

Lee, J. A.(1966). Cultural Analysis in Overseas Operations. *Harvard Business Review*, 44(2) : 106-114.

Lawson, F.(2004), Hotel and Resorts. Architectural Press.

Levitt, T.(1983). The Globalization of World Markets. *Harvard Business Review*, 61 : 99-102.

Litteljohn, D., Beattie, R., & Watson, S.(1991). Corporate Ownership in Europe and its Impact on Management Developmen. *International Association of Hospitality Management Conference*, April.

Michael, J. F. & Linda, K. F.(2000). Marriott Accelerates Global Growth Plans. *H & Motel Management*, 215(1) : p. 3, p. 91.

Olsen, M. D.(1989). Issues Facing Multi-Unit Hospitality Organizations in a Maturing Market. *Journal of contemporary Hospitality Management*, 1(2) : 3-6.

Stattery, P. & Clark, A.(1988). Major Variables in the Corporate Structure of Hotel Groups. *International Journal of Hospitality Management*, 7(2) : 117-130.

Warren, P. & Ostergren, N. W.(1990). Marketing Your Hotel : Challenges of the '90's. *Cornell Hospitality Quarterly*, 31(1) : 56-59.

Lodging Hospitality(1991). Chain report. *Lodging Hospitality*, 47(8) : 69-73.

# 찾아보기

저자약력

## 이정자

- 충남 당진 生
- 現 강원대학교 경영대학 관광경영학과 교수, 경영학 박사
- 한국호텔외식경영학회(www.kasha.or.kr) 회장 역임
- 강원대 경영연구소장(現 호스피탈리티산업경영센터장) 역임
- 美 Columbia University Businss School과 Columbia Law School 교환교수
- 미국 New Jersey주 Korean Festival 개최
- '99동계 아시안게임 급식, 평창동계올림픽 IOC평가대비 용역수행
- 한국관광학회 및 한국호텔경영학회 창설 멤버
- 現 지속가능과학회(www.stss.or.kr), 한국경영경제학회, 한국외식경영학회, 대한관광경영학회 副會長 역임
- 한국경영학회, 한국회계학회 등 外 다수 경영관련학회 理事 역임
- 국무총리표창, 국민교육헌장기념 포상

### 주요 저서

- 호텔 F&B 원가관리(1981, 13版)
- 호텔경영론(1998)
- 호텔회계(1990)
- 메뉴관리와 메뉴엔지니어링(1995)
- 호텔식음료관리론(2007)
- 호텔 · 식당 관리회계(2010)
- Franchise가입비 수익인식회계 연구(1987)
- 프랜차이즈의 경영통제 잠재력 연구(1989)
- 경기침체기 객실수익 영향요인 연구(2010) 외 저술과 논문 다수

# 글로벌시대 CEO를 위한 호텔경영

2010년 12월 23일 초판 인쇄
2010년 12월 30일 초판 발행

저 자 이 정 자
발행인 (寅製) 진 욱 상

발행처 백산출판사
서울시 성북구 정릉3동 653-40
등록 : 1974. 1. 9. 제 1-72호
전화 : 914-1621, 917-6240
FAX : 912-4438
http://www.ibaeksan.kr
editbsp@naver.com



값 25,000원
ISBN 978-89-6183-418-6